国家软科学重大合作项目（2010GXS1D113）

黑龙江省服务外包产业发展研究报告

赵德海　李　燕　朱　智　编著

中国物资出版社

图书在版编目（CIP）数据

黑龙江省服务外包产业发展研究报告/赵德海，李燕，朱智编著．—北京：中国物资出版社，2011.9

ISBN 978-7-5047-3918-6

Ⅰ.①黑…　Ⅱ.①赵…②李…③朱…　Ⅲ.①服务业—对外承包—研究报告—黑龙江省　Ⅳ.①F719

中国版本图书馆 CIP 数据核字（2011）第 136196 号

策划编辑　郑欣怡　　**责任印制**　方朋远

责任编辑　郑欣怡　　**责任校对**　孙会香　杨小静

出版发行　中国物资出版社

社　　址　北京市丰台区南四环西路 188 号 5 区 20 楼　　**邮政编码**　100070

电　　话　010-52227568（发行部）　010-52227588 转 307（总编室）

010-68589540（读者服务部）　010-52227588 转 305（质检部）

网　　址　http://www.clph.cn

经　　销　新华书店

印　　刷　中国农业出版社印刷厂

书　　号　ISBN 978-7-5047-3918-6/F·1578

开　　本　787mm×1092mm　1/16　　**版　　次**　2011 年 9 月第 1 版

印　　张　19　　**印　　次**　2011 年 9 月第 1 次印刷

字　　数　451 千字　　**定　　价**　58.00 元

前 言

本书是依托由赵德海教授主持的国家软科学重大合作项目《黑龙江省服务外包产业结构优化与创新研究》（2010GXS1D113）的基础上总结完善并扩展的。总体上，国内经济学界对服务经济和服务外包产业发展相关问题的研究相对薄弱。这一方面是因为该研究领域本身有许多难题，包括服务范围模糊、定义分歧和测度困难、服务贸易和服务外包统计口径特殊和数据缺失等，制约着服务外包产业的研究；另一方面是因为国内服务业发展和服务外包业开放相对滞后，研究的动力明显不足。

黑龙江省是重要的装备制造业生产基地，是石油、煤炭、木材等资源的开采基地，是国家商品粮食主要生产基地。作为老工业基地之一，黑龙江省传统产业比重过大，高耗能、高污染产业较多。产业结构单一、产业结构不合理是制约经济发展的主要因素。本书在借鉴国内外服务外包产业发展先进经验的基础上，总结了国内外服务外包产业发展的总体态势、运营特点和相关政策措施；结合黑龙江省服务外包产业发展概况、示范城市和园区的建设情况，分析了产业推动区域经济可持续发展的现实路径；针对黑龙江省优势支柱产业，探究开展服务外包的业务内容及门类，建设现代产业体系，创新经营方式。从而推进哈尔滨市、大庆市国家级服务外包示范城市建设，加快齐齐哈尔市、沿边城市和地区服务外包产业发展，优化服务外包产业的空间布局。

本书围绕以下几方面展开研究：

(1) 分析国内外服务外包发展的现状和经验。力求从多个角度和方面展示各个国家的全局情景、重点行业、主要表现和重大意义，包括服务外包经济环境、产业优势、人力资源开发、政府扶持政策等。同时，对国内典型服务外包示范城市的服务外包产业进行详细的分析，包括服务外包产业发展概况、特点、面临挑战、政策支持等，这些因素对服务外包产业的发展起到引领和支撑作用。

(2) 分析黑龙江省发展服务外包产业的现状和趋势。通过分析提出服务外包产业应内嵌于黑龙江省产业结构，与制造业互动发展的思路，构建工程技术类特色服务外包产业的体系框架。结合黑龙江省服务外包产业发展概况、示范城市和园区的建设情况，分析服务外包产业与各生产部门、部门内各分部门之间的组合和构成情况以及所占比重。在工业化、信息化、市场化、国际化的进程中，优化服务外包产业结构，将服务外包产业发展成拉动黑龙江省经济发展的支柱产业。

(3) 进行重点城市研究。研究表明，加快哈尔滨市、大庆市国家级服务外包示范城市建设，推进齐齐哈尔市、沿边城市和地区服务外包产业发展，可以更好地优化服务外包产业的空间布局。并且通过优势产业内部需求结构的变化以及国外产业的梯度转移，可以更加深入地挖掘城市可拓展的外包领域，促进外包产业在中心城市的集聚和升级。中心城市服务外包产业的发展，可以促进基础设施的完善、服务平台的建设以及国家配套政策措施的制定。

(4) 提供分析服务外包的恰当理论工具。有理论才有前瞻性观察角度和预测能力，避免就事论事和依据愿望做理论。分析服务外包发展的理论，较常使用的有国际分工理论、交易费用理论、木桶理论、核心竞争力理论、供应链管理理论、价值链理论等。

本书具有如下特点：一是具有本土问题意识。中国国情有许多特点，照搬国外理论和经验，仅从逻辑上做演绎推理可能不适用。我们研究的目的是解决自身问题。二是进行实证研究。本书以全面系统的数据或大样本的研究为依托，具有合理的数据基础、重要判断和结论，避免了从少数案例、个别事件就引出一般性结论。三是具有较新的案例和数据。服务全球化和服务外包发展变化很快，几年时间情况会有很大不同，采用新近的案例和数据为依托进行研究，使之更加具有现实针对性。四是有恰当的理论平台。本书运用适当的理论分析框架，对事件意义作出到位的评估以及准确的科学预测和展望。

本书可作为有关政府部门、企业管理人员和技术人员的参考书，也可为大专院校计算机专业、软件工程专业以及管理、经济等专业欲从业于服务外包产业的学生做一定的参考。

本书共十七章，赵德海教授主持了全书架构设计和章节要目的审定，第一章、第二章由赵德海著；第三章第一节、第二节由张型双著；第三章第三节由谷俊涛著；第四章至第七章由朱智著；第八章、第十七章由周峻岗著；第九章至第十四章、第十六章由李燕著；第十五章由和淑萍著。李燕、周峻岗对全书进行了统稿，并由赵德海教授最终审定。在本书编写过程中，贾晓琳、刘莉、周洪勤、单永红、蒋芳芳等同志参与了部分章节的讨论、写作工作，在此一并表示感谢。

由于时间仓促，尽管我们做了很大的努力，但限于水平，难免有错误和不当之处，恳请读者批评指正。

编　者

2011 年 5 月

目　录

第一章　服务外包的基本理论研究

第一节　服务外包相关基本概念

外包（Outsourcing）是英文“Outside Resource Using”的缩写，直译为“外部资源利用”，也称资源外包、资源外置。它是指企业在充分发展自身核心竞争力的基础上，整合、利用外部最优秀的专业化资源，从而达到降低成本、提供生产效率、增加资金运用效率和增强对外部环境的迅速应变能力的一种业务运作方式。企业为了获得比单纯利用内部资源更多的竞争优势，将其非核心业务交由合作企业完成。简单地说，外包就是“外部资源利用”，通过购买第三方服务的办法，把原本由企业自身承担的业务包给外部专业组织来完成。把产品的生产加工业务包出去，叫制造业外包；把管理服务性工作和流程包出去，就是服务外包。发包方和接包方在同一个国家或地区的，叫在岸外包；双方在不同国家或地区的，叫离岸外包。

服务外包是个方兴未艾的知识产业。据中国商务部预计，2010 年全球服务外包市场规模将达到 6000 亿美元。而按照印度的估计，到 2010 年左右全球有 1 万亿美元的信息技术外包、有 1 万亿美元的业务流程外包。另据分析，全球离岸服务外包市场规模未来几年将保持 20%以上的增长速度。即使这样，国际服务外包仍处于发展的起步阶段，世界最大的 1000 家公司中，大约 70%尚未向低成本国家外包任何商务流程，迄今国际服务外包业务只占全部业务流程的 1%～2%。随着跨国公司经营理念的进一步变革，非核心业务的离岸外包将成为大趋势，国际服务外包市场前景十分广阔。可以预见，未来 5～10 年将是我国服务外包发展的黄金时期。

一、外包概念的提出及其分类

1990 年，美国学者普拉哈拉德（C. K. Prahalad）和哈默尔（Gary Hamel）在其《企业核心能力》一文中正式提出业务外包概念。根据他们的观点，所谓业务外包，指企业基于契约，将一些非核心的、辅助性的功能或业务外包给外部的专业化厂商，利用他们的专长和优势来提高企业的整体效率和竞争力。通过实施业务外包，企业不仅可以降低经营成本，集中资源发挥自己的核心优势，更好地满足客户需求，增强市场竞争力，而且可以充分利用外部资源，弥补自身能力的不足。同时，业务外包还能使企业保持管理与业务的灵活性和多样性。埃森哲（Accenture）将外包定义为“通过购买第三方提供的服务或产品来完成原来由企业内部完成的工作”。另外，汤姆·彼得斯认为外包的本质就是“做你最擅长的事，将剩余的部分从企业外部采购”。

按照外包方向可分为接包和发包；按照外包发生地可分为在岸外包和离岸外包；按照外包属性可分为生产外包（包括制造业外包）和服务外包。

（一）生产外包与服务外包

（1）生产外包。指企业将自己的资源专注在新产品的开发、设计和销售上，企业不再拥有自己的生产厂房和设备，而将生产过程中某些或全部环节外包给其他生产企业的模式。其中制造外包（“吃配”）较为盛行。

（2）服务外包。指企业将价值链中原本由自己提供的、共性的、非核心服务业务及服务流程剥离出来，外包给企业外部服务提供商来完成的经济活动。

（二）在岸外包与离岸外包

（1）在岸外包（Onshore Outsourcing）。指企业通过签订外部合约方式，将生产所需的中间投入品交给本国独立的其他企业来完成，即将生产链的某些环节外包给本国独立的其他企业。这种情况下发包商和外包供应商来自同一个国家，外包工作在国内完成。

（2）离岸外包（Offshore Outsourcing）。指企业将生产所需的中间投入品交给国外的某个或数个独立企业完成，即将生产链的某些环节外包给国外独立的其他企业，如印度或中国的一家服务提供商向美国的一家企业提供服务。这时发包商与外包供应商来自不同国家，外包工作跨国完成。

（三）接包与发包

（1）接包。指企业承接其他外部企业提供的外包业务。

（2）发包。指企业向外部其他企业提供外包业务。

二、服务外包的产生和概念界定

在制造业外包之后，信息技术外包（Information Technology Outsourcing，ITO）逐步萌芽，成为服务外包的最初表现形式。中国赛迪研究院认为，“IT外包源于1989年的Kodak－IBM外包协议”。1989年，柯达公司将自己信息部门的管理、运营、维护都外包给了IBM等两家公司，结果是柯达信息部门的计算机关联投资减少了90%以上，年运营成本也减少了20%。美国卡耐基梅隆大学的约翰格拉索认为，外包可分为一般外包、信息技术外包和业务流程外包三个层次，信息技术外包和业务流程外包就是服务外包的内容。高德纳公司（GARTNER）也指出，服务外包分成信息技术外包（ITO）和业务流程外包（BPO）两大块：“ITO是由第三方提供所有或部分的IT工作，包括应用开发、应用管理、应用集成、基础设施管理、IT咨询与顾问服务等”，主要是数据中心外包、网络外包、应用外包、桌面外包。业务流程外包（BPO）是“把一个或多个IT密集型业务流程委托给一家外部提供商，后者又反过来在所定义的、可评测的绩效标准基础上拥有、管理这些被选定的业务流程。具体流程包括物流、采购、人力资源、财会、客户关系管理或其他行政管理或面向客户的业务功能等”，主要有企业服务外包、运营外包、需求管理外包、供应管理外包。麦肯锡、毕马威也有类似的定义。我国商务部2006年发布的《商务部关于实施服务外包“千百十工程”的通知》（商资发［2006］556号）中，对服务外包进行了统一的定义：服务外包业务是指企业（发包商）将信息系统构架、应用管理和业务流程优化等业务，发包给本企业以外的服务提供者（承接商），以降低成本、优化产业链、提升企业核心竞争力。主要包括两大部分，即信息技术外包和业务流程外包。具体业务形式有业务改造外包、业务流程服务外包、应用管理和应用服务等商业应用程序外包、基础技术外包（IT、软件开发设计、技术研发、基础技术平台整合和管理整合）等。随着服务外包的不断发展，其业务领域在不断扩展，其内涵也不断完善和丰富。

服务外包的概念在业界和实践界有不同的说法。综合目前一些主流观点，将服务外包定义为：企业将价值链中原本由自身提供的基础性的、共性的、非核心的IT技术业务或基于IT技术业务的流程剥离出来后，以合同方式转移到企业外部专业服务提供商来完成的经济活动。

企业之所以将服务外包出去是出于提高核心竞争力、节约成本、获得技术和能力、转嫁风险、提高服务响应速度与效率和增强人力资源配置灵活性等需要。而信息技术的发展与扩散、经济全球化步伐无疑推动了服务外包在全球范围内加速发展。服务外包的显著特点是其中涉及的服务性工作（包括业务和业务流程）可以通过计算机操作完成，并采用现代通信手段进行远距离交付。其次，人力资本在服务外包中有特殊重要性，人力成本在服务外包企业成本构成中占绝对地位。

三、服务外包的分类

随着技术的发展和分工的细化，服务外包外延将会不断扩展。因此，应该以动态开放的眼光看待服务外包产业。我们参考了最新的NASSCOM产业分类和麦肯锡的产业分类方法，并借鉴了IDC、GARTNER等国际专业咨询机构以及外包服务行业专家的观点，对服务外包分类进行了梳理。基于不同分类方法，我们勾勒出服务外包的概念框架，如图1-1所示。

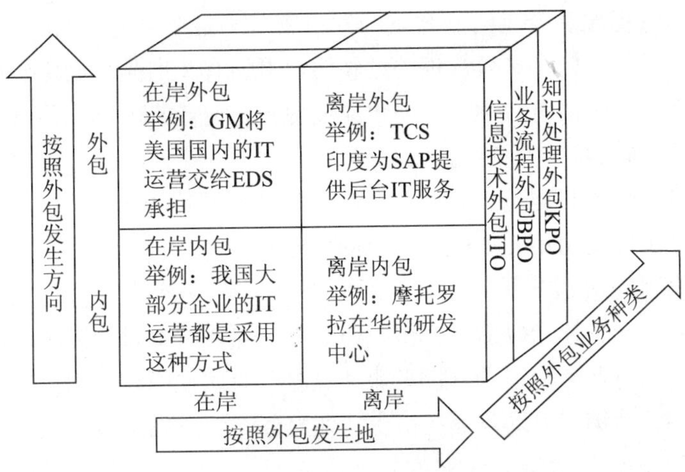

图1-1　服务外包的概念框架

（一）按照服务外包的方式分类

1. 信息技术外包

狭义的ITO与离散式服务对应，是指企业向外部寻求并获得全部或部分信息技术类的服务。ITO具体是指企业将自身与IT相关的业务外包给低成本的专业IT公司来处理，以提高开发效率、节约成本。它强调多年期或年金性的合同或关系，而不是基于项目式的一次性服务。狭义的ITO又可按外包服务模式分为一对一的传统信息服务外包模式，包括应用外包、桌面与网络外包、整体信息系统的外包等，也包括软件即服务（SaaS）和托管服务在内的“一对多”的外包服务模式；广义的ITO则包括狭义的ITO与离散式的IT服务，如基于项目的信息服务和IT方面的支持与培训，其外延与IT服务一致。

2. 业务流程外包

BPO是指把一个或多个IT密集型业务流程委托给一家外部承接方，让它拥有管理和控制选定的流程，以上这些业务是基于已详细定义好和可测量的方法来执行的。BPO也可按服务模式分为横向的业务流程外包模式，代表大型和相对成套的服务，可横跨很多行业提供外包服务，如人力资源、财务会计、客户交户支持、物流采购等；也包括垂直业务流程外包模式，面向特定行业，提供不易跨行业复制的高度特定业种垂直知识，如金融保险行业、医疗保健行业、电信业、媒体等。

3. 知识处理外包

KPO是从BPO中分离出来的，是运用先进的分析、判断与技术等高智能性业务为客户创造价值的外包方式，包括专业策划服务、产品设计、工艺设计、样机设计、专利研发、决策咨询、工程与设计服务、医药与生物技术、临床实验、网络管理、创意产业、新产品开发、知识产权服务和决策支持系统（DSS）等。知识流程外包是围绕对业务诀窍的需求而建立起来的业务，指把通过广泛利用全球数据库以及监管机构等的信息资源获取的信息，经过即时、综合的分析研究，最终将报告呈现给客户，作为决策的借鉴。KPO的流程可以简单归纳为：获取数据—进行研究、加工—销售给咨询公司、研究公司或终端客户。知识流程外包过程涉及专业技能领域的知识密集型业务流程。KPO服务可使企业缩短从设计到市场的导入时间，有效管理关键硬件，提供有关产品、服务、市场及竞争等研究，提升组织在业务管理中有效性，帮助快速处理预想的业务。

（二）按照发包方与接包方关系分类

从服务外包中发包方与接包方的关系看，或者说按照发包方对接包方控制权的程度差异可将服务外包分为以下类型，如图1-2所示。

1. 自建专属模式（直投）

包括纯自建专属和自建专属适当合作两种类型。纯自建专属指由公司的内部成本中心或一个全资子公司执行业务流程和/或IT服务。自建专属适当合作则指发包方与第三方提供商建立战略联盟，由第三方提供商提供支持性服务，如基础设施建设、招募和培训等。

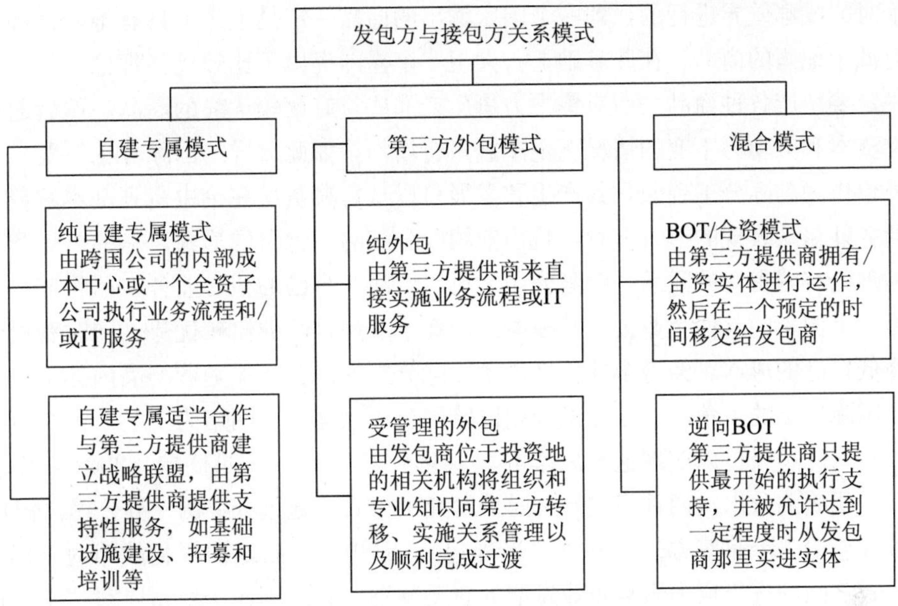

图 1-2 按发包方与接包方关系分类

资料来源：NASSCOM2008 报告。

2. 第三方外包模式（直包）

包括纯外包和受管理的外包两种类型。纯外包是指发包企业将服务外包业务发包给第三方提供商，由第三方提供商来直接实施业务流程或 IT 服务。受管理的外包则指由发包商位于投资地的相关机构将组织和专业知识向第三方转移、实施关系管理以及顺利完成过渡。

3. 混合模式

包括 BOT 和逆向 BOT 模式。前者一般是由于发包商希望建立自己的附属离岸中心，但又考虑到刚开始进入市场对各方面情况不熟悉，所以由第三方提供商建立外包服务机构并进行运作，然后在一个预定的时间移交给发包商；后者则是指第三方提供商只提供最开始的执行支持，发包商是运作主体，但第三方提供商被允许到一定阶段后从发包商那里买进实体。

第二节 服务外包发展的理论基础

有关外包的经济学理论主要有国际分工理论、交易费用理论和木桶理论；有关外包的管理学理论有核心竞争力理论、价值链理论和供应链管理理论。

一、有关外包的经济学理论

(一) 国际分工理论

古典贸易理论始于斯密的绝对优势理论。根据斯密的观点，国际分工是按地域、自然条件及绝对的成本差异进行的，即一个国家输出的商品一定是生产上具有绝对优势、生产成本绝对低于他国的商品。在此基础上，大卫·李嘉图提出了比较优势理论。他认为每个国家不一定要生产各种商品，而应集中力量生产那些具有比较优势的商品，然后通过国际贸易，在资本和劳动力不变的情况下生产总量将增加，如此形成的国际分工对贸易各国都有利。外包作为国际分工现象，其产生和发展可以从古典贸易理论中得到基本解释。跨国公司的业务外包从表现的形式上看，是当前国际分工的一种新的形式，它的产生和发展与古典贸易理论有着密切的联系；跨国公司之所以专注于自己的核心业务，而将非核心业务发包到另一个国家的其他企业去，其根本原因在于发挥自己的比较优势，同时利用他人的优势来降低自己的成本。经济全球化推进了国际分工的深化，伴随着产品内分工，跨国公司成为新国际分工的主角。国际分工开始以跨国公司全球生产网络为主导，组织自己的生产体系。有两种途径可以实现这种离岸的垂直化分工：（UNCTAD 在《2004 年度世界投资报告》中明确划分出这两种模式）一是内部化的方式，通过开辟国外分公司（FDI）；二是将业务外包给一个第三方供应商（离岸外包）。因此企业制定国际化战略时，FDI 与外包两种模式之间的选择成为影响企业发展的首要问题，其区别在于要不要对这个生产系统拥有所有权。一种是需要所有权，于是要采取内部一体化的分工体系，即国际直接投资(Foreign Direct Investment，FDI)。事实上，我们从 20 世纪 90 年代以来的世界经济发展中看到，越来越多的跨国企业采用这种分工方式。20 世纪 80 年代晚期，跨国公司这种采取垂直一体化方式的 FDI 开始大量流向发展中国家。另一种则是不需要控制生产体系的所有权，采用外部化的分工体系，即外包。这是近些年随着信息技术发展出现的网络时代新国际分工。一般是大型公司把部分（或全部）零件设计、程序工艺、装配设备、后勤、营销渠道、仓储和售后服务等环节用合同的方式外包给其他企业。

（二）交易费用理论

科斯（Cease）认为，交易费用至少包括两项内容：一是运用价格机制的成本，即在交易中发现相对价格的成本。包括获取和处理市场信息的费用，主要是搜集有关交易对象和市场价格的确定信息必须付出的费用，这是交易准备阶段发生的费用。二是为完成市场交易而进行的谈判和监督履约的费用。包括讨价还价、订立合约、执行合约并付诸法律规范而必须支付的有关费用，这是交易过程中发生的费用。通过签订长期的合同，交易费用就可以降低。企业交易费用代表了组织经济交易中的基本选择：选择市场或内部化。威廉姆斯在其两部专著《市场与等级结构》(1975) 和《资本主义的经济组织》(1985) 中全面系统地论述了交易费用，分析了交易费用产生和增大的原因，证明了成本费用增大是市场经济的属性，从而确立了交易成本的地位。通常人们根据一桩交易由内部完成和由外部完成产生成本费用的不同，把交易费用分为内部交易费用和外部交易费用。如果一桩交易的外部交易费用大于内部交易费用，则企业应该选择“企业代替市场”的方式（如兼并、合资等）来节省资源，使交易成本更低。相反，如果其内部交易费用大于外部交易费用，则企业应该选择“用市场来代替企业”的方法（如外包等）使交易费用更低。如果一项业务的内部交易费用大于外部交易费用，那么这项业务就应该采用外包的方式来经营；相反，则应该由内部来完成。降低交易成本是跨国公司服务外包的根本原因：企业一切资源的获得和能力的培养，都要靠资金来支持，如果企业的规模太大，追求自给自足，一方面在硬件投入上必须面面俱到，花费大量资金来购置各种设备、工具；另一方面在人才培训等软件方面上也需要不断地、长期地投入，这些都将大大提高经营成本。相比之下，管理良好的业务外包流程能大幅度削减开支，增强成本控制。例如，根据美国 Forrest 调查公司估计，美国企业依靠自身力量建立并维护一个 Web 网站，第一年的费用就是 22 万美元，而将此工作交给专门公司来做，开销仅为 4.2 万美元。而美国外包研究所估计服务外包能够为企业带来 9%的成本节省。服务外包公司成本的降低主要得益于不同国家间工资成本的差异。如印度的平均工资水平约为美国的 1/10，中国的平均工资水平约为美国的 1/40。

（三）木桶理论

经济学中的"木桶理论"也可以解释外包的现象。"木桶理论"是指决定木桶盛水量的不是围起木桶最长的那块板，而是最短的那块板。用这一理论来探讨企业的竞争能力，即指企业竞争能力的大小并不是由其最强势环节决定，而是取决于企业的最弱一环。一个传统的大型跨国企业在"纵向一体化"的经营理念下，往往规模宏大，业务流程和环节齐全，从生产到销售、从物流到客户服务，基本上都能够自给自足，但这样的结果往往是：企业这个大木桶会因为业务环节——木板太多而就难免参差不齐，出现许多"短板"，这些"短板"将严重制约大木桶的盛水量。相反，一个实行了业务外包的跨国企业，将去掉参差不齐的"短板"，留下整齐、结实的"长板"，组装成一个没有缺口的木桶，使之达到最大的盛水量，实现最强的企业竞争力。

二、有关外包的管理学理论

（一）核心竞争力理论

1990 年 Prahalad 和 Hamel 在《哈佛商业评论》上发表的《企业的核心竞争力》（The Core Competence of the Corporation）一文，正式提出企业核心竞争力理论。该理论认为，企业的竞争优势是由其能力所决定的。公司能力的差别是特殊能力与一般能力的差别。特殊能力也叫核心能力或核心竞争力。对于任何企业来说，它所拥有的资源都是有限的，不可能在所有的业务领域都获得竞争优势，美国企业协会的主席 John Mariotti 指出，几乎没有哪家公司能承受得起精于一切。因而企业必须将有限的资源集中在核心业务上，强化自身的核心能力，而将自身不具备核心能力的业务以合同的形式（外包）或非合同的形式（战略联盟或合作）交由外部组织承担。这就必然要求企业根据自身特点，寻找自身的核心业务，在某一领域、某一业务上形成自己的核心竞争力，而非全面包揽所有业务。在市场竞争日益激烈的今天，独具优势的核心竞争能力不仅需要保持，更重要的是要不断开发和改进，这些都需要企业拿出更多的时间、资金和精力来经营。企业集中资源从事核心业务的经营，而将其他非核心业务外包给其他企业，就形成业务外包。企业通过专注于具有核心能力的产品生产或服务，将非核心业务或职能交给外部组织承担，不仅可降低成本而且也可提高质量，同时外包可使企业核心竞争力更具优势。这样外包就成了企业利用外部资源获得互补的核心能力强化自身竞争地位的一种战略选择。从大量的研究来看，企业的核心能力或核心竞争力是指企业开发独特产品、发展独特技术和发展独特营销手段的能力。从世界著名跨国公司行业内的产业梯度来看，核心能力依次是：研究开发、核心部件生产、零部件生产及产品组装等。跨国公司都在研究开发、核心部件生产等方面花费较大的投入，而将零部件生产、产品组装等放到发展中国家或不发达国家中去，或本国的外部组织。

（二）供应链管理理论

随着市场需求日益多变，技术进步突飞猛进，产品的生命周期越来越短，企业的竞争优势已不仅仅取决于产品的质量、价格、售后服务等，而在很大程度上取决于企业自身是否对市场的变化具有快速应变的能力。与之相应，企业的管理模式也经历了从“纵向一体化”向“横向一体化”的转变。“横向一体化”形成的是一条从供应商到制造商再到分销商的贯穿所有企业的“链”，由于相邻阶段企业表现出一种需求和供应的关系，当把所有相邻企业以此连接起来，便形成了供应链（Supply Chain）。这条链上的节点企业必须达到同步、协调运转，才能使链上的所有企业均能获益，供应链理论就此产生。有人认为，21世纪的竞争不是企业与企业之间的竞争，而是供应链之间的竞争。供应链管理的思想精髓是把主要精力放在企业的核心业务上，充分发挥核心业务为企业带来的核心竞争力。同时，与全球范围内的合适企业建立战略合作关系，企业中的非核心业务由合作企业来完成。因此，在这种管理模式下，为了保持企业最核心的竞争优势，外包成为许多企业的首选。

（三）价值链理论

迈克尔·波特在其《竞争优势》一书中提出了“价值链”的概念及其相关的国际竞争论。波特认为，企业是一个综合设计、生产、销售、运送和管理等活动的集合体。企业要生存发展，必须为企业的股东（Shareholders）和其他利益集团（Stakeholders）（员工、顾客、供应商等）创造价值。企业创造价值的过程可以分解为一系列互不相同但又互相关联的经济活动，这些经济活动可称之为“增值活动”，其总和即构成企业的“价值链”。每一项经营管理活动就是这一价值链上的一个环节。根据产品实体在价值链的各环节的流转程序，企业的价值活动可被分为“上游环节”（材料供应、产品开发、生产运行）和“下游环节”（成品分运、市场营销和售后服务）。上游环节经济活动的中心是产品，与产品的技术特性紧密相关；下游环节的中心是顾客，成败优劣主要取决于顾客的特点。而这两个环节均属于企业一般意义上的生产经营环节，都与商品实体的加工流转直接相关，因而属于企业的基本增值活动。这是企业价值链的第一个构成部分。另一部分则为企业的辅助性增值活动，包括组织建设、人事管理、技术开发和采购管理，虽然与企业产品并不直接相关，但是保证企业生产的正常运转。“价值链”的两大构成部分的各个环节之间相互关联，相互影响。一个环节经营管理的好坏可以影响到其他环节的成本和效益。由于价值链各个环节所要求的生产要素各不相同，任何企业都只能在“价值链”的某些环节上拥有优势，而不可能拥有全部增值环节的绝对优势。因此，不同的跨国公司只能在具有比较优势的环节上发展自己的核心能力。而要实现各个环节对价值链增值的最大贡献，企业就必须在各自成功的关键因素——价值链的优势环节上展开合作，从而达到整体利益的最大化。由此可见，供应链管理模式与价值链理论相比，基本思想如出一辙，强调的都是任何一个企业都不可能在所有业务上成为世界上最杰出的企业，只有优势互补，才能共同增强竞争实力。这就摒弃了企业过去那种“大而全”、“小而全”的经营模式，转而在全球范围内与相关企业建立最佳的合作伙伴关系（外包协作），形成一种长期的战略联盟，结成利益共同体，最终提高自己的竞争力。

第三节　服务外包产生发展的现实动因

服务外包发展迅速的原因有：一是在信息技术、互联网技术支持下，企业进行信息收集、加工、传递的成本变得极为低廉；二是，全球宏观经济发展呈现由产业向服务业转移的趋势，跨国公司从成本控制的角度出发开始考虑转变经营战略。

一、信息、通信技术发展的推进

在信息技术、互联网技术支持下，企业进行信息收集、加工、传递的成本变得极为低廉，企业协作的交易费用大大降低，相互协作的企业以信息网络为依托，集中不同公司的资源，协作企业之间的信息传递、业务往来都由网络提供技术支持，从而使服务外包从可能成为现实。20 世纪 50 年代开始的国际分工开始呈现出新的特征，其中最为瞩目的特征就是产品内分工，即某个产品生产过程包含的不同工序和区段，被拆散到不同国家去分布和展开，形成以工序、区段、环节为对象的分工体系。随着产品生产的可分离和全球通信运输的发展，越来越多以产品为对象的横向国际分工和交换被以产品工序、环节为对象的纵向国际分工所取代。外包开始于制造业，因为当时经济与技术发展的限制，只有有形产品才能实现生产部件、环节的分离，从而实现世界范围内的外部生产。然而在过去十多年中，信息和通信技术的长足发展使得服务在某一地点生产，而在其他地点消费成为可能——服务变得可以交易。这意味着，全部服务产品的生产可根据每一地点的比较优势和竞争力在远离公司母国的其他地点实现国际间分配，进而加强公司的战略。对于制造业来说，外包是基于国际产品内分工基础上的，“做核心价值部分，把其他部分外包出去”。同样，当服务实现了“可贸易革命”之后，服务作为实现最终价值的一部分，也可以实现在国际间的分工，可以将服务细分为各个环节，保留最具有竞争力的部分，而把其他的服务环节外包出去，从而产生服务外包。所以，正是由于飞速发展的信息通信技术为服务提供了载体，使得其可以在不同国家的企业之间流动，从而产生了服务外包。

二、全球宏观经济的发展趋势

（一）全球产业向服务业转移

世界主要发达国家的经济重心转向服务业始于 20 世纪 60 年代，服务业在就业和国内生产总值中的比重不断加大，20 世纪 80 年代，全球产业结构开始呈现出“工业型经济”向“服务型经济”转型的总趋势。目前，全球服务业增加值占全球生产总值比重达到 65%

以上，主要发达国家达到70%以上，由此带动了世界经济结构向服务业的转变。与此同时，发展中国家也紧跟时代浪潮，普遍进入服务业快速发展及其占生产总值比重迅速提升时期，服务业增加值占其GDP增加值的比重从1990年的45%提高到目前超过50%。随着主要国家“工业型经济”向“服务型经济”的转型，全球产业也由“向外转移制造业”向“向外转移服务业”过渡。在这两个阶段中，第一阶段是发达国家向外转移制造业，最初以在外国建立企业的方式来实现转移，后来随着东道国产品制造技术的日益发展和成熟，就将产品零部件甚至是核心部件交给国外的企业来生产，以获取成本优势，即制造业外包；到了第二阶段是发达国家向外转移服务业，这个阶段并没有重复先FDI后外包的这种发展模式，而是两者同时发展，最近十年服务业的全球转移和服务业外包几乎同时发生。

(二) 经济全球化

经济全球化带动资本、信息、技术、劳动力、资源在全球范围内流动、配置和重组，使生产、投资、金融、贸易在世界各国、各地区之间相互融合、相互依赖、相互竞争和制约，将整个世界连接成一个巨大的市场。发达国家、发展中国家均被卷入这一浪潮中，任何企业想在此浪潮中“闭关自守”是注定要失败的。只有融入全球化浪潮，与别的企业建立战略联盟，协调合作，互惠互利，才能获得长久竞争优势，享受全球化带来的胜利成果。随着全球经济一体化的趋势不断加强，国际贸易壁垒不断减少，外包现象由传统的蓝领制造业岗位，扩展到新兴的白领服务业岗位。最初少数大型跨国公司在服务外包模式的成功尝试，产生了强烈的示范效应，服务外包迅速发展起来。20世纪90年代后，以IT技术为核心的技术革新浪潮席卷全球，全球范围内的通信成本迅速下降，便捷程度飞速提高，信息传输量巨大，由于地理距离造成的障碍几乎可以忽略不计，客观上推动可贸易资源的全球配置的效率提高，使服务业全球化进程大大加速。因此，经济全球化程度越高，外包程度也越高，而服务产业全球化是服务外包出现的宏观背景。

三、微观企业的战略性决策转变

(一) 跨国公司经营转变

近年来，跨国公司全球战略的调整为外包这种离岸模式的迅速发展提供了契机。随着全球市场的出现，跨国公司首先把营销及服务网点洒向全球。很多跨国公司都开始了全球化的经营战略。商务部研究院跨国公司研究中心主任王志乐分析了跨国公司向全球转变的四大战略调整：从跨国经营到全球经营、打造全球产业链、通过外包整合全球人力资源以及通过并购快速成长。20世纪90年代以来，经济全球化、技术信息化等变革极大地改变了跨国公司的经营环境、竞争规则和创造价值的方式。尤其是随着核心价值理论和产业价值链理论的不断发展和完善，跨国公司越来越意识到多元化经营战略的弊端：摊子过大或不熟悉相关领域导致收益降低甚至是亏损。于是就产生了跨国公司从多元化经营到业务归核化的战略转变。世界著名的管理大师德鲁克（P. Drucker）在20世纪80年代初曾提出：今天典型的大企业是多种产品、多种技术和多种市场的，是多元化经营的企业。然而美国大企业20世纪50年代起施行的多元化战略在70年代到达高峰，80年代进入战略转换期，

90年代多数实施归核化（Refocusing）战略。而欧洲大企业的这种战略转换比美国要晚5～8年。把公司的业务归到自己最擅长、优势最大并且具有核心价值的环节上去，强调核心能力的培育、维护和发展，这是跨国公司在外部环境竞争日趋激烈的情况下"有所为、有所不为"的一种主动选择，是为了更好地发展核心主业、提高竞争力而实施的战略转移。实施归核化战略的主要措施有以下几种：一是将非核心业务出售或撤销相关部门和机构，将人员和资产重组；二是为加强核心业务而收购相关企业，有些情况下再把收购企业中与核心业务无关者剥离出售；三是为强化经营力度而将一个公司分拆为两个或者更多个公司；四是将非核心业务分包给其他公司运作。非股权参与的外包形式尤其引人注目。跨国公司将非核心的生产、营销、物流、研发，甚至非主要框架的设计活动都分包给成本更低的发展中国家的企业或专业化公司完成，这一方面有利于分离没有优势的环节，使自己能够更好专注于核心环节的生产；另一方面，在全球范围内寻找专业外包伙伴，可以达到资源的优化配置，并且减少成本。目前，外包已广泛应用于产品制造、IT服务、人力资源管理、金融、保险、会计服务等多个领域。伴随着经济全球化的深入发展，国际外包市场近年来迅速扩张，由单个项目逐步发展成了一个规模巨大的市场。

（二）激烈的国际市场竞争

日益激烈的国际市场竞争是服务外包的根本原因。随着经济全球化的深入发展，国际市场竞争出现了新的特点：一是竞争的关键由一般技术转向核心技术。企业为了集中精力，不断进行技术创新，开发和垄断核心技术，不得不把一般技术的生产和服务外包出去，以最大限度地保持企业的竞争力。二是竞争的地域由区域转向全球。企业要在全球市场保持和扩大占有率，仅靠自己的力量是不够的，必须利用国外资源，与国外企业建立战略同盟，服务外包就是其中的一种有效模式。市场环境迅速变迁迫使企业采用服务外包战略。通过服务外包，企业以网络技术为依托，把具有不同优势资源的合作方整合成反应快速、灵活多变的动态联盟，各方资源共享、优势互补、有效合作，共同应对激烈而严峻的市场挑战。市场变迁越剧烈，服务外包程度越高。从市场基本面因素看，跨国公司是服务外包的主要推动者和实施者，也是发包和接包企业的主体。顾客需求永无止境，更好、更快、更便宜是企业持续面对的压力，以更低的价格提供更多的功能与服务迫使企业从事离岸外包。企业或主动或被动地在全球范围内寻找机会，以应对日益激烈的竞争。

（三）跨国公司转嫁风险的需要

在经营过程中，可能面临来自各个方面的风险，外包成为分散风险的有效选择。企业的各项经营投资决策都会伴随大量的潜在风险，最好的办法就是转嫁风险，将部分业务外包出去，从而与外包业务供应商结成战略性联盟，共同抵御至少两个方面的风险，其一是因自身在某些服务业务方面技术水平有限或管理不良而带来的质量风险，其二是因某些业务环节需大量投入资金而带来的资金占用风险。同时，跨国企业出于自身经济安全考虑，需要把外包业务分散至多个国家或地区，进一步分散风险。

（四）降低成本的现实选择

美国、欧洲及日韩等发达国家的企业把一部分非核心业务外包给发展中国家的企业，其最直接的原因就是两类国家之间的工资成本的显著差别。以中国为例，BPO 业务新手的月薪不过 300 美元左右，仅相当于美国人平均工资的 1/10。据有关专家计算，印度的平均工资约为美国的 1/10。而中国的平均工资约为美国的 1/40。由此可以看出，发达国家的跨国公司通过服务外包既可利用国外的人力资源优势，又可降低生产成本，提高效益，增加利润。一般来说，具有离岸外包经验的公司通常称可节省 20%～40%的费用。据麦肯锡环球研究所估计，美国公司进行离岸外包时，每支付一美元，就可以带来 1.47 美元的收益，其中美国公司获得 1.44 美元，而印度等发展中国家的承包公司仅得 3 美分。节约既来自使用廉价劳力，也来自合并活动减少地点，如表 1－1 所示。

表 1－1　服务外包流程类型成本节约比例

流程类型	成本节约比例（%）
交易进程	25～40
会计/合约中心服务	30～40
IT 服务	25～50
金融/保险	40～60
数字内容	30～50
软件/ERP/分析	40～60

资料来源：Genpact（原为 GECIS）在 2004 年 11 月印度外包会议上的发言稿整理。

第四节　黑龙江省传统优势产业发展服务外包的现实意义

20 世纪 80 年代以来，我国利用国际制造业外包机遇，通过承接国际制造业转移成为“世界工厂”，取得了举世瞩目的成就。但能源、资源、环境制约日益凸显，粗放的经济增长使可持续发展难以为继，因此经济结构需要调整，发展方式需要转变，迫切需要寻找新的经济增长点和突破口。服务外包具有科技含量高、附加值大、资源消耗低、环境污染少等特点，正以其不可替代的优势成为国际产业转移的新宠。在当今经济全球化纵深发展、国际竞争日渐激烈的新形势下，黑龙江省需要立足于基本国情，结合其在全球产业价值链中的定位，把握机遇，探索传统优势产业服务外包的发展模式，这对黑龙江省经济和社会发展具有重要而深远的战略意义。

一、有利于转变经济发展方式

发展服务外包产业是降耗减排的有效手段，是实现绿色 GDP 的客观要求。物耗过大和环境污染严重已成为当前我国经济可持续发展的两大瓶颈，发展服务外包产业在缓解这两大瓶颈制约方面具有重要作用。近年来，我国经济的增长在总体上并未改变能耗过高、资源效率低的运行模式。制造业持续高速增长引起了自然资源、生态环境非均衡性增长的矛盾。中国现代化战略研究课题组在2007年1月27日发表的《中国现代化报告2007》中提出，如果中国不迅速转变生产与生活方式，人类历史上突发性环境危机对经济、社会体系的最大摧毁，将可能出现在中国。报告在对全球118个国家进行的2004年生态现代化指数排名中，中国以低于世界平均值17分的42分排在第100名，位居倒数第18位。这一结果集中说明了环境问题对中国的经济发展敲响了警钟。我国经济发展中资源和能源的制约也日趋明显。我国是能源严重短缺的国家，石油、天然气人均剩余可采储量仅为世界平均水平的7.7%和7.1%，储量比较丰富的煤炭也只有世界平均水平的58.6%。按目前探明储量和开采能力测算，我国煤炭、石油、天然气的可采年限分别只有80年、15年和30年，而世界平均水平分别是230年、45年和61年。铁、铜等重要矿产资源的人均储量，仅分别相当于世界人均水平的25.5%和9.7%。据研究显示：到2010年，我国铜、铝、铁、锰、铬和钾盐的对外依存度将分别高达75%、63%、55%、55%、93%和83%。我国45种主要矿产的现有储量，能保证2010年需求的只有24种，能保证2020年需求的只有6种。我国人均耕地仅1.59亩，不到世界平均水平的1/2，农村每户耕地仅0.66公顷。森林覆盖面仅为14%，与世界平均水平的25%差距很大。水资源紧缺且分布不均衡，淡水资源仅为世界平均水平的1/4，600多个城市中有400多个供水不足。黑龙江省多项资源人均指标虽高于全国平均水平，但基本上也已达到资源枯竭的边缘，维系全省经济长期可持续发展并不乐观。麦肯锡公司2006年发布的《把中国打造成全球服务外包行业的巨人》显示：服务产业的收入对GDP的转化率为0.9～1。到2010年，服务外包产业有望为中国贡献7%的GDP增长和10%的服务业GDP增长；到2015年，相应的比例有望分别达到14%和15%。通过服务外包所获得的GDP增长是绿色增长，将有助于促进黑龙江省经济结构的调整和经济发展方式的转变。近年来，全球跨国直接投资呈现新的发展趋势，以服务业外包和高科技、高附加值的高端制造及研发环节转移为主要特征的新一轮全球产业结构调整正在兴起。服务外包产业是现代高端服务业的重要组成部分，具有能源消耗少、无污染、知识含量高、吸纳就业能力强等特点，把握住这个重要机遇将有利于调整产业结构，发展低碳经济，降耗减排，加速产业升级，实现跨越式发展。

二、有利于带动现代服务业发展

20世纪60年代以来，世界各国经济普遍呈现向服务型经济转型的趋势。1990年全球服务业占全球GDP比重突破60%，标志着全球服务型经济格局的形成，到2004年这一比重进一步上升到68%。其中，发达国家从65%上升到72%，美国更是高达77%。发展中国家也从45%上升到了52%。服务外包作为现代服务业的重要组成部分和先导产业，代表着服务业乃至世界经济的未来发展方向。全球产业结构正呈现出“工业型经济”向“服务型经济”转变，服务业快速增长，已成为世界经济发展的新动力。近年来，黑龙江省服务业迅速发展，但与发展水平相近的国家和地区相比，其第三产业只占GDP的36.5%

(2008年)，明显偏低，尤其是现代服务业发展相对滞后。大力发展服务外包将有助于提高黑龙江省的服务业水平，并促进其制造业提升层次、优化结构，推动制造业与服务业相互配套、工业化与信息化相互融合，从而加快实现从“黑龙江制造”向“黑龙江创造”“黑龙江服务”“黑龙江创意”的升级，加快形成“三二一”高层次产业结构（产业占GDP比重按大到小为第三产业、第二产业、第一产业）。国际经验证明，服务业的快速发展一般发生在一个国家整体经济从低收入发展到中高收入的过程中，而在未来10～20年，中国经济正好将经历这样一个从低收入到中高收入转变的过程，因此，服务业应该成为中国未来经济重要的增长点。目前，我国服务业还停留在以消费型服务业为主的散、乱、小基础上，以金融、保险、物流等为代表的现代服务业，却往往由于体制改革滞后等因素影响，发展速度不快。黑龙江省服务外包以人力资源为主，先期的资本投入较小，属于智力密集型行业，不会产生环境污染，国家政策性进入门槛较低，并且能够根据国际市场需求迅速扩大规模，有条件成为实现产业结构优化的突破口。

三、有利于巩固制造业的领先地位

发展服务外包产业有助于装备制造业走新型工业化道路。这是因为服务外包产业是以信息化带动工业化，以科技进步为动力，以提高经济效益和竞争力为中心的，其实质是将信息、技术广泛应用和渗透到工业生产的各个领域和环节。在全球范围内，服务业和制造业之间的关系正在变得越来越密切，并形成良好的互动机制，主要表现在许多制造企业的专业服务呈外包趋势，制造业中服务投入大量增加，以及制造业和服务业之间彼此依赖的程度日益加深等方面。美国企业自20世纪90年代以来，致力于提高企业的核心竞争力，而把企业的专业服务进行全球外包，极大地提高了美国产品和服务的全球竞争力，也进一步刺激了其他国家制造业对服务业空前高涨的关注热情，全球各地的许多制造商（如汽车、家电、计算机等）同服务企业一样注重管理他们的服务。这些制造商已充分认识到企业要进行全球竞争，必须要提供优质服务，这不仅是企业至关重要的竞争手段，也是企业获得竞争优势的潜力所在。目前跨国企业致力于将其制造中心和服务中心进行整合，从而实现更大的协同效应。如IBM公司在20世纪90年代由制造型企业成功转型为服务型企业等。改革开放以来，中国制造业积极承接国际产业转移，在国际分工中的地位不断提升，黑龙江省是中国著名的老工业基地，已具备较好的产业基础，应主动发展服务外包，延伸制造业，提升制造业的知识和技术含量，引领中国经济向产业链高端拓展。

四、有利于解决高素质人才就业问题

服务外包具有劳动密集和知识密集的多重特性，无疑是解决就业问题的出路之一，有利于高端就业问题的解决。当前大学生就业难已经成为重要的社会问题，黑龙江省也如此，而大学生就业难的最关键因素是没有合理的产业来吸收他们。由于服务外包涉及领域广泛，许多业务来自于金融、电信、医疗、制造等行业，对大学生就业的拉动很大。事实上，服务外包所提供的就业规模很大，不亚于当年制造业向中国转移所创造的机会。以呼叫中心为例，员工规模超千人的服务外包企业在大连就有许多家，印度甚至出现员工超万人的外包企业。印度依靠服务外包产业发展，2006年的就业量达到160万人，承接服务外包规模为313亿美元。根据高德纳（GARTNER）、国际数据公司（IDC）、麦肯锡等机构预测，中国的服务外包产业未来十年将保持30%～50%的发展速度。麦肯锡基于中国2005年服务外包产值36亿美元的数据基础，测算到2010年中国的服务外包营业收入将达到180亿美元，直接就业机会100万人，间接和相关就业机会达310万人；2015年中国服务外包产值将达到560亿美元，预计直接就业机会270万人，间接就业机会840万人。另外，服务外包还有助于培养高素质的专业人才。外包的领域非常广泛，从简单的客户服务到远程营销；从最基本的信息处理到复杂的财务、金融、保险分析；从简单的电脑日常维护到高端的软件开发、新产品设计。并且，其涉及的环节越来越复杂，在价值链上的位置也越来越高。服务外包可以推动黑龙江省培养造就大批的专业人才。

五、有利于调整外贸出口结构

随着世界新一轮产业结构的调整和贸易自由化进程的继续推进，服务业和服务贸易在各国经济中的地位还将不断上升，服务贸易发展整体趋于活跃。世界各国纷纷制定加快发展服务贸易的发展战略，欧美等经济发达国家利用其服务贸易发展水平领先的优势，通过各种多双边的谈判要求世界各国开放服务贸易市场，以此来扩大服务贸易的出口，世界WTO新一轮谈判以及区域性经济合作的谈判服务贸易都成为主要议题。世界服务贸易领域的利益格局将在各方博弈中重新形成。为顺应这一趋势，各国不断调整国内经济政策：一方面积极推动服务贸易的自由化，率先削减本国服务贸易壁垒；另一方面，国际服务贸易的保护程度实际上也在变相提高。在内在需求和外来推动的双重因素下，如何加快发展服务贸易、增强服务贸易竞争力必将成为各国长期关注的焦点。中国服务贸易出口规模与发达国家差距明显，服务贸易发展相对滞后，仅占我国贸易额的10.9%，黑龙江省也仅达到这个水平，远远低于19%的世界平均水平。但中国要实现外贸增长方式从规模速度型向质量效益型转变，就要加快实现从有形的货物贸易为主向有形的货物贸易与无形的服务贸易并重的方式转变，使出口商品向高附加值、低能耗转变。服务外包与传统的制造业外包相比，具有知识含量高、附加值高、低消耗、无污染等特点，大力发展服务外包，有利于转变外贸的增长方式。

外包始于制造业，完善于服务业，具备丰富的经济学、管理学理论基础和多方面的现实动因。目前，服务外包正以生产性服务业为主线，由服务领域向生产领域渗透，出现了服务外包结构优化与升级的良好势头。大力发展传统优势支柱产业服务外包，有利于承接资源型城市经济转型、转变经济增长方式、提高服务业水平、调整外贸出口结构、扩大高素质人才就业、促进传统优势支柱产业优化与升级，对黑龙江省国民经济协调、可持续发展具有重要的现实意义和研究价值。

第二章 服务外包的理论演进与决策模型

第一节 服务外包的理论演进逻辑

一、基于商品流通视角的服务外包理论演进

商品流通是指商品或服务从生产领域向消费领域的转移过程，包括实物贸易和服务贸易，而服务贸易主要体现为服务外包的形式。这一点可从“服务贸易总协定”（GATS）中得以认证。GATS 定义了服务贸易的四种模式：①过境服务（Cross-Border Supply）；②境外消费（Consumption Abroad）；③商业存在（Commercial Presence）；④自然人流动（Movement of Personnel）。从某种意义上讲，服务外包提供商所提供的服务主要类属于GATS 框架下的“过境服务”。所谓“过境服务”是指服务提供商在一成员方境内领土上为其他成员方境内服务消费者提供服务。服务提供商借助网络、通信等中介物质，将“服务”这种产品越过国境提供给境外接受服务的消费者，这正是服务外包这种服务贸易的显著特征。“商业存在”和“自然人流动”同样是 GATS 框架下所规定的两种典型的服务提供模式。所谓“商业存在”是指，一成员方的服务提供商在另一成员方境内设立商业机构，通过这个商业机构向该成员方的服务消费者提供服务。这实质上是服务提供商本身跨越国境提供服务的一种模式。“自然人流动”和“商业存在”类似，是指服务提供商寻求满足一定资格的自然人，以通过该自然人到其他成员方领土内提供服务。显然，服务外包提供商可以通过在其他成员方领土内设立分支机构或代表处，或通过寻求满足条件的自然人的形式来提供服务。因此，“服务外包”是“过境服务”、“商业存在”和“自然人流动”这三种服务提供模式的综合体。综上所述，服务外包应属于商品流通范畴。鉴于此，国家、省等机构已将服务外包的管理部门由信息产业管理部门变更为商务部门。基于商品流通视角的服务外包理论演进路线如图 2－1 所示。

二、基于业务外包视角的服务外包理论演进范畴

外包可分为生产外包和服务外包两部分。生产外包分为第一产业生产外包和第二产业生产外包（包括制造业外包）；服务外包分为第一产业生产性服务外包、第二产业生产性服务外包和第三产业外包。第一产业生产性服务业外包分为农业服务外包、林业服务外包、牧业服务外包、渔业服务外包；第二产业生产性服务业外包分为采矿业服务外包，制造业服务外包，建筑业服务外包以及电力、燃气和水的生产供应业服务外包；第三产业外

包分为生产性服务业外包、消费性服务业外包和公共服务业外包。其中，生产性服务业外包由金融服务外包、物流服务外包、信息服务外包、房地产服务外包、科技服务外包、会展服务外包、财务服务外包、营销服务外包和管理咨询服务外包等组成；消费性服务业外包由批发和零售服务外包、住宿和餐饮服务外包、旅游服务外包等组成；公共服务业外包由教育服务外包、卫生服务外包、社会保障和社会福利服务外包、文化服务外包、体育和娱乐服务外包、公共管理和社会组织服务外包等组成。这样，生产外包和服务外包成为业务外包的两个重要门类。服务外包理论演进框架如图 2-2 所示。

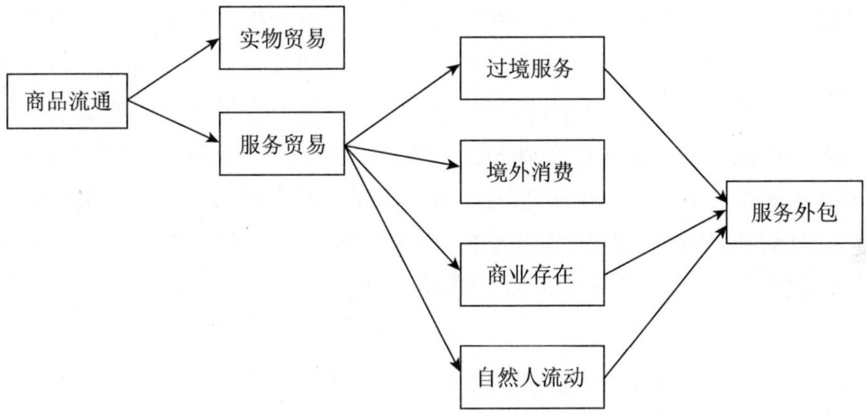

图 2-1 基于商品流通视角的服务外包理论演进路线

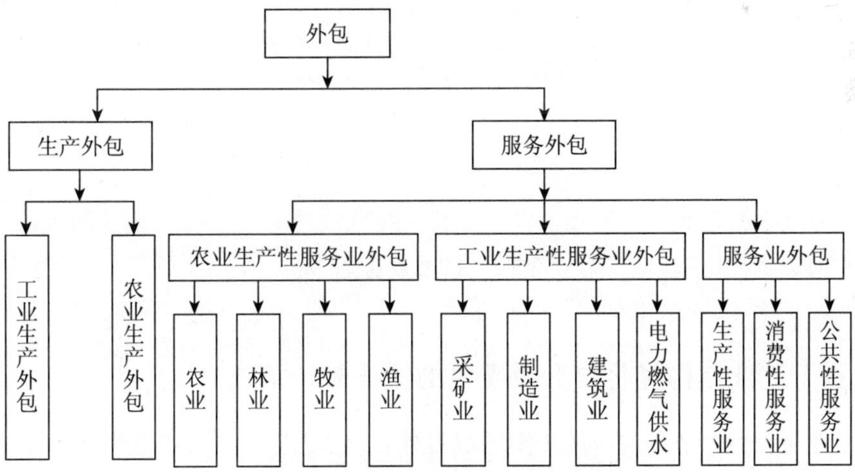

图 2-2 服务外包的理论演进框架

三、基于生产性服务业视角的服务外包理论演进

第一、第二产业中的生产性服务业也是服务外包的对象。第二产业中的每一个行业都

可分解为加工和生产性服务两部分。以制造业为例，中国台湾著名科技业者、宏基集团创办人施振荣先生，在1992年为“再造宏基”提出了有名的“微笑曲线”（Smiling Curve）理论（图2-3）：在微笑型产业链的曲线中，左边是研发，右边是营销，中间是加工部分，这部分产生的利润低。但是左边的研发与右边的营销都属于生产性服务业，附加值高，是未来产业的发展方向，应加强研发创造智慧财产权，强化品牌和服务意识，追逐营销利润。国民经济的第一产业包括农、林、牧、渔业和农、林、牧、渔服务业，农、林、牧、渔服务业属于第一产业生产性服务业；第二产业包括采矿业，制造业，建筑业以及电力、燃气和水的生产供应业，每个行业都像制造业那样可以分解为生产和生产性服务两部分，生产性服务部分就是第二产业生产性服务业；第三产业分为生产性服务业、消费性服务业和公共服务业，这三部分都属于服务业，都是服务外包的业务领域。因为第一产业生产性服务业、第二产业生产性服务业同第三产业中的生产性服务业具有相同的属性，都是为生产服务的行业。因此，都应成为服务外包的对象。正是由于产品内分工产生了生产外包，服务可贸易（服务可分）产生了服务外包，而生产环节中的加工与生产性服务催生了全球服务外包，并且服务外包正以生产性服务业为主线，由服务领域向制造业、采掘业等领域渗透。这样，服务外包突破了服务领域，形成了以第一、第二、第三产业为对象的业务领域。

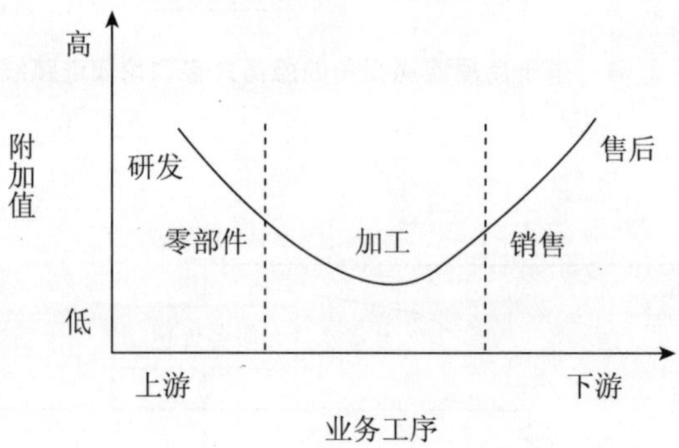

图2-3 微笑曲线

四、基于产业结构优化与升级视角的服务外包演进

第一产业生产性服务外包应属于知识流程外包（KPO）。第二产业生产性服务外包小部分（如产品营销外包）属于业务流程外包（BPO），制造业（包括医药）、采掘业（包括石油、天然气、煤炭和有色金属）等大部分服务外包属于KPO。在第三产业中，生产性服务业外包大部分（如金融、物流、财务等外包）属于BPO，信息服务外包属于信息技术外包（ITO），咨询外包属于KPO；消费服务业外包属于BPO；公共服务业外包属于BPO。因此，生产性服务业外包体现为ITO、BPO和KPO三种形式，应成为服务外包的最主要对象。

服务外包产业结构优化与升级演进主要体现在以下两个方面，一是产业空间不断加大，服务外包正在以生产性服务业为主线，从服务领域渗透到生产领域；二是服务外包正由低端转向高端。随着信息技术和网络技术的发展，许多公司不仅将数据输入、文件管理等低端服务进行外包，而且还将风险管理、金融分析、科技研发、技术服务、生产管理等技术含量高、附加值大的业务发包出去，形成知识型服务外包。目前，ITO 的总体市场份额高于 BPO（含 KPO），但其增长速度却明显慢于 BPO（含 KPO）。据毕博公司预测，ITO 产业 2006—2010 年平均增长率为 5.8%，BPO（含 KPO）产业同期平均增长率为 10%，全球 BPO（含 KPO）市场规模到 2009 年年底将首超 ITO 市场规模。KPO 是由 BPO 转化而来的一种新业务种类，但其潜力巨大，市场广泛，在全球产业分工的大背景下，将逐渐成为与 ITO、BPO 并驾齐驱并有望超越的一个主要模式。其中医药服务外包、石油天然气和煤炭服务外包以及装备制造业服务外包尤为引人注目。知识流程外包时代已经来临，毕马威（KPMG）最新的一份研究报告称仅就金融服务领域而言，KPO 服务的市场规模预计在 2015 年将达到 55 亿美元。知识流程外包被视为第三代外包流程——现在开始正逐渐成为现实的、主流的外包选择之一。黑龙江省各城市服务外包发展应尽量避免重复全国其他城市从事过的低端业务，关注知识含量与附加值较高的服务外包产业，在继续巩固 ITO 产业的基础上，重点谋划 KPO 和 BPO 产业的发展。基于产业结构优化与升级视角的服务外包演进路线如图 2－4 所示。

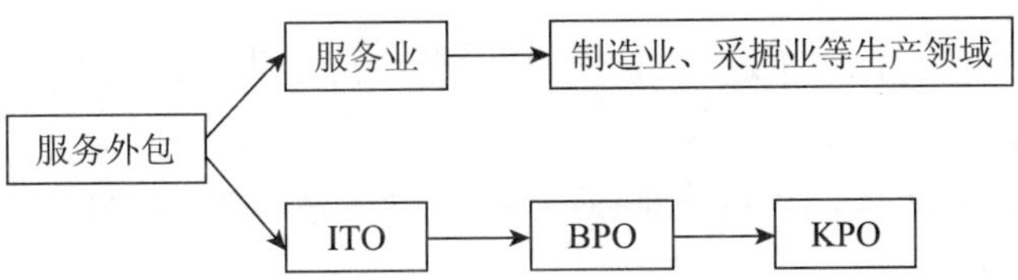

图 2－4　基于产业结构优化与升级视角的服务外包演进路线

五、外包的实践演进路径

第一阶段：外包开始于制造业。20 世纪 50 年代开始的国际分工呈现出新特征，其中最为瞩目是产品内分工，由于当时经济与技术发展的限制，只有有形产品才能实现生产部件、环节的分离，跨国公司为了降低成本，从而实现世界范围内的外部生产，便产生了制造业外包。第二阶段：外包由制造业转向服务业。20 世纪 80 年代，信息和通信技术的长足发展使得服务也有可能在某一地点生产，而在其他地点消费，服务变得可以交易，服务产品的生产可根据比较优势和竞争力在远离公司母国的其他地点实现国际间分配，便产生了服务外包。第三阶段：外包由服务业返回制造业、采掘业等。目前，由于制造、采掘等产业中加工与服务部分的可分性，为了调整产业结构，促进传统产业优化与升级，转变经济发展方式，发展低碳经济，外包以生产性服务业为主线，向制造业、采掘业等领域渗透，产生了服务外包的高级形式——制造业、采掘业等产业内部的服务外包。外包的路径演进路线如图 2-5 所示。

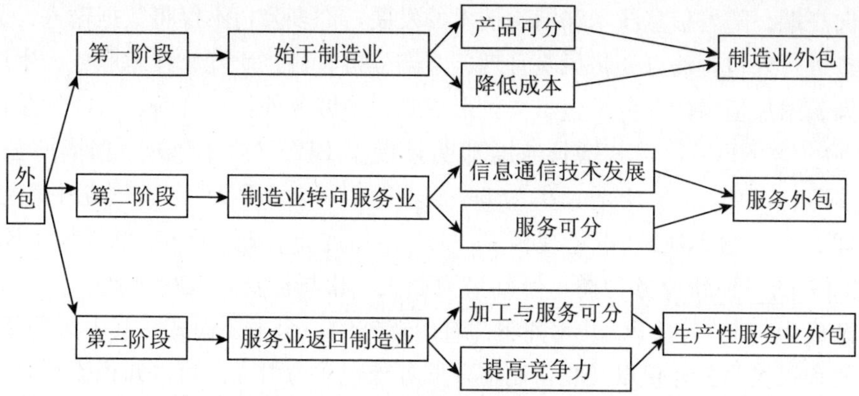

图 2-5 外包的路径演进路线

外包决策是发包企业综合考虑各种内部和外部因素，选择外包业务的范围、规模、外包方式及外包供应商的过程。不同企业外包决策考虑的因素虽然各有侧重，但通过建立外包决策的理论模型，可以为发包企业制定外包策略和接包企业提供承接外包业务的概率、有效应对提供具有共性的、可参照的范式。

第二节 企业外包的模型设计

按照核心能力理论，我们可以把企业的业务分为四种，用来决定其核心能力和外包业务：企业核心业务（所有与企业生存相关的必需业务）；核心附近的业务（直接与核心业务联系）；远离核心的业务（支持业务）；可处置业务（一般可用性）。一般来说，企业应围绕核心竞争力，按照远离核心业务的顺序，将可处置业务、远离核心的业务、核心附近的业务依次发包。而核心业务是否可以外包，目前学术界仍有争议。其中大多数观点认为企业的核心业务不宜外包（Prahalad、Hamel，1990；Altingkermer，1994；Quinn、Hilmer，1994；尹建华，2005）。核心业务面临的风险主要表现为自身创新能力的下降、关键技术外溢和供应商竞争力的提升，进而抵消外包带来的成本效益。因此，企业在进行外包决策时，一般应将企业的核心业务保留在企业内部，外围业务、补充性业务可交由供应商完成（图 2-6）。但也有学者认为核心业务可以外包，崔南方，李怀玉（2004）的研究表明，虽然理论上普遍认为企业的核心业务不能外包，然而市场并没有遵循这个规律，外部环境的变化使得许多企业正在考虑将自己的核心业务外包出去。实际上，随着技术创新、生产组织方式和竞争环境的改变，企业的核心业务与外围业务的边界并不固定，而是出于不断变动的状态，这取决于发包企业的战略调整和外包的谈判能力。

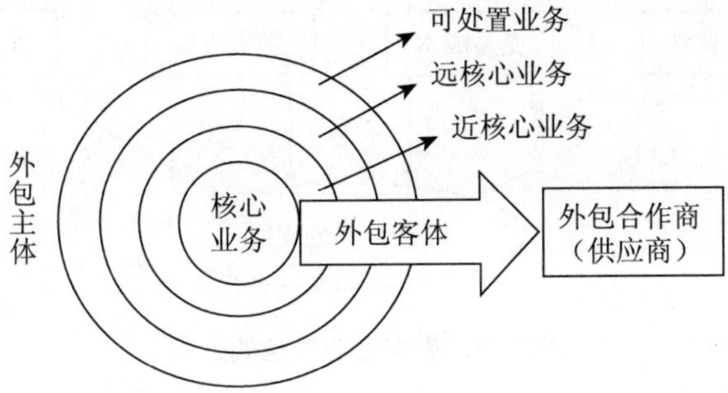

图 2-6　企业外包的模型设计

资料来源：AMOLD，ULLLI. New dimensions of outsourcing：a combination of transaction cost economics and the core competencies concept［J］. European Journal of purchacing&Supply Management，2000，12（6）：23-29.

一、外包成本的分析及决策

大多数企业开展外包是基于成本考虑，Degreave、Roodhooht（1998）的一项基于公司实际外包决策案例研究指出，企业对外部供应商的最优选择是要使外部采购引发的所有权成本（Cost Ownership）降到最低。从这角度出发，一项业务外包的前提是外包成本（包括生产成本和交易成本）要小于在企业内部完成该业务的成本，即：

$$R = C_{in} - C_{out} - T_{out} > 0$$

式中：

R——外包的净利润；

C_{in}——企业内部完成该业务成本；

C_{out}——外包的生产成本；

T_{out}——外包的交易成本。

随着外包业务范围的不断扩大，成本已不再是企业外包决策考虑的唯一因素，越来越多的企业把外包提升到企业发展的战略高度，更加关注外包中价值链的结构、协作关系和核心能力培育等问题，Murry、Kotable（1995）通过对企业外包战略分析，指出供应商的谈判能力、专有技术、资产专用性以及交易频率等因素共同影响企业的外包决策。对不同行业来说，成本构成对其外包决策的影响不尽相同。Soon Ang 和 Straub（1998）对银行外包决策研究发现，外包的程度与生产成本优势、融资难度正相关，而与交易成本和企业规模负相关，如图 2-7 所示，而 Buckley、Pearce（1979）对制造业的研究则提出了不同的观点，认为企业的外包策略与企业的规模有关，从世界范围来看，大跨国公司是业务分包和全球布点最积极的实践者。

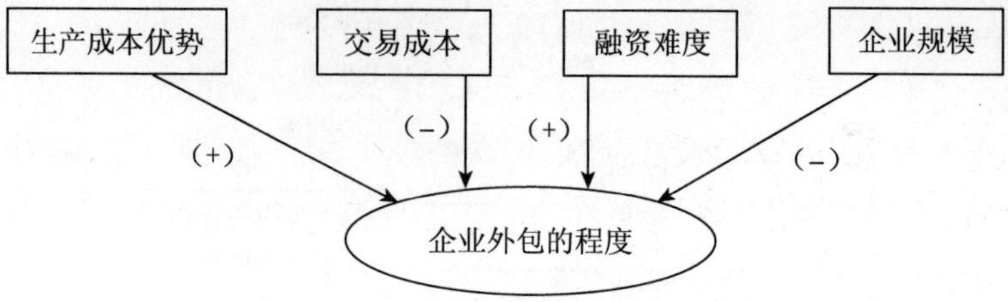

图 2-7　影响企业外包的因素

资料来源：SOON ANG，LARRYL W，CUMMINGS. Strategic response to Institutional Influences on Information System Outsourcing [J]. Organization Science，1997，8 (3)：235-256.

二、外包决策模型及理论依据

与外包相对应的业务模式是企业内部自制，企业进行外包决策时最关心的是确定哪些业务可以或需要外包，哪些业务更适合企业自制完成。因而，外包决策模型的核心内容是建立一套外包/自制的标准，来衡量哪些业务适合外包，选择适合的外包服务商，并对其服务能力和质量进行评价。

（一）基于企业核心能力的外包决策模型

这个模型把外包业务与企业核心竞争力之间的联系作为外包决策的主要依据（Venkatesen，1992；Quinn & Hilmer，1994；Ernst & Kim，2002）。Quinn 和 Hilmer (1994) 的矩阵模型（图 2-8）主要包括：战略性控制、中级控制以及低级控制，其影响较大。该模型依据企业核心竞争力理论，认为如果企业生产链上的某个环节不能或很难为企业带来竞争优势，那么，就应将其发包给本行业最好的专业公司，从而将企业的资源集中于本公司的核心业务。该模型将影响外包的因素分为两类：一是潜在的竞争优势，指在考虑交易费用后，企业某项活动对于竞争力的影响程度；二是战略性风险程度，指当外包失败时，对企业潜在的破坏程度。以这两种因素分别作为横纵坐标，该模型给出企业应采取的策略：当两个指标都处于低水平时，企业应采用现货买卖；两个指标都处于高水平时，采取内部自制；而两个指标都处于中间水平时，可实施外包。

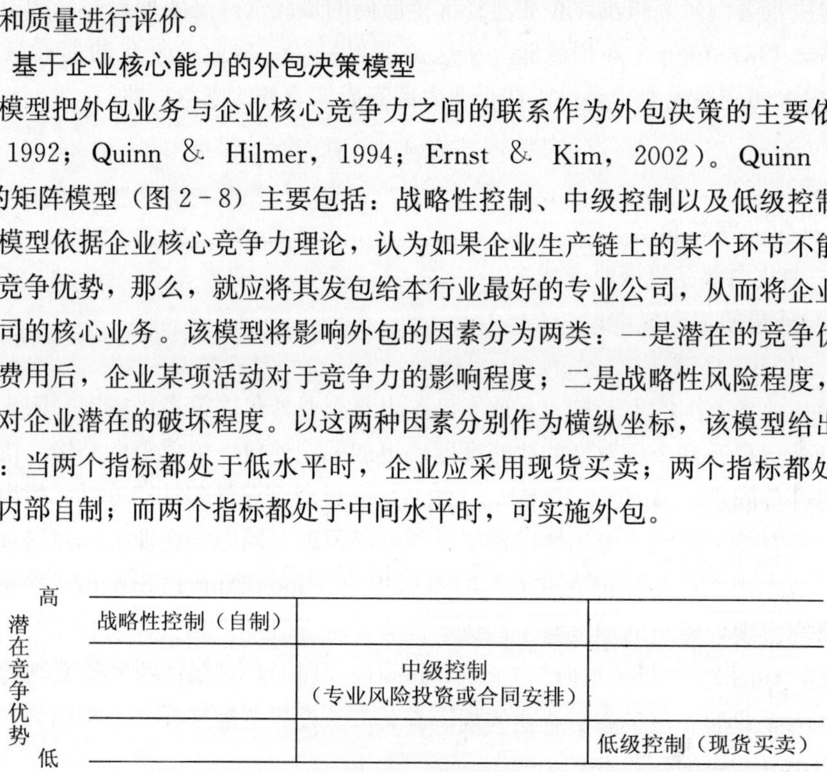

图 2-8　外包/自制决策矩阵

资料来源：QUNINN J B，HILLMER F F. Strategic Outsourcing [J]. Sloan Management Review，1994，5 (40)：43-55.

（二）基于交易成本和企业核心能力的扩展模型

Arnold（2000）以交易成本理论和企业核心竞争力理论为依据，对外包决策模型进行了完善性地扩展。此模型充分考虑到企业外包决策中的成本因素，使模型的操作性更具参考价值。根据交易成本理论，资产专用性较低的产品或业务需要双方交流的信息较少，解决信息不对称的成本较低，通过外包就可以对这类产品或业务进行有效管理，而且接包方也易于发挥规模优势，提高经济效益。反之，高资产专用性的产品或业务会产生较高的交易成本，不适合外包业务，应尽量考虑自制方式。同时，该模型还基于核心外包能力理论对外包业务的性质进行了界定，把关注成本因素的企业短期行为与着眼企业竞争力长期战略有机地结合了起来。在此基础上，模型又融入了企业内部的组织结构和外部市场等因素，对企业外包决策进行制度设计，从而使模型更具有现实意义。基于交易成本和企业核心能力的扩展模型如图 2－9 所示。

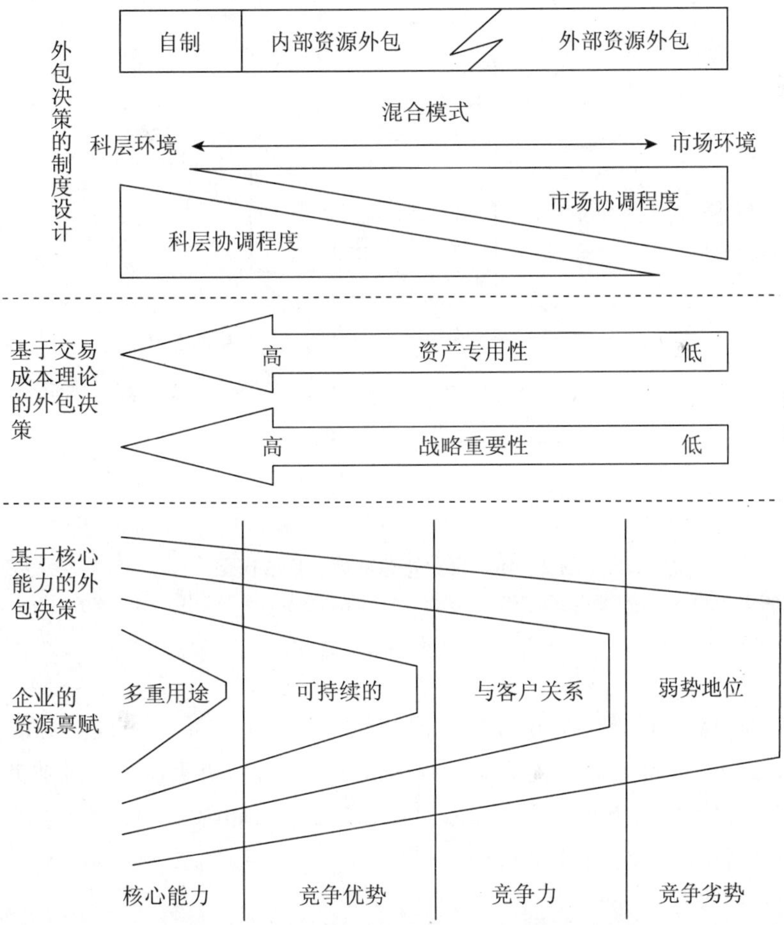

图 2－9　基于交易成本和企业核心能力的扩展模型

资料来源：AMOLD，ULLLI. New dimensims of Outsourcing：a combination of transaction cost economics and the core competencies concept ［J］. European Journal of purchacing & Supply Management，2000，12（6）：23－29.

第三节　外包决策的集成模型

在 Quinn、Hilmer 模型以及 Arnold 的模型中都隐含着一个假设——外包的产品和业务具有同质性，即两个模型均未考虑外包产品或业务本身的特性，特别是其技术特征和技术含量，而在特定的情况下，这一因素会对企业外包决策产生巨大的，甚至决定性的影响。一般说来，产品或业务的技术性越突出、技术含量越高，外包交易双方的信息不对称性就越强，从而可能增加外包的谈判成本，导致外包合同关系的不确定性增强。因此，有必要在外包决策分析中引入产品或业务复杂性因素，即产品或业务的技术特性、技术含量以及包含在产品或业务流程中的所有专有特征。假设外包企业为一般意义上的生产或服务企业，以核心能力、资产专用性、产品或业务复杂性这三个因素为变量，建立企业外包决策的三维模型（图 2-10）。

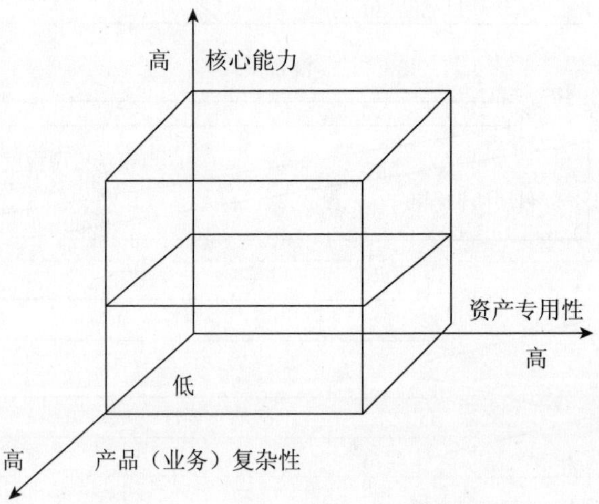

图 2-10　企业外包决策的集成模型

资料来源：中国社会科学院工业经济研究所课题组．全球化、服务外包与中国的政策选择［M］．北京：经济管理出版社，2009：29.

为了便于理解，现以外包业务与企业核心能力之间的关系为主线，对该模型进行分解，分别为业务环节与企业核心能力相关程度低时企业外包决策模型以及业务环节与企业核心竞争力相关程度高时企业外包决策模型，如图 2-11 和图 2-12 所示。在分解后的模型下有四大类业务组合和八种决策类型。

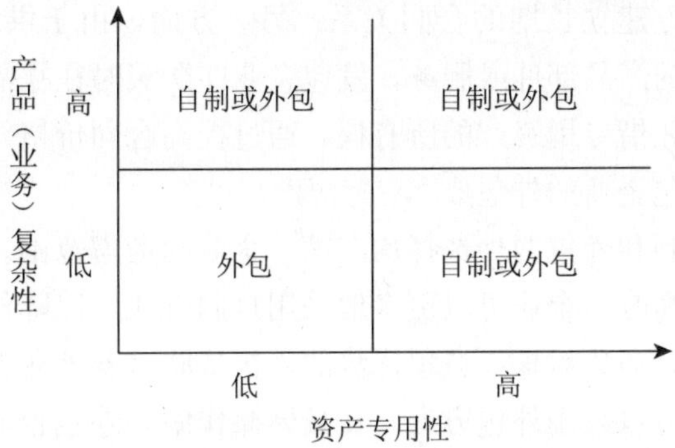

图 2-11 业务环节与企业核心竞争力相关程度低时的外包决策模型

资料来源：中国社会科学院工业经济研究所课题组．全球化、服务外包与中国的政策选择［M］．北京：经济管理出版社，2009：30.

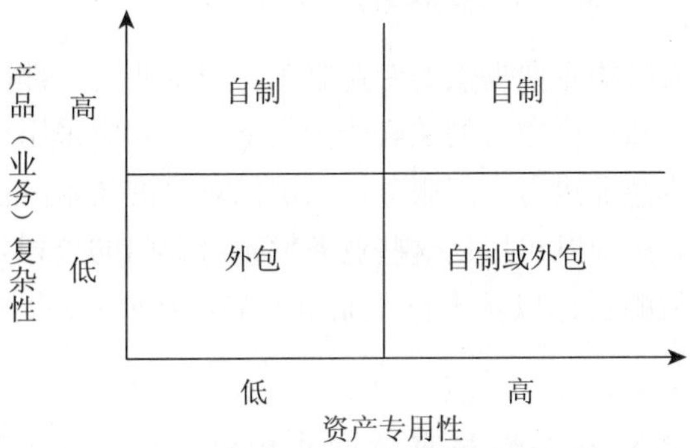

图 2-12 业务环节与企业核心竞争力相关程度高时的外包决策模型

资料来源：中国社会科学院工业经济研究所课题组．全球化、服务外包与中国的政策选择［M］．北京：经济管理出版社，2009：30.

一、低产品（业务）复杂性与低资产专用性

这类业务通常指外包企业所需的标准化部件或服务。资产专用性或产品或业务复杂性低，意味着外包双方很容易获得外包产品或业务的主要信息和知识，交易双方存在的信息不对称可能性较小。即使该类业务与企业核心竞争力较高时，也可以采取外包策略，因为市场上存在大量这类产品或业务的外包供应商。激烈的竞争使企业可以放心地将这类业务环节外包出去，不必担心受制于接包商，发包企业只需进行有效的外包合同管理即可。具有这种产品组合的产品或业务最适宜开展外包业务，以大大降低企业的运营成本。

二、低产品（业务）复杂性与高资产专用性

在对具有这种组合的产品或业务进行决策时，企业应审慎处理与供应商的关系。一方面高资产专用性意味着供应商一定要进行资产投资，就很容易受制于发包企业，因而，外

包供应商更愿意与发包方建立长期的合同关系；另一方面，由于供应商控制着专用资产，对于满足此类组合特性的产品部件或服务，发包企业在购买时往往需要支付高于边际成本的价格。因为供应商会凭借专用资产的所有权，通过提高合同价格等方式延长专用资产的获利周期，从而增加发包企业的外包成本。

在这种情况下，自制和外包两种选择均应纳入企业的考虑范围。当该业务环节与企业核心竞争力相关程度较高时，企业可以更多地采用自制方式，以降低机会成本，减少不确定性，控制业务全过程，弱化对核心竞争优势的外包威胁；若该业务环节与企业核心竞争力相关程度较低，企业可以采用外包方式。在具体操作中，外包企业可以自主投资这些专用性高的资产，然后将其租赁给接包企业。租赁年限应接近于高专用性资产的使用年限，待租赁期满后，可以一定价格出售给接包企业。这种形式的外包要求外包企业事先制订详细的合同，以免接包企业对该专用性资产过度使用。

三、高产品（业务）复杂性与低资产专用性

该业务主要指专业人员为企业提供的专业服务，如企业研发部门进行的技术、产品研发活动。若该业务与企业核心竞争力的关联较为紧密，企业应采用自制模式，即通过合同雇佣一定的专业人员为本企业进行专门服务，以确保对关键技术的控制；若该业务与企业核心竞争力关联度较低，企业既可以把这些业务发包给专门的公司，也可以选择自制。企业可以根据自身能力与战略目标以及本行业竞争态势，在外包/自制两种方式之间进行成本比较，作出决策。

四、高产品（业务）复杂性与高资产专用性

如果符合这类组合特性的业务环节与企业的核心竞争优势密切相关，企业毫无疑问应对此类业务采取自制方式，不仅不能外包，而且还要加大对此类业务环节的资源投入，以维护、提升企业的核心竞争力。如果此类业务环节与企业核心业务竞争优势相关程度较低，理论上，自制或外包两种模式都可以选择。但在现实操作中，由于高产品或业务复杂性和高资产专用性通常会产生较高的进入壁垒，企业很难在短期内进入供应商的领地，并获得足够的竞争优势。因此，企业不得不更多地选择外包方式，而且这种供应合同一般都是长期的，如绝大多数 PC 机的生产厂商都要长期向英特尔或 AMD 购买处理器。

外包决策模型为企业选择自制还是外包提供了理论依据。在上述模型中，企业需综合考虑核心能力、资产专用性、产品或业务复杂性等因素，对不同性质的业务实行不同的外包策略。从风险控制的角度来说，即使接包企业具有成本优势，由于外包成本存在不确定性，部分外包（Partial Outsourcing）成为发包企业的最优选择（Choi，2007）。在现实操作中，企业（或企业内部某一单位）一般不会将所有的业务发包出去，而是进行有选择的外包。实践证明，将所有业务全部外包或将所有业务都自行内部解决的效果都不如有选择的外包，外包的范围及决策的效果：柯达的案例，如表 2-1 所示。

表 2-1　　　　外包的范围及决策的效果：柯达的案例

外包决策类型	实现成本预期	未实现成本预期	外包决策总数	成功决策占比（%）
全部自制	2	5	7	29
全部外包	10	5	15	67
有选择的外包	22	4	26	85
外包决策总数	34	14	48	71

资料来源：LACITY MC，WILLCOCKS L P. An empirical investigation of information system sourcing practice，Lessons from the experience［J］. MIS Quarterly，1998，22（3）：363-408.

第三章　全球服务外包发展态势及借鉴

第一节　全球服务外包发展态势

一、全球服务外包市场迅猛发展

信息技术的广泛应用，新兴市场国家基础设施的改善和劳动力素质的提高，为全球服务外包创造了有利条件，因此全球服务外包市场总量和交易规模不断扩大，呈加速增长态势。以ITO为例，目前全球ITO市场主要集中在北美、西欧、日本、亚太和拉美地区。2005年市场总额为2045.03亿美元，2004—2009年全球ITO市场预测年均复合增长率会达到6.9%，其中日本、拉美和亚太增长幅度较大。根据GARTNER DATAQUEST数据显示，2004—2009年全球BPO年均复合增长率（CAGR）为9.1%，其中金融和财务BPO增长速度最快，目前全球BPO市场分布主要集中在人力资源、财务、行政与支付流程四大领域。2005年BPO全球市场总额为1211亿美元。美国的BPO市场增长速度最慢，主要由于美国BPO市场已经非常成熟，而亚太地区每年都强劲增长，欧洲、中东和非洲等地区在2004—2006年BPO保持稳定增长。

从外包的发展历程看，早在手工业时代，工匠等手工业者承包商人的加工业务，可以算是外包的雏形。进入工业时代，一些工厂开始把零部件发包给其他生产厂家，这种转包活动仅局限于某一地区或某一国家内部，而主要在制造业领域。随着网络技术的应用以及贸易与投资自由化趋势增强，跨越国界的外包业务也由制造业向服务业延伸，推动了全球服务外包的发育。20世纪80年代到90年代初期，全球服务外包市场处于初步阶段，美国成为服务外包市场的领头羊，英国紧随其后。20世纪90年代后期以来，服务外包市场的热潮开始蔓延到日本和欧洲。同时，印度、菲律宾、中国等发展中国家成为离岸外包的主要承接国。在这种分工格局下，外包覆盖地域和领域越来越广，全球服务外包市场已经形成。来自《全球服务外包发展报告》的数据显示，2005年全球服务外包规模为6000多亿美元，2006年为8600亿美元，2007年市场规模达到1.2万亿美元，2008年全球服务外包增速超过20%，市场规模达到1.5万亿美元。根据联合国贸发会议测算，未来5～10年全球服务外包市场将以30%～40%的速度递增，全球1000强中已有95%的企业制定了离岸服务外包战略。美国通用电气（GE）就曾提出，公司外包业务的70%将采用离岸模式，部分跨国公司已经在扩大外包业务范围。这表明跨国公司的经营理念将进一步发生变革，非核心业务的离岸外包将成为大趋势。根据GARTNER咨询公司数据，世界服务外包市场将从 2004 年的 3040.83 亿美元增长到 2009 年的 4322.90 亿美元。全球外包服务 2004—2009 年的年均复合增长率预测为 7.9%（图 3-1）。在商业模式创新的推动下，企业外包业务内容和形式更趋多样化，进一步丰富了外包的内涵，加快了全球外包市场规模扩张。此外，随着各种服务可贸易性增强，在全球外包市场结构中，服务外包发展迅速，从而扩大了外包的外延，促进全球贸易结构升级。

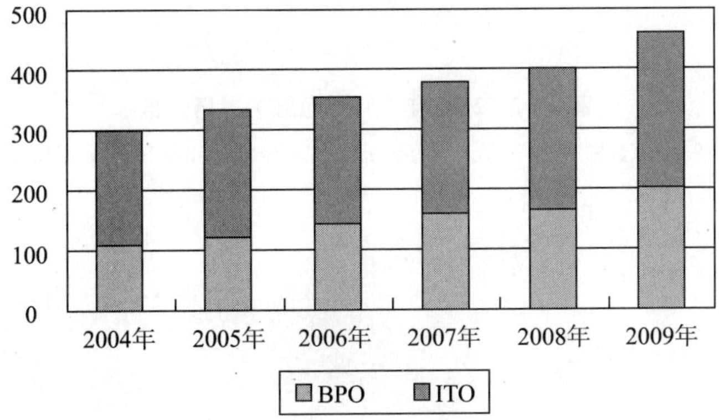

图 3-1　全球服务外包规模（单位：十亿美元）及 ITO 和 BPO 的比重

资料来源：Gartner Dataquest（数据库），全球服务外包发展评估，2006.

二、全球服务外包市场地区分布不均衡

进入 21 世纪，随着跨国公司的战略调整以及系统、网络、存储等信息技术的迅猛发展，服务外包正逐渐成为服务贸易的重要形式。从地区分布看，全球市场发展并不平衡，世界各国（地区）在全球外包市场的参与度存在较大差别。离岸外包主要集中于美国、西欧、日本等发达国家以及印度、中国等新兴经济体之间。外包业务的单向流动特征比较明显，即外包业务从发达国家不断向拥有丰富低成本、高素质人力资源的发展中国家转移。其中，美国、西欧、日本等发达国家在外包市场中占据主导地位，是主要的服务外包输出地。2007 年，全球信息服务市场中，美国占的份额超过 40%，日本接近 8%，其他国家和地区所占比例较小（图 3-2）。美国服务外包市场较为成熟，欧洲和亚太地区保持强劲增长，成为全球服务外包发展最快的地区之一。再从软件外包的发包结构来看，2006 年软件服务外包的市场规模已达到 1000 亿美元，发包市场主要集中在北美、欧洲和日本等地，其中，美国占 43%，欧洲占 23%，日本占 11%（图 3-3）。未来全球服务外包发包市场仍将集中在这三个地区，约占全球的 95%左右。根据《全球服务外包发展报告》2009 年发布的统计数据，全球 100 强服务企业中 95%都具有美国客户，84%拥有欧洲客户，这也反映出美国和欧洲在全球发包市场中的地位。

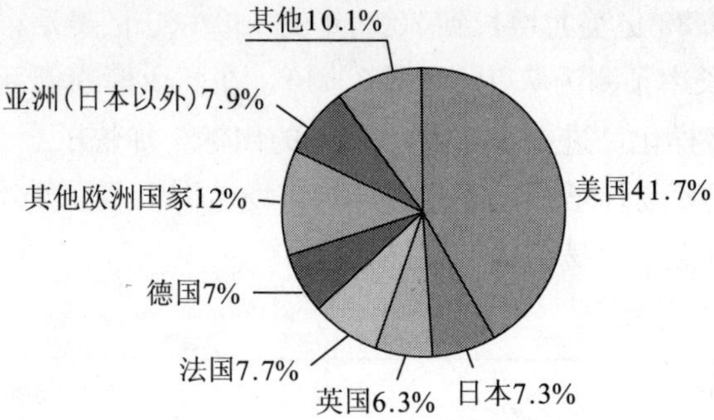

图 3-2　2007 年全球信息服务市场分布

资料来源：Digital Planet（数据平台），World Information Technology and Service Alliance，2008.

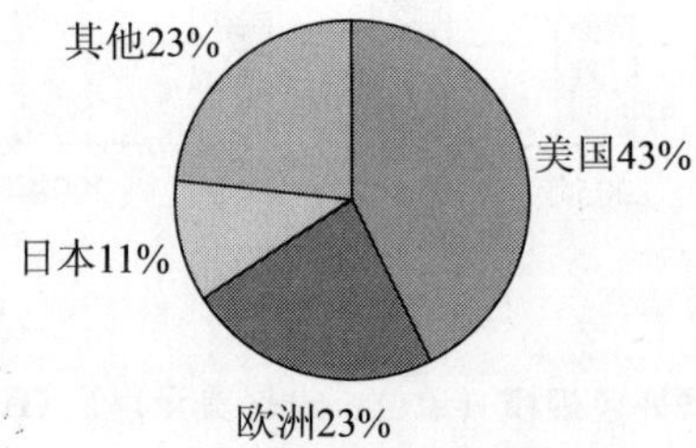

图 3-3　2006 年全球软件外包发包的市场结构

资料来源：www.idg.com.cn.

近年来，受益于欧盟东扩、统一税制等积极因素影响，欧洲外包市场发展十分迅速，以年均超过 20%的速度增长，成为全球市场增长最快的区域（如表 3-1 所示）。2003 年，欧洲 100 个外包最大项目的合同总值约 220 亿美元，同比增长率高达 74%。国际技术合作股份有限公司（TPI）的调查显示，欧洲获得的外包合同总值开始超越美国，2004 年其全球主要外包合同达到 280 亿欧元，占 49%，超过了美国的 44%。如果把所有的外包合同都计算在内，美国仍是获得外包合同最高的国家，但是欧洲的增长速度非常快。另据欧洲信息科技观测中心（EITO）测算，2007 年欧洲软件及 IT 服务市场容量达到 3200 亿欧元，预计到 2010 年欧洲发包市场规模将上升到 120.3 亿美元，年平均增长率达到 10%。

表 3-1　欧洲外包市场的增长情况

年　份	销售额（亿美元）	增长率（%）
2003	952.7	24.1
2004	1173.1	23.1
2005	1436.8	22.5
2006	1746.3	21.5

资料来源：Frost & Sullivan（数据公司），2008.

在欧洲内部，外包市场的发展并不平衡，英国、德国、法国、意大利、西班牙五个国家占据了欧洲市场九成以上的份额，如图 3－4 所示。其中，欧洲外包市场的增长率居欧洲经济增长的首位，呼叫中心、服务支持中心和软件开发是其最主要的外包项目。德国外包业务发展迅速，逐步成为欧洲外包市场崛起的重要力量。德国获得的外包合同从 2000 年不足全球总值的 1％跃居到 2006 年的 12.5％，仅次于英国和美国。从销售量来看，德国更是欧洲最重要的外包市场，占欧洲外包总额的 30％，紧随其后的是英国、北欧和法国。

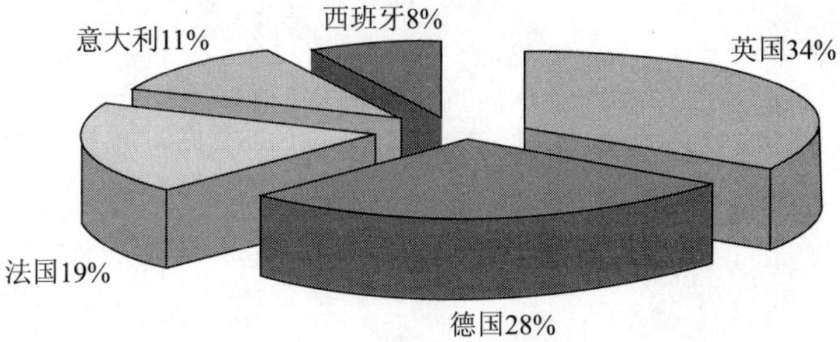

图 3－4　2006 年欧洲外包市场的地区分布

资料来源：www. nasscom. org.

从接包市场分布来看，尽管越来越多的国家和地区参与到承接离岸外包的竞争中，但全球接包市场仍相对较为集中。其中，亚洲是承接外包业务最多的地区，2006 年约 70％的离岸外包服务业务流向了亚洲。目前，印度是亚洲的服务外包中心（中国是制造业外包中心），加拿大和墨西哥是北美的服务外包中心，东欧和爱尔兰是欧洲的服务外包中心，中国、菲律宾、新加坡、越南、俄罗斯、巴西等国家和地区承接外包的规模持续扩大。2006 年全球离岸外包接包市场分布如图 3－5 所示。

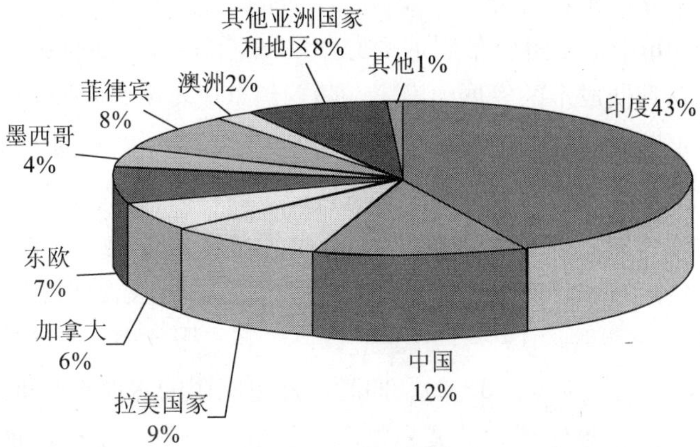

图 3－5　2006 年全球离岸外包接包市场分布

资料来源：江小涓．服务全球化与服务外包：现状、趋势及理论分析［M］．北京：人民出版社，2008：71.

跨国公司在岸和离岸的业务越来越集中化。例如，在印度、中国、菲律宾，跨国公司总部及所在地分部都在把自己的在岸业务和离岸业务集中在一起，由服务外包提供商更好地提供服务。这日益成为今后服务外包新动向。全球承接离岸服务外包主要国家和地区如图 3-6 所示。

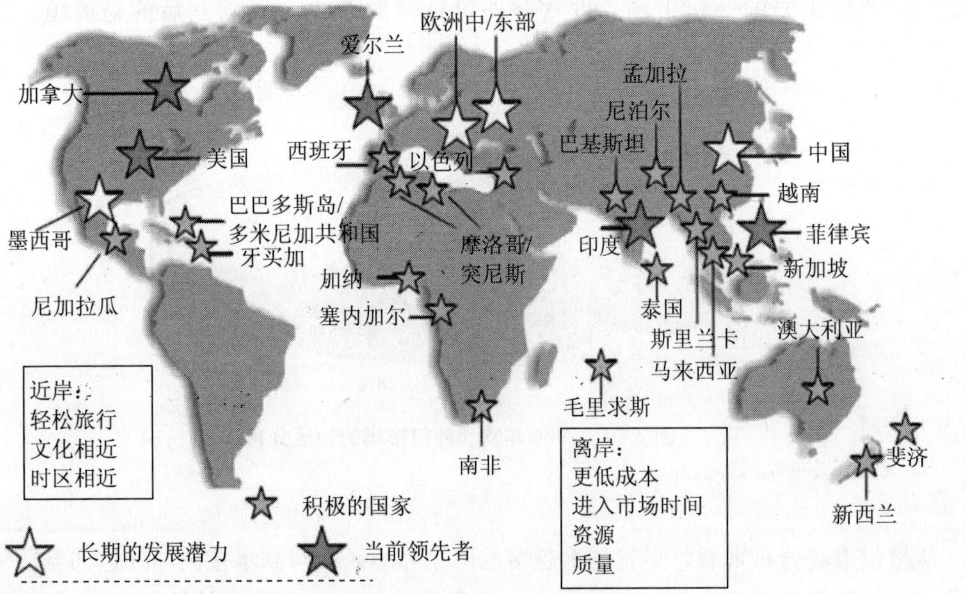

图 3-6　全球承接离岸服务外包主要国家和地区

资料来源：GARTNER（美国咨询公司）.

（一）服务外包业务的领域不断扩大

从外包发展的行业结构来看，外包最先应用于制造业。在国际产业转移浪潮中，制造业生产体系实现了全球范围内的重组，低附加值的生产业务环节不断以 OEM（Original Equipment Manufacturer，原始设备制造商）、ODM（Original design manufacture，原始设计商）的方式转移到低成本的发展中国家。随着信息成本降低和全球化进程的加快，服务贸易自由化程度不断提高，全球服务贸易迅猛发展。目前，外包涉及的领域覆盖了加工制造、产品研发、信息技术、人力资源、金融保险、软件开发、工程咨询、建筑、资产管理、物流、公共管理和创意策划等更多的行业，甚至法律服务类专业性很强的领域也开始大量外包。其中，信息技术行业外包比重最大，为 55%，行政管理行业 47%，物流 22%，财务管理 20%，人力资源管理 19%，制造业 18%，客户服务中心 15%，营销 13%，房地产/设施管理 11%，交通 9%（表 3-2）。同时，外包应用的深度不断推进，外包已由最初的生产制造等低附加值业务环节，扩展到整个价值链的研发、生产、销售、管理、物流、客户关系等各个环节，越来越多高科技含量、高附加值的业务成为国际外包对象，服务外包所需的技术水平逐步提高，知识密集型服务外包需求不断上升。一是产业空间不断加大，服务外包已从服务领域渗透到生产领域。二是产业转移不断加快，参与主体不断增多。伴随着成本由高到低，服务外包的接包地先由中美洲转移到南美和拉丁美洲后，转向东欧和亚洲，中国的服务外包正由沿海转向内地。三是服务外包正由低端转向高端。随着信息技术和网络技术的发展，许多公司不仅将数据输入、文件管理等低端服务进行外包，而且还将风险管理、金融分析、技术研发等技术含量高、附加值大的业务发包出去，形成知识型服务外包。预测显示，全球低端服务外包将从2003年的77亿美元增长到2010年的398亿美元，年增长率26%；而高端服务外包将从2003年的12亿美元增长到2010年的170亿美元，年增长率高达46%。其中美国离岸外包中技术密集型行业比例将由目前的50%上升到70%。

在不断扩展的服务外包领域中，IT和金融服务外包仍占主导地位。企业和公共机构信息水平的不断提高使IT服务需求持续上升，由专业外包公司承担企业或机构的IT系统或系统之上业务流程的运营、维护和支持等IT服务已成为非常普遍的方式，而金融内部分工的深化以及数据处理量的激增同样催生了大量的离岸服务外包需求。银行数据中心、呼叫中心、保险核保理赔、股票交易和金融分析等业务纷纷向低成本国家和地区转移。同时，IT业与金融业的相互交叉、渗透和融合，进一步强化了服务外包的离岸趋势。

表3-2　　各行业中服务外包业务所占的比重（%）

行　业	服务外包比重	行　业	服务外包比重
信息技术	55	行政管理	47
物流	22	财务管理	20
人力资源管理	19	制造业	18
客服中心	15	营销	13
房地产/设施管理	11	交通	9

资料来源：转引自巴塞尔银行监管委员会、国际证监会组织、国际保险监督官协会、国际清算银行联合论坛：《金融服务外包（上）》。

医药领域的外包业务主要集中在药品研发阶段，而且药物研发外包业务基本上是从制药巨头向中小企业或研发机构转移，服务外包已成为世界制药界重要的经济现象。根据Intertek的市场研究报告，2008年全球生物医药研发外包市场总值已达280亿美元，并以每年16%的速度增长，预计到2010年将达到360亿美元，其中中国医药接包市场在全球成长最快。由于全世界大药厂几乎都面临药品专利即将到期问题，必须加大研发力度，但因资金短缺，不约而同将研发业务外包出去。在美国研制一种新药至少需要8～12年，每种新药全球平均研发成本为12亿美元，如果在当地外包，可节省成本20%，而向中国发包，则可节省50%～60%，美国有90%以上的医药公司都已在中国寻找外包公司。据英国Antisoma公司统计，目前世界上近一半的制药公司都将医药研发实施外包，而且国际医药研发外包毛利率较高，平均在50%以上。

20世纪90年代初期，IT技术异军突起促进了业务流程外包（BPO）的发展。近年来，许多汽车跨国公司在印度设立了研发中心，开展制造业KPO业务，并带动了印度每年近30亿美元的汽车零部件出口业务。根据麦肯锡的分析，2008年全球汽车生产企业的外包服务已超过10000亿美元，成为继IT之后又一个潜力巨大的市场。

（二）服务外包方式逐渐由ITO向BPO、KPO的转变

服务外包包括信息技术外包、业务流程外包和知识流程外包。其中，信息技术外包和业务流程外包的方式比较成熟。ITO是指发包商以合同方式委托信息服务供应商，由其按照合同的要求进行管理、运营和维护。BPO实质上是把业务流程管理和外包融合在一起，既打破了企业各垂直职能业务之间的障碍，又充分利用了外部技术和资源。BPO兴起于20世纪90年代末，与ITO相比，BPO的业务性质提高了一个层次。对于接包方而言，所需工作并不局限于一般性的软件开发和技术应用，更多的是要参与服务流程的整体开发操作，因而业务的技术含量和赢利水平较高。据高盛公司调查，BPO受到越来越多企业的重视，在人力资源管理、客户服务、财务管理、支付流程等方面，业务流程外包呈现出蓬勃发展的态势。近年来，全球服务外包业务正逐步从“最基础的技术层面的外包业务”转向“高层次的服务流程业务外包”，基于信息通信技术的BPO市场规模平均增长速度已经超过了同期的ITO，大有取代后者之势，成为当今最流行的方式。同时，随着业务外包范围不断扩展，企业更倾向于将ITO和BPO捆绑发包，以满足企业自身技术和业务发展需求，这对承包商的业务水平和项目管理能力提出了更高的要求。据印度工商业联合会（ASSOCHAM）和国际数据公司（IDC，International Data Corporation）联合发布的一篇报告称，2006年BPO市场已达到1.2万亿美元，复合年增长率为9%，其中美国占全球业务流程外包市场的60%。北美地区在BPO的支出方面处于领先地位，占全球总支出的59%，欧洲是第二大市场，占22%，而增长最快的是亚太地区，占全球BPO支出的15%。目前，越来越多的行业开始应用BPO，除了电信、信息技术、物流、财务管理、公共部门等服务业普遍采用BPO之外，零售、食品、汽车、纺织、造纸、医药等传统制造和服务企业对BPO的兴趣和需求也明显提升，而且BPO已经渗透在企业运营管理中，成为无处不在的业务模式。各行业计划应用BPO的比例如图3-7所示。

自20世纪90年代，服务外包业务主要是IT服务，而现在已经广泛拓宽到金融、咨询分析、财务分析、人力资源及售后服务等各种业务流程。许多跨国公司不仅外包数据输入、文件管理等低端服务，而且还将金融分析、研究开发等技术含量高、附加值大的业务发包出去，在这个过程中逐渐实现BPO向KPO的转变。以印度为例，据印度新德里一项最新的工业研究结果预测，2010年，印度很可能由现在的业务流程外包中心（BPO），过渡成为一个价值170亿美元的知识流程外包基地（KPO），印度（KPO）产业创造的财富将占到印度经济年增长率的46%。研究结果还认为，印度服务业的增长速度将有望保持每年8%以上，并且服务业在GDP中的比重也将超过51%，这将为印度从BPO向KPO的转变打下基础。

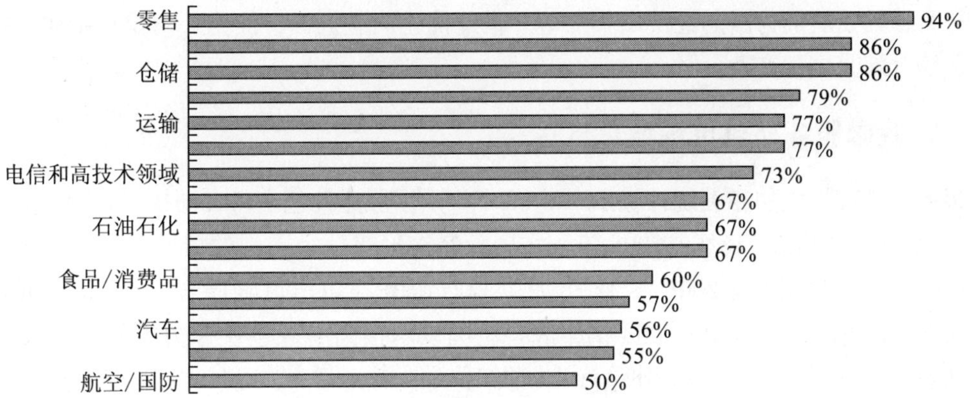

图 3－7　各行业计划应用 BPO 的比例

资料来源：AMR Research（企业数据与信息技术分析与咨询公司）.

随着商业模式的创新，服务外包模式的发展出现了两个新的趋势：一是越来越多的客户寻求 ITO 和 KPO 捆绑服务，这就要求接包企业提供先进的、集成 IT 解决和运营方案；二是知识流程外包规模迅速扩大。相对于 BPO 而言，KPO 是针对于价值链的高端环节，主要涉及市场调研、投资评估分析、业务咨询、法律及保险服务、软件设计、专利申请处理、药剂研发以及诸如芯片设计与系统嵌入的其他 R & D 业务。目前，KPO 尚处于起步阶段，但由于 KPO 契合了服务外包高端化趋势，其发展前景十分广阔。从 KPO 发展来看，作为服务外包业务新出现的发展方式，其发展前景更是不可限量。2008 年毕马威的研究报告已经把 KPO 列为现实的、主流的外包选择之一。目前其正处于发展的初期，产业规模比较小，但是，在新兴产业发展的浪潮之下，其一定能成为全球服务外包行业新的推动力量，极大地促进全球经济的发展。服务外包的技术复杂性将不断提高，外包市场结构也将不断升级。KPO 已成为从服务领域向生产领域挺进的主力军，因其潜力巨大、市场广泛，将逐渐转变成与 ITO、BPO 并驾齐驱并有望超越的一个主要模式。

第二节　我国服务外包发展特点

当前，以服务外包、服务贸易以及高端制造业和技术研发环节转移为主要特征的新一轮世界产业机构正在兴起。服务外包产业为内陆城市及弱势地区追赶沿海和发达地区提供了千载难逢的机遇。作为现代服务业重要组成部分的服务外包产业，已成为发展中国家承接发达国家产业转移，与世界经济接轨的重要支柱产业，被称为社会发展的“绿色引擎”和“世界办公室”的新兴产业业态，是人脑加电脑的智力密集型产业。实践表明，相对于制造业 2%～5%、最高不超过 15%的增长幅度，服务外包的增长幅度达 100%。从收益来看，服务外包对于中国经济发展的贡献是加工制造业的 20 倍，而服务外包对能源的消耗只有制造业的 20%。作为一种新的商务模式，服务外包发展势头十分迅猛，预计到 2015 年年底，全球服务外包产业交易规模达到 1 万亿美元。我国国内各省市都在积极开展工作，努力将其发展成为新的经济增长点，并借此优化产业机构、优化外商投资结构、扩大就业、培育新兴支柱产业。

一、我国服务外包市场增长迅猛

根据商务部提供的相关统计显示，2007年，中国服务外包出口合同执行金额20.94亿美元，比2005年增长118%。2008年，在国际经济形势较为困难的情况下，中国服务外包出口仍保持较快增长，2008年1～8月共执行服务外包出口合同金额19亿美元，比2007年同期增长17%。截至2008年年底，全国以承接离岸外包业务为主的企业约3300家；从业人员52.7万人；服务外包营业额实现46.9亿美元，取得各类国际资质认证的服务外包企业450多家。

（一）产业发展速度及产业结构

近几年，我国服务外包产业处于稳定的高速增长状态，2006—2008年三年服务外包营业额、离岸营业额和从业人数的增长率都在40%～50%。根据中国国际投资促进会从业务类型角度对237家企业进行的分析显示，企业更多的涉足ITO，占总营业额比重高达74%，BPO和KPO的比重分别为10%和16%。需要指出的是，在研究KPO的行业比重及功能领域时发现，医药研发外包是KPO的中坚力量，药明康德新药开发有限公司就是该业务领域极具代表性的中国服务外包企业，其2008年的营业额约为2亿美元，占237家企业KPO总营业额的36.4%。如图3-8为237家企业ITO/BPO/KPO情况。

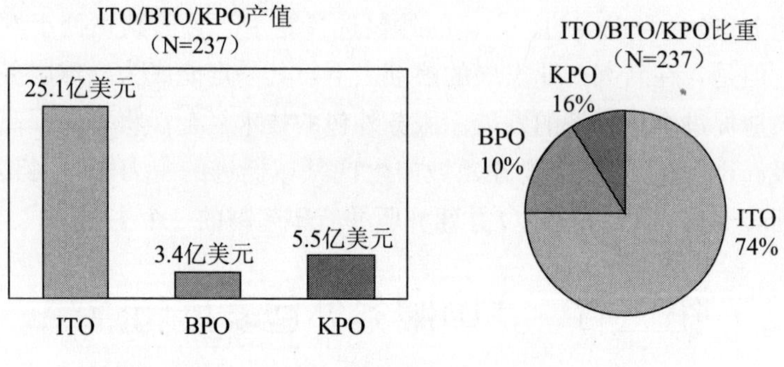

图3-8　237家企业ITO/BPO/KPO情况（N=237）

资料来源：中国国际投资促进会。

另外，由中国国际投资促进会联合TPI、IDC、GARTNER共同评选出的2009年中国国际服务外包10大领军企业和100强成长型企业在2008年的服务外包总营业额分别为15.0亿美元和15.7亿美元，分别占2008年全国服务外包总营业额的32.0%和33.5%。由此不难看出，中国服务外包企业呈现出三个梯度：十大领军企业为第一梯度，100强成长型企业为第二梯度，其他3000余家企业为第三梯度。三个梯度的企业形成了“三分天下”的市场格局，各约占行业总营业额的三分之一。中国服务外包企业成长情况如图3-9所示。

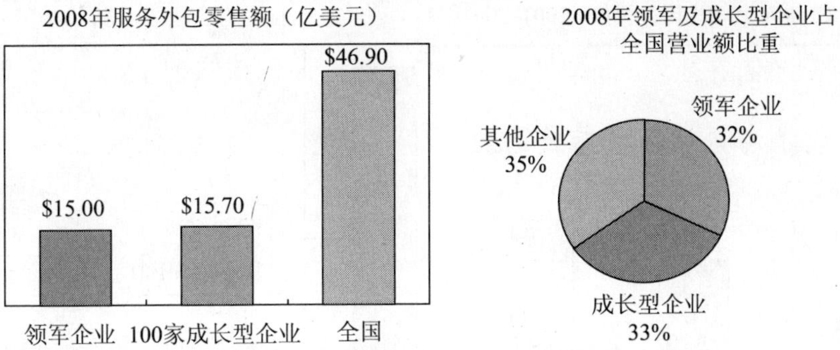

图 3-9　中国服务外包企业成长情况

资料来源：中国国际投资促进会。

（二）企业规模及服务能力

从企业规模角度分析，2008 年中国服务外包企业的整体规模进一步壮大。一方面，有效样本企业中，2008 年服务外包营业额超过 300 万美元的企业和服务外包人数超过 200 人的企业均比 2006 年增长了近一倍；另一方面大型服务外包企业数量增多，2008 年服务外包营业额超过 3000 万美元以上的企业达到 22 家，服务外包人数超过 3000 人的企业有 12 家。中国服务外包企业规模情况如图 3-10 所示。

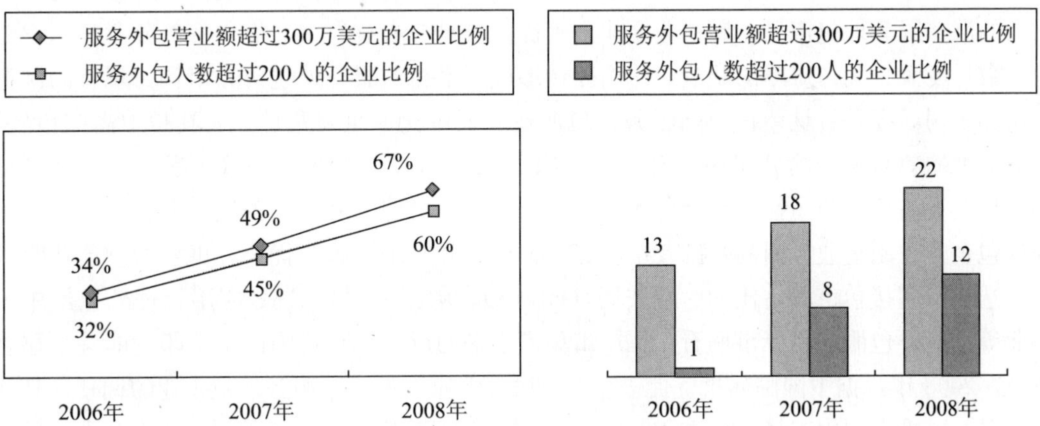

图 3-10　中国服务外包企业规模情况

资料来源：中国国际投资促进会。

此外，中国服务外包企业的服务能力在稳步提升。2004—2007 年，通过 CMM/CMMI 4～5 级认证的企业数年均复合增长率达到 39%。中国服务外包企业服务能力情况如图 3-11 所示。

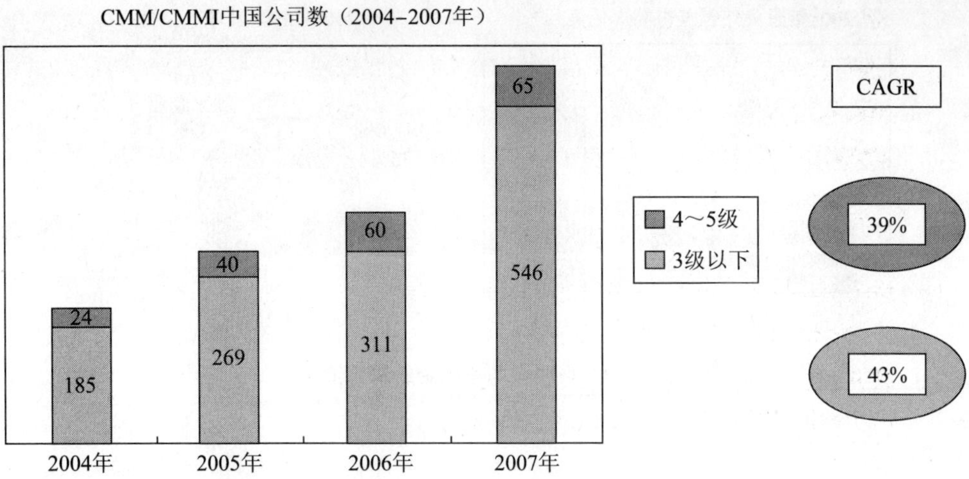

图 3－11　中国服务外包企业服务能力情况

资料来源：麦肯锡公司。

二、在岸服务外包需求潜力巨大

（一）制造业跨国公司提供巨大的潜在市场

大量的服务外包产生于制造业企业的生产性服务环节，在华的制造业跨国公司是中国巨大的潜在服务外包市场。制造业企业为了提高自身核心竞争力，需要将部分业务流程外包，数目庞大、实力雄厚的制造业跨国公司形成了潜在的服务外包买方市场。现有的制造业跨国公司已经并且继续在中国服务外包产业发展中扮演重要角色，尤其是中高端市场。全球最大的500家跨国公司中，有近450家已经在华投资，部分公司在华设立了地区总部。这些大型跨国公司往往是金额大、时间长、合作稳定的外包业务发包者。由于承接服务外包企业在制造业方面的基础及中国劳动力成本和基础设施等优势，更多的制造业跨国公司选择中国接包市场，比如，百安居（B & Q）中国公司将SAP应用管理外包给中国企业等。从外包服务目标市场看，在岸市场需求潜力巨大，是我国区别于印度的一个显著特色。2008年，据中国国际投资促进会对全国237家有效样本服务外包企业的调查，其外包订单主要来自国内市场，比重为42%。许多国际医药巨头正在大力削减研发开支，纷纷把新药开发中的非核心部分脱离出来，并将越来越多的研发工作外包给印度和中国。根据权威机构IMS数据，目前全球生物医药研发外包的市场总值约200亿美元，并以每年16%的速度增长。

（二）现代制造业推动嵌入式外包发展

许多大型制造企业为了保障质量和开发进度，越来越多地将非核心技术部分的嵌入式软件采用外包形式，同专业的嵌入式外包公司进行合作，以达到降低成本、节省开发时间、保证质量和进度的目的。嵌入式软件是提升信息化带动工业化的关键环节，是我国电子信息产业发展的重点，如3G、数字电视、网络设备等。中国拥有强大的电子信息整机制造能力和消费市场，随着数字化、智能化、网络化进程的推进，经济信息化程度的加深和对传统工业的改造，嵌入式系统及软件与传统产业日益紧密结合，嵌入式软件的开发和应用大幅度提高了整机系统的附加值。同时，嵌入式软件在我国制造业强劲市场拉动下快速成长，应用领域不断扩大。2007 年，国内嵌入式软件市场收入达到 1155.2 亿元，占整个软件产业收入的 20%。制造业的发展将带动嵌入式软件出现爆发性的增长，预计 2011 年中国的嵌入式软件产业规模将达到 3340 亿元，占软件产业收入比重将达到 27%，嵌入式软件为信息产业带来了新的发展机遇，被视为我国软件产业新的增长点之一。

（三）政府成为服务外包的重要推动力

由本土内需产生的在岸服务外包受世界经济大环境的影响小，蕴涵着更为巨大的发展潜力。2007 年，我国人均生产总值已近 2500 美元，经济社会发展进入较高阶段，各级政府和国内企业对服务外包的潜在需求逐步释放，为我国服务外包的长足发展注入强劲动力。国务院要求把促进服务外包产业发展作为推进产业结构调整、转变外贸发展方式、增加高校毕业生就业机会的重要途径，并批准了北京等 20 个城市为中国服务外包示范城市，在 20 个试点城市实行一系列鼓励和支持措施，加快了我国服务外包产业发展。在过去 5 年里，我国税收以每年 24%的高速增长，2007 年已超过 5 万亿元，各级政府采购外包服务的能力得到加强，已成为重要的服务发包主体。随着经济全球化竞争的加剧、我国城市信息化的加快推进和电子政务的加速普及，政府成为服务外包支出的重要推动力，有力地拉动了我国服务外包的发展。我国制造类企业面临经营成本提高、环境压力加大等新问题，越来越多的企业意识到，更多采取服务外包可有效降低综合成本、优化资源配置并提高市场竞争力。

三、发挥制造业优势承接离岸外包

中国拥有牢固的制造业基础，并且接近市场和生产基地是中国吸引跨国公司将设计研发向其离岸转移的独特因素，于是我国发展设计研发服务外包已初露端倪。中国在许多领域已经成为全球最大或者领先的市场，在诸如消费电子（手机、数码产品、白色家电等）、数字电视或网络电视（IPTV）、汽车、工业等行业存在着巨大的发展机会，相关的嵌入式软件得到快速发展。我国一方面积极发展自主创新优势，逐步向产业链上游的设计与产品研发拓展；另一方面也大力鼓励跨国公司加大在中国的设计研发投入与活动，以提升我国研发中心在全球的地位，使这些研发中心能为我国独立开发，甚至针对跨国公司的全球市场开发设计产品。从外包服务的业态类型看，随着跨国公司 R & D 向国外转移浪潮的兴起，发包商越来越倾向于把 ITO、BPO 捆绑，提供综合技术解决方案的服务外包模式，研发外包发展非常迅猛。

（一）离岸外包目标市场以日本和北美为主

2008 年，中国国际投资促进会对 237 家有效样本服务外包企业进行了分析，离岸市场以日本和北美为主，分别为 21%和 23%，营业额分别为 7.3 亿美元和 7.9 亿美元；欧洲占 6%，其他地区占 8%。这些企业在岸外包业务发展相当可观，国内业务占全部外包总业务量的42%。中国服务外包发包市场情况如图3－12所示。

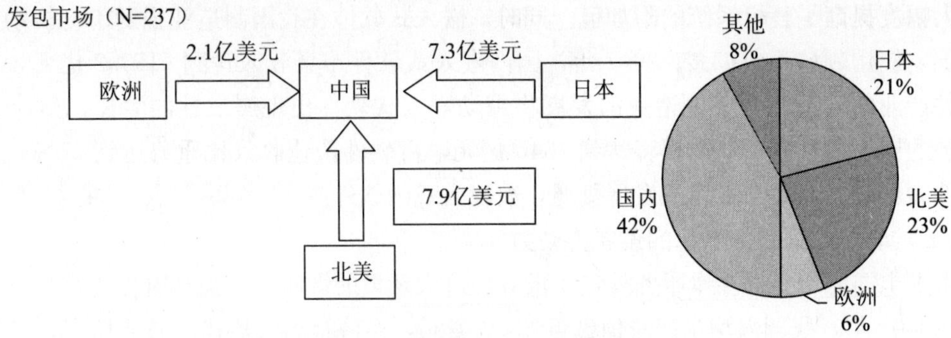

图3－12　中国服务外包发包市场情况

资料来源：中国国际投资促进会。

2008年，受金融危机的影响，中国服务外包企业的整体增长速度有所放缓，但面向的市场不同，企业的增长率也有不同的表现。其中变化最大的是服务欧洲和北美市场的企业，增长率从2007年的118%和71%分别降到2008年的11%和34%；服务日本的企业2008年的增长率为35%，相比2007年，虽然有所降低，但降幅仅为7%；而服务国内及其他地区市场的企业却仍然保持增长，如图3－13所示。

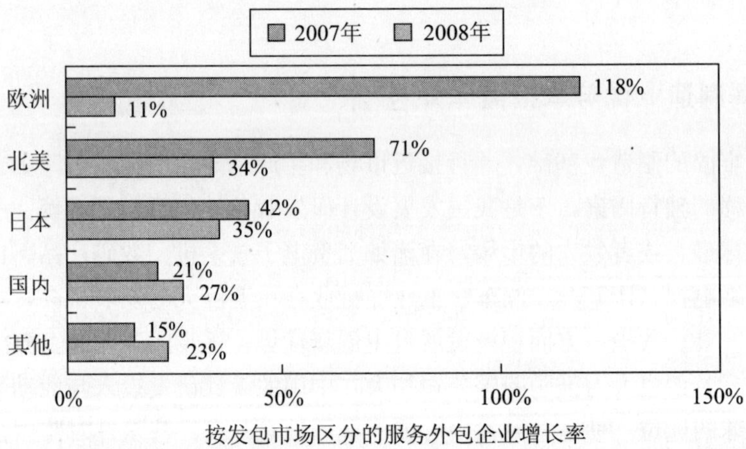

图3－13　服务外包企业的增长情况

资料来源：中国国际投资促进会。

（二）行业及功能领域情况

根据中国国际投资促进会对中国服务外包企业的业务分布情况的研究，发包方的行业类型分为金融服务、政府与教育、制造、零售、服务、能源、运输、卫生健康等八大类。统计结果显示，中国服务外包企业主要服务于服务业（注：指通信、商务、科技、居民服务和其他服务业）、金融服务、卫生健康、制造业、政府与教育五大行业。在此次统计中，由于将通信业归类于服务业，使得服务业的比重大大增加，居于第一位，占总营业额的32.5%，另外四大行业的比重依次为16.1%、12.0%、10.8%和5.0%，运输、能源与零售业均各占1.2%，如图3-14所示。

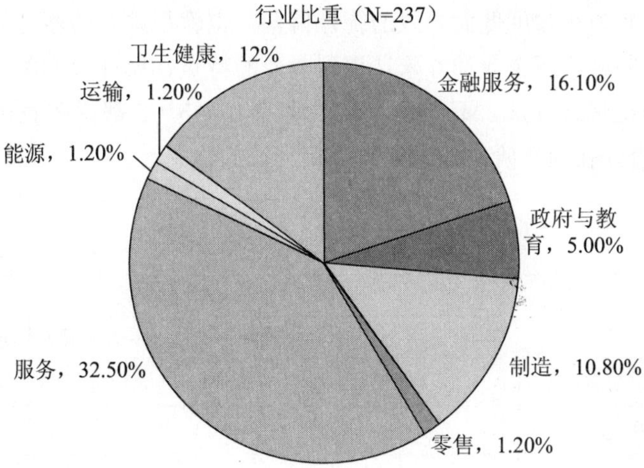

图3-14 服务外包行业比重

资料来源：中国国际投资促进会。

从功能领域看，目前中国服务外包企业的专长业务主要集中在ITO，BPO侧重于客户关系其与具体行业相关的外包服务上，而在KPO中，主营业务是知识流程外包（这里指创意产业、商务调研、市场研究及知识产权服务等）的企业最多，但研发的营业额遥遥领先。各功能领域的企业数量、营业额情况如图3-15所示。

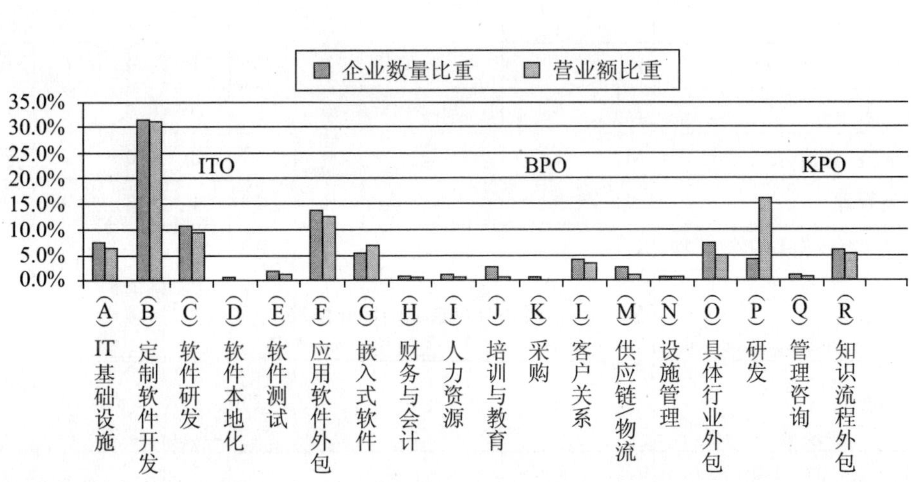

图3-15 各功能领域的企业数量、营业额情况

资料来源：中国国际投资促进会。

综合分析上述八大行业及功能领域发现，每一行业都存在一个或多个功能领域的空白，见行业—功能领域企业数量矩阵（表 3 - 3），图中数字代表涉足这一行业和功能领域的企业数。矩阵图很清晰地反映出中国服务外包企业业务分布的不均衡性，在服务业定制软件开发、应用软件外包等热门行业功能领域企业集聚，竞争激烈，而在零售业软件开发、软件测试等行业功能领域尚无企业涉足。矩阵图中出现如此多的“0”空白领域，不排除企业因对自身业务认知度低而导致的统计偏差，也就是说有的服务外包企业在运营中也许已经涉及这些领域，但企业却并未认识到业务的特点、属性及归类，从而未能准确地反映出真实的市场现状。可是，不论是否存在偏差，表 3 - 3 都说明我国服务外包产业在这些“0”领域中尚处在起步阶段，未来还有相当长的路要走。

表 3 - 3　　行业一功能领域企业数量矩阵

功能领域＼行业				企业数量							
				金融服务	政府与教育	制造	零售	服务	能源	运输	卫生健康
信息技术外包（ITO）	IT 基础设施		A	4	5	4	1	14	1	0	1
	IT应用	定制软件开发	B	27	16	15	7	53	5	4	4
		软件研发	C	4	3	5	0	26	0	2	4
		软件本地化/全球化	D	0	0	0	0	1	0	1	0
		软件测试	E	1	0	0	0	4	0	0	2
		应用软件外包	F	12	3	7	3	27	2	4	0
	嵌入式软件开发		G	4	1	6	0	9	1	0	1
业务流程外包（BPO）	财务与会计		H	2	0	1	0	0	0	0	0
	人力资源		I	0	1	0	0	3	1	0	0
	培训与教育		J	0	5	0	0	4	1	0	0
	采购		K	0	0	0	0	1	0	0	0
	客户关系		L	5	0	0	1	9	0	0	1
	供应链/物流		M	1	0	0	3	3	0	2	1
	设施管理		N	0	0	1	0	1	0	0	0
	与具体行业相关的外包服务		O	11	1	1	0	17	1	0	0
知识流程外包（KPO）	合同研发		P	1	0	2	0	1	0	1	12
	管理咨询		Q	3	1	0	0	0	0	0	0
	知识流程外包（KPO）		R	2	1	1	1	17	1	0	1

资料来源：中国国际投资促进会。

第三节 主要承接服务外包国家竞争力比较

目前，世界上典型的承接服务外包的国家有 7 个，其中包括发达的欧洲国家爱尔兰、捷克以及亚洲的中国、印度、菲律宾、马来西亚、新加坡。

一、承接服务外包和制造业外包的影响差异

目前，我国经济面临投资增长过快、能源消耗过多、环境压力增大、贸易摩擦、产能过剩、GDP 结构矛盾、资源压力增大及就业压力增大等问题，它们对承接服务外包和制造业外包的影响是正效应还是负效应，见表 3－4 离岸外包的驱动因素。

表 3－4　　离岸外包的驱动因素

九个突出问题（矛盾）		承接制造业		承接服务业	
		一般制造业	承接制造业外包（OEM/EMS）	一般服务业	承接服务外包（ITO/BPO）
1	投资增长过快	＋/－	＋/－	＋/－	＋
2	货币信贷投放过多	－	＋/－	＋/－	＋
3	能源消耗过多	－	＋/－	＋/－	＋
4	环境压力增大	－	－	＋/－	＋
5	贸易顺差、贸易纠纷	－	－	＋	＋
6	产能过剩	＋/－	＋/－	＋/－	＋/－
7	GDP 结构性矛盾	＋/－	＋/－	＋	＋
8	资源压力增大	－	＋/－	＋	＋
9	就业压力增大	＋	＋	＋	＋

注：＋表示正面效应，－表示负面效应，＋/－表示不确定。

资料来源：朱晓明．服务外包——把握服务外包发展新机遇［M］．上海：上海交通大学出版社，2005.

二、主要承接外包国家竞争力比较

转移方选择离岸服务外包承接方的决策程序是先选择政策投资环境，再选择外包公司的业务能力。承接外包的综合竞争能力主要包括承接外包地区的基础商业环境、承包商服务成本和承包商服务能力等，见图 3－16 承接离岸外包的主要竞争要素。一些承接服务外包较早的国家都拥有很多的优惠政策，例如，印度的服务外包企业资本物品进口免税，离岸外包收入的所得税全部免除；菲律宾对落户在经济特区内的服务外包企业前 4～8 年为免税期，免税期后只交 5％的营业税，另外还有进口特殊材料和设备免税，而 IT 工业园

内的企业免除出口税费；爱尔兰的服务外包公司和制造业公司一样享受12.5%的低税率。

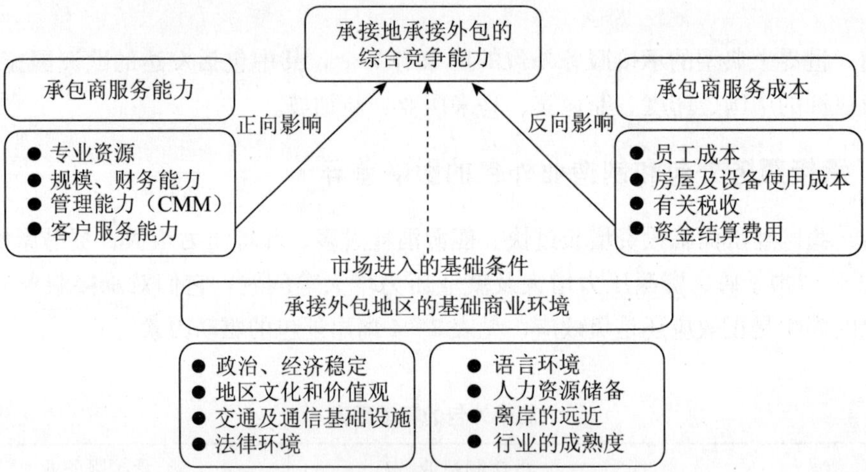

图3-16 承接离岸外包的主要竞争要素

资料来源：朱晓明．服务外包——把握现代服务业发展新机遇［M］．上海：上海交通大学出版社，2005.

有关调查显示，就人才素质、基础商业环境、财务结构来说，印度在亚洲承接服务外包的竞争力综合排名位居第一，而中国以巨大的劳动力储备以及较低的成本位居第二，但马来西亚和捷克的吸引力正逐渐逼近中国。我国在信息技术、语言能力和国际认证方面仍然落后于印度，见图3-17离岸外包主要承接地竞争力状况。

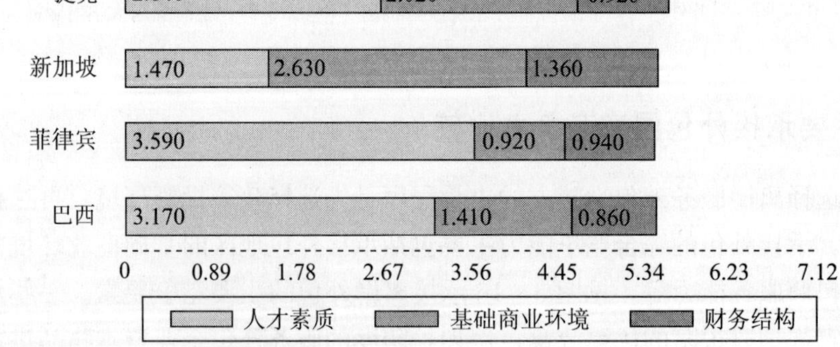

图3-17 离岸外包主要承接地竞争力状况

资料来源：朱晓明．服务外包——把握现代服务业发展新机遇［M］．上海：上海交通大学出版社，2005.

三、中国与全球主要国家离岸外包潜力比较

Gartner 于 2004 年对印度、爱尔兰、中国等七个最主要的提供离岸外包服务的国家，是否适合成为提供离岸外包的主要地区进行了比较（图 3-18）。从分析结果看，印度、爱尔兰与加拿大是最适合成为离岸外包的地区。事实上，由于在成本和质量上的综合优势，印度成了迄今为止最受离岸外包业务青睐的地区，占据了离岸外包市场的 50%以上，并成为离岸外包业务市场的领导者。相比而言，中国的外包市场吸引力比较低，这主要是由于中国的整体 IT 基础设施还比较薄弱，专业人才素质相对不高、存在着语言和文化的差异，而且表面看来中国的劳动力成本相对不高，但由于目前法律监督体系不够健全、操作流程不够规范、标准化程度低等原因最终使得外包总成本比较高。尽管通过七个国家在一些关键指标的量化比较，Gartner 认为中国目前不适合成为离岸外包服务的理想地区，但是实际产业发展过程，证明一旦中国政府决心要提高其在全球离岸外包市场的地位，加大政策引导与支持，中国会成为印度等先行者的强劲竞争对手。

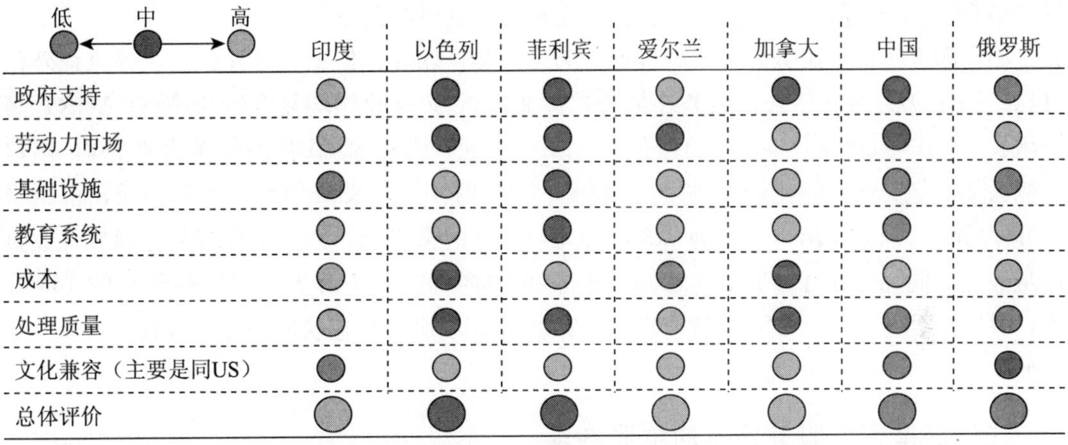

图 3-18　全球主要承接离岸外包国家潜力比较

资料来源：Gartner.

第四章　世界各国发展服务外包经验

第一节　世界主要服务外包国家现状

一、印度发展服务外包的现状及特点

印度是发展中国家承接国际服务业转移的成功者，目前已形成年销售收入300亿美元、其中出口230亿美元的服务外包产业，承接全球65%的软件外包市场业务和46%的其他服务外包市场业务，成为全球最大的提供服务外包的国家。人们往往把欧美称作“世界董事会”、中国称作“世界工厂”，把印度称为“世界办公室”。

根据印度统计，服务外包及软件业分为三大类：软件、信息服务外包、业务流程外包（ITES－BPO）。近几年来，服务外包及软件业以近30%的年均复合增长率（CAGR）高速增长，2005—2006财年行业总产值为374亿美元，占国家GDP的份额为4.7%，出口总额为242亿美元，同比增长32%。2006—2007财年行业总产值为478亿美元，占国家GDP份额为5.4%，出口总额为313亿美元，同比增长29%。六年间服务外包及软件业直接从业人员同期增加了130万，从1999—2000财年的28.4万人，增加到现在的163万人，并间接创造了300多万个就业机会。2008年印度服务外包及软件业出口目标为500亿美元，2010年为600亿美元。

二、印度发展服务外包的主要特点

（一）信息服务外包（ITO）占主导地位

据《印度产业状况回顾及2007年展望》统计，2004—2005财年至2006—2007财年，ITO业务收入占产业收入总额比例分别为60%、59%、60%，出口占比分别为56%、56%、58%。在2005—2006财年，ITO业务收入为178亿美元，出口为133亿美元，2006—2007财年，出口额增加到181亿美元。ITO的主体地位与印度软件产业的发展历程相一致，大量具有专业技能的人才储备、软件质量水平、成本优势，保障了ITO业务的持续增长。

（二）业务流程外包（BPO）增长迅猛

2009—2011年产业收入数据表明，ITO业务年均增速为35%，而BPO业务年均增速高达44%，高于ITO增速近10个百分点。传统服务业呈稳步增长，高端流程外包日益发展，业务结构在不断优化。2006—2008的三年，BPO出口（即承接离岸业务流程外包）

额分别为 31 亿、46 亿、63 亿美元，占服务外包及软件业出口总额的比例分别为 24%、26%、27%，呈现逐年递增趋势。2006—2007 财年，BPO 出口额增加到 83 亿美元，占比维持在 27%。

（三）软件出口快速增长

按印度官方统计，软件包括工程化和研发服务、软件产品两大类。2001—2002 财年软件出口仅为 3 亿美元，2005—2006 财年已经达到 40 亿美元，2006—2007 财年则达到 49 亿美元，均增速超过 30%。软件产品细分为外资公司产品和自主知识产权/品牌产品两部分，2004—2005 财年软件产品出口额为 9.1 亿美元，同比增长 21%。其中跨国产品开发为 5.7 亿美元，自主知识产权/品牌产品出口额为 3.4 亿美元。

（四）承接服务外包业务领域相对集中

客户交互服务（Customer Interaction Services，CIS）、财务和会计（Financial and Accounting，F&A）、人力资源管理（Human Resources，HR）成为 BPO 业务主要类别，2005—2006 财年三个领域总收入占比高达 89%。ITO 业务中，主要业务类别为 IT 应用开发、应用管理、IT 咨询、网络咨询和集成、IT 基础设施管理等，占比超过 80%。

2003—2004 财年，印度对美国市场出口占出口总额比例为 68%，出口欧洲市场占比为 22.6%；2004—2005 财年，美国市场占比为 66.4%，欧洲市场占比为 23.1%。2005—2006 年这两个数据分别为 66.5%和 25.1%。欧洲市场集中于英国、德国、荷兰三国，占比在七成以上。美国和欧洲仍然是主要市场，占印度出口总量的 90%多，仅美国就占到出口量的 2/3。美国和欧洲两大主要市场的份额相对未变，近年来市场多元化趋势日渐明晰，印度对其他新兴市场的出口量保持两位数的逐年增长。

（五）具有一批较强竞争力的企业

印度的四大软件出口企业，即塔塔咨询服务公司、信息系统科技公司、萨蒂扬计算机服务有限公司以及威普罗科技公司都已经成为世界著名的 ITO 和 BPO 企业。根据 IAOP 公布的 2006 年全球外包 100 强中印度有 Wipro、Infosys 和 TechMahindra 3 家企业进入前 10 名；而中国只有东软集团进入前 25 名。而且经过多年发展，印度的很多企业建立了良好的商誉和世界级质量保证体系，截至 2006 年 12 月，超过 440 家印度公司通过相关质量认证，其中的 90 家达到 SEICMM 5 级水平，这一数字位居世界第一。

三、爱尔兰发展服务外包现状及特征

（一）爱尔兰发展服务外包现状

爱尔兰以前曾被称作“欧洲乡村”、发达国家中的“第三世界”。但进入 21 世纪以来，爱尔兰先后赢得了“欧洲软件之都”“欧洲硅谷”“软件王国”“有活力的高技术国家”“欧洲高科技中心”等美誉。产生这一重大变化的最主要原因是，自 1994 年以来，爱尔兰计算机软件产业异军突起，形成了令人瞩目的国际竞争能力，带动了爱尔兰经济 10 多年来的高速增长。根据 FORFAS 统计数据，从 1990—2006 年，爱尔兰就业总量增长 61%，达到 211 万人；国内生产总值（GDP）几乎翻两番，达到 1764 亿欧元，人均 GDP 更是猛增到 3.3 万欧元，居欧洲前三位；失业率由 17%降到 4.4%。随着国民经济的发展，从 1995 年开始出现了爱尔兰历史上首次净移民增加。爱尔兰从 2000 年超过美国成为世界第一大软件出口国。爱尔兰政府对软件业的扶持和创建的良好开发环境促进了软件业在 21 世纪初的快速发展。

(二) 爱尔兰发展服务外包特征

爱尔兰发展服务外包有以下特点：一是软件和服务外包产业发展以出口为主。2005 年爱尔兰软件产业总额为 312.2 亿美元，软件出口额为 297.9 亿美元，软件出口占产业总额的比例超过 95%，甚至高于印度同期水平（占比近 80%）。二是外资企业在软件产业中占主导。截至 2005 年年底，爱尔兰软件公司总数约 900 多家，其中外资公司数量为 140 家，占比仅为 15%，但外资公司软件出口总额却高达 283 亿美元，占比为 95%，在爱尔兰软件产业总值中，外资占比近 93%。爱尔兰软件从业人员总数约 2.4 万人，外资公司雇员 1.29 万，约占 54%。从产业总量、出口规模到雇员数量，外资企业均占有绝对主导地位，软件产业发展的主动权完全掌握在外资手中。据爱尔兰企业局资料，仅微软（MICROSOFT）公司出口占比就达 60%左右。三是软件出口以软件产品和高端服务为主。对外资公司来讲，爱尔兰是软件产品出口欧洲的门户，爱尔兰高昂的人力成本及有限的从业人员数量，不宜于发展劳动密集型的软件和服务外包行业。爱尔兰本土 106 家软件企业也主要从事高附加值软件产品开发，集中于电信、多媒体、金融、互联网工具、软件中间件等高端软件产品和服务外包领域。四是软件出口以欧洲市场为主。爱尔兰毗邻欧洲，地缘优势使欧洲成为其主体市场，这也是跨国软件公司纷纷在爱尔兰设立地区总部的主要原因之一。2006 年爱尔兰对欧洲市场出口额占出口总额的 42%，其中仅英国一国占比即高达 27%。其次是美国市场，对美国软件出口占比为 33%。

(三) 以色列服务外包的发展现状与主要特点

以色列发展外包的基础根植于国防部门和大学共同组建的大规模电脑技术中心，这是因为以色列国防建设在多年战争过程中打下了深厚的科学技术基础。以色列软件产业发展的定位集中在高附加值的产品研发领域，其国内的软件公司主要负责为跨国公司进行电信、网络管理、数据安全和嵌入式等方面软件开发，芯片设计及其他高科技产品研发。经过 20 多年的发展，以色列外包产业迅速发展壮大。根据以色列全国软件协会（IASH）公布的数据，2006 年度以色列软件产业出口达到 36.5 亿美元，继续保持着其在国际软件外包领域的领先地位。通过承接软件外包，以色列高技术产品和服务出口规模不断扩大。1992 年，以色列高科技产业的出口额为 20 亿美元，而 2007 年则迅猛增长至 180 亿美元。得益于过去几十年的高科技出口，以色列的工业出口有了长足的发展，截至 2007 年已经达 340 亿元，同比增长 10%。2007 年，以色列高科技产业产值约占国民生产总值的 15%，较 1997 年高 5 个百分点。2003—2007 年，在高科技产业出口的推动下，以色列经济增长强劲，年均 GDP 增幅始终维持在 5%的高水平，高技术产业成为以色列经济增长的重要动力。

四、菲律宾服务外包产业状况及特点

2005年菲律宾服务外包及软件业总产值为24亿美元，同比增长60%。其中BPO业务收入为22亿美元，占比超过90%。服务外包及软件业从业人员总量近17万人，超过15万人从事BPO业务。2006年总产值增长到36.27亿美元，从业人员总量猛增到26.6万人，2010年，菲律宾的服务外包业收入年增长26%，总额达89亿美元，共有52.5万人从事服务外包工作。其服务外包业务领域相对集中，主要从事呼叫中心、法律文档编译、动画制作、医学数据编译、财务、人力资源、工程设计等。菲律宾目前拥有124家呼叫中心，职员为18万人，2006年总收入达27亿美元，近五年年均增长率超过100%，有望在未来的5～7年里发展成为亚太地区最大的呼叫中心市场。在动画制作方面，目前有40家动画制作公司，曾为世界著名娱乐公司迪斯尼、梦工厂等提供制作服务，是世界公认的高品质动画出产国。在医学数据编译方面，目前已有57家编译公司，专家5500人，2005年营业收入7000万美元，年增长率高达130%。

五、中东欧国家服务外包发展现状

据Data Monitor发布的《欧洲的近岸外包利益》统计，中东欧国家服务外包到中东欧国家和北美近海岸的呼叫中心数量从2003年的4400多家上升到2008年的1.37万家。呼叫中心业务在波兰、捷克、匈牙利和波罗的海国家比较成熟，突尼斯、保加利亚、罗马尼亚和巴尔干等地也将经历快速的增长。据联合国贸发会议（UNCTAD）统计，在中东欧国家，把研究与开发活动、呼叫中心、共享式服务中心和IT服务作为招商引资重点目标的投资促进机构分别占60%、70%、60%和80%。

（一）捷克服务外包发展

捷克在中东欧国家表现突出，在过去的数年内，吸引了众多的服务外包投资。捷克的服务外包业务集中在IT、生物研发和业务流程外包。在IT领域，敦豪快运、ACCENTURE、菲力普、EDS、惠普、戴尔（DELL）、IBM、SUN MICROSYSTEMS、中国台湾的ACER等跨国公司在捷克设立了IT服务中心，西门子、汉莎航空向捷克外包数据处理业务，美国的“ON Semiconductor”公司、FEI公司、ST微电子公司、伟创力IC设计公司等外包晶片生产加工和研发；在生物研发领域，由于教育和科研基础好、人力资源具有竞争力、有机和生物化学研发在世界上居领先水平，捷克发展生物和高科技研发具有一定的优势。许多世界知名药企都在捷克设立了制药中心或研发机构。一些跨国公司，如BECKMANCOULTER、ARROW、BAXTER、LONZA等通过收购捷克企业或投资建厂等形式在捷克开展了生物产品的生产和研发。目前，捷克生物制药行业的就业人数占总就业人数的比例超过10%，高于欧盟平均水平。在业务流程外包领域，根据捷克投资局统计，吸引外资已经达到3.78亿美元，共创造8200多个工作岗位。服务外包成为带动捷克经济发展的积极因素，目前企业服务和研发在捷克国民经济中所占比重已经达到11%。

(二) 波兰服务外包发展

波兰享有教育水平高和工资成本低的优势，IBM、通用电气（GE）和 MOTOROLA 等跨国公司均在波兰设立了大型的境外服务中心。波兰信息与外国投资服务机构专注于高科技和出口导向型服务外包项目，高科技服务外包投资在流入波兰的所有外商直接投资中约占 25%，商业流程外包被确认为四个关键出口导向型服务外包项目之一。

(三) 匈牙利服务外包发展

匈牙利服务外包业务近年来稳步增长。根据市场研究和分析公司 Pierre Audoin Consultants（PAC）的预计，外包业务额从 2002 年的 1.26 亿美元增长到 2007 年的 3 亿美元。在所有外包业务中，IT 外包增长较快。2002 年 IT 外包业务占匈全年 IT 业务的 14.2%，2007 年这一比例增加到 18%。电子数据系统公司（EDS）是匈牙利领先的 IT 外包业务公司，2002 年销售收入为 230 万美元，其中 80%的收入来自国内业务。欧洲近岸地区的呼叫中心业务正在向匈牙利转移。目前，很多德国银行和保险公司都在匈牙利设立了呼叫中心。风险资本开始将外包业务转向匈牙利，最明显的是匈牙利临床研究机构的医疗服务外包业务，临床试验成本仅相当于美国的 1/4～1/3。匈牙利有着高度发达的科学群体，在药品和内科研究方面经验丰富。从商业角度来说，人力和设备成本只是美国的零头。匈牙利临床研究机构和许多美国大制药公司共同开展临床试验，已经大大降低了它们的成本。

(四) 保加利亚服务外包发展

该国正竭力融入服务外包市场。美国和西欧的 IT 公司已经把一些项目委托给保加利亚，而保加利亚本土公用事业部门如供水、供电、通信等，也逐步将非主要业务外包。在通信领域，GLOBUL 商业网运营商与 OFFICEL SUPERSTONE、GLOBAL NET、GERMANOS 等签订了外包销售合同及用户服务合同。目前。GLOBUL 正在建立自主产权的商店网络，并通过与外部 4 家公司签约快速进入保加利亚市场。MOBITEL 移动运营商也正在实施自己的外包战略，将一部分业务外包给属下的合资公司“GPS－BULGARIA”和“MOBITELECOM”。保加利亚国家电信公司通过合资企业“BULPHONE”和“MOBILCOM”承接公用电话安装运营等外包业务。

另外，斯洛伐克、克罗地亚和罗马尼亚等国在吸引服务外包项目方面也极具潜力。随着国内基础设施和商业环境的不断改善，这些国家已有更多机会承接服务外包项目。

第二节　各国发展服务外包经济环境比较

一、印度服务外包经济环境

英语是印度的官方语言之一，绝大多数的印度 IT 专家、工程师以及高级技术人员都能讲流利的英语，并有相当一部分人在欧美顶级大学中接受过良好的教育。历史上印度曾长期是英国的殖民地，因此印度与欧美国家之间有较强的文化兼容性。当前，全球外包的发包方主要集中在欧美发达国家，相对于其他非英语国家，印度企业与欧美企业之间不存在很大的语言、文化差异，便于双方沟通，开展商业合作，印度雇员从事呼叫中心等后台服务也几乎没有语言障碍。此外，印席的地理位置优越，其与美国的时差约为12个小时，能很好地实现工作时间的对接。美国企业把部分业务外包给印度企业，可以利用时差实行24小时工作制，为客户提供全天候服务。例如，美国许多中小型医院将其放射科CAT扫描的读片外包给印度取得相应执照和证书的医生，美国医生白天将CAT影像通过网络传送至印度，印度医生在美国夜间完成读片诊断报告，再传输回美国，美国医生在第二天早上就可以得到诊断报告。这类外包可以有效地提高工作效率并降低人力成本。

印度的电信业开放较早，已发展成为世界上最开放的电信市场，这是印度IT外包服务发达的重要因素之一。印度技术型劳动者素质较高，与美国硅谷关系密切，且多年的英国殖民统治让印度国民平均英语水平比较高，这为承接欧美国家服务外包提供了重要条件。同时，印度人才教育培训富有特色，有近3000所中学、1000多所大专院校开设不同层次的IT专业课程，还依靠民办、私营机构以及软件企业实行人才的整体培训和整体转移，印度大多数的软件人才都来自于职业化培训机构，为印度培养了百万计的软件人才。

二、爱尔兰服务外包经济环境

早在2002年爱尔兰就已成为全球第四大宽带网络国家。目前，电信业基础设施仍在持续升级，以适应网络经济的要求。爱尔兰统计局调查显示，2008年，爱尔兰正在完成向信息化社会的过渡，进入了真正意义上的数字时代。其中，超过100万个家庭拥有计算机，超过62%的家庭使用计算机上网，约87万个家庭是数字电视用户，在16～24岁的人群中超过92%的人拥有个人计算机，而在65～74岁的人群中31%的人使用过计算机；几乎所有企业都使用计算机，企业的宽带使用率达到83%，55%的企业进行电子商务，25%的企业利用电子商务销售，这些指标随着技术的发展将继续提高。国内信息化程度的提高对爱尔兰软件外包产业的发展起到很大的推进作用。

（一）良好的政府法律环境

政府为促进本国的服务外包产业的发展，制定了一系列的支持措施和政策，其中包括建立完善的法律环境、制定税收优惠政策和明确的政府企业政策。例如，制定了电子商务法，承认电子合同及电子签名的法律效力，实行税率优惠和政府补贴政策，以及对在自由贸易区内注册的公司免征进口物品增值税等。

（二）良好的人力资源环境

爱尔兰良好的教育和培训体系为软件产业发展奠定了坚实的基础。其教育方式有其独特之处，软件专业前两年学习基础知识，第三年在生产一线实习，第四年进行独立设计。这样，大学生在毕业之后就具有了实际工作经验和项目领导能力。另外，爱尔兰的高校具有较强的IT开发实力。跨国公司投资爱尔兰的原因之一，就是其具有较强的研发能力和能够适应信息技术高速发展的人才。

（三）地缘优势和文化环境

爱尔兰既是英语国家又是欧盟成员国，欧盟成员国公民在爱尔兰享有务工自由，劳动力流动便捷。欧盟市场有 20 多种语言的实际需求，爱尔兰可以吸引欧盟区其他国家双语和多语技术人才，将美国软件公司的产品欧版化，即翻译成为不同语言的软件产品。这样爱尔兰就成为了美国公司进入欧盟市场的门户。美国有 1/5 的人口是爱尔兰裔，差不多每个爱尔兰人在美国都能找到亲戚。美国 500 强企业的首席执行官中，爱裔占近 1/4，微软公司创始人比尔·盖茨也是爱尔兰后裔。爱尔兰政府极为重视这一资源，积极推动美国投资爱尔兰。近年来，美国对欧洲投资的 27%、对欧洲信息产业投资的 70%都放在爱尔兰。通过对爱尔兰投资，美国利用获得进入欧洲市场的便利途径，爱尔兰也因此成为美国 IT 巨头进军欧洲市场的桥头堡，如 IBM、微软、Oracle 等公司面向欧洲国家的 27 种不同语言产品的本地化、欧洲化，大都在爱尔兰制作完成。可以说，爱尔兰与美国千丝万缕的稳定友好关系是吸引美国一些知名的大型软件公司来爱尔兰投资最重要的地缘因素。另外，由于历史原因在美国的 4000 万爱尔兰侨民也促进了爱尔兰和美国 IT 产业的联系。

三、以色列服务外包经济环境

以色列具有良好的商务氛围和完善的信息技术环境，并为商业活动顺利高效开展提供了现代化的基础设施和服务，包括可靠的能源设施现代化、与国际接轨的交通系统；商标、专利及其他知识产权保护，高度自动化的财务系统及建立在普通法系和公司法基础上的司法体系等。以色列具有高效完善的通信系统，全国固定电话普及率达 95%，移动电话达 97%，高达 5M 的宽带普及率为 65%。由于集合了在半导体开发、硬件设计、软件、内容和系统集成等领域的一大批公司，以色列具有其他国家和地区无法比拟的技术服务平台，能够成功地向跨国公司提供自己的产品和服务。Gartner 的调查评估认为，在经商方面以色列是一个比较安全合适的国家，商务氛围超过了其他主要的离岸外包国如印度、中国和菲律宾等。

以色列是世界上唯一同北美和欧盟都签署了自由贸易协定的国家，这不仅大大提高了以色列对外开放的程度，而且也优化了以色列的贸易环境。目前，以色列企业与欧盟和北美企业间的贸易享有无关税的待遇，由此吸引了大批跨国企业。以色列还与美国共建合作基金，这一基金已被成功地用于以色列公司同欧盟和美国公司建立战略联盟关系，一定程度上增加了接包的机会。以色列还是欧盟研发框架计划的成员国之一，凭此不仅能获得资金，还可参与大型跨国公司的技术合作，进一步方便了以色列公司获得欧盟的市场准入资格。

作为一个移民国家，以色列每年有成千上万受过良好教育的来自世界各地的犹太移民，这为商业、文化等领域的跨国交流提供了便利。以色列只有语言优势、文化融合性以及海外犹太人的资源。尽管官方语言是希伯来语和阿拉伯语，但不少以色列人掌握英、法、德、西、俄等世界多种语言。从欧美移民的大量犹太人使得以色列文化上与西方文化密切关联，形成了良好的文化融合性。相对于其他接包国家，以色列企业不仅与欧美企业之间没有很大的语言、文化、法律、政治体制差异，而且还可以为许多非英语类国家提供高质量的服务和沟通，海外的犹太人无疑是以色列重要的商业资源。欧美的犹太人通过基金援助及投资合作项目等对以色列给予很多帮助。不少犹太人是欧美风险投资公司的负责人，他们对母国新兴公司的发展给予大量的资金支持，而一些欧美著名的犹太学者则帮助以色列与欧美的大学和研究机构开展学术科技研发合作。另外，也有相当数量的高新技术人才归国创业，这在很大程度上促进了以色列软件外包产业的发展。

第三节 产业优势比较

一、印度产业优势

IT 业和基于 IT 产业的服务业（IT-Enabled Services，ITES）是印度承接外包规模最大的领域。自 1999—2000 财政年度以来，印度 IT－ITES 产业的复合年均增长率（CAGR）超过了 28%，2006—2007 财年行业总产值接近 400 亿美元，在印度 GDP 中所占的比重也由 2000 年的 1.9%上升到 2006 年的 4.7%，其出口额占整个 IT 行业总产值的比重接近 8090（不包括硬件产品）。作为过去 10 年印度增长最快的行业，印度发展为全球 IT 产业的佼佼者，成为目前世界最大的软件接包国和仅次于美国的第二大软件出口国，其软件出口额占全球市场总额的 20%。NASSNASSCOM 称，印度占据了全球软件外包市场 65%的份额以及服务外包市场 46%的份额。2008—2009 年，印度 IT 产业及业务流程外包的收益为 588 亿美元，约为 1998 年的 12 倍。在软件和信息服务外包的基础上，印度其他服务业外包也呈现快速发展的势头。软件和信息外包的发展带动了印度电影等传统娱乐业的升级发展。近年来，印度国内动漫产业和动漫市场出现蓬勃发展的局面，印度的电影制作基地——宝莱坞不断涌现新的动漫工作室，并凭借着其固有的影响力，推动印度动漫产业的国际化发展。预计 2007—2010 年，印度动画片数量将以年均 49.5%的速度增长，销售收入将从 2007 年的 6.5 亿卢比增加到 2010 年的 34 亿卢比，国内市场销售与外包市场大约达到相同规模，整个动漫娱乐产业的收入达到 100 亿卢比，而动漫在医疗和建筑方面的应用也将获得明显进步。工程承包（Engineering Services Outsourcing，ESO）是近年来印度承接服务外包又一热点领域，印度的工程承包公司在海外市场上开始崭露头角，预计到 2020 年，印度工程外包出口将达到 400 亿美元，市场份额将由现在的 12%提高到 30%。

二、爱尔兰产业优势

与印度等发展中国家相比，爱尔兰人口较少，能够向服务外包领域提供的人力资源有限，人力成本相对较高，不宜于发展劳动密集型的软件和服务外包行业。因此，爱尔兰软件企业虽然数目众多，软件产品门类齐全，建立了从芯片到中间件再到其他应用软件的完整体系，但近年来爱尔兰外资企业和本土软件企业业务发展的重点已经转向主要从事高附加值软件产品开发，集中于电信、多媒体、金融、互联网工具、软件中间件等高端软件产品和服务外包领域。目前，爱尔兰 ICT 产业涵盖了包括应用软件、系统硬件、电信、数字内容、电子商务、信息系统及支持服务等在内的多个部门。作为知识经济的重要组成部分，这些部门致力于创造知识，并对知识进行储备和分配，以促进新产品开发，进而推向全球市场。高端业务的发展丰富了爱尔兰软件出口的技术层次，并提高了其软件和服务的细分化程度，包含了软件服务、应用软件、软件工具和软件系统等多个层面的产品，满足了企业用户和普通消费者的多样化需求。其中，软件服务包含外包软件开发和软件方案的定制等内容；应用软件包含跨越行业的应用软件（如 ERP、CRM、SCM）、消费类软件（游戏、教育、多媒体、办公软件等）；软件工具包含信息获取工具、编程开发工具和软件开发工具等；系统软件包含安全软件、数据库中间件、操作系统软件、系统管理软件等。软件产业主要的赢利领域为财务软件、通信软件、计算机软件、中间件、电子商务和软件本地化加工。同时，爱尔兰软件业还十分注重软件质量和程序的成熟度标准，1000 多家软件企业中已有 100 家获得了 ISO 9000 或 CMM2 级以上的认证，按比例而言，在世界上属于领先国家。

三、以色列产业优势

不同于印度主要承接 IT 服务业的外包，以色列主要承接软件产品外包，并且拥有很多核心技术的知识产权。软件产品主要集中在应用软件和 IT 技术领域，其中以国防安全软件、商业管理软件、嵌入式软件等产品最具特色，也最具竞争力。“9・11”事件后，世界各国对安全领域日益重视，以色列安全及防护等领域的技术优势和产业基础正迎合了这一市场需求。以色列安全及保安产品制造商凭借其对安全独特的认知和无可比拟的技术专长，在开发尖端安全产品方面赢得了很高的声誉，受到诸多欧美跨国公司的青睐。如以 Checkpoint 公司为代表的计算机安全软件方面的公司、以 Persay 和 Comif gate 公司为代表的身份识别（指纹识别、语音识别、形象识别等）公司和以 StarCore 公司为代表的数据信号处理第三代无线通信（3C）技术方面的公司等在“9・11”后的安保市场上表现突出。拥有相应计算机软件方面的核心技术是这些公司的共同特征。银行、电信、航空以及石油开采等特定行业的专业性商业管理软件，网络支付软件也是以色列软件公司的主打产品。最大的系统管理软件公司 Amdocs 2006 年销售额达 24.8 亿美元，拥有 16000 名员工，同比年增长率达 18%。高质量的商业软件已广泛被欧美各大公司委托开发和采用。德国大型跨国软件公司 SAP 于 2001 年 10 月斥资 4 亿美元现金收购以色列 TopTier 软件公司，重点开发商业智能软件，显示了以色列软件业在同类市场上所具备的明显竞争优势。

第四节　人力资源开发比较

一、印度系统化、规范化的软件人才培养模式

目前，印度有 253 所大学以及近 700 所专科学校。印度高校普遍采用英语教学，教学质量也很高，特别是像德里大学、尼赫鲁大学等重点大学以及 7 所理工学院和 6 所管理学院与世界著名大学几乎处在同一个水平上，这些大学为在印度培养信息科技人才以及商

业、管理人才上发挥了重要作用。同时，印度人才教育培训富有特色，在近 3000 所中学、1000 多所大专院校开设不同层次的 IT 专业课程，印度每年都要培养出 200 万熟练掌握英语并同时拥有很强技术能力的毕业生。

20 世纪 80 年代中期提出“要用教育和电子革命把印度带入 21 世纪”口号以后，在印度逐渐形成了“全民学软件”的风尚，培养了一大批被世界誉为“一高一低”型的“软件蓝领”。“一高”是专业素质高，“一低”是工资诉求低。这种人才结构的形成是与印度系统化、规范化的软件人才培养模式密不可分的。以印度著名的软件人员培训机构 APTECH 的 ACCP 软件课程培训计划为例，培养一名“软件蓝领”要经过三级严格培训：首先用 160 个学时学习初级程序，再用 184 个学时学习程序设计，最后用 330 个学时学习系统分析。以 APTECH 的培养模式为代表，目前印度已经形成了印度理工学院居于顶端、各大学居中、国家信息技术学院居于底层的金字塔式的人才培养体系，这一完整的体系每年为印度培养软件设计人员约 1.78 万人。在软件教育中，印度还十分重视软件研发的标准化建设。印度软件企业的质量管理及认证除了采用国际通用的 ISO 质量认证体系外，还采用目前世界软件业公认的权威性认证体系——美国梅隆·卡耐基大学软件工程设计院研发的软件能力成熟度模型 CMM 等级认证体系。印度已有上百家软件企业获得了该体系最高的 CMM5 级认证证书。CMM 认证体系目前已成为行业公认的选择外包合作者的“指标体系”，CMM 体系等标准化建设促进了印度软件开发的国际化，使印度的软件服务外包竞争力得以大幅度提高。由此可见，系统、规范的教育为印度软件外包的发展储备了丰富的、标准化的软件开发人才。此外，印度拥有大量的印度裔的海外学者和企业家，他们也为印度外包产业发展起到了多方面的作用。

二、爱尔兰良好的教育培养高素质的人才

政府高度重视教育，大力投资发展教育，这是使爱尔兰摆脱落后面貌的真正原因，也是爱尔兰经验中备受推崇的一点。自 20 世纪 60 年代起，爱尔兰通过大力发展公民教育、完善高等教育体系，着力提高爱尔兰全民的受教育程度和人力资源的整体素质。这一举措很好地契合了全球产业升级和知识经济发展的趋势，为爱尔兰承接服务外包储备了人才。目前，爱尔兰公共教育开支在国民收入的比例高达 14%左右，在发达国家中居第二位。同时，爱尔兰也是世界上 15～29 岁年龄段人口在校就读率最高的国家。该国居民享有免费的基础教育和中等教育，良好的教育和培训体系为外包产业发展创造了坚实的基础。在瑞士洛桑国际管理学院的全球竞争力报告中，爱尔兰被评为欧洲教育质量最高的国家。在各个层次的教育体系，爱尔兰政府均将技术素质的培养放在首位。为培养学生的技术素质，爱尔兰政府在各个学校配置多媒体个人电脑，为每个老师和学生提供互联网接口，并投入 3500 万美元的基金建设欧洲多媒体实验室。

其教育方式有其独特之处，软件专业前两年学习基础知识，第三年在生产一线实习，第四年进行独立设计。这样，大学生在毕业之后就具有了实际工作经验和项目领导能力。另外，爱尔兰的高校具有较强的 IT 开发实力。跨国公司投资爱尔兰的原因之一，就是其

具有较强的研发能力和能够适应信息技术高速发展的人才。

三、以色列优秀的人力资源

以色列凭借着其优秀的人力资源成为全球一流的软件之都。作为世界上劳动力受教育程度最高的国家之一，以色列受过高等教育的科学家和工程师占人口的比例为全球最高，平均每一万人中有135人，而美国仅为78人，其人均大学程度和学术论文发表的比率也都为全球最高。以色列公司不仅吸引了一大批本土的软件和电子工程师，而且也从来自俄罗斯、美国、阿根廷、法国、英国和许多非洲国家的移民中募集到大量高素质的人才。其中，电脑专才多达3.5万人，其中1.3万人在约400多家专门的软件公司就职，每平方公里拥有的人数仅次于美国硅谷。以色列拥有一批具有很高世界知名度的学府，如耶路撒冷希伯来大学、特拉维夫大学、魏兹曼科学院等，在数学、物理、生物、计算机等领域的研究水平在世界处于领先地位，并有多名诺贝尔奖获得者。作为一个全民服兵役的国家，为期2年以上的义务兵役使以色列的年轻人获得了接触并掌握了高新技术的机会。软件从业者服役期间的经历对其日后的创业和发展是重要的经验和资源，因为军方的需要覆盖了几乎所有计算机及通信技术领域，从光纤到加密技术，从微型天线到即时信息传输等，这使很多以色列人一开始走上工作岗位就具有很强的适应力和创新能力。以色列吸引外包的另一个重要优势在于外国公司把业务转包给以色列企业可以降低人力成本。尽管以色列的人力成本与印度、中国等发展中国家相比并无竞争力，但其成本仍普遍低于欧美发达国家，几乎在所有IT领域工作的以色列员工工资都仅相当于同样情况下美国员工的一半左右。而且根据IT业界咨询公司预计今后以色列各个部门平均每年工资增长率将仅为2.5%（除去通货膨胀率后仅为0.7%），这意味着以色列在未来一定时期内仍将保持与欧美国家的相对的成本优势。同时，在一些特色领域，以色列软件企业能够提供一流的，甚至是不可替代的产品，其质量能得到很好的保证。

第五节　政府扶持政策比较

一、印度政府促进外包发展的政策措施

早在20世纪80年代，印度政府就已经提出了大力发展信息技术产业的口号。1986年12月，印度政府颁布了《计算机软件出口、软件开发与培训政策》，加快了印度IT产业特别是软件业的发展。1991年印度开始实施“放宽限制、引进外资的政策”，加大对IT产业的扶持力度。1992年，政府又出台了“软件技术园区计划”，中央政府加强对园区内网络、通信等信息基础设施建设的投入，在税收方面给予大幅度优惠，并简化行政审批手续，提高出口业务处理效率。印度的电信服务业长期处于国有企业垄断经营的状态，针对这一情况，1994年，印度政府推出了《国家电信政策》，宣布允许私有资本参与基本电信服务和手机通信服务。1999年的新电信政策进一步放宽了市场准入、外商投资等方面的

政策限制，印度包括固话、手机、互联网服务、国内国际长途在内各种电信服务的市场竞争程度很高。此外，印度电信管理当局宣布各种电信服务业务商将采用统一的许可证，并制定统一的运营规则。在此基础上，1996 年 8 月，印度正式发布了《2020 年技术展望》，该报告对印度各行业的技术现状进行系统分析，并对发展潜力和趋势作出了预测和评估，列出了 9 个关系国民经济可持续发展的关键领域，电信、航空、知识产权等位列其中。1998 年 7 月，印度政府通过了“信息技术超级大国”的政策纲要，确立 10 年内成为世界信息技术超级大国的战略目标，并把软件产品及其服务作为信息技术发展的战略重点。2000 年，印度政府颁布了《信息技术法》，为保护企业和消费者的信息安全、解决由信息技术安全引发的商业纠纷提供了法律依据，2000 年 9 月 4 日，印度又颁布了《半导体集成电路设计法》。根据软件和信息服务外包发展的需要，印度政府制订了“十五”计划（2002—2007 年），明确了 IT 发展战略重点，大力扶持软件开发、出口和集成服务，尤其是开发新的软件出口市场；明确了优先发展电子政务、用印地语开发软件、IT 普及、远程教育、电子商务、计算机安全和人力资源开发，并通过进一步简化手续来吸引外国资本，加强和更新远程通信，进一步完善 IT 基础设施。

（一）关税优惠及其他税收激励

印度政府规定，从 2000 到 2009 财年的 10 年里，对位于电子硬件技术园和电子软件技术园的新工业企业以及 100％出口型工业企业免除针对出口利润的税收。在经济特区成立的企业和机构，前五年减免 100％出口所得税，随后两年甚至到 2015 财年以后，减免 50％出口所得税。此外，计算机软件的出口可以从出口总收入中减免 50％出口所得税。2002 年 3 月，印度贸工部公布了印度未来 5 个财政年度的进出口政策，其中对于中间产品及用于出口的进口产品实施税收优惠。包括免税和退税计划，前者是指对为生产出口而进口的原辅料免税，后者是出口后退还已征得用于出口生产而进口的原辅料的关税。同时，印度政府对《2003—2004 财年预算报告》的关税部分进行了调整，除普遍下调各种信息技术类产品零配件的海关关税外，对生化产品进口也采取了一些优惠措施。

（二）知识产权保护

信息技术产业是知识、技术密集型行业，知识产权保护的重要性不言而喻，这也是发达国家选择 IT 外包目的地时考虑的重要因素。与其他国家和地区相比，印度对知识产权的保护工作比较重视，其知识产权保护体系涵盖了版权、专利设计以及商标等多个领域。当然，印度对知识产业保护的认识和对执行体系的建设也经历了一个逐步增强和完善的过程。随着政府对知识产权相关法律的不断更新，印度先行的知识产权保护法规已实现了与《与贸易有关的知识产权协议》（TRIPs）的完全接轨。以《版权法》为例，自印度建国以来已经历经 4 次修订，保护措施越来越严格。最新的《版权法》明确规定未经许可严禁出租、出售及拷贝任何计算机软件，违者将受到严厉处罚，情节严重者甚至会受到民事和刑事指控。2003 年，印度成立了知识产权申诉委员会，专门负责受理专利、商标、设计及商标等案件的申诉。此外，1999 年印度还颁布了《国际版权规则》，将 WTO 所有成员纳入其版权保护的范畴。在加强国内知识产权保护体系的同时，印度逐步开展与其他国家之间的知识产权合作，以避免在离岸外包中出现知识产权纠纷。

（三）设立经济特区保护法案

2005 年 5 月，印度下议院批准通过了《经济特区新法案》，新法案制定了多项对开发商和区内企业的优惠政策，包括：区内企业在经营前 5 年免征所得税，随后 5 年免征 50%所得税，再随后 5 年出口利润的 50%用于再投资；开发商可以在 15 年规划期内，连续 10 年免征所得税等，并简化申请手续提供“一站式”服务。截至 2006 年 8 月，印度已经批准了 150 个经济特区，基本集中在 IT、纺织、生物科技、制药等领域。其中，91 个为 IT 或电子领域，9 个为制药领域，4 个为工程类相关产业领域。在政府多项政策的扶持和引导下，经济特区聚集了众多从事本土及国外业务外包的企业，这些企业取得了较好的经济绩效。2005—2006 财年，印度经济特区出口达约 50 亿美元，同比增长了 30%，其出口增长率超过了印度的总出口增长率。在未来 10 年间，印度经济特区将为国家创收 100 亿美元。

二、爱尔兰政府促进外包发展的政策措施

在欧洲，爱尔兰原本是经济较为落后的国家，缺乏商业氛围，而今却发展成为世界软件和信息服务外包第二大国。在此过程中，爱尔兰政府合理的政策措施功不可没。

（一）政府发展外包导向明确，注重加强管理和协调

爱尔兰政府促进外包发展的政策核心是以科技创新带动外包产业，主要举措是：①制订国家发展计划，设立专向研究基金。②设立技术情报网，帮助商业公司了解世界技术发展状况，确定其技术需求。这项工作主要由爱尔兰企业局等单位承担。③促进实业界与高等教育及其他国家科研机构间的战略合作伙伴关系的健康发展。在机构设置方面，爱尔兰政府从政策咨询、制定、实施、监督到部门协调、中介促进等各个环节，都设立了相应的部门或机构履行职责，系统强化外包产业管理。尤其在政策实施环节，政府专门设立了爱尔兰企业局等贸易促进机构，以保证政策实施到位。其中，企业局重点扶持本土企业，为本土公司的新设立与发展提供政策及资金等各方面的扶持，本土软件公司则是扶持的重要对象。爱尔兰的全国软件办公室在全球有 30 个办事机构，为企业开拓国际市场提供办公场所、设备、资金、人员培训、公司发展规划、法律、财务等各方面服务。另外爱尔兰软件园区主要集中在都柏林，如南郡商业园、布兰特镇园区、数字港等。开办一家软件公司，只需 10 分钟即可办妥一切手续。为了适应国际投资和资本运作，为外国公司提供更加有效和优质的金融服务，1985 年，首都都柏林设立了国际金融服务中心，现代化、高效率的环境吸引了世界各大银行及金融机构、财团在此设立分部，这使都柏林发展成为又一个世界金融中心。为鼓励私人、海外投资网络和软件开发服务业，政府还于 1996 年专门设立高新技术产业风险基金，并制定了电子商务战略。

（二）政府注重知识产权保护，建立完善的法律环境

爱尔兰政府为了减少发包方对知识产权的忧虑，自 1999 年起，制定了一系列保障知识产权的政策。政府承认电子合同及电子签名的法律效力软件的加密开发，并在产权、专

利等方面沿袭欧洲惯例，制定了严格、有效的法律规范。其中，《电子商务法案 2000》（E-Commerce Act 2000）和《版权及其他相关权益法案 2000》（Copyrigh & Related Rights Act 2000）这两个法案的出台为知识经济尤其是软件和信息服务外包产业的发展提供了主要的法律依据。

（三）一系列优惠税收政策

首先，政府对相关项目进行财政支持。财政优惠主要分为资本资助，就业资助、研发资助与培训资助。其中，资本资助用于补贴购买土地、房屋、新工厂与设备的资本支出费用，这些资助通常与创造的就业机会相联系，而且在每 12 个月内有一个最高数额限制。就业资助的适用面很广，只要创造长期全职的就业机会就可以享受到，具体资助数额取决于项目位置、投资额、业务与雇员技术水平，水平越高资助也越高。培训资助主要是对在爱尔兰已经成立的外商投资企业，工业发展署会提供培训资助。研发资助则针对己设立的公司，有两种研发项目适用：一种是资助公司建立或升级改造其常设研发职能部门和设备，另一种是资助有相当研发实力公司的高质量高风险研发活动。研发项目可以是新产品或新工艺开发，适用与制造业和国际服务业，一般通常产品的开发不属于资助范围。资助率因开发规模、对长期研发能力的潜在影响以及项目的地理位置等而不同。

其次，实行低税收政策。爱尔兰实行低税收政策。公司税仅为 12.5%，这在发达国家中是极为少见的，明显低于欧盟大部分国家 30%～40%不等的公司税，也由此使爱尔兰成为著名的税收洼地，对跨国公司有很大的吸引力。近年来，爱尔兰政府实施了《商业拓展计划》，这一计划是一种所得税减免措施，旨在吸引外部投资者在爱尔兰建立企业，投资者在投资当年即可享受税赋减免，目前已成为科技创业型公司最重要的投资来源。爱尔兰个人所得税水平也较低，据 OECD 统计，爱尔兰已婚职员平均纳税额仅为其总收入的 5%，在 OECD 国家中排在倒数第七位，爱尔兰地方税仅对商业财产征税。印花税则适用于房地产转让、财产租赁及一些法律服务，税率在 1%～9%。另外，爱尔兰与近 50 个国家缔结有关避免双重征税条约，规定双边税收方面的扣除、减免、抵免以及管理合作等事宜。由于公司整体投资形式在很大程度上受税收结构影响，作为低税地区，爱尔兰刺激跨国公司利用这一点发包到本地分公司，从而降低了其全球税收负担。近年来，爱尔兰政府对战略性技术领域的基础研发和行业研发（如软件和 IT 业）的资金投入大幅度增加，包括在大学进行的基础和应用方面的研发项目，以及公司内部新产品开发项目，这在很大程度上推动了本地外包行业技术水平的提升。2003 年，爱尔兰研究与开发（R&D）的投入占 GDP 总值的 1.4%，在欧盟国家中列第 10 位，同前两年相比有所提高。由于爱尔兰大部分研究中心和实验室附属于各大学，国家直属科研机构很少，因此，对大学科研的投入实际上是爱尔兰政府科技投入的主要组成部分。为了支持大学进行应用性研发，政府成立专门机构即爱尔兰科技基金会（Science Foundation Ireland，SFI），以促进、支持公司在爱尔兰开展具有世界水平的研发工作。SFI 管理着一笔 4 亿美元的基金，专门用来扶持未来几年基础软件方面的研究工作。2003 年 5 月，爱尔兰科技基金会拨出 4200 万欧元专款，用于筹建三个国际水平的科学、工程及技术中心，其中一个为数字化企业研究中心，专门从事新一代全球互联网支撑技术的研究工作，尤其注重网络应用个性化的智能软件。在支持中小企业技术项目开发方面，公共财政支持发挥着非常重要的作用。尽管爱尔兰企业R&D的投入在继续增长，但总体上仍低于欧盟国家的平均水平。

三、以色列政府促进外包发展的政策措施

近年来，历届以色列政府均采取了一系列举措促进外包快速发展。在全球外包发展格局中，以色列的人力资源以及研发实力决定了其努力的方向是抢占高附加值的外包市场。因此，政府的多项外包促进措施都是围绕着如何吸引更多国外企业将其研发等高端业务转移到以色列展开的。总体来看，以色列政府促进外包发展的政策融合了产业政策、税收政策和知识产权保护等多种政策工具。

首先，科技立国，打破电信垄断。自建国以来，以色列的经济由依赖农业转变为立足于高科技。以色列历届政府一直将教育和高科技的发展视为立国之本，长期以来对教育的投入不低于国内生产总值的8%，用于研究和开发的费用占国内生产总值的3%，其中一半是直接的政府财政投资。政府本着“科技立国”的精神，制订了多项法规政策以扶持高科技产业的发展。早在1959年，以色列政府就颁布了《资本投资鼓励法》，通过赠款和税收优惠措施吸引国内外投资者到以色列投资。1969年，以色列开始实施《工业（税收）鼓励法》，加大对新兴产业的支持力度。1984年，政府又出台了《工业研究与开发鼓励法》，为企业的工业研究与开发项目提供资助。以色列的电信服务业曾长期处于国有企业垄断经营的状态。1994年之前，以色列电信运营只有Bezeq Israel Telecom一家国有公司。为改善这一状况，政府开始放松电信运营商牌照审批，并颁布法令开放通信市场，鼓励电信业竞争。到2000年，有3家移动电话公司，但仍只有Bezeq经营固定电话业务。到2005年，已有4家移动电话运营商，而国营电信运营商Bezeq也在该年被私有化，以色列电信部只拥有5%的股份。目前，以色列国内有4家移动电话运营商，6家经营国际业务的固话网运营商。受惠于近年来打破市场垄断，以色列消费者成为电信新技术积极的使用者，形成了充满潜力的国内市场。在此基础上，以色列政府计划继续发展以高科技为主导的混合型经济，进一步增强在全球经济中的地位。同时，以色列政府采取加大私有化、产业自由化以及与更多的国家和地区签订自由贸易协定方面的政策，促进高科技领域的竞争力和出口，以继续保持其全球重要科技中心之一的地位。

其次，实施出口企业进口原材料的关税与购买税返还政策。以色列政府规定将高科技产品和专利等出售给在国内的外国居民、为外国居民提供服务等大多数出口行为属于零增值税交易，并对免税贸易区和自由港内提供咨询等服务的企业免收增值税和财产税。同时，根据1959年的《资本投资鼓励法》，以色列设立“核准企业”资格审批，工贸部投资中心对一些国内附加值高、运用了现代高技技术、具备出口潜力、有能力赢得国内外市场竞争及有利于社会发展和创造就业机会的企业，颁发“核准企业”证书。被核准企业可以享受降低的所得税税率以及在一定情况下分配的股息税率减让，并可以享受加速折旧等优惠。通常情况下，以色列的公司税税率为36%，根据外资在企业中所占比例不同，核准企

业公司税率在10%～25%浮动。所得税减让期一般为7年，自产生计税收入年度开始计算，但不超过“核准企业”资格被批准之日起14年，或企业开始运营起12年（视何者在先而定）。当外资比例超过25%时，减税期可延长至10年。普通公司股息税为25%，而被核准企业为15%。股息税减让在公司税减让期结束后还可以对以色列居民持续12年，但如果外资比例超过25%，则不设期限。

再次，为高科技产业发展提供财政支持。以色列政府针对高技术研发项目普遍存在启动资金不足的困难，提供一定比例的政府资金投入。如果项目开发成功并取得销售收入，项目公司需支付使用费。如果项目失败，则由政府承担费用。这项措施的成功后支付使用费的方式促进了政府扶持资金的滚动积累，加强了政府的持续资助能力。同时，以色列政府还推出了“磁铁”计划，该计划支持的研发项目主要开发具有潜在竞争力的通用技术，包括广泛应用于各个行业的各种通用技术、元件、材料、产品设计与制造方面的方法、工艺、标准、规则等。为激励创业，工贸部首席科学家办公室建立了“技术孵化器”（Technological Incubator），目的在于帮助有创新构思但缺乏创业经验的技术人员开发具有出口潜力的新产品，并建立相应的生产企业。目前，该项目在全国各地拥有24个孵化器，运行着200多个项目，每年总投入3500万美元。每个项目85%的预算资金由政府提供，其余资金与资源则来源于院校、地方政府与知名企业家以及其他个人捐赠。

最后，加强知识产权保护。以色列具有健全的知识产权保护法律体系，充分保障了发包方的合法权益。自1948年建国以来，在继承和沿用英国托管时期实施的知识产权保护法规和体系的基础上，以色列根据自身发展情况，在知识产权保护方面逐步制定了能够体现本国特色的法规体系。1967年，政府制定并实施了新的《专利法》，并于1995年8月对该法进行了修订；1972年开始实施《商标条例》，并在1990年制定了商标标准；1973年制定了《植物和动物种权法》。而关于版权和工业设计方面的立法，可以追溯到以色列建国之前英国托管下的巴勒斯坦地区实施的《帝国版权法》和《版权法》（1911年），以及《专利和设计条例》（1924年）。其中，《版权法》一直沿用至今。司法部下属的“专利、设计和商标办公室”对知识产权行使保护与审批管理职责。该办公室知识产权申请程序十分严格，保障已有专利不被侵权。同时，以色列知识产权保护期较长，发明专利和实用新型的保护期限为20年，包括药品和医疗设备在内的专利都可以申请延长保护期限。同时，以色列一直都比较重视在知识产权保护方面的国际合作，相继加入了世界知识产权组织、“专利合作条约”（1970年）、“国际专利分类斯德拉斯堡协议”（1971年）等专业国际组织。与欧洲、北美和亚洲国家签订贸易协议并积极开展合作。以色列与许多国家和国际机构之间签有涉及广泛的贸易互惠协议和安排，确保其出口商在国际市场上公平竞争，免遭歧视。早在1975年，以色列就与欧共体（现称欧盟）签订了自由贸易协定。以色列还与土耳其及东欧七国（捷克、斯洛伐克、匈牙利、波兰、斯洛文尼亚、罗马尼亚和保加利亚）都签署了自由贸易协定。1992年，以色列与7个欧洲自由贸易联合会（EFTA）国家签署了自由贸易协定，该协定于1993年1月正式生效，在以色列与欧盟整体签订自由贸易协定后，对该协议又进行了补充。在过去30年里，欧盟已成为以色列最大的贸易伙伴。

到2000年7月，以色列同所有北美自由贸易协定（NAFTA）成员国都签署了自由贸易协定。以色列还与日本签署了“一般特惠制”（GSP）协定，即以许多产品进入日本市场将会享受减税待遇。以色列与中国和印度也签有贸易协定，互相给以最惠国待遇，中、印成为其未来主要的目标市场。在产业和研发领域的国际合作方面，1977年，以色列同美国建立了双边工业研发基金，支持双边工业发展交流，为项目提供50%的费用支持。1994年以美科学技术委员会成立，1995年11月以色列与欧盟签订了包括原产地规则重新认定和以色列在欧盟科研框架计划成员地位等联合协议，参加了欧盟旨在推动研究和技术开发的第5个框架计划。同时，以色列还是欧盟“尤里卡”计划的联系成员。广泛的国际合作拓展了以色列的软件市场，丰富了其人才和创新资源的来源。

第五章　黑龙江省优势支柱产业服务外包运行状况

第一节　黑龙江省服务外包发展的基本状况

近年来，黑龙江省委、省政府十分重视服务外包产业发展，成立了由 19 个省直部门以及哈尔滨、大庆和齐齐哈尔市政府组成的“黑龙江省服务外包产业发展领导小组”，建立起省级部门联动、省市互动的工作机制。2007 年 7 月以来，《黑龙江省服务外包产业发展“十一五”规划》和《黑龙江省促进服务外包产业发展的若干意见》颁布实施，设立了“黑龙江省服务外包产业发展专项资金”，加大了资金支持力度，省服务外包产业发展总体规模不断扩大，发展速度较快。其中，哈尔滨和大庆服务外包产业发展较好，其他地市相对落后。目前，哈尔滨有 4 个软件开发区、4 个专项园区、200 余家软件开发企业，大庆现有软件园、高新区服务外包园等 4 个园区。服务外包业务涉及软件与信息系统集成、信息服务、地理信息、通信、医疗、金融、保险、物流和石油工程技术服务等多种业务领域。作为国家级服务外包示范城市，哈尔滨市和大庆市以园区建设为平台，建设速度明显加快，拉动了全省软件和服务外包产业迅速发展。2009 年，黑龙江软件和服务外包企业达到 320 家，预计产值将超过 100 亿元，从业人数超过 4 万人。全省软件和服务外包企业达到 320 家，其中 27 家服务外包企业通过 CMM/CMMI 认证，12 家服务外包企业通过 ISO 27001 认证。

哈尔滨和大庆两个示范城市，通过出台支持政策，推进载体建设，扩大资金支持，培育主体发展，全面加强软件和服务外包园区建设。哈尔滨市采取多点布局，发展特色园区策略，发展和辟建了哈尔滨服务外包园区、黑龙江省地理信息产业园、黑龙江动漫产业发展基地、省联通呼叫中心园区和哈尔滨呼兰利民开发区服务外包基地 5 大特色服务外包园区，同时哈大齐工业走廊松北服务外包园区正在建设中。哈尔滨服务外包园区规划建设在哈经开区服务外包核心园区，占地面积 40 万平方米，建筑面积 28 万平方米。黑龙江省地理信息产业园现已吸引 32 家地理信息中小企业入园，聚集了 1000 多名高科技人才，境外服务外包业务遍及 20 多个国家和地区。黑龙江动漫产业发展基地以动漫新媒体公共技术服务平台建设为载体，为软件和外包企业提供有效服务。省联通呼叫中心园区是专业呼叫中心基地，规划建成后可达一万座席规模，承载 3 万人就业，直接收益可达 10 亿元，项目规划总投资超过 6 亿元人民币，园区一期建设已投入使用。哈尔滨呼兰利民开发区服务外包基地现已整合哈工大华德学院 2000 平方米房产作为创业园，已有入园企业 10 多家，通过租用等手段整合5000平方米房产作为培训基地。大庆市采取集中建设、集中发展的战略，以大庆高新技术开发区为依托，集中开发建设了大庆服务外包产业园，主要从事石油技术外包服务，入园企业108家。大庆市还引入市场机制和民营资本，利用原有工业园区建设开发了黑龙江软件园龙凤创业园，改造后的创业园将作为软件服务外包产业的系统应用软件、应用管理软件、工业控制软件、数据处理等业务的办公、研发和产业基地，现已入驻企业4家。哈尔滨和大庆市分别制订了示范城市建设推进方案、发展规划和示范城市基础设施建设目录及进度计划，积极研究人才培养、税收优惠等政策措施，颁布实施了《哈尔滨市人民政府促进服务外包产业发展的意见》和《大庆市发展服务外包产业优惠政策》，并会同省科技厅等部门开展了先进型服务外包企业认定工作，为企业争取国家扶持资金2000余万元。齐齐哈尔市装备制造业服务外包产业基地园区正在建设中。

一、黑龙江省传统优势支柱产业发展服务外包的比较优势

黑龙江省是国家重要的老工业基地之一，形成了以能源、装备、石化、食品、医药、森工等为主的支柱产业，为国家建设作出了巨大贡献。随着经济的发展和改革的深入，经济结构不尽合理，传统产业比重仍相对较大，高技术产业比重较小，第三产业欠发达，经济增长方式还没有完全从粗放型、外延式过渡到集约型、内涵式等问题日渐成为制约黑龙江省经济发展的“瓶颈”。传统优势支柱产业仍存在“大而全”、“小而全”的计划经济体制下的企业特征，造成专业化发展水平不高，从全球工业发展趋势看，专业化分工是工业发展的主流方向。将服务外包产业发展与工业发展结合起来，比如，将装备制造业企业中的设计、信息网络维护、物流、营销、售后服外等业务剥离出来，交给专业的公司经营，既拉动服务外包产品的需求，又有利于促进装备制造业的发展。但是，除了哈尔滨和齐齐哈尔的装备制造业的境内制造业服务外包、大庆的石油技术服务外包外，黑龙江省传统优势支柱产业开展服务外包很少，还处于起步阶段。

（一）装备制造业：形成一批系统集成与成套能力较强的大型工程公司

装备制造业是在建国初期25户“南厂北迁”企业和“一五”时期22个国家重点建设项目（其中装备工业占10项）的基础上发展起来的，基础比较雄厚，是黑龙江省的支柱产业之一，在国民经济中占有十分重要的地位。列入东北振兴规划中装备制造业振兴重点的数控机床、大型冶金设备、大型发电设备、大型机械成套设备、高速列车等项目，黑龙江省占有相当比例和较大优势，为以装备制造业带动整个制造业加快发展提供了有利条件。

1. 发展现状

(1)“哈电集团”（哈尔滨电器集团公司）自主研发达到世界当代水平。“哈电集团”发电设备制造能力已达2400万千瓦，哈汽轮机60万千瓦超临界直接空冷汽轮机主辅机设备、全转速汽轮机钢制叶片、“哈锅”制造的国产首台100万千瓦超超临界锅炉、“哈电机”研制成功的世界最大水轮机（700MW）核心部件水轮机转轮均达到国际先进水平，60万千瓦超临界、100万千瓦超超临界火电机组成套设计制造能力达到世界当代水平，自主设计制造的全部国产化70万千瓦水电机组并网发电，与GE公司合作生产的我国首台

重型燃气轮机循环机组国产化率达到70%以上，发电设备产品结构正向大容量、高参数、高效、节能、环保方向升级。2006年“哈电集团”与“一重”（中国第一重型机械集团公司）签订核电项目联合体协议，将提高核电装备制造的整体水平。

（2）“一重”自主创新产品达到国际先进水平。“一重”集团热壁加氢反应器达到了2000吨级，实现了原油加氢反应重大装备的国产化，为鞍钢研制生产的1780毫米冷连轧机具有自主知识产权，达到国际先进水平，自行设计制造的15000吨重型自由锻造水压机、浇铸的国内最大民用核电钢锭在国际上占有重要地位，核反应堆压力容器中标辽宁红沿河百万千瓦级核电站一号机组。

（3）“哈飞”（哈尔滨哈飞汽车工业集团有限公司）成为我国重要的飞机和汽车生产制造基地。“哈飞”集团与欧洲直升机公司签订共同设计研发直十五直升机（6吨级）协议，ERJ145支线飞机实现批量生产，主导产品形成系列，成为我国重要的飞机和汽车生产制造基地。“哈飞”汽车已与法国标致雪铁龙签署备忘录，正式进军高档商务车领域，HF5轿车及4G9发动机批量生产，2006年哈飞自主品牌汽车出口3.7万辆，居全国前列。

（4）齐齐哈尔一、二机床自主创新产品实现进口替代。齐齐哈尔一、二机床能够自主设计制造五轴联动重型数控车床、大型落地（龙门）镗铣床和重型压力机械，实现了进口替代，“齐重数控”研制成功具有自主知识产权的国产首台重型曲轴旋风切削加工中心。

2. 发展潜力

黑龙江省产业配套协作体系不断完善，规划的大庆油田装备制造基地重点工程、延寿汽车配件产业园已经启动建设。其他重型机械可为国内石化、冶金、矿山、铁路、航空等行业提供先进的重型技术装备。

3. 发展目标

抓住关键领域，瞄准高端前沿，重点发展重大技术装备和国防高新技术武器装备，培育壮大石油装备、农业机械、节能环保装备，提高重大技术装备成套化、高技术化和国产化水平，建成国家的重大装备制造业基地。发展石油石化装备产业链，以“鸡煤机”（鸡西煤矿机械有限公司）、“佳煤机”（佳木斯煤矿机械有限公司）等为龙头发展煤矿综采设备产业链，以约翰迪尔佳联等为龙头发展农业机械产业链，以“齐车辆”（齐齐哈尔车辆段）等为龙头发展重载铁路货车产业链，以“哈轴”（哈尔滨轴承制造有限公司）、“哈量”（哈尔滨量具刃具集团有限责任公司）等为龙头发展轴承、“工量具”（哈尔滨工量具有限公司）等功能部件产业链，以“哈电集团”、“七零三所”（哈尔滨七零三所研究所）等为龙头发展燃气动力装置产业链，形成一批系统集成与成套能力较强的大型工程公司。

（二）石油石化工业：形成大型化、集约化、精细化的产业群

1. 发展现状

黑龙江省石化工业逐渐发展成为包括原油炼制、石油化工、基本化工、合成材料、粮食化工、农用化工、煤化工、精细化工、轮胎及橡胶制品等在内的门类比较齐全的工业体系，是全省的支柱产业之一。石化工业产品结构以油品、基本有机原料和合成材料为主，三类产品经济总量占全省石化工业的90%。

2. 发展潜力

大庆油田运用三次采油技术累计产油突破1亿吨，大庆石化公司原油加工量首次突破630万吨，完成产品总量802.2万吨，炼化公司成功实现了与林源炼油厂二次重组整合，全年加工原油520万吨，油田化学品生产能力已经跃升到10万吨/年。60万吨乙烯及配套项目等一批重大项目建成投产，实施“以化补油”战略初见成效。原油加工能力达1650万吨，乙烯生产能力达120万吨。亚洲单套最大的30万吨/年聚丙烯装置实现满负荷生产，炼化公司林源毛纺厂三期工程及大庆轻纺工业园一期工程竣工，建设世界级聚丙烯基地和油田化学品生产基地的宏伟目标已经取得了阶段性成果。

3. 发展目标

重点发展壮大石油化工和天然气化工，大幅度提高乙烯等基础化工原料的加工比重和加工深度，努力把大庆建成世界著名的石化产业基地。同时，积极发展煤化工、生物化工，建成国家的煤化工基地。

(三) 能源工业：加快建设国家的能源工业基地

1. 发展现状

能源工业是黑龙江省的第一大产业，截至2008年年末，全省能源工业共有规模以上企业366户，资产总额3467.3亿元，从业人员67.1万人；2008年实现主营业务收入3681.9亿元，利税1786.2亿元，其中利润1433.3亿元，同比增长23.8%、17.8%和18.5%。

2. 发展目标

以石油、天然气、煤炭、油页岩开采业和电力工业为重点，加快高产高效矿井和电源与调峰电站建设，推进煤电联营与煤炭转化，建成在全国举足轻重的能源工业基地。

3. 发展重点

石油开采业要加大外围油田勘探力度，提高采收率，把大庆建设成百年油田。天然气开采业要加快深层气田开发，加强天然气在工业燃料、汽车燃料、化工产品等方面的开发利用。煤炭开采业要提高煤炭资源勘探精度，推动龙煤集团等骨干企业，加快建设安全高效矿井，提高原煤洗选率，加大煤层气开发利用，实现煤炭转化增值。电力工业要优化资源配置，加快电源与调峰电站项目建设，积极发展大中城市热电联产项目，支持牡丹江、佳木斯、伊春等地大力发展风电产业，积极引进境外电力资源，大力开发清洁和可再生能源，优化电源结构。

(四) 食品工业：推动农业大省加快向食品工业大省转变

1. 发展现状

依托丰富的农产品、畜产品和林产品资源，黑龙江省食品工业不断发展壮大，具有一定的比较优势和特色，绿色食品生产总量和基地面积居全国首位，已成为目前全国最大的绿色食品制造基地。

2. 发展目标

支持骨干企业进行高起点技术改造，提高装备水平，提高加工层次和产品附加值，建立产品标识制度，培育知名品牌，着力发展乳制品加工、大豆加工、粮食加工、肉类加工、饮品加工、山特产品加工等产业链，力争建成国家最大的绿色、有机食品加工基地和重要的出口基地，推动农业大省加快向食品工业大省转变。

3. 发展重点

建立产品标识制度和可追溯制度，做大“北大荒”、“寒地黑土”、“北奇神”等品牌，建设国家最大的绿色、有机食品生产加工基地和重要的出口基地。积极推进小麦、马铃薯、甜菜、烟草等优势特色资源的精深加工。

（五）医药产业基础

医药产业是哈尔滨重点培育的支柱产业。2008 年共有医药制造企业 120 余家，资产总额 127.7 亿元，销售收入达 158 亿元。与国内制药行业相比，哈尔滨市在技术、品牌、品种、效益和市场占有率等方面均处于全国领先地位。以哈药集团、葵花药业等一批大型企业为代表的生物医药产业集团，在抗生素和动物疫苗等方面均居国内先进水平。医药产品 1000 余种，化学药品和中成药占主导地位，其中哈药集团的青霉素系列、双黄连粉针以及葵花药业的葵花牌胃康灵、护肝片等产销量均居全国第一位。哈药集团利润突破 10 亿元大关，居于国内制药行业之首。

（六）坚实的科技实力

黑龙江省拥有哈尔滨工业大学、哈尔滨工程大学等 62 所高等院校，每年毕业生超过 20 万人。每百人中有 5 人接受过专科以上教育，人均教育资源在全国排第五位，科技人才实力在全国排第七位。2007 年，哈尔滨市共有 14 项科技成果获国家科学技术奖，位居全国副省级城市前列。“哈一工具”（哈尔滨第一工具有限公司）、“哈轴”（哈尔滨轴承制造有限公司）具有国家级企业技术中心，“哈空调”（哈尔滨空调有限责任公司）、“哈量”（哈尔滨量具刃具集团有限责任公司）、“哈变压器”（黑龙江哈一变变压器有限公司）、“哈工程”（哈尔滨工程大学）、“哈轻塑胶”（哈尔滨哈轻塑胶有限公司）具有省级企业技术中心，哈尔滨电碳研究所是我国唯一的电碳行业技术归口所。哈电站集团、哈飞工业集团、东安动力、哈飞汽车、哈量具刃具、光宇集团、九州电器等大型企业集团在本领域保持国内优势地位，已具备了重大装备及整机的研发设计和制造能力。哈尔滨市拥有哈尔滨医科大学、哈尔滨中医药大学等从事化学、中药、生物技术研究与开发的大专院校和科研院所 20 个，积聚了丰富的人才资源；国家级医药研发重点实验室 2 个，分别是哈尔滨兽医研究所生物技术国家重点实验室和哈尔滨医科大学生物工程重点实验室；国家临床药理基地 2 个，分别是黑龙江省生物医药重点实验室和黑龙江中医药大学；国家级企业技术中心 1 个，设在哈药集团。大庆的石油石化技术全国领先，齐齐哈尔装备制造研发、工业设计水平居全国前茅。坚实的科技实力和充足的人力资源为黑龙江省发展服务外包产业提供了强有力的基础保障。

（七）优良的基础设施和环境

哈尔滨是欧亚大陆桥的起点，大庆市和齐齐哈尔市分别是中国重要的石油石化生产基地和装备制造业基地。黑龙江省有和周边国家长期交往的历史，与日本和韩国都位于东北亚地区，距离很近，交通方便，交往频繁，文字、语言、风俗、经济等方面都有着密切联系，具备对其发展服务外包业务的良好环境。黑龙江省数据网络省际出口带宽近100G，可以保证最短的网络时延，最低数据丢包率，双路双备份的设计最大限度保障更快、更可靠的网络连通，为发展服务外包产业提供足够的基础保障。初具规模的服务外包产业平台和园区为服务外包产业发展搭建了平台。

（八）低廉的综合成本

黑龙江省物价水平、人均工资水明显低于国内发达地区，生活成本和创业成本较低，有利于企业开展服务外包业务。例如，北京市服务外包行业的人均月薪为650美元左右，上海市为750美元左右，大连市为500美元左右，而哈尔滨市不足300美元，约是北京的46%、上海的43%、大连的60%。服务外包园区日平方米租金：北京4.5元、大连3元、哈尔滨2元，哈尔滨市的物业成本是上海、北京的50%。较低的服务外包综合成本使黑龙江省外包企业具备明显的竞争优势。

二、黑龙江省传统优势支柱产业服务外包发展存在的问题

（一）服务外包产业发展环境需进一步提高

把服务外包产业作为全省支柱产业来定位和培养的目标已经明确，但还没有形成广泛共识，各职能部门联动、省市互动机制尚未完善。受计划经济影响比较重，缺乏现代服务业的产业文化氛围，中小企业不发达，社会各界对服务外包认识不足。经济发展环境亟待优化，基础设施建设仍需加强，信用状况没有根本改善，利用资本市场和招商引资能力较弱，企业融资困难。缺乏有利于服务外包企业发展的良好载体和环境，导致企业较为分散，各自发展，没有统一规划，重点不突出。BPO、KPO刚刚起步，经验少，积极开拓离岸外包市场的意识不强。缺少医药、制造业等KPO公共服务平台。

（二）服务业尤其是现代服务业发展水平低

黑龙江省服务业发展水平一直低于全国平均水平，服务业外包规模小、经验少，缺少具有规模的外包服务提供商，特别是业务流程外包方面的服务提供商。服务外包企业质量不高，过程控制和产品管理不够严格。ITO起步晚、规模小，从事离岸外包超过100名员工的企业少，大部分企业员工在30人以下，难以承接大规模的外包业务。

（三）产业结构不合理问题突出

黑龙江省农业基础比较薄弱，工业整体素质不强，服务业发展相对滞后。传统产业比重过大，高耗能高污染产业较多，资源型城市以资源型经济为主导的产业格局短期内难以根本改变，资源型城市经济转型、接续和替代产业发展不快，经济发展与发达地区的差距还很大。优势支柱产业中地方经济规模和比重偏低，非公有制经济发展不充分，现代企业制度没有完全建立，企业专业化程度不高，“大而全”现象普遍。

（四）对外开放水平不高

黑龙江省经济的开放程度虽有所上升，但一直低于全国平均水平。由于地处偏远，市场意识、信息水平以及与国外交往频率较低，影响了黑龙江省服务外包产业的发展。市场

化程度低，政府职能尚待进一步转变，体制性、机制性矛盾没有得到根本解决。

(五) 缺乏大量的应用性英语人才

服务外包对于语言的要求很高。由于发展环境、企业规模、工资薪酬等原因，人才流失严重，黑龙江省缺乏大量的应用性英语人才。与我国形成强烈对比的是印度的大学每年可以向社会输送二百万说英语的毕业生，其中选出的佼佼者一般只需要几十个小时的语音培训，就可以消除印度口音。

第二节　国内外传统优势支柱产业服务外包实践举要

一、印度传统优势支柱产业服务外包实践举要

随着外包的快速发展，印度承接外包的领域逐步由服务业向制造业渗透。由于交通、水电供应等基础设施相当落后和工业基础较为薄弱，与中国、马来西亚、墨西哥等国家和地区相比，印度制造业外包发展水平仍处于较低的层次和规模，但印度承接制造业外包的后劲十分强劲，医药、纺织服装等行业的加工贸易快速发展。以制药业为例，凭其生产成本、药剂研发及技术工艺等方面的优势，近年来，印度迅速成为世界生物科研和临床实验外包的主要目标市场。2001—2005 年，印度制药业以每年 10%的速度增长。截至 2005 年，印度通过美国食品药品管理局（FDA）批准的制药企业达 61 家，是美国本土之外获得批注企业最多的国家。目前，印度已经从单纯的药品中间体廉价加工转变成为高质量的有效药品成分（API）来源地以及全球制药研发外包（CRO）基地。2005—2006 年，印度药品产品销售收入为 60 亿美元，其中，出口额超过 24 亿美元，同比增长 18.5%，并有望在 CRO 市场中占据领先位置。

近年来，许多汽车跨国公司在印度设立了研发中心，带动了印度每年近 30 亿美元的汽车零部件出口业务。20 世纪 90 年代初期，IT 技术异军突起，从而带动企业业务流程外包（BPO）服务。根据麦肯锡的分析，2008 年全球汽车生产企业的外包服务超过 10000 亿美元，成为继 IT 之后又一个潜力巨大的市场。

二、我国传统优势支柱产业服务外包实践举要

(一) 我国医药业服务外包实践

20 世纪 70 年代我国临床研究外包开始出现。由于人力成本低、动物试验门槛低以及临床试验病人样本和疾病资源丰富，在世界遭遇金融危机的背景下，我国医药离岸服务外包仍呈“井喷”行情，医药研发外包的市场规模已达 40 亿元，并以年均 100%的速度迅速增长。目前，上海成立了生物医药外包服务基地和浦东生物医药研发外包服务中心，力争 5 年内形成年产值超 20 亿元的生物医药产业外包专区。苏州成立药明康德安全测评中心，已拥有从化学试验、工艺流程设计、产品生产到毒性毒理测试的新药研发流程所有服务项目，拥有包括全球前 20 家药厂在内的 80 多家国际客户，成为横跨中美两国的全球化研发

企业。泰州乐威跻身中国医药服务外包五强，参与医药中间体中试阶段的研发，客户群包括数家全球医药10强企业。无锡在马山设立生物医药研发服务外包区，初步形成了集生产、研发和服务外包于一体的生物医药产业链，年销售额达40亿元。南京医药外包国际市场开发中心整合了从事医药研发外包业务的骨干企业，为国际知名制药公司提供药物前体、有效分子、中间体的开发和研究，形成了较为完整的医药研发外包产业链。济南生物医药服务外包产业发展联盟，建立起济南市生物医药领域研发、孵化、产业化、国际化的产业链经济。北京在经济技术开发区形成了较大规模的医药研发外包产业集群。长沙集合了湖南大学、湘潭大学等有关院校，成立高端化学药产业及工程联盟。哈尔滨医药集团直接输出技术、管理和服务，帮助俄罗斯建立药厂。哈尔滨医药集团公司拿出包括哈药总厂机械厂制造的设备在内的中国国内最好的生产设备，出设计、出技术，只用了3个月就将俄罗斯列特基诺实验工厂的粉针车间建好，对海外输出的不仅是药品，更有国产制药设备和人员的技术出口，提升哈尔滨市对外出口的质量。

（二）我国装备制造业服务外包实践

我国制造业基础雄厚，门类齐全，已成为世界制造业基地，为生产性服务外包发展创造了巨大的空间。截至2008年，在上海新国际博览中心已成功举办4次制造业服务外包论坛，分别就工业设计、工艺流程外包、产品研发外包、第三方物流等深入交流，商讨面向制造行业服务外包的行业规范，已成为中国制造行业研讨服务外包的最权威平台。我国部分制造业企业率先建立了创意产业中心和设计创意中心，建立了包括模具设计、软件设计、工程设计、服装设计、动漫设计、玩具设计、印刷包装设计、广告设计等设计平台。供应链与物流、第三方品质检验、第三方产品测试、产品OEM（委托加工制造）、ODM（委托设计加工制造）等外包业务在国内发展较快。据中国制造业服务外包大会估计，中国制造业服务外包市场每年至少为2700亿～2900亿元人民币，并以20%～30%的速度增长。重庆以工业设计为突破口建设服务外包基地，将产品设计与核心技术开发、系统集成与工程设计等传统工业（外观）设计概念向上下游延伸，将工业设计与产业发展、自主创新与集成创新等要素紧密结合，对重庆传统产业进行渗透和改造，进一步优化产业结构，促进重庆“中国制造”走向“中国创造”。齐齐哈尔凭借装备制造业的巨大优势，着重打造装备制造业的工程设计、实验和研发基地，注重专利研发、产品设计、样机研究、内置系统、工艺设计、自动化嵌入式软件开发等装备制造业服务外包业务，其装备制造业服务外包基地已现雏形。哈飞汽车销售总公司以自主品牌带动技术出口。2006年，“哈飞路宝”以散件组装的方式批量出口马来西亚，成为我国第一个实现汽车技术出口的自主品牌汽车企业。此后，“哈飞”就一直凭借自主产权，以可以规避进口国技术壁垒、法规等贸易保护手段限制进口的KD项目开发手段，在巩固扩大整车市场的同时，加大技术出口、技术合作力度。目前，“哈飞”汽车拥有美国赛豹电动车项目、伊朗CKD项目、越南CKD项目、埃及KD项目等多个正在推进中的技术合作项目。“哈电站”从输出轻工业、重工业，过渡到输出管理和服务。作为一家承揽海外工程资质的企业，“哈电站”为外国建造电站工程项目，一旦设计与建造工程完成，包括设备安装、试车及初步操作顺利运转后，即将该项目所有权和管理权的“钥匙”依合同完整地“交”给对方，由对方开始经营。“哈电站”输出技术和管理，其好处更在于长远利益，未来发电厂所需的零配件供应、维护与整修等，都将由管理方支持。另外，东莞、无锡、昆山纷纷设立试点区和工业设计园，致力于吸引跨国公司地区总部、研发中心和服务中心落户，开拓制造业研发、工业设计等领域的服务外包业务。

（三）我国石油石化服务外包实践

大庆发展服务外包主打石油石化技术服务。依托大庆石油石化产业基础，加快发展以石油勘探开发和石化生产数据采集处理、工程设计、自动化控制等为重点的石油石化技术服务，产业发展格局初具规模。市场遍及中亚洲、美洲、中东和北非等 20 多个国家和地区，石油石化技术服务已成为大庆市服务外包产业发展的主体。

（四）我国煤炭服务外包实践

中国煤炭经济技术进出口总公司在煤炭等工程技术服务外包方面做了有益的探索。该企业提供从煤矿开采权的购买、勘探、开发、设计、造井到生产经营整个流程的服务供给，在实现煤矿规模生产经营时，再向市场整体出售。采用这一模式在印度尼西亚开发了数个金矿和煤矿，取得了丰厚的经济回报。

黑龙江省是重要的装备制造业生产基地，是石油、煤炭、木材等资源开采基地，是国家商品粮食主要生产基地。作为老工业基地之一，黑龙江省传统产业比重过大，高耗能高污染产业较多。产业结构单一、产业结构不合理是制约经济发展的主要因素。特别是，黑龙江省部分地区资源面临枯竭、缺乏接续替代产业，是振兴东北老工业基地的难点之一。这些产业分工多数处于价值链低端，能源、自然资源的消耗过高，价值增值率较低，对环境影响较大，产业可持续发展空间有限。面对国际金融危机，黑龙江省必须找到合理路径优化产业结构，实现区域经济的跨越式发展。发展服务外包产业，对于振兴老工业基地、推动黑龙江省产业结构优化、转变经济发展方式、促进资源型城市转型、实现可持续发展、加快黑龙江省“八大经济区、十项工程”建设都具有重要的理论意义和现实价值。

第六章　黑龙江省服务外包产业发展水平测度

第一节　运用层次分析法构建综合评价指标体系

层次分析法（Analytical Hierarchy Process，AHP）是美国运筹学家Saaty. T. L在20世纪70年代提出的。AHP是目前探讨用于评估可持续发展程度及协调度的主要方法，主要用于求解递阶多层次结构问题，是多指标综合评价的一种定量方法。

一、运用层次分析法构建指标体系的一般步骤

评价是选优和决策的基础，往往带有多目标、多指标的特征。指标的确立主要是指标的选取及指标之间结构关系的确定，指标选取应该是定性和定量指标的相互结合，根据各个指标的属性，对经营过程中的活动作适当的调整，以进一步优化产业的发展。

服务外包产业评价指标的选择需要遵循一些原则：一方面是要综合考虑评价指标的完备性，针对性和独立性；另一方面，由于指标具有特殊性以及目前认识上的差异，对各个指标衡量精度、研究方法不可强求一致。

二、确定服务外包产业评价的具体指标

根据服务外包产业的具体情况，我们选择如下指标（表6-1）对黑龙江省服务外包产业进行测度与评价，确定黑龙江省服务外包产业是否具备较好的基础和较强的竞争能力。

表6-1　　评价黑龙江省服务外包产业的具体指标

代号	指标名称	代号	指标名称
C_{11}	人力资本	C_{23}	现代服务出口额占出口额比重
C_{12}	服务业固定资产投资	C_{31}	外贸开放度
C_{13}	交易成本	C_{32}	出口市场占有率
C_{14}	技术外溢	C_{33}	出口额
C_{15}	就业人数	C_{34}	显示性比较优势指数
C_{21}	服务业占GDP的比重	C_{35}	外资开放度
C_{22}	劳动生产率	—	—

三、建立层次结构

黑龙江省服务外包产业评价指标体系层次结构模型如图 6－1 所示。

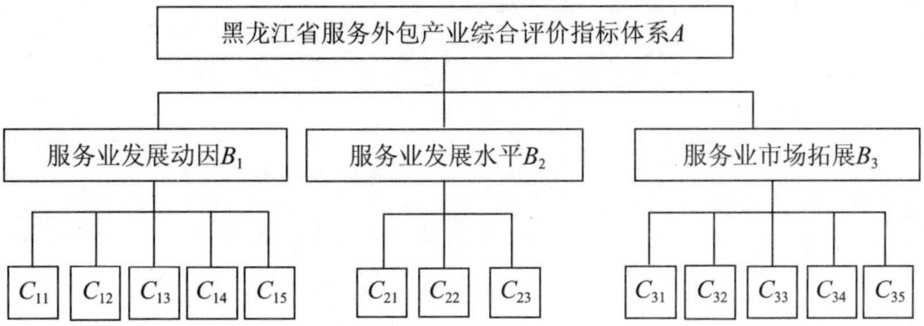

图 6－1　黑龙江省服务外包产业评价指标体系层次结构模型

总目标层（A）：服务外包综合评价指标，该目标层按需要可分为省、市、县目标层。

子系统目标层（B）：由发展动因子系统（B_1）、发展水平子系统（B_2）和市场开拓子系统（B_3）构成。它们代表发展动因、发展水平、市场开拓等系统中存在的影响因素。

具体指标层（C）：该层是整个指标体系的基础，设计原始数据指标，对有关服务外包发展动因、发展水平、市场开拓的综合衡量，从而反映服务外包产业的发展情况。

四、构造比较判断矩阵

在建立递阶层次结构之后，采用比例标度对准则层的各准则两两比较打分，形成一个两两元素比较矩阵。打分标准如表 6－2 所示。

表 6－2　　1～9 比例标度法互反式评分规则

两因素相对重要性比较	极其重要	重要得多	明显重要	稍显重要	同等重要	稍不重要	不重要	很不重要	极其不重要
标度	9	7	5	3	1	1/3	1/5	1/7	1/9

资料来源：宋旭光．《可持续发展测度方法的系统分析》［M］．东北财经大学出版社，2003：123.

对于有 n 个准则的准则层，可以得到一个判断矩阵 $A=(a_{ij})$，其中 $a_{ij}>0$，且 $a_{ij}=1/a_{ji}$，$a_{ij}\times a_{ji}=1$。我们可以看出，只需经过 $n(n-1)/2$ 次比较即可得到这一判断矩阵。对每个指标准则下的指标群，也进行同样的过程，就形成了两两比较判断矩阵。

五、确定指标权重

利用层次分析法计算隶属于服务业发展动因指标的二级指标的权重。根据专家意见和相关的参考文献，设定人力资本指标（C_{13}）为第一重要因素，服务业固定资产指标（C_{11}）为第四重要因素，交易成本指标（C_{15}）为第二重要因素，技术外溢指标（C_{14}）为第三重要因素，服务业就业人数指标（C_{12}）为第五重要因素。利用 Matlab 数学软件，建立比较矩阵：

$$A=(\alpha_{ij})=\begin{pmatrix} A & c_1 & c_2 & c_3 & c_4 & c_5 & r_i \\ c_1 & 1 & 2 & 2 & 2 & 2 & 9 \\ c_2 & 0 & 1 & 0 & 0 & 2 & 3 \\ c_3 & 0 & 2 & 1 & 2 & 2 & 7 \\ c_4 & 0 & 2 & 0 & 1 & 2 & 5 \\ c_5 & 0 & 0 & 0 & 0 & 1 & 1 \end{pmatrix}$$

其中，C_i 比 C_j 重要，则 $a_{ij}=2$；C_i 与 C_j 同等重要，则 $a_{ij}=1$；C_j 比 C_i 重要，则 $a_{ij}=0$。$(i，j=1，2，3，4，5)$。$r_i=\sum_{j=1}^{5}a_{ij}$，故 $r_1=9$，$r_2=3$，$r_3=7$，$r_4=5$，$r_5=1$，根据极差法，构造判断矩阵：

$$C=(C_{ij})=\begin{pmatrix} c & c_1 & c_2 & c_3 & c_4 & c_5 & M_i & W_i & N_i \\ c_1 & 1 & 5.20 & 1.73 & 3 & 9 & 242.89 & 3 & 0.45 \\ c_2 & 0.19 & 1 & 0.33 & 0.58 & 1.73 & 0.06 & 0.58 & 0.09 \\ c_3 & 0.58 & 3 & 1 & 1.73 & 5.20 & 15.65 & 1.73 & 0.26 \\ c_4 & 0.33 & 1.73 & 0.58 & 1 & 3 & 0.99 & 1 & 0.15 \\ c_5 & 0.11 & 0.58 & 0.19 & 0.33 & 1 & 0.004 & 0.33 & 0.05 \end{pmatrix}$$

其中：

$$M_i=\prod_{j=1}^{5}C_{ij}=[242.89,0.06,15.65,0.99,0.004]^{\mathrm{T}}$$

$$W_i=\sqrt[5]{M_i}=[3,0.58,1.73,1,0.33]^{\mathrm{T}}$$

$$N_i=\frac{W_i}{\sum_{i=1}^{5}W_i}=[0.45,0.09,0.26,0.15]^{\mathrm{T}}$$

进行一致性检验：

设 $C=(C_{ij})$，$D=C*N_i^{\mathrm{T}}=(2.26，0.44，1.31，0.76，0.25)^{\mathrm{T}}$

则最大特征值 $K_{\max}=\sum_{i=1}^{5}\frac{d_i}{nW_i}=0.2*\left(\frac{2.26}{0.45}+\frac{0.44}{0.09}+\frac{1.31}{0.26}+\frac{0.76}{0.15}+\frac{0.25}{0.05}\right)=5.004$

$$P=(K_{\max}-n)\ /\ (n-1)\ =(5.004-5)\ /5=0.001<0.1$$

采用相同的方法可以计算出其他两组二级指标的最大特征根相应的归一化特征向量及一致性指标、一致性比率：

$A=(0.4，0.36，0.24)^{\mathrm{T}}$　$CI=0.0026$　$CR=0.0023$

$A_2=(0.41，0.28，0.31)^{\mathrm{T}}$　$CI_1=0.000$　$CR_1=0.000$

$A_3=(0.28, 0.21, 0.2, 0.12, 0.19)^T$　$CI_2=0.004$　$CR_2=0.001$

其中，A 代表三个一级指标的权重；A_2 代表隶属于发展水平指标的各要素的权重；A_3 代表隶属于市场拓展指标的各要素的权重。所有 CR 的值都远远小于 0.1，四个判断矩阵有较满意的一致性。通过 AHP 法得到评价指标权重的分布如表 6-3 所示。

表 6-3　综合评价指标及其权重

一级指标	权　重	二级指标	权　重
服务业发展动因指标	0.4	人力资本	0.45
		服务业固定资产投资	0.09
		交易成本	0.26
		技术外溢	0.15
		就业人数	0.05
服务业发展水平	0.36	服务业占 GDP 比重	0.41
		劳动生产率	0.28
		现代服务出口额占出口额比重	0.31
服务业市场拓展指标	0.24	外贸开放度	0.28
		出口市场占有率	0.21
		出口额	0.2
		显示性比较优势指数	0.12
		外资开放度	0.19

由表 6-3 可以得出二级指标的实际权重，具体结果如表 6-4 所示。

表 6-4　二级指标实际权重

代　号	权　重	代　号	权　重
C_{11}	0.18	C_{23}	0.1116
C_{12}	0.036	C_{31}	0.0672
C_{13}	0.104	C_{32}	0.0504
C_{14}	0.06	C_{33}	0.048
C_{15}	0.02	C_{34}	0.0288
C_{21}	0.1476	C_{35}	0.0456
C_{22}	0.1008	—	—

六、对所有指标的实际值进行归一化处理

为了解决各指标不同量纲难以进行综合汇总的问题，一般在完成数据收集工作后还需要对原始数据进行标准化处理，其目的是使其转化为无量纲数据，消除不同计算单位的影响，并使数据趋于稳定。归一化是一种简化计算的方式，即将有量纲的表达式，经过变换，化为无量纲的表达式，成为纯量。其主要原理是先对评价指标确定一个比较标准，作为比较的标准值，然后用各种指标的实际值（E）和相对应的标准值 E_0 进行比较，即可将不同性质、不同度量的各种指标换算为同等度量的指标 X。

七、综合分值的计算

考虑到指标体系的多层次性、系统化特点，一般用加全求和（加法规则）和加权求积（乘法规则）来计算有关评价后分值。其公式分别为：

$$X = \sum_{i=1}^{n} W_i X_i \qquad (6-1)$$

$$X = \left(\prod_{i=1}^{n} X_i^{W_i}\right) \qquad (6-2)$$

式中：

X——被评价事物得到的综合评价值；

W——各评价指标的权数；

X_i——指标的水平值；

n——评价指标的个数。

第二节 黑龙江省服务外包产业综合评价指标体系模型

一、综合评价指标体系框架模型

根据以上分析，可以得出黑龙江省服务外包产业综合评价指标体系框架模型。如图6-2所示。

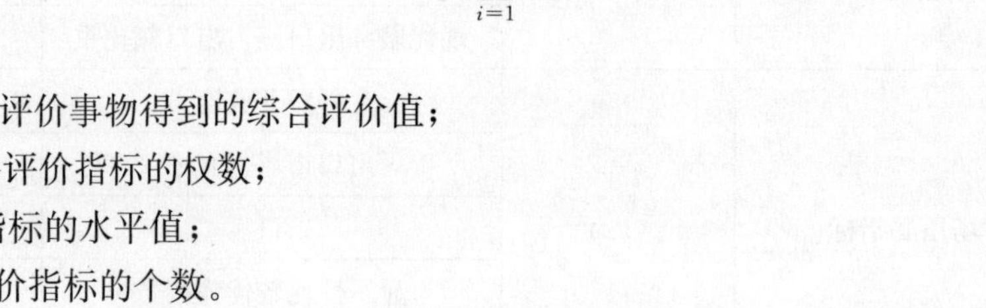

图6-2 服务外包产业综合评价指标体系框架模型

二、评价系统表

根据上述分析，可以得出黑龙江省服务外包产业综合评价系统表。如表 6-5 所示。

表 6-5　　黑龙江省服务外包产业综合评价系统表

代号	系统指数	具体指标	实际值	标准值	水平值	权重	指数值
C_{11}	服务业发展动因	人力资本	E_{11}	S_{11}	X_{11}	0.18	
C_{12}		服务业固定资产投资	E_{12}	S_{12}	X_{12}	0.026	
C_{13}		交易成本	E_{13}	S_{13}	X_{13}	0.104	
C_{14}		技术外溢	E_{14}	S_{14}	X_{14}	0.06	
C_{15}		就业人数	E_{15}	S_{15}	X_{15}	0.02	
C_{21}	服务业发展水平	服务业占 GDP 比重	E_{21}	S_{21}	X_{21}	0.1476	
C_{22}		劳动生产率	E_{22}	S_{22}	X_{22}	0.1008	
C_{23}		现代服务出口额占出口额比重	E_{23}	S_{23}	X_{23}	0.1116	
C_{31}	服务业市场拓展	外贸开放度	E_{31}	S_{31}	X_{31}	0.0672	
C_{32}		出口市场占有率	E_{32}	S_{32}	X_{32}	0.0504	
C_{33}		出口额	E_{33}	S_{33}	X_{33}	0.048	
C_{34}		显示性比较优势指数	E_{34}	S_{34}	X_{34}	0.0288	
C_{35}		外资开放度	E_{35}	S_{35}	X_{35}	0.0456	

三、具体指标说明

（一）人力资本

人力资本对服务外包产业发展的作用，主要在于人力资本具有要素效应、资源配置效应、溢出效应和吸纳效应，通常用每 10 万人中的高中或大学毕业人数来作为代表人力资本的替代变量。

（二）交易成本

交易成本是影响黑龙江省服务贸易的主要指标，包括国家政策的调整成本、交通条件的改善成本、信息收集成本、交易谈判成本、合同履行成本和交易风险成本。其中，最重要的是国家政策的调整成本。由于交易成本不能定量分析，这里以国家政策代替引入虚拟变量（2001 年加入 WTO 前用“0”代替，2001 年以后每年数据用“1”代替）。

（三）技术外溢

技术外溢对服务外包产业发展的作用，主要在于技术外溢具有追赶效应和对比较优势的动态演进效应。我国缺乏服务贸易在时间和部门上的完整统计，无法使用专利和特许以及其他高技术服务部门的进口数据作为外溢到发展中国家的技术的测度。专家建议选 FDI 作为技术外溢的代理变量，以 FDI 作为代理变量的优势是它既包含了技术的地区外溢又包含了技术的部门外溢。

（四）服务业占 GDP 的比重

一个国家服务产业的发展直接决定了一个国家的产业国际竞争力。同时，服务业的发展又为服务外包的发展奠定产业基础，加快服务业的发展，从而提高服务外包的国际竞争力。服务业产值占 GDP 的比重代表一个国家服务业的发展程度。

（五）劳动生产率

用来衡量服务出口部门劳动生产率水平的常用指标，是服务业就业的出口效应（Export Effect，EE）。计算公式是：

$$EE=\frac{\Delta EY/EY}{\Delta QS/QS}=\frac{\Delta EY}{\Delta QS}\times\frac{EY}{QS} \tag{6-3}$$

式中 EY 和 QS 分别表示服务业出口收入和就业人数，ΔEY 和 ΔQS 分别表示服务业出口收入增量和就业人数增量。当 $EE>0$ 时，表示服务业就业人数的规模是促进服务出口收入增长的，EE 越大，促进作用就越大，服务业就业的出口收入效益就越好；反之，$EE<0$ 时，说明服务业就业人数的规模对服务贸易出口收入产生负效应，服务业就业量超过了现有经济水平所允许的限度。EE 越小，正效应越弱或负效应越强，服务业就业的出口收入效应越差，也就是说，服务业就业的增加对服务出口收入增加的驱动作用越小。

（六）现代服务出口额占出口额的比重

当前，从主要出口劳动密集型服务到主要出口资本技术密集型服务已经成为世界服务贸易发展的趋势。现代服务出口额占出口额的比重大，则能带来更多的创汇，这个指标反映了产业的内部结构是否合理，内部结构的合理与否直接关系到服务外包国际竞争力。

（七）市场开放度

对外开放度是用来衡量一个国家或地区经济对国际市场和国外资金依赖程度高低的指标体系，由二个量化指标组成，外资依存度和外贸依存度。外贸依存度，是指一个国家或地区对外贸易总额与国内生产总值（GDP）的对比值，是用于衡量该国（地区）经济的国际市场依赖程度高低的指标之一。外资依存度，是指一个国家或地区实际利用外资与国内生产总值（GDP）的比值，该指标是衡量该国家或地区经济对国外投资依赖程度高低的指标之一。

（八）出口市场占有率

出口市场占有率是指黑龙江省出口总额占我国出口总额的比例。它包括在开放的国际市场上，某种黑龙江省产品销售额占我国该类产品总销售额的比重。一个产业的国际竞争力大小，最终将表现在该产业的产品在国际市场上的占有率。其计算公式为：

$$MS_{ij}=X_{ij}/X_{wj} \tag{6-4}$$

式中：

MS_{ij}——黑龙江省 j 产品的市场占有率指数；

X_{ij}——黑龙江省 j 产品的出口总额；

X_{wj}——我国 j 产品的出口总额；

MS_{ij} 值越高，表示该产品所处的产业国际竞争力就越强，反之则越弱。

(九) 显示性比较优势指数

显示性比较优势指数（RCA 指数），可以反映黑龙江省某一产业或产品的出口与我国水平之间的相对优势。用公式表示为：

$$RCA_{ij} = (X_{ij}/Y_i)/(X_{wj}/Y_w) \tag{6-5}$$

式中：

RCA_{ij}——显示性比较优势指数；

X_{ij}——黑龙江省第 j 种产品的出口总额；

X_{wj}——我国第 j 种产品的出口总额；

Y_i——黑龙江省全部产品出口总额；

Y_w——我国全部产品出口总额。对于服务贸易，其国际竞争力依 RCA 所在区间而定，即若 $RCA>2.5$，表明极强；若 $2.5>RCA>1.25$，表明较强；若 $1.25>RCA>0.8$，表明中度；若 $RCA<0.8$，表明较弱。

四、黑龙江省服务外包产业综合水平测度与评价

(一) 具体选样指标

具体因素层分值的确定分两种情况：一是可直接获取有关统计指标值，可参照相应的积分区间确定分值；二是难以通过有关指标获取数据，则由专家打分确定。二级评价指标选样方法如表 6-6 所示。

表 6-6　二级评价指标选样方法

指标名称	类　别	选样方法
人力资本	比率值	近五年平均值
服务业固定资产投资	总量值	近五年平均值
交易成本	定性值	专家建议给定
技术外溢	总量值	近五年平均值
就业人数	总量值	近五年平均值
服务业占 GDP 比重	比率值	近五年平均值
劳动生产率	比率值	近五年平均值
服务出口额占出口额比重	比率值	近五年平均值
外贸开放度	比率值	近五年平均值
出口市场占有率	比率值	近五年平均值

续 表

指标名称	类 别	选样方法
出口额	总量值	近五年平均值
显示性比较优势指数	比率值	近五年平均值
外资开放度	比率值	近五年平均值

根据表 6-6 给定的评价指标选样方法，选取 2004—2008 年国家和黑龙江省统计年鉴的数据，按照二级指标评价体系，给出 2004—2008 年黑龙江省服务外包产业二级评价指标数据，如表 6-7 所示。

表 6-7　　2004—2008 年黑龙江省服务外包产业二级评价指标数据

指标名称	2004	2005	2006	2007	2008	平均值
人力资本（%）	16	19	21	23	24	21
服务业固定资产投资（亿元）	424	492	619	856	1068	692
交易成本	1	1	1	1	1	1
技术外溢（万美元）	144546	152202	174901	216908	265642	190840
就业人数（万人）	513	578	603	634	664	598
服务业占 GDP 比重（%）	35.2	33.7	33.6	34.7	34.4	34.3
劳动生产率（%）	0.41	0.45	0.47	0.49	0.52	0.47
服务出口额占出口额比重（%）	3.1	5.7	6.1	7.2	7.8	5.9
外贸开放度（%）	11.8	14.2	16.6	18.5	19.1	16
出口市场占有率（%）	2.1	2.8	3.4	3.4	3.5	3.0
出口额（亿元）	305	497	673	933	1150	712
显示性比较优势指数	0.42	0.46	0.47	0.47	0.45	0.43
外资开放度（%）	1.85	1.87	1.91	2.08	2.17	1.98

资料来源：黑龙江省统计年鉴（2004—2008）计算而得。

（二）黑龙江省服务外包产业综合水平进行测度

结合最新统计数据利用综合评价指标体系对黑龙江省服务外包产业发展水平进行测度，选取 2008 年的指标值作为标准值，具体计算结果如表 6-8 所示。

表 6－8　　2004—2008 年黑龙江省服务外包产业发展状况评价表

代号	系统指数	具体指标	实际值	标准值	水平值	权重	指数值
C_{11}	服务业发展动因	人力资本	21	24	0.88	0.18	0.158
C_{12}		服务业固定资产投资	692	1086	0.64	0.036	0.023
C_{13}		交易成本	1	1	1	0.104	0.104
C_{14}		技术外溢	190840	265642	0.72	0.06	0.043
C_{15}		就业人数	598	664	0.90	0.02	0.018
C_{21}	服务业发展水平	服务业占 GDP 比重	34.3	34.4	0.99	0.1476	0.147
C_{22}		劳动生产率	0.47	0.52	0.89	0.1008	0.089
C_{23}		现代服务出口额占出口额比重	5.9	7.8	0.75	0.1116	0.064
C_{31}	服务业市场拓展	外贸开放度	16	19.1	0.83	0.0672	0.058
C_{32}		出口市场占有率	3.0	3.5	0.85	0.0504	0.042
C_{33}		出口额	712	1150	0.61	0.048	0.030
C_{34}		显示性比较优势指数	0.43	0.45	0.95	0.0288	0.011
C_{35}		外资开放度	1.98	2.17	0.91	0.0456	0.042
					总计		0.83

根据表 6－8 及公式 6－1，可以得出 2004—2008 年黑龙江省服务外包产业发展水平总指数为 83%，说明经过多年的努力，黑龙江省服务外包产业正进入一个持续加快发展的时期，近五年，服务外包产业的发展处于较高水平，具有较强的竞争优势，且在发展动因、发展水平、市场拓展三项指标上均具有比较优势。

服务外包产业可以有效规避自然条件制约，属于“绿色产业”，没有污染，资源消耗少，是替代高耗费资源、高污染产业的较好选择。根据以上分析，目前黑龙江省在服务外包发展动因、发展水平、市场拓展等三项指标上均具有比较优势，综合竞争力处于较高水平，达到了服务外包产业对成本和基础设施的最基本要求，应充分利用自身优势，借鉴国内外先进经验，大力发展服务外包产业，尽快做成黑龙江省的支柱产业。

发展服务外包产业对黑龙江省经济发展具有重要的现实意义，本章运用 AHP 分析法设计指标体系，来判断黑龙江省发展服务外包产业是否具有竞争优势。在利用指标体系对黑龙江省服务外包产业综合水平进行测度与评价后，得出其综合竞争力处于较高水平、达到服务外包产业对成本和基础设施的最基本要求的结论，说明黑龙江省发展服务外包具有可行性，可供决策者进行产业规划、制定发展战略参考。

第七章　黑龙江省发展服务外包的传统优势支柱产业遴选

第一节　传统优势支柱产业遴选的原则

一、规模原则

规模是经济发展的基础，是优势支柱产业迅速形成与发展的前提。如果一个产业在产值上达不到一定的规模，就不会产生规模经济效益，也不可能成为优势支柱产业。

二、效率原则

一个产业具有较高的经济效益可以有力推动区域经济的发展，具有较高的经济效益，尤其是具有持续上升的经济效益，是一个产业成为优势支柱产业的重要条件。产业的经济效益可用利税率来衡量，系数值越大，说明该产业的经济效益越好。

三、成长性原则

产业的成长性是经济发展的潜在条件，是传统支柱产业迅速发展的动力。一是固定资产投资方面，优势支柱产业的固定资产吸纳能力和资本要素投入应占有较大的份额；二是需求的收入弹性，即产品需求增长对消费者收入增长的反应敏感程度。一般来说，需求收入弹性系数较高的产业将逐渐占有较大的比重，并获得较快发展。

四、技术进步原则

优势支柱产业总会呈现逐渐加速的较高增长率，且具有强劲的增长潜力，能够吸收高新技术成果，不断推出优、新、特产品，满足消费者更高层次的需求。

五、竞争优势原则

目前，世界经济已进入全球化、一体化时代，经济发展已离不开区域外经济和市场的大环境，只有具备比较优势的产业，才能在竞争中保持优势。

六、关联度原则

产业、部门之间都存在着广泛而密切的关联性，优势支柱产业可以通过这种较强的回顾关联、前瞻关联和旁侧关联效应，使其能够将自身的技术进步和规模效应、扩展效应传递至其他产业部门，形成广泛而深入的连锁效应，进而推动整个经济发展。

第二节 传统优势支柱产业遴选的指标体系构建

一、传统优势支柱产业指标体系构建的要求

（一）客观性

在指标构建的过程中应尽量不受主观因素的影响，客观地分析所选取指标的经济性，依据经济性做出取舍。

（二）操作性

构建指标的形式应尽量简洁，便于实际测算，对于那些没有实际意义或对数据不可靠的指标要尽量舍弃。

（三）可比性

构建指标应能比较系统地反映黑龙江省传统优势支柱产业的发展态势，同时可进行横向比较，并与历史数据、资料相衔接。

二、传统优势支柱产业遴选的指标体系

在借鉴和吸收前人研究成果的基础上，结合黑龙江省产业体系的特点，采用以下指标作为黑龙江省发展服务外包的传统优势支柱产业遴选指标。

（一）规模指标（A）

（1）产值比重（A_1）产值规模指某一产业产值与总产值之比。优势支柱产业在产业内必须具有一定的规模，产业贡献率比较大。计算公式为：

$$产值比重（A_1）=\frac{某一产业的产值}{总产值}$$

（2）就业比重（A_2）优势支柱产业应有较强的就业吸纳能力，就业吸纳能力越大，说明该产业安置社会成员就业的能力越强。其计算公式为：

$$就业比重（A_2）=\frac{某一产业的就业量}{总就业量}$$

（3）规模经济效益（A_3）规模经济效益是以总产值比重和固定资产的比重来衡量的。该指标反映了产业的规模效应。选取优势支柱产业应选择规模经济效益较大的产业。其计算公式如下：

$$某产业的规模经济效益（A_3）=\frac{该产业的固定资产比重+产业产值比重}{2}$$

（二）效率指标（B）

产业的效率可用利税率来衡量，用利税额与营业收入总额表示，系数值越大，说明该产业的经济效益越好。

$$利税率（B）=\frac{利税额}{营业收入总额}$$

（三）产业成长指标（C）

（1）需求收入弹性（C_1）需求收入弹性指人们对某一产业产品的需求随着国民收入变化的反应程度。它可以在一定程度上反映产业的市场需求状况和市场前景，一般来说需求收入弹性越大的产业，市场扩张能力越强。其公式为：

$$需求收入弹性（C_1）=\frac{某一产业需求量的变动率}{人均可支配收入的变动率}$$

当需求收入弹性>1 时，说明 j 产业需求膨胀率高于国民收入增加速度；

当需求收入弹性=1 时，说明 j 产业需求膨胀率等于国民收入增加速度；

当需求收入弹性<1 时，说明 j 产业需求膨胀率低于国民收入增加速度。

因此，在选择优势支柱产业时，应选取那些需求收入弹性大的产业。

（2）固定资产投资指标（C_2，C_3）固定资产的投资指标包括固定资产投资比重和资本投入要素两个指标：固定资产投资比重反映产业发展潜力，资本投入要素指标的测算用产业的“人均固定资产投资额”表示。在优势支柱产业选择过程中，应选择指标值大的产业。其基本公式为：

$$固定资产投入比重（C_2）=\frac{某一产业的固定资产投资总额}{固定资产投资总额}$$

$$资本投入要素（C_3）=\frac{某一产业的固定资产投资总额}{该产业的就业人数}$$

（四）技术进步指标（D）

劳动生产率是一个产业生产水平高低的集中体现，劳动生产率增长率是劳动生产率的增长速度。二者在一定程度上可以反映一个产业的技术含量和技术进步状况。在选择优势支柱产业时，应选择劳动生产率高、劳动生产率增长率快的产业。其计算公式如下：

$$劳动生产率（D）=\frac{某一产业产值}{该产业的就业人数}$$

（五）竞争优势指标（E）

（1）产业专业化程度（E_1）产业专业化程度是描述该产业的规模优势，反映区域产业的竞争情况。该值越大，表明其专业化程度越高，也就越具备成为优势支柱产业的优势。其公式为：

$$专业化程度（E_1）=\frac{某一产业增加值/总产值增加值}{全国同一产业增加值/总产值增加值}$$

（2）比较劳动生产率（E_2）比较劳动生产率是指某一产业与各产业平均劳动生产率之比，表明该产业的生产效率。比较劳动生产率数值越大，说明该产业在生产效率上具有比较优势。在选择优势支柱产业时，应该选择比较劳动生产率高的产业。计算公式为：

$$比较劳动生产率（E_2）=\frac{某一产业的劳动生产率}{全国同产业的劳动生产率}$$

（3）产业增加值贡献率（E_3）产业增加值贡献率是指某一产业产值的增加值占整个产

业增加值的比重，它综合反映了某产业在特定区域的比较优势和其对整个产业发展的贡献。产业增加值贡献率越大表明该产业发展较其他产业快，并可促进整个产业的发展。计算公式为：

$$产业增加值贡献率（E_3）=\frac{某一产业产值的增加值}{总产值增加值}$$

（六）产业关联效应指标（F）

反映产业关联效应的指标主要是产业关联度，它是指各产业间的相关程度，分为前向关联和后向关联。衡量产业关联度的指标主要有感应度系数和影响力系数。

（1）感应度系数（F_1）又可称为前向关联系数。它反映的是如果国民经济各个部门都增加生产一个单位的最终产品，某一产业部门由此而产生的需求影响程度，也就是需要该部门为其他部门的生产而提供的产出量。

（2）影响力系数（F_2）又可称为后向关联系数。它反映的是当国民经济某一个部门增加一个单位最终使用时，对国民经济各部门所产生的生产需求波及程度。

两者均可根据投入产出表计算出来。其公式分别如下：

$$感应度系数公式（F_1）：S_i=\frac{n\sum_{j=1}^{n}A_{ij}}{\sum_{i=1}^{n}\sum_{j=1}^{n}A_{ij}}\qquad（i，j=1，2，\cdots，n）$$

$$影响力系数公式（F_2）：T_i=\frac{n\sum_{j=1}^{n}A_{ij}}{\sum_{i=1}^{n}\sum_{j=1}^{n}A_{ij}}\qquad（i，j=1，2，\cdots，n）$$

式中：

S_i——第 i 部门受其他部门影响的感应度系数，当 $S_i>1$ 时，表明各部门的生产使第 i 部门受到的感应影响高于国民经济的平均感应程度，S_i 越大，第 i 部门受到的需求压力越大。

T_i——第 i 部门的影响力系数，若 $T_i>1$ 时，表明第 i 部门生产对国民经济的影响力程度超过各部门影响力的平均水平，T_i 越大，各部门产出的拉动作用越大。

A_{ij}——$(I-A)^{-1}$中的第 i 行第 j 列的系数，$i，j=1，2，\cdots，n$，n 为投入产出表中部门个数，在本书中即指服务业内部产业数。

显然，那些感应度系数和影响力系数都较大的产业，在经济发展中具有举足轻重的地位，这也是制定产业政策时确定优势支柱产业的主要参考数之一。

基于上面分析，构建黑龙江省传统优势支柱产业遴选指标体系。如表 7－1 所示：

表 7-1　黑龙江省传统优势支柱产业遴选指标体系

一级指标	二级指标
规模指标（A）	产值比重（A_1） 就业比重（A_2） 规模经济效益（A_3）
效率指标（B）	产业利税率（B）
产业成长指标（C）	需求收入弹性（C_1） 固定资产投资比重（C_2） 资本投入要素（C_3）
技术进步指标（D）	劳动生产率（D）
竞争优势指标（E）	产业专业化程度（E_1） 比较劳动生产率（E_2） 产业增加值贡献率（E_3）
产业关联效应指标（F）	感应度系数（F_1） 影响力系数（F_2）

第三节　建立系统模型需要注意的问题

一、简化系统结构

采用主成分分析、因子分析、对应分析等方法，在众多因素中找出各个变量最佳的子集合，从子集合所包含的信息描述多变量的系统结果及各个因子对系统的影响，舍弃次要因素，以简化系统的结构，认识系统的内核。

二、进行预报控制

在自然和社会科学领域的科研与生产中，应用多元统计分析技术探索多变量系统运动的客观规律及其与外部环境的关系，进行预测预报，以实现对系统的最优控制。在多元分析中，用于预报控制的模型有两大类：一类是预测预报模型，通常采用多元线性回归或逐步回归分析、判别分析、双重筛选逐步回归分析等建模技术；另一类是描述性模型，通常采用聚类分析的建模技术。

三、构造分类模式

在多变量系统的分析中，往往需要将系统性质相似的事物或现象归为一类，以便找出它们之间的联系和内在规律性。过去许多研究多是按单因素进行定性处理，以致处理结果反映不出系统的总的特征。进行数值分类，构造分类模式可以解决此类问题。进行数值分类，构造分类模式一般采用聚类分析和判别分析技术的方法。

如何选择适当的方法来解决实际问题，需要对问题进行综合考虑。对一个问题可以综合运用多种统计方法进行分析。例如，一个预报模型的建立，可先根据有关经济学、管理学原理，确定理论模型和试验设计；根据试验结果，收集试验资料；对资料进行初步提炼；然后应用统计分析方法（如相关分析、逐步回归分析、主成分分析等）研究各个变量之间的相关性，选择最佳的变量子集合；在此基础上构造预报模型，最后对模型进行诊断和优化处理，并应用于社会经济活动实践。

第四节　传统优势支柱产业的遴选方法

一、因子分析方法

因子分析法（Factor Analysis）是一种重要的多元回归统计方法。在多变量分析中，某些变量间往往存在相关性。是什么原因使变量间有关联呢？是否存在不能直接观测到的、但影响可观测变量变化的公共因子？因子分析法就是寻找这些公共因子的模型分析方法，它是在主成分的基础上构筑若干意义较为明确的公因子，以它们为框架分解原变量，以此考察原变量间的联系与区别。

因子分析的基本目的就是用少数几个因子去描述许多指标或因素之间的联系，即将相关比较密切的几个变量归在同一类中，每一类变量就成为一个因子（之所以称其为因子，是因为它是不可观测的，即不是具体的变量），以较少的几个因子反映原资料的大部分信息。运用这种研究技术，我们可以方便地找出影响经济发展的主要因素以及它们的影响力（权重）。因子分析中是把变量表示成各因子的线性组合，把重点放在解释各变量之间的协方差，需要一些假设，包括各个共同因子之间不相关，特殊因子（Specific Factor）之间不相关，共同因子和特殊因子之间不相关。在因子分析中因子不是独特的，可以旋转得到不同的因子。因子个数需要分析者指定（SPSS 软件根据一定的条件自动设定，只要是特征值大于 1 的因子进入分析），指定的因子数量不同而结果不同。由于因子分析可以使用旋转技术帮助解释因子，在解释方面更加有优势。大致说来，当需要寻找潜在的因子，并对这些因子进行解释的时候，更加倾向于使用因子分析，并且借助旋转技术帮助更好解释。而如果想把现有的变量变成少数几个新的变量（新的变量几乎带有原来所有变量的信息）来进入后续的分析，则可以使用主成分分析。当然，这种情况也可以使用因子得分做到。所以这种区分不是绝对的。在算法上，因子分析中所采用的协方差矩阵的对角元素不是变量的方差，而是和变量对应的共同度（变量方差中被各因子所解释的部分）。可以说，因子分析是主成分分析的推广，也是一种把多个变量化为少数几个综合变量的多变量分析方法，其目的是用有限个不可观测的隐变量来解释原始变量之间的相关关系。

二、基本步骤

(一) 构建因子分析模型

因子分析法是从研究变量内部相关的依赖关系出发，把一些具有错综复杂关系的变量归结为少数几个综合因子的一种多变量统计分析方法。它的基本思想是将观测变量进行分类，将相关性较高，即联系比较紧密的分在同一类中，而不同类变量之间的相关性则较低，那么每一类变量实际上就代表了一个基本结构，即公共因子。对于所研究的问题就是试图用最少个数的不可测的所谓公共因子的线性函数与特殊因子之和来描述原来观测的每一分量。

因子分析模型描述如下：

设有 n 个样本，每个样本有 p 个观测变量，用 X_1，X_2，…，X_p 表示；F_1，F_2，…，F_m（$m<p$）分别表示 m 个因子变量。如果：

(1) $X=(X_1, X_2, \cdots, X_p)^T$ 为 p 维可观测变量，且均值向量 $E(X)=0$，且协方差阵与相关矩阵 R 相等（只要将变量标准化即可实现）。

(2) $F=(F_1, F_2, \cdots, F_m)^T$（$m<p$）是不可测的向量，其均值向量 $E(F)=0$，协方差矩阵 $\mathrm{cov}(F)=I$，即向量的各分量是相互独立的。

(3) $\varepsilon=(\varepsilon_1, \varepsilon_2, \cdots, \varepsilon_p)^T$ 与 F 相互独立，且 $E(\varepsilon)=0$，$\mathrm{cov}(\varepsilon)$ 的协方差阵是对角阵，即 $\mathrm{cov}(\varepsilon)=\sum\varepsilon$，说明 ε 各分量之间是相互独立的，则模型：

$$\begin{cases} X_1=a_{11}F_1+a_{12}F_2+\cdots+a_{1m}F_m+\varepsilon_1 \\ X_2=a_{21}F_1+a_{22}F_2+\cdots+a_{2m}F_m+\varepsilon_2 \\ \qquad\qquad\cdots \\ X_p=a_{p1}F_1+a_{p2}F_2+\cdots+a_{pm}F_m+\varepsilon_p \end{cases}$$

称为因子分析模型，由于该模型是针对变量进行的，各因子又是正交的，所以也称为R型正交因子模型。

(二) 模型的统计意义

模型的矩阵形式为：$X=AF$。

其中：F_1，F_2，…，F_m（$m<p$）被称为公共因子，是相互独立的不可观测的数据 ε_1，ε_2，…，ε_p 被称为特殊因子，各特殊因子之间以及特殊因子与所有公共因子之间都是相互独立的；矩阵 $A=(a_{ij})$ 被称为因子载荷，a_{ij} 的绝对值越大，表明 X_i 和 F_j 的相依程度越大，或称 F_j 对于 X_i 的的载荷量越大，故矩阵 A 称为因子载荷矩阵。

(三) 进行因子旋转

因子分析的主要任务在于求出公共因子负荷系数和残差，因子载荷矩阵 A 的求法有很多种，如主成分法、主轴因子法、最小二乘法、极大似然法等等。正交旋转（orthogonal rotation）和斜交旋转（oblique rotation）是因子旋转的两类方法。最常用的方法是最大方差正交旋转法（Varimax）。进行因子旋转，就是要使因子载荷矩阵中因子载荷的平方值向 0 和 1 两个方向分化，使大的载荷更大，小的载荷更小。因子旋转过程中，如果因子对应轴相互正交，则称为正交旋转；如果因子对应轴相互间不是正交的，则称为斜交旋转。常用的斜交旋转方法有 Promax 法等。而由于残差只与原始变量 X 有关，且通常情况下的影响很小可以忽略不计，因此，数学模型变为 $X=AF$。由于我们要求 F 中的各分量之间必须彼此不相关，因此可采用因子分析中的主成分分析法（Principle component），求出系数矩阵即各因子的负载矩阵 A。同时为了提高因子的解释力，我们采用方差最大法进行正交旋转。

建立因子模型需要知道每一公共因子的实际意义，以便对实际问题进行分析，但是得到的初始因子解各主因子的典型代表变量不是很突出，容易使因子的意义含糊不清，这就需要对初始公因子进行线性组合，即因子旋转。最终使不影响分析准确度的情况下，各主因子变得更容易解释。

因子旋转分为正交旋转和斜交旋转，正交旋转得到的新的公因子彼此仍然独立，由初始载荷矩阵 A 左乘一正交阵得到，经过旋转使新的因子载荷系数尽可能接近于 0 或远离 0，最终使得任何一个原始变量都与某些公因子存在较强的相关关系，而与另外的公因子之间几乎不相关。

（四）计算因子得分

因子分析模型建立后，还有一个重要的作用是应用因子分析模型去评价每个样品在整个模型中的地位，即进行综合评价。例如产业经济发展的因子分析模型建立后，我们希望知道每个行业经济发展的情况，把行业经济划分归类，哪些行业发展较快，哪些中等，哪些较慢等。这需要将公共因子用变量的线性组合来表示，即由行业经济的各项指标值来估计它的因子得分。

设公共因子 F 由变量 x 表示的线性组合为：

$$F_j=u_{j1}x_{j1}+u_{j2}x_{j2}+\cdots+u_{jp}x_{jp} \quad j=1, 2, \cdots, m$$

该式称为因子得分函数，由它来计算每个样品的公共因子得分。若取 $m=2$，则将每个样品的 p 个变量代入上式即可算出每个样品的因子得分 F_1 和 F_2，并将其在平面上做因子得分散点图，进而对样品进行分类或对原始数据进行更深入的研究。

但因子得分函数中方程的个数 m 小于变量的个数 p，所以并不能精确计算出因子得分，只能对因子得分进行估计。估计因子得分的方法较多，常用的有回归估计法，Bartlett 估计法，Thomson 估计法。

（五）因子分析的步骤

因子分析的核心问题有两个：一是如何构造因子变量；二是如何对因子变量进行命名解释。因此，因子分析的基本步骤和解决思路就是围绕这两个核心问题展开的。

1. 因子分析通常有以下四个基本步骤：

（1）确认待分析的原变量是否适合作因子分析。

（2）构造因子变量。

（3）利用旋转方法使因子变量更具有可解释性。

（4）计算因子变量得分。

2. 因子分析的计算过程：

（1）将原始数据标准化，以消除变量间在数量级和量纲上的不同。

（2）求标准化数据的相关矩阵。

（3）求相关矩阵的特征值和特征向量。

（4）计算方差贡献率与累积方差贡献率。

（5）确定因子：

设 F_1，F_2，…，F_p，F_p为 p 个因子，其中前 m 个因子包含的数据信息总量（即其累积贡献率）不低于 80%时，可取前 m 个因子来反映原评价指标。

（6）因子旋转：

若所得的 m 个因子无法确定或其实际意义不是很明显，这时需将因子进行旋转以获得较为明显的实际含义。

（7）用原指标的线性组合来求各因子得分：

采用回归估计法，Bartlett 估计法或 Thomson 估计法计算因子得分。

（8）综合得分：

以各因子的方差贡献率为权，由各因子的线性组合得到综合评价指标函数。

$$F=(w_1F_1+w_2F_2+\cdots+w_mF_m)/(w_1+w_2+\cdots+w_m)$$

此处 w_m 为旋转前或旋转后因子的方差贡献率，计算出各产业的综合评价得分。

（9）确定优势支柱产业：利用综合得分可以得到得分名次，按分值大小顺序排名各产业的重要性，排在前面的可以作为传统优势支柱产业。

第五节　黑龙江省传统优势支柱产业遴选的实证分析

一、关于样本、指标及数据说明

研究对象为黑龙江省整个国民经济领域，包括第一、第二、第三产业。考虑到统计口径一致性、数据可获得性和传统产业发展服务外包的需求，兼顾选取样本的代表性和操作性，第一产业内部的生产性服务业包括农、林、牧、渔服务业，由于它们产值所占比例较小，属性相近，将其与农、林、牧、渔组合成为一个样本。第二产业内部产业种类繁多，涉及面广，将采矿业、建筑业、工业进行整合，从应用角度提取黑龙江省四大主导产业即装备制造业、石化工业、能源工业和食品工业作为选取样本。其中，装备制造业包括金属制品业、通用设备制造业、专用设备制造业、交通运输设备制造业、电器机械及器材制造业、通用设备和计算机及其他电子设备制造业、仪器仪表及文化办公用机械制造业；石化工业包括石油加工和炼焦及核燃料加工、化学原料及化学制品制造业、化学纤维制造业、橡胶制品业、塑料制品业；能源工业包括煤炭开采和洗选业、石油和天然气开采业、电力热力的生产和供应业、燃气生产和供应业；食品工业农副产品加工业、食品制造业、饮料制造业和烟草制品业。医药业实力较强，特色突出，哈尔滨“哈药集团”作为一个样本；

建筑业以及水和电的生产与供应业产值所占比例较大，但其开展服务外包的特色不突出，且数据较难取得，这里不作为样本考虑；第三产业的交通运输业、商贸流通业产值所占比重较大，可作为二个样本，第三产业中其他行业基本属于现代服务业范畴，不在本文的序列，不作为样本考虑。这样的样本取舍基本可以代表黑龙江省传统优势支柱产业经济运行状况。

本章构建的传统优势支柱产业遴选指标体系包括规模指标（A）、效率指标（B）、产业成长指标（C）、技术进步指标（D）、竞争优势指标（E）、产业关联效应指标（F）六大类一级指标，具体分为产值比重（A_1）、就业比重（A_2）、规模经济效益（A_3）、产业利税率（B）、需求收入弹性（C_1）、固定资产投资比重（C_2）、资本投入要素（C_3）、劳动生产率（D）、产业专业化程度（E_1）、比较劳动生产率（E_2）、产业增加值贡献率（E_3）、感应度系数（F_1）、影响力系数（F_2）十三项二级指标。其中需求收入弹性（C_1）的数据无法取得，不予考虑，因此，实际采用的指标只有十二项。

本章以 2004—2008 年数据为研究基础，选取五年平均数作为指标，在一定程度上能够反映黑龙江省传统产业的实际发展情况，对黑龙江省传统优势支柱产业从事服务外包具有一定的指导价值。各指标原始数据来源于《黑龙江省统计年鉴（2005/2006/2007/2008/2009）》，《中国统计年鉴（2005/2006/2007/2008/2009）》。由于国家和省的投入产出表每五年计算一次，上次为 2002 年度数，2007 年度数为最新，而 2007 年位于 2004—2008 年度中间值，同五年数据平均值接近，所以，感应度系数和影响力系数来源于 2007 年《黑龙江省投入产出表》，基本合乎要求。本部分选择表 7－1 中的 $A \sim F_{12}$ 个指标，具体见附录表 7－4 和表 7－5 所示。运用 SPSS17.0 软件对各行业各指标数据进行因子分析。

二、求 R 的特征值和特征向量

为消除变量不同数量和量纲的影响，按照步骤中的计算公式，并结合统计分析软件 SPSS17.0，利用指标间相关系数矩阵 R，对原始数据进行标准化处理，然后得到总方差分解表，如表 7－2 所示。

表 7－2　　方差贡献表

成分	初始特征值			提取平方和载入			旋转平方和载入		
	合计	方差的%	累积%	合计	方差的%	累积%	合计	方差的%	累积%
1	4.839	40.325	40.325	4.839	40.325	40.325	4.688	39.064	39.064
2	1.942	16.186	56.511	1.942	16.186	56.511	1.924	16.032	55.096
3	1.851	15.424	71.935	1.851	15.424	71.935	1.855	15.456	70.552
4	1.017	8.473	80.408	1.017	8.473	80.408	1.183	9.856	80.408
5	0.703	5.860	86.269						

续 表

成分	初始特征值			提取平方和载入			旋转平方和载入		
	合计	方差的%	累积%	合计	方差的%	累积%	合计	方差的%	累积%
6	0.606	5.051	91.320						
7	0.366	3.047	94.367						
8	0.324	2.699	97.066						
9	0.244	2.031	99.097						
10	0.087	0.724	99.821						
11	0.022	0.179	100.000						
12	−1.165 E−16	−9.708 E−16	100.000						

注：提取方法：主成分分析法。

第一列是因子分析的12个初始解序号。

第二列是因子变量的方差贡献（特征值），它是衡量因子重要程度的指标。例如，第一行中特征值为4.839，表示第一个因子描述了原有变量总方差12中的4.839，后面的因子描述的方差依次减少。

第三列是各因子变量的方差贡献率，表示该因子的方差占原有变量总方差的比例。它的值是第二列的特征值除以总方差12的结果。例如，第一行中的40.325%是4.839除以12的结果。

第四列是因子变量的累积方差贡献率，表示前m个因子描述的总方差占原有变量总方差的比例显示的百分率。

第五列至第七列是从初始解中按照一定标准提取的公共因子对原变量总体的描述情况，根据主成分分析法的计算准则，主因子的累积方差贡献率应该大于85%。而因子分析法规定：前m个因子包含的数据信息总量（即其累积贡献率）不低于80%时，可取前m个因子来反映原评价指标。结合上面的计算结果，前四项主因子的方差累积贡献占原变量总方差的80.408%，虽然没有超过85%，但是结果可以接受。如果选择前五个因子，累积方差贡献率可以超过85%，但是第五个因子的方差贡献率较小，即使选择了它也只能使得累积方差贡献率略超过85%。况且，第五个因子和第六个因子的方差贡献率差距很小，若选第五个因子就应选第六个因子，这种选择过多因子的做法，必然违背因子分析要用尽可能少的因子反映原始指标尽可能多信息的要求。因此，可以认为，这4个主因子反映了原变量的绝大部分信息，即从总体上反映所有指标的内容，从而起到了简化计算的目的。

另外，如图7-1所示，通过12个因子线路走势图可以看出：前4个因子曲线较为陡峭，而第5～8个因子构成的曲线比较平缓，表示后8个因子的方差贡献较小，因而不做选择。这和上面的分析结果是一致的。

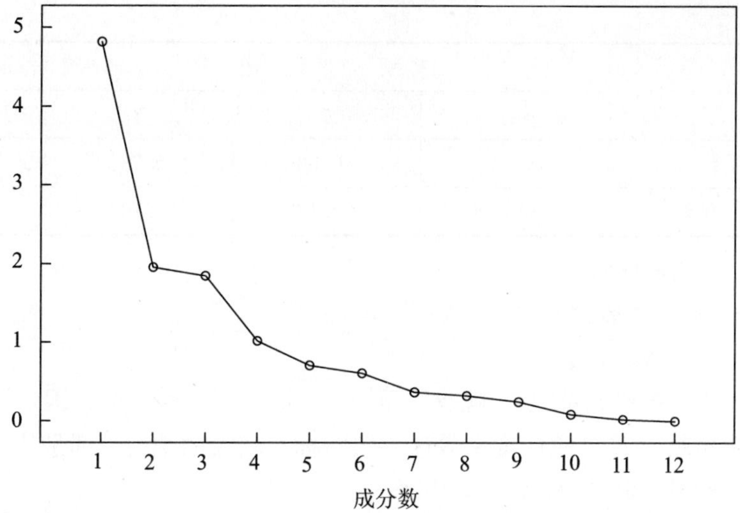

图 7-1　碎石图

三、因子变量的命名解释

由于各主因子在原始变量上的载荷值差别不是非常明显，故需进一步进行因子旋转。采用方差极大正交旋转，根据前取的 4 个特征值，并计算出相应的特征向量，运行 SPSS17.0 得到旋转后的因子载荷矩阵，如表 7-3 所示。从表中可以考察各主因子的经济含义及其与主要指标之间的数量关系。

表 7-3　　旋转后的因子载荷矩阵表

	成分			
	1	2	3	4
产值比重 A_1	0.959	0.129	−0.053	0.074
就业比重 A_2	0.840	0.056	−0.341	0.334
规模经济效益 A_3	0.977	0.071	0.003	0.007
利税率 B	−0.223	0.853	−0.033	0.004
固定资产投入比重 C_2	0.863	0.002	0.061	−0.064
资本投入要素 C_3	−0.085	0.001	0.821	0.276
劳动生产率 D_1	0.054	0.075	0.847	−0.029
行业增加值贡献率 E_3	0.810	0.162	0.047	−0.185
专业化程度 E_1	0.258	0.777	0.364	−0.075
影响力系数	−0.443	−0.717	0.176	0.175

续 表

	成 分			
	1	2	3	4
感应度系数	0.620	−0.086	0.382	−0.126
比较劳动生产率	−0.018	−0.127	0.168	0.948

注：提取方法：主成分分析法。

旋转法：具有 Kaiser 标准化的正交旋转法。旋转在 5 次迭代后收敛。

在第一因子中：产值比重 A_1、就业比重 A_2、规模经济效益 A_3、固定资产投入比重 C_2、行业增加值贡献率 E_3、感应度系数这六项指标有较大的载荷，都是从宏观上描述各行业的情况，因此可以命名为宏观产业因子。

在第二个因子中：利税率 B、专业化程度 E_1、影响力系数这三项指标有较大的载荷，都是从生产及效益方面描述产业情况，所以称为生产能力因子。

在第三个因子中：资本投入要素 C_3、劳动生产率 D_1 这两项有较大的载荷，都是从投入产出方面反映产业的情况，命名为投入产出因子。

在第四个因子中，只有比较劳动生产率指标有较大的载荷，其他指标的载荷较小，因此称其为比较劳动生产率因子。

四、计算因子得分

表 7－4 因子得分系数矩阵表。

表 7－4　　　　因子得分系数矩阵表

	成 分			
	1	2	3	4
产值比重 A_1	0.204	0.013	−0.036	0.083
就业比重 A_2	0.179	0.033	−0.219	0.335
规模经济效益 A_3	0.213	−0.035	0.004	0.008
利税率 B	−0.117	0.507	−0.065	0.133
固定资产投入比重 C_2	0.194	−0.079	0.046	−0.070
资本投入要素 C_3	−0.016	0.004	0.425	0.167
劳动生产率 D_1	0.012	−0.010	0.468	−0.100
行业增加值贡献率 E_3	0.171	0.000	0.042	−0.154
专业化程度 E_1	0.001	0.394	0.170	0.008
影响力系数 F_1	−0.044	−0.359	0.114	0.039

续 表

	成分			
	1	2	3	4
感应度系数 F_2	0.149	−0.135	0.232	−0.168
比较劳动生产率 E_2	0.000	0.058	0.005	0.815

注：提取方法：主成分分析法。

旋转法：具有 Kaiser 标准化的正交旋转法。

从上表可以得到因子得分表达式：

$$
\begin{cases}
F_1 = 0.204A_1 + 0.179A_2 + 0.213A_3 + \cdots - 0.044F_1 + 0.149F_2 + 0.000E_2 \\
F_2 = 0.013A_1 + 0.033A_2 - 0.035A_3 + \cdots - 0.359F_1 - 0.135F_2 + 0.058E_2 \\
F_3 = -0.036A_1 - 0.219A_2 + 0.004A_3 + \cdots + 0.114F_1 + 0.232F_2 + 0.005E_2 \\
F_4 = 0.083A_1 + 0.335A_2 + 0.008A_3 + \cdots - 0.039F_1 - 0.168F_2 + 0.815E_2
\end{cases}
$$

五、综合评分

根据表 7－2 中的数据，4 个主因子的方差贡献率分别为 40.325%、16.186%、15.424%、8.473%，可以构造出黑龙江省传统优势支柱产业的综合评价模型：

$$
\begin{aligned}
F &= \sum_{j=1}^{k} \omega_j F_j = \omega_1 F_1 + \omega_2 F_2 + \cdots + \omega_k F_k \\
&= 0.40325F_1 + 0.16186F_2 + 0.15424F_3 + 0.08473F_4
\end{aligned}
$$

表 7－5 为黑龙江省传统优势支柱产业的因子得分表。

表 7－5　因子得分表

宏观产业因子	生产能力因子	投入产出因子	比较劳动生产率因子	行业名称
2.59052	−0.12466	−0.42548	−0.70168	农业
1.08436	0.26644	−1.49208	4.05184	林业
1.69871	−0.61155	1.23341	−1.14919	牧业
−0.48804	0.04652	−0.53832	−0.6535	渔业
4.88555	−0.42325	−1.22247	1.54747	第一产业得分
−0.52426	−0.57661	1.59232	2.28805	金属制造
−0.19092	−0.56415	0.04303	−0.00391	通用设备制造
−0.40239	−0.46635	0.49913	0.45496	专用设备制造
−0.49135	−0.68207	2.42244	1.42269	交通运输设备
−0.46818	−0.60612	0.38543	0.08039	电器机械器材

续 表

宏观产业因子	生产能力因子	投入产出因子	比较劳动生产率因子	行业名称
−0.60301	−0.88262	−0.18496	0.04405	计算机
−0.65919	−0.44264	−0.92872	−0.36336	仪器表
−3.3393	−4.22056	3.82867	3.92287	装备工业得分
0.25814	−0.41063	0.95973	−0.96691	石油加工
−0.16115	−0.64751	1.17827	−0.06625	化学原料
−0.58057	−0.61132	−0.73133	−0.6827	橡胶制品
−0.58447	−0.44921	−0.35206	−0.38157	塑料制品
−1.06805	−2.11867	1.05461	−2.09743	石化工业得分
0.1574	0.40726	−1.04621	0.12047	煤炭开采
0.95428	3.80923	2.1683	−0.44195	石油和天然气开采
0.27006	−0.93264	0.65036	−0.63261	电力、热力
−0.60305	−0.34544	−0.75804	−0.74393	燃气生产
0.77869	2.93841	1.01441	−1.69802	能源工业得分
−0.13572	0.12991	1.20797	−0.18442	农副食品加工
−0.5355	0.36992	0.11583	−0.12934	食品制造
−0.63381	0.46727	−0.33797	−0.16532	饮料制造
−0.86402	1.74412	−0.73798	−0.31336	烟草造品
−2.16905	2.71122	0.24785	−0.79244	食品工业得分
−0.55208	0.41893	−0.45537	−0.37468	医药制造
−0.50521	−0.58184	−0.39301	−0.50067	化学纤维制造
−1.05729	−0.16291	−0.84838	−0.87535	化学医药得分
−1.14114	2.31601	−1.02448	0.39884	家具制造
−0.43476	−0.36164	−0.28759	−0.3735	造纸业
−0.65883	−0.07737	−0.96659	−0.26539	印刷业
−0.46559	−0.14828	−0.04492	0.21494	木材加工
−2.70032	1.72872	−2.32358	−0.02511	森工工业得分
2.1685	−0.71617	−0.54031	0.14826	交通运输仓储和邮政业
2.50127	0.26322	−1.21077	−0.13025	批发和零售，住宿和餐饮
4.66977	−0.45295	−1.75108	0.01801	第三产业得分

从宏观产业因子角度分析，第一产业、第三产业分值较高，说明这两部分在就业比

重、规模经济效益、固定资产投入比重、行业增加值贡献率、感应度系数这五项指标方面具有较强的优势，当然，这也同产业的分类有关，第一产业和第三产业中的两大门类均作为一个样本，份额较大，可能影响了分析效果。而第三产业、第一产业在投入产出因子上的得分仅排在森工工业之前，说明这两个产业的投入产出率较低；从生产能力因子分析，能源工业、食品工业、森工工业分值较高，说明这三个行业在利税率、专业化程度、影响力系数等方面具有较强优势；从投入产出因子分析，装备工业、石化工业、能源工业和食品工业排在前列，说明这三个行业在资本投入要素、劳动生产率方面具有较强优势，投入产出率较高；从比较劳动生产率因子分析，装备制造业、第一产业的指标位居前列，说明它们同全国同行业相比，劳动生产率较高。虽然医药行业的各项指标均不突出，但其生产能力指标较好，说明其具有一定的竞争优势。

六、确立传统优势支柱产业

基于以上分析，可以计算出黑龙江省第一、第二、第三产业中传统优势支柱产业的综合得分和排序（如表 7－5 所示）。综合服务外包业务发展的特点、需求以及黑龙江省经济的运行状况和发展需要分析如下：在第一产业中，农、林、木、渔业有较好的基础和成绩，但服务业产值较小，2008 年占第一产业比重仅为 1.98%（21.6 亿元/1089.1 亿元），说明其服务能力不强，若开展服务外包业务，只能处于探索尝试阶段。在第三产业中，从交通运输、仓储和邮政业以及批发、零售和住宿、餐饮业指标看，除了投入产出因子指标较弱外，其他较好，可充分利用其优势，发展物流和旅游外包业务。在第二产业中，建筑业中的服务业主要放在房地产部分，而房地产属于现代服务业范畴，故不予考虑；我国各种统计资料一般将采掘业与工业进行整合，形成装备制造业、石化工业、能源工业和食品工业等，黑龙江省的四大主导产业为：能源工业、装备制造业、食品工业和石化工业，它们决定着黑龙江省的经济命脉，适合开展服务外包业务，并在全国具有相当优势，因此，应遴选为优先开展服务外包的传统优势支柱产业；森林工业产值较小，对全省经济贡献率也较小，已进入采伐枯竭期，但对于大小兴安岭地区来说，是第一大产业，是该区赖以生存的基础和经济转型的依托和途径，应充分利用其产业基础和管理、技术等方面的优势，开展服务外包；医药产业总产值占全省经济比重较小，但在哈尔滨市具有重要的经济地位，而且在全国也具有较强的竞争实力，因此，也遴选为开展服务外包的产业。综上所述，确定黑龙江省传统优势支柱产业为：能源工业、装备制造业、食品工业、石化工业、医药工业和森林工业。

第八章 黑龙江省传统优势支柱产业服务外包战略构想

黑龙江省传统优势产业发展服务外包应该从原有的优势支柱产业出发，发掘具有价值链增值较高、竞争能力较强的核心业务，通过通信、信息技术把这些生产过程中的关键环节实施改进，实现资源重新整合，从而培育出具有承接服务外包优势和竞争力的产业集群和新经济增长点。

第一节 战略构想与发展模式

黑龙江省优势支柱产业服务外包的发展思路是：充分发挥劳动力资源丰富，劳动力成本低的优势，紧紧把握新一轮国际服务业加速转移的契机，充分利用国家给予黑龙江省承接沿海加工贸易转移基地、国家级服务外包基地和示范城市等方面的支持，用好用足优惠政策，占据制造业高端，加速整合服务外包资源，发展服务外包示范园区和服务外包人才实训基地，重点开展以美国、欧洲和日本为目标市场的医药研发离岸外包业务，以中东、南美、非洲为目标市场的石油离岸外包业务，以东南亚、俄罗斯为目标市场的煤炭离岸外包业务；以制造业研发设计为目标市场的在岸外包业务，以新疆等地为目标市场的石油石化在岸外包业务。推进企业实施“主辅分离”，打造服务外包公共平台，建设医药研发和工业设计产业园，逐步培育一批具有自主知识产权、自主品牌、高增值服务能力的服务外包企业，积极承接国际和国内发包商的服务外包业务转移。加速推进国际大型发包公司在黑龙江省开展业务，扩大服务业对外开放力度，吸引外资拉动服务外包产业发展。

一、黑龙江省服务外包产业的发展战略

坚持在岸外包和离岸外包“双引擎”战略，以拓展离岸外包促进贸易发展方式转变，以扩大在岸外包带动产业结构升级；坚持对外资与内企一视同仁，促进民外合作、互动共赢；坚持市场运作为主，政府推动引导为辅，建立政府、企业、市场“三位一体”的联动发展机制；坚持在培养接包企业的同时，关注对发包方的引导激励，实现释放发包市场潜在需求与提升接包企业竞争力并举。

(一) 发展服务外包与提升传统产业结合

把突出发展服务外包产业作为现代服务业发展的切入点，通过发展和推广服务外包产业来促进传统产业的改造升级。不断推动服务外包产业向纵深发展，进一步挖掘和创造外包业务的新需求和新市场，形成以服务外包产业促进传统产业发展的良性互动局面。

（二）扩大在岸外包与承接离岸外包结合

国际服务外包离岸化趋势明显，潜在市场机遇巨大。承接离岸外包，有利于尽快抢占发展现代服务业的先机和制高点；在岸服务外包的发展是城市和地区产业升级的必然要求，较强的加工制造基础所隐含的庞大服务外包内需市场是我国区别于印度的优势所在。黑龙江省不仅要抓住服务业国际转移机遇，积极推进离岸服务外包，也要聚焦全国范围内制造业服务外包需求，大力发展在岸服务外包，从而提升本地产业能级，优化产业结构。

（三）扶持国内企业与引进外资企业结合

省内企业是区域经济活跃的内在动力，外资在服务外包方面的发展理念、专业水平与市场网络可加快全省与国际市场、国际标准接轨，并通过转包与技术/知识溢出效应提升本地企业层次。既要加大引进外资力度，促进外资与内企互动，将外商融入本地经济，增强其根植性，也要鼓励、引导省内企业加快自主创新，做大做强，提升核心竞争力，增强承接国内外服务外包订单的能力，成为拥有自主知识产权的知名品牌企业。

（四）市场运作为主与政府推动为辅结合

企业是市场运行主体，企业的竞争力高低与规模效益水平决定了整个行业的增长速度与产业能级。对于正处在产业发展阶段导入期的服务外包产业来说，政府作用不可忽视，及时的产业政策可以加速这个新兴产业的发展。要在保障企业市场化运作的同时，发挥政府在产业发展初期的推动作用，特别是针对服务外包的产业特点，转变政府业绩的评价标准，建设新的服务平台，提供以发包商需求为核心的服务体系，形成与国际离岸外包需求接轨的服务外包逐级转移链条，从而构建政府推动、企业运作、市场引领、多方参与的发展模式，共同促进服务外包产业发展壮大。

（五）培育接包能力与扩展发包需求结合

服务外包产业的发展既要依托服务外包提供商的发展壮大，同时也离不开市场需求的规模扩张。只有源源不断的外包需求才能刺激更多外包企业的出现与壮大，高标准的外包需求才能促使外包企业不断提高自身流程管理与技术支持的专业化程度。如何把国内企业和政府的潜在外包需求变成实际需求，对于服务外包发展举足轻重。要在鼓励扶持接包企业发展的同时，通过政策制定、观念引导鼓励政府部门和国有大型企业将非核心环节外包出去，为其他企业外包树立示范作用，将巨大的潜在在岸需求转变为现实有效需求，为服务外包产业的发展创造良好的市场条件。

二、黑龙江省服务外包产业的路径选择

（一）支持企业剥离公共服务和生活服务职能

对于企业承担的教育、医疗、公安、消防、水电热供应等多项职能，涉及大量的职工和资产，应采取“先易后难、分期分批、先移交后算账”的原则，将资金相对独立、人员相对稳定、产权比较清晰的单位，如学校、卫生防疫机构、公检法机构、社区管理机构等社会公共事务单位和行政事业型单位，成建制地移交地方有关部门；分步分离自办医院、公交、环卫、饭店、宾馆等社会公益、社会公共事业及社会福利等单位；对移交难度较大

的供水、供电、供热等单位，认真核查人员、资产、服务职能等情况，在保证社会职能和社会秩序的情况下，尽快从企业中剥离出来。

（二）支持企业发包非核心业务

鼓励企业外移高耗能、高耗水、高耗地、高排放的加工制造业和非擅长、非核心的软件开发、IT 技术支持、财务结算、物流、人力资源服务等生产性服务业。当然，企业能否将制造业产品价值链形成过程中的某些业务外包，主要取决于成本、收益、需求以及对主营业务的影响等因素。一般来说，企业应根据产业升级的进程按从低到高的顺序依次选择。目前应主要外移高能耗的加工制造业，长期性选择应在强化产业链两端的研发设计与品牌营销的基础上外包加工制造环节。由于专业机构经验丰富、竞争力强、收费较低，企业将一些不擅长的业务委托给他们完成，可节省费用，减少成本，更便于集中力量培养和提高自身的核心竞争力。

（三）支持企业接包 BPO、KPO 和高端制造业

鼓励企业大力发展生产性服务外包产业，将企业具有优势的高端服务业务承包进来，并同企业保留的核心、专长业务有效整合，突出核心业务，做大做强。积极承接产品研发、工艺设计、管理咨询以及高端装备制造业等高附加值业务，并与企业所擅长的研发服务、品牌营销以及高端装备制造业等核心业务融合发展，提高自身的专业化水平，使企业专注核心业务，致力创新，倾力打造品牌，减少投资与经营风险，提高赢利能力和发展潜力。

三、黑龙江省服务外包产业的发展模式

（一）生产（包括制造业）外包与服务外包互动发展模式

黑龙江省装备制造和医药产业开展制造业外包和服务外包已有先例，如哈飞汽车将零配件发包给多个汽车配套企业、哈药集团接包俄罗斯医药生产线等；大庆石油石化服务外包和齐齐哈尔制造业服务外包也已初具规模。要充分发挥生产外包的带动作用，促进服务外包与生产外包互动发展。

（二）发包与接包融合发展模式

企业不仅可以将生活性服务、非核心的生产性服务和附加值较低的生产制造环节（主要是零配件）发包出去，还要接包附加值较高的生产性服务业和核心部件等高端生产制造环节，以发包提高核心竞争力，以接包提高效率、优化结构、转变发展方式，实现发包与接包融合发展。

（三）在岸外包与离岸外包协调发展模式

在岸外包受世界经济大环境影响小，业务环境对接包企业并不陌生，尤其对刚起步的小公司来说，应为首选。离岸外包业务量大，利润率高，是服务外包企业的奋斗目标。要利用好国际国内两个市场、两种资源，推动离岸外包与在岸外包协调发展。

（四）ITO、BPO、KPO 递进发展模式

目前，ITO 是大多数服务外包的主要方式，但 BPO 尤其是 KPO 代表着服务外包的发

展方向，技术含量高，附加值大，前景广阔。因此，既要重视 ITO 的发展，更要大力开展 BPO 尤其是 KPO 业务。

四、优势支柱产业发展服务外包的主要任务

服务外包产业是调整产业结构、转变发展方式、发展低碳经济的有效途径。为促进黑龙江省传统优势支柱产业通过发展服务外包，实现老工业基地产业结构优化与升级，应重点打造四大工程：

（一）服务外包示范区打造工程

支持有条件的地级市围绕离岸服务外包业务、境内服务外包业务、特定行业服务外包业务或者特定流程服务外包业务，建设省级服务外包示范区，使其逐步成为人才聚集、资本融通、技术共享、信息会聚，具有引导和带动作用的专业服务外包产业示范区。鼓励条件成熟的省级服务外包示范区申请国家级服务外包示范区。

（二）服务外包规模企业培育工程

选择一批业务前景好、管理水平高、创新能力强的服务外包企业，从政策、资金等方面进行重点扶持，使之成为带动服务外包产业发展的龙头。"十二五"期间，培育以欧洲、美国和日本市场为重点的承接离岸服务外包业务的规模企业 10 家左右；培育以国内金融、保险、电信、石油石化、装备制造、生物医药、地理信息、信息服务和流通等行业及政府市场为重点，面向在华跨国企业、国内大中型企业和政府，承接境内服务外包业务的规模企业 10 家左右。

（三）百千万服务外包人才工程

支持高等院校和职业院校建设服务外包人才培训基地，鼓励有条件的企业、社会力量与有关教育机构合作，建立服务外包人才实训基地，最大限度地满足服务外包对适用人才的需求。通过外包企业人才定制培训、从业人才资质培训、国际认证培训、行业标准及相关知识产权培训、大学生实习项目及勤工俭学培训、企业新入职人员岗前业务技能培训、服务外包产业储备人才培训等办法和措施，用 5 年的时间，为全省培育一百名服务外包复合型高级管理人才，一千名服务外包中等流程管理和程序设计人才，十万名服务外包系统操作和编程人才。建立政府、企业、高校、职业培训机构和社会力量多元投入的人才培训体系。采取多种形式，创办培训学校和实训基地，加强服务外包专业人才、专门人才的培训和培养。引进国内外服务外包专业培训机构，大力引进海外留学服务外包创业团队。

（四）服务外包公共服务平台建设工程

1. 战略研究公共服务平台

建设战略研究公共服务平台，开展服务外包产业发展规律研究、政策研究、商机研究、技术研究、发展模式研究等工作，定期提供研究报告。

2. 人力资源公共服务平台

整合现有的人力资源市场等资源，建设人力资源公共服务平台，为服务外包企业提供

人才政策落实、人才培训、人才派遣和人才招聘等服务。

3. 技术支撑公共服务平台

建设技术支撑公共服务平台，完善已有的技术和环境资源，提供技术研发、数据存储、质量保证、测试、演示、验证、培训、项目管理等服务。

4. 招商引资与市场开拓公共服务平台

搭建招商引资与市场开拓公共服务平台，发挥相关中介组织的作用，为企业提供招商引资、企业形象设计、产品设计、产品推广、展览展销、技术合作咨询、品牌打造和传播等服务。

5. 投融资公共服务平台

依托现有的投融资平台，增设服务外包投融资业务，完善投融资公共服务平台，为服务外包企业提供风险投资、融资担保、出口信贷和咨询等服务。

第二节　优势支柱产业外包的业务领域与操作流程

一、优势支柱产业外包的业务领域

（一）石油石化产业

石油石化产业服务外包的业务领域主要有以石油勘探开发和石化生产数据采集处理、数据分析、工程设计、自动化控制等为重点的石油石化技术服务、地质制图、地震解释、研发设计、实时数据库分析等。

（二）装备制造业

装备制造业应重点培育的服务外包业主要有：一是装备制造研发与技术检验服务外包业，包括产品开发、技术交易、技术评估、测试测量、知识产权、工艺设计等；二是产品经营服务业，包括物流配送、连锁经营、人才培训、会计审计、管理咨询、工程咨询、商业情报等；三是信息服务，包括电子商务、数字通信、软件开发、系统集成、数据服务、信息化工程策划等；四是会展业。

（三）煤炭业

煤炭业服务外包的主要业务领域有矿业勘探数据处理、开发流程全过程控制、煤矿开采权的购买、勘探、开发、设计、造井、工程技术等。

（四）医药研发

医药研发外包服务业务已由最初的药物发现、临床前研究、药物基因组学、药物安全性评价等有限服务发展到几十项内容：包括数据管理与分析、信息学、政策法规咨询、产品研发与注册、生产和包装、市场推广、产品发布和销售支持以及各类相关商业咨询等领域。

（五）食品业

食品业外包主要是绿色食品开发、食品安全检验、食品安全标准认证、市场推广、产品标识制度和可追溯制度等。

（六）森林业

林业利用遥感、遥测、地理信息系统，承揽林业管护、防火防虫、资源统计数据处理、承接俄罗斯的印刷外包等。

（七）航空、汽车产业

航空、汽车行业的知识流程服务主要是专利研发、产品设计、样机研究、内置系统、工艺设计、自动化嵌入式软件研发、专业细分配套制造等外包业务。

二、优势支柱产业外包的操作流程

假如某个公司已经决定采用 BPO、KPO 战略，那么应该从哪里开始呢？BPO、KPO 程序较复杂，实施较困难，需要同时进行管理战略、业务流程结构、应用、基础设施和文化的考量。所有公司进行服务大体要经历 5 个基本阶段（如图 8－1 所示）：分析（合作伙伴选择）、计划（合同谈判）、转移（转移管理）、治理（改进流程）、改进（绩效管理过程）。

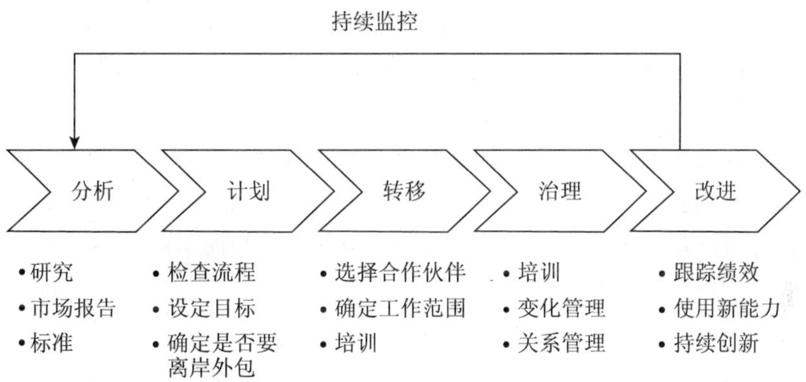

图 8－1　BPO、KPO 五阶段流程分解图

资料来源：徐兴锋，服务外包国家竞争优势分析及对策研究，学位论文，35 页。

（一）分析（合作伙伴选择）

在 BPO、KPO 模式中，供应商拥有资源，这些资源（包括基础设施、应用系统和人员）向顾客提供服务流程。在将业务流程转移给供应商之前，首先要进行彻底的分析，具体包括：对将要外包的流程进行研究和培训；购买市场报告用来分析竞争对手的活动；将当前的业务流程与外包后可能产生的最佳实践结果进行比较，以便将来建立更加有效的业务流程；进行风险分析；评估流程的核心竞争力；估计外包的总成本，包括基础设施、管理、知识获取、培训费用等。

（二）计划（合同谈判）

由于 BPO、KPO 合同是长期合同，因此非常有必要对未来进行规划。很多因素会影响合同的长期效果，比如政策、基础设施的质量、人力资源、设备的地点。企业在外包之前应该完成如下工作：检查现有的流程；制定主要的改进目标；决定哪些流程和职能进行外包；进行成本效益分析；为多个流程决定是否进行离岸外包（对于离岸外包项目，最好是进行实地考察，检查当地是否能够满足外包要求）；评估企业是否已做好外包准备；进行离岸外包风险分析，制定一个包括多级风险的框架；制定冲突解决方案；制订进行重新配置、转移的人力资源计划。

（三）转移（转移管理）

进行外包的企业实际上是将自己的命运交给了另一个公司，他们应该考虑一些棘手的战略问题，比如在选择 BPO、KPO 供应商时要考虑那些因素？怎样设计服务协议？如何控制流程和质量等问题？具体而言，在转移管理阶段要完成的任务有：制定标准评估投标方，对可能的合作伙伴进行访谈；根据供应商的声誉、行业经验、企业文化等选择供应商；在理解成本模式、人力资源问题、业务持续性、指标、支付模式、条款、变化管理的基础上拟定合同；谈判合同；确定支付条款；制定转移时间表，管理转移过程；制定双赢的激励措施；与外包伙伴就合同和责任进行充分沟通；确定项目的具体范围；制定意外运营问题、外包关系终止、数据保护方面的计划，降低风险；确定哪些知识要由本企业持有，哪些知识可以转移；培训新员工、远程管理项目。

（四）治理（改进流程）

如果没有合适的检查与控制，企业可能会由于无法提供一致的、优质的服务，无法提高生产率，从而损害与客户的关系，那么企业怎样才能保证 BPO、KPO 的质量呢？在治理阶段需要具体实施的内容包括：对主要流程进行变革；制定 BPO、KPO 运营流程和工具；克服阻力推进变革，为变革准备好所需的资源，充分沟通新的流程、程序、角色、责任；培训员工；进行外包关系管理；进行外包质量管理；制订业务持续计划。

（五）改进（绩效管理过程）

外包的一个重要目标是进一步改进服务质量。这要求企业进行以下活动：根据主要指标跟踪绩效、运用新的能力、进行持续创新、设计流程改进。要根据服务水平协议明确供应商和客户之间的责任，客户通常通过制定绩效指标来控制服务水平。服务水平协议（Service Level Agreement，SLA）是服务供应商和顾客之间的合同，规定了服务供应商和客户各自的责任，包括以下内容：服务的质量、服务期限、服务支付方式、服务供应商控制服务质量方法和服务水平协议的修改程序等。服务水平协议的范围和内容往往随现实情况而变化。有些公司将整个职能部门都发包出去，有些公司仅发包一些项目。一般来说，服务水平协议应包含下列内容（如图 8－2 所示）：

图 8－2 服务水平协议的构成

资料来源：徐兴锋，服务外包国家竞争优势分析及对策研究，学位论文，36 页。

三、医药外包实务操作概览

（一）医药企业外包网络

目前，医药价值链的可分解性不断升高，价值链的分解越来越细化，而外包也随之扩展到医药价值链的各个环节，包括早期药物发现、Ⅰ～Ⅲ期临床研究、药理毒性测试、剂型研究、配方开发、工艺改造、中间产品和 API（有效药物成分）生产、药效分析测试、产品物理成型与包装设计，产品发布推广与销售支持、物流与医药企业财务管理、药物经济学分析、商业咨询与药效追踪、相关政策法规咨询等。随着外包业务种类增多，外包规模扩大，作为发包企业的大制药企业将这些外包业务进行整合，实行“网络化治理”，从而在自己的内部管理体系中，逐步构筑起“外包网络”。这种外包网络以大制药企业为中心，以外包合同为纽带，在全球价值链上聚合各类 CRO、中间品和制剂生产商、营销策划关系和咨询公司、律师事务所等专业服务机构如图 8－3 所示。同时，医药业的外包网络也是动态的，不仅其边界可变，而且随着外包功能的拓展升级，处于网络核心的大制药企业与发包企业的关系也有可能升级，从市场交易关系发展到战略联盟或伙伴关系，这种升级将进一步加深基于全球价值链的分工。

（二）医药外包业务模式

在对服务外包网络进行战略控制的前提下，制药企业还采取各种方式，对外包业务进行规范化管理。医药企业构建外包网络首先要根据外包的动机，对各类业务进行外包，采取相应的外包模式，以实现分解业务、降低成本的目的。随着医药外包业务细分化，企业对外包模式及运作细节提出了更高的要求。以研发外包为例，目前，制药和生物技术行业的研发外包主要采取三种模式，这三种模式不仅体现了外包主体特征，而且，具有各自独特的适用范围，如表 8－1 所示。

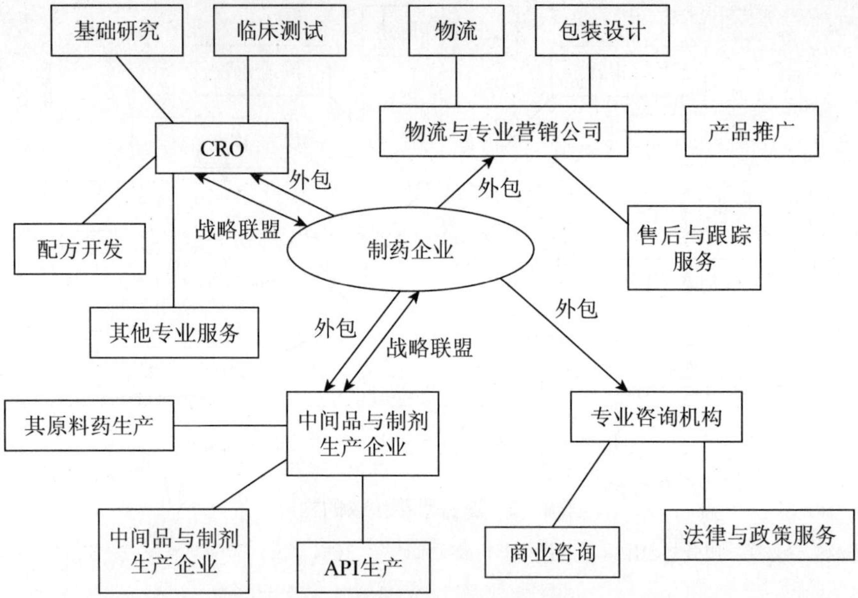

图 8-3 医药企业的外包网络

资料来源：中国社会科学院工业经济研究所课题组．全球化、服务外包与中国的政策选择［M］．北京：经济管理出版社，2009.

表 8-1 医药外包的主要模式及其适用特征

战略模式			能力模式			效率模式		
发包企业（业务类型）	接包企业条件	关注要点	发包企业（业务类型）	接包企业条件	关注要点	发包企业（业务类型）	接包企业条件	关注要点
中小型制药和生物技术公司	技术、管理和应变能力	财务影响；知识产权；保密性	规模可大可小；自身能力较强的企业	能力、服务是否有保障，及时满足客户需求	服务的收费；知识产权	标准化服务；规模可大可小	费用、能力；及时满足客户的需要	保密

资料来源：中国社会科学院工业经济研究所课题组．全球化、服务外包与中国的政策选择［M］．北京：经济管理出版社，2009.

（三）选择医药外包合同商的步骤和标准

随着接包市场竞争的加剧，欧美企业对外包供应商的筛选越来越严格，选择的程序也逐步标准化。目前，多数大型跨国制药企业都制定了一整套选择外包供应商或服务商的审查标准，旨在保证药品的质量、维护企业声誉。根据药物生命周期的不同阶段，欧洲医药公司将外包业务分为三种类型：医药中间体外包、原材料外包和制剂外包，结合不同类型的药物特征、相应研发阶段的工作重点、发包动机以及外包供应商与服务提供商自身的商业运作模式和实力，确定外包商的名单以及相关质量和技术要求，并配合考核体系及包括供应商的生产设施、规模、高级管理层的教育水平、文化背景及外包经验等指标的细化原则，对外包供应商进行全面的考察和评估（如表8-2所示）。对于通过筛选和考核的接包企业将从一般供应商升级为优良供应商，其获得的订单金额、购买专业服务的深度及订单的稳定性随之大大提高，而不合格的供应商将被淘汰。从世界的趋势看，中小型合同供应商受到更多的青睐。中小企业的适应性和灵活性对医药发包企业有很强的吸引力，而中小型供应商往往能提供比大型供应商更具竞争力的价格，与其沟通成本也比较低，更容易控制，因而，在外包的某些阶段中小型接包企业具有更高的合作价值。

表8-2　　选择医药外包合同商的主要步骤与标准

准备阶段	综合筛选	评价与考核
从互联网、展览会、专业期刊等渠道找出备选的公司，进行初步的接触，双方商谈保密协议	缩小备选公司的范围，选择2～3家公司实地考察其能力和设备，就合同条款和协议等问题进行深入的会谈，并要求其提供标书，最后综合考虑各方面后选定合同商：可信度——以往记录、财务状况、知识产权认同和保护力度；技术能力——包括开发、设备、储藏、生产规模和能力及布局、生物鉴定、是否通过GMP认证、人员技能、提供服务的速度、质量和费用、FTE（研究人员的全时约当数）比率、间接费用水平；沟通情况——地理位置、双方是否存在友好互信、及时沟通的关系；项目管理的能力——经验、团队公司治理；社会责任——主要股东的相互关系、安全和环保方面的实施水平、工厂的权力，对当地社区的贡献等	建立与调整考核体系；业绩考核；合作潜力评价；事后处置

资料来源：中国社会科学院工业经济研究所课题组根据吕宙翔："世界医药外包的发展趋势及中国面临的机遇与挑战"补充整理。

（四）全球主要CRO机构及其主要业务方向

近年来，依托合同研究组织（Contract Research Organization，CRO），医药业的研发特别是早期研发和临床测试大量外包给专业研究机构，而原材料、制剂的加工生产则大规模向印度、捷克和中国等低成本国家和地区转移。到2008年，全球有近50%的制药公司开展了外包，外包成为医药企业应对全球化价值链深度分解和国际竞争加剧的必然选择。从CRO市场的组织结构来看，随着制药业大国公司不断向亚太地区的产业转移，新的市场主体快速增加，目前，全球已有1100多家机构和企业参与CRO业务。在行业进入门槛低、集中度有所下降、市场竞争呈加剧态势的同时，大型CRO公司在行业发展中仍占据突出的地位，Quitiles Transnational、Covance和MDS pharmaceutical services等世界排名前十位CRO公司的市场份额超过50%（如表8-3所示）。从地区分布来看，虽然美国和欧洲仍然分别以48%和29%的份额居全球CRO市场的前两位，但亚太、东欧等地区CRO公司迅速成长，这些新兴市场以其成本优势吸引了越来越多的CRO投资。其中印度的CRO公司已开始到美国建立分支机构，以便贴近主流市场，准确把握创新方向。竞争加剧和服务升级使CRO的服务方式日益多样化，并向制药研发的各个层面快速渗透，成为当前全球医药研发最重要的组织形式。

表8-3　　全球主要CRO机构及其主要业务方向

CRO公司名称	服务内容及对象
Quitiles Transnational	全球前50家制药公司，上百个项目
Covance	超过290家制药公司和医疗器械公司
PAREXEL International	为医药、生物技术和医疗器械公司提供研究和医疗市场服务
PPD	118个客户，287个项目
MDS pharmaceutical services	为全球制药和生物公司提供系列服务
Phoenix International Life Sciences	300个客户，提供药物发现、临床前和临床开发等服务
IBAH	55个客户，130个独立的项目
ClinTrials Research	143个客户，156个项目
Kendle International	提供药物Ⅰ～Ⅳ期临床实验服务，许多客户是世界500强
AAI	350个客户，300多个临床研究和分析项目，50～60个开发和生产项目，1500多个药物分析项目

资料来源：转引自王静波："全球合同研发外包（CRO）服务发展动态与趋势"。

第三节　黑龙江省传统优势支柱产业服务外包空间布局

根据黑龙江省委、省政府提出的"八大经济区"、"十大工程"建设的战略构想，从黑龙江省经济发展全局出发，服务外包发展的布局定位应为：打造以"哈大齐工业走廊"为经济主轴的黑龙江服务外包产业集聚区；构筑以"东部煤电化基地"为依托的黑龙江省矿业服务外包专属区；创建以"大小兴安岭生态功能保护区"为基础的黑龙江省服务外包特色区；尝试以"两大平原农业综合开发试验区"为特色的黑龙江省农业服务外包实验区；营造以"高新科技产业集中开发区"为内容的黑龙江省科技服务外包创新区；探索基于"东北亚经济开发区"、"哈牡绥东出口加工区"和"北国风光特色旅游区"的现代服务业示范区。

结合黑龙江省传统优势支柱产业发展服务外包的基础条件，从空间布局的科学性、合理性出发，将基于"东北亚经济开发区"、"哈牡绥东出口加工区"和"北国风光特色旅游区"的现代服务业示范区的现代服务业服务外包业务、"高新科技产业集中开发区"为内容的黑龙江省科技服务外包创新区和以"两大平原农业综合开发试验区"为特色的农业生产性服务业服务外包业务渗透到其他部分，因而调整确立黑龙江省传统优势支柱产业服务外包发展的空间布局为"三区一带"，即打造以"哈大齐工业走廊"为经济主轴的黑龙江服务外包产业集聚区；构筑以“东部煤电化基地”为依托的黑龙江省矿业服务外包专属区；创建以“大小兴安岭生态功能保护区”为基础的黑龙江省服务外包特色区；编织以“沿边开放城市”为节点的黑龙江省服务外包产业带。

一、打造以“哈大齐工业走廊”为经济主轴的服务外包产业集聚区

按照功能集聚的原则，打造城市服务外包优势品牌，明确各中心城市的外包主导产业定位，形成以“哈大齐工业走廊”为经济带廊带，以哈尔滨、大庆、齐齐哈尔为外包产业集聚中心城市，以重点园区为支撑节点，定位明确、聚集发展、优势互补的产业发展格局。政府在规划园区时必须定位园区发展方向，细分园区业务，对园区整体发展进行运营管理。对服务外包园区的发展进行整体部署，统筹规划，推动外包产业集聚发展。在尽可能短的时间内，培育出若干个国家级、省级服务外包示范城市和示范园区。提升服务外包产业规模和层次，促进低、中端服务外包业务和环节向高端层次和环节转变，促进劳动密集型服务外包向技术、知识型服务外包转变，塑造黑龙江省传统优势支柱产业服务外包品牌。

二、构筑以“东部煤电化基地”为依托的矿业服务外包专属区

资源型城市特别是资源枯竭型城市产业转型是世界性难题，涉及国家资源安全、经济安全、生态环境安全和社会安全，如何实现资源型城市可持续发展，是我国政府亟待解决的问题。我国共有资源型城市 118 个，约占全国城市数量的 18%，总人口 1.54 亿。目前约 1/3 的资源型城市已现后备开发资源不足，不少城市面临矿竭城衰的严重问题。《国务院关于促进资源型城市可持续发展的若干意见》中提出，2010 年前，资源枯竭型城市存在的突出矛盾和问题要得到基本解决，大多数资源型城市基本建立资源开发补偿机制和衰退产业援助机制，经济社会可持续发展能力显著增强。2015 年前，将要在全国范围内普遍建立健全资源开发补偿机制和衰退产业援助机制，使资源型城市经济社会步入可持续发展轨道。黑龙江省的资源枯竭型城市较多，包括鸡西、双鸭山、鹤岗和七台河四大煤城、大庆石油城和伊春林城等。主导产业的选择是资源型城市转型的关键所在，国家已把发展接续产业作为当前资源型城市经济转型的一项重大而紧迫的现实任务。资源型城市产业转型主要有两种模式：一是产业延伸模式，即在资源开发的基础上，发展下游加工业，延伸产业链，建立资源深度加工和利用的产业群，将来即使本地资源逐渐枯竭，也可从外部输入资源进行加工，维持该城市的持久繁荣；二是产业更新模式，即利用资源开发所积累的资金、技术和人才，建立基本不依赖原有资源的全新产业群，把原来从事资源开发的人员转移到新兴产业上来，但如何在以采掘业为主导的产业基础上，发展有竞争力的替代产业群是该模式面临的最大挑战。应集中两种模式的长处，将服务外包结构由以信息技术外包为主向以业务流程外包和知识流程外包为主演进，以生产性服务业为主线，使服务外包由服务领域向生产领域渗透，充分发挥资源型城市在生产、管理和技术等方面的优势，在国内外市场承接资源勘探开发、流程管理和技术服务等生产性服务外包业务。这有利于资源

型城市发挥优势，摆脱对自然资源的依赖，培育更具潜力的接续、替代产业，发展低碳经济，转变经济发展方式。中国煤炭经济技术进出口总公司在印度尼西亚开展煤矿服务外包为全国资源型城市产业转型创出了一条新路径。因此，资源型城市产业转型与创新研究，对资源型城市乃至整个国家经济可持续发展具有重要的理论和现实意义。

构筑以鸡西、双鸭山、鹤岗和七台河四大煤城组成的“东部煤电化基地”为依托的黑龙江省矿业服务外包专属区，就是充分发挥这些资源型城市在生产、管理和技术等方面的优势，以延长煤炭产业链为主攻方向，加快东部煤电化基地的建设步伐，在国内外市场承接资源勘探开发、流程管理和技术服务等煤炭业生产性服务外包业务，特别是俄罗斯、东南亚国家的离岸外包业务，促进传统产业优化与升级，实现资源型城市经济转型。

三、创建以“大小兴安岭生态功能保护区”为基础的林业外包特色区

大小兴安岭生态系统完整，大森林、大湿地、大界江、大冰雪美不胜收，城镇建设依山傍水、自然天成。尤其是“十一五”以来，党和国家对大小兴安岭生态建设给予了前所未有的高度重视，大兴安岭生态功能区建设已经纳入国家发展战略，同时，在天保工程、西部大开发、东北等老工业基地振兴以及新农村建设、棚户区改造等政策的支持下，大小兴安岭经济社会发生了翻天覆地的巨大变化，产业结构日益优化，改革开放不断加快，财政收入翻番增长，百姓生活明显改善。建设“生态型花园式”新林区既是目标，更是标准。“生态型”要求大小兴安岭各项工作都要以建设生态功能区为前提，按照高标准、高水平、高要求来安排、部署、推进和落实，力争用3～5年将大小兴安岭建设成为生态优良、产业优化、环境优美、生活富裕的“生态型花园式”新林区，以良好的生态环境大力发展旅游经济。加强林区保护，着手经济转型，加大基础设施建设，大搞植树造林，大力发展特色优势产业，把大小兴安岭打造成全省乃至全国林工产品精深加工基地。利用其林业生产、养护和利用方面的优势，以俄罗斯市场为重点，积极承接林业利用遥感、遥测、地理信息系统、林业管护、防火防虫、资源统计数据处理以及印刷服务等离岸外包业务。

四、编织以“沿边开放城市”为节点的黑龙江省服务外包产业带

黑河、牡丹江、鸡西、佳木斯等市要充分发挥与俄罗斯相邻的优势，积极发展对俄罗斯的外包业务。黑河侧重发展对俄罗斯火电、石化、森工、矿业、旅游等服务外包业务，牡丹江侧重发展对俄罗斯旅游、物流等服务外包业务，鸡西侧重发展对俄罗斯煤矿业、农业等服务外包业务，佳木斯侧重发展对俄罗斯火电、旅游、农业等服务外包业务，使省沿边区域成为一条外包产业带。沿边城市和地区发展服务外包可优化投资环境，增强国内服务的国际竞争力，从而促进国际贸易的发展。面对服务业国际转移的机遇和服务业外包带来的巨大收益，沿边城市和地区政府应积极采取措施促进外包业务的开展。以发展外向型经济为战略目标，结合省经济区域发展规划，创造良好的环境，及时制定并不断完善政策措施，推动沿边城市和地区服务外包产业的发展。

依托“东北亚经济贸易开发区”，建设国际物流园区、国际出口贸易服务园区，开展

国际物流服务外包业务。在具体操作层面上，可以引进国外先进的运作模式，在口岸附近建设综合物流园区，吸引零配件、半成品和成品供应商及物流企业共同入驻，构建供应物流、生产物流与销售物流紧密衔接、快速响应的一体化运作系统。国际物流园区还应具备为国内外企业集团提供进出口报关、货物采购、商品检验、质量认证、物流服务、财务和会计服务、技术支持、研发活动以及其他信息和管理服务外包业务功能。

依托“哈牡绥东对俄贸易加工区”，综合制定服务外包发展战略。利用工业园区内现有的制造业优势，完善生产性服务业体系，推动外向型制造业结构升级与生产性服务外包业集聚发展。国际出口贸易服务园区可以作为跨国公司“功能性地区总部”，用以集合各地生产的产品进行仓储、分拣、分配、简单加工后向国内外分销和配送，具备国际中转、国际配售、国际采购和国际转口贸易四大功能，逐步把沿边城市和地区的服务外包产业培育成为新的出口增长点。

依托“北国风光特色旅游区”，着力抓好景区景点建设，加强基础设施和服务设施建设，拓宽资金筹措渠道，加大旅游产品开发力度，进一步打造北国风光特色旅游形象。开发建设具有国际性、地域性和较强市场竞争力的旅游精品和品牌，开展旅游服务外包，实现从旅游资源大省向旅游经济大省的过渡。

依托“松嫩平原和三江平原农业综合开发试验区”，建设烘干、仓储、外运、销售等配套设施，促进粮食的商品化与市场化。“粮食千亿斤产能工程”应与松嫩和三江两大平原农业综合开发试验区相融合，互相借力。从系统的角度操作粮食产业链等问题，在绿色产品、有机产品和黑龙江省农产品品牌上加大力度。力争把松嫩和三江两大平原农业综合开发试验区上升到国家战略，积极争取国家的政策、资金的支持，借以夯实农业综合增长实力。注重发展农林牧渔等农业生产性服务业，提高农业产前、产中、产后的科技服务水平，大力发展农产品加工服务业务，提高农业服务外包水平，以俄罗斯农业服务外包市场为重点，推进农业离岸服务外包业务的发展。

第九章 黑龙江省中心城市发展服务外包总体战略

第一节 黑龙江省服务外包产业发展现状

黑龙江省服务外包产业起步于20世纪90年代中期，尤其是2006年国家开始实施服务外包“千百十工程”以来，省委、省政府为了加快服务外包产业发展，先后出台了《黑龙江省服务外包产业发展“十一五”规划》《黑龙江省促进服务外包产业发展的若干意见》《黑龙江省发展服务外包产业专项资金管理暂行规定》等政策，成立了专门领导机构，建立了省级部门联动、省市互动的工作机制，每年安排2500万元专项资金，整合相关专项资金3000万元支持服务外包产业发展。

哈尔滨市和大庆市作为国家级服务外包示范城市，服务外包产业的集聚效应明显，是产业发展的核心力量，带动黑龙江省软件和服务外包产业整体迅速发展，服务外包产业发展具备一定的基础，建设了哈尔滨开发区、大庆市高新技术产业开发区、黑龙江省地理信息产业园、哈尔滨软件园、黑龙江动漫基地、哈尔滨工业大学国家大学科技园、哈尔滨工程大学科技园、黑龙江大学省级大学科技园、大庆石油技术服务园区、大庆软件园（国家火炬计划软件产业基地）、黑龙江软件园和齐齐哈尔市装备制造业服务外包产业基地等园区。

按照黑龙江省政府制订的规划，到“十一五”末，全省将培养承接国际、国内服务外包产业的规模企业20户以上，其中大型骨干企业3户，服务外包年销售收入达到300亿元，从业人员达到15万人。按照规划，黑龙江省服务外包产业将以国内金融、保险、电信、石油石化、装备制造、生物医药等行业及政府为重点发展境内外包，努力面向美国、日本、欧洲市场发展离岸外包。大力发展应用软件开发与服务、嵌入式软件开发与服务以及金融与财务技术支持、人力资源管理、供应链管理、技术研发和工程设计等业务流程外包业务。

为促进服务外包产业快速发展，黑龙江省采取了一系列政策措施。全省鼓励各种所有制企业积极从事和发展服务外包业务，引导事业单位积极开展服务外包业务。加大对服务外包龙头企业的支持力度，扶持其做大做强。鼓励服务外包企业开展自主品牌建设，培育发展出口名牌。同时，设立黑龙江省服务外包产业发展专项基金，并充分利用各类基金扶持服务外包产业发展。

一、黑龙江省服务外包产业发展概况

2009年，全省软件和服务外包企业达到320家，其中27家服务外包企业通过CMM或CMMI认证，12家服务外包企业通过ISO 27001认证，2009年黑龙江省服务外包产业产值超过100亿元，从业人数超过3万人①。2009年，哈尔滨市软件和服务外包产业共实现销售收入72亿元，当年为大学生提供就业岗位3000余个。2009年哈尔滨市软件服务从业人数为130.4万人，同比增加42.1万人，与上年同期相比增长47.7%。② 截至2010年1月，大庆市服务外包企业已达223家，其中经认定的软件企业有48家，营业收入超亿元的企业7家。培育了一批业内知名企业。企业服务领域不断扩大，已涉及20多个行业，涵盖数十项业务。目前，已为20多个国家和地区以及国内的400多家客户提供外包服务。2009年，大庆市服务外包企业新增53家，服务外包产业实现营业收入52.3亿元。③

信息技术外包产业即软件外包在服务外包市场中规模最大、产值最高。2007年黑龙江省软件业务收入70.3亿元，同比增长7.9%，其中软件业务出口2415万美元，大部分为技术服务出口，与2006年的850万美元相比，增长率达到184%。在册软件企业（经过黑龙江省软件行业协会的软件企业认定并通过年审的）从2000年的12家发展到2007年的252家，软件企业从业人员数接近3万人，15家软件企业通过CMM/CMMI评估，6家软件企业上市。并且在多年对日软件外包的基础上，突破了欧美软件外包市场。同时，独立软件开发商和系统集成商正在向服务转型，SaaS（Software as a service 软件即服务）已经成为了业内趋势。目前，包括软件、IT基础设施、通信、医疗、金融、保险、物流、地理信息、数据加工、呼叫中心和石油工程技术等多领域的服务外包项目已经逐步展开，呈现出良好的发展态势。

二、示范基地建设情况

国家实施服务外包"千百十工程"以来，黑龙江政府高度重视，积极抢抓发展机遇，全力推进中国服务外包基地城市申报工作；支持有条件的市地，合力创建具有国际影响的"中国服务外包基地城市""中国服务外包示范区"和"中国服务外包示范基地"。2008年7月7日，国家商务部、工信部、科技部联合发文，认定哈尔滨市为中国服务外包基地城市。2008年12月8日，国家商务部在京举行授牌仪式，为哈尔滨市授牌并签署了共建协议。2009年年初，国务院办公厅明确哈尔滨市为中国服务外包示范城市。2007年12月，大庆服务外包产业园被国家商务部、信息产业部、科技部批准为"中国服务外包示范区"。2009年1月，大庆市被国务院批准为中国服务外包示范城市。

商务部、信息产业部将为中国服务外包基地城市（以下简称基地城市），在宏观政策、

① 资料来源：黑龙江日报2009年12月23日。

② 资料来源：中国服务外包网 http：//chinasourcing. mofcom. gov. cn/。

③ 资料来源：黑龙江日报2010年1月26日。

招商引资、人才培训、规划设计、综合协调等方面给予支持，并设立专项资金，支持基地城市的建设。国家开发银行与商务部合作，对基地城市根据服务外包产业发展需要进行的服务外包技术支撑公共服务平台建设、公共信息网络建设、基础设施和投资环境建设提供政策性贷款。技术支撑公共服务平台的建设应着力于为服务外包企业提供基于技术研发、质量保证、测试、演示、验证、培训、项目管理、知识产权保护等公共服务，基础设施和投资环境建设应涵盖数据存储、信息传输、电力保障、后勤服务等公用设施的建设和改善。①

三、服务外包园区建设情况

多年来，为了发展高科技产业，黑龙江省建设了多个高新技术科技园区和产业园区。20 世纪 90 年代初，以哈尔滨、大庆两个国家级高新区建立为标志，经过近 20 年的发展，取得了显著的成就，已形成了高新技术产业开发带、高新技术产业开发区、大学科技园、民营科技企业示范区、科技企业孵化器、对俄科技合作中心及基地、火炬计划特色产业基地和星火产业带 8 种不同形式的科技园区，地市覆盖率达 76%。

主要包括：1 个国家级高新技术产业带——哈大齐高新技术产业开发带；2 个国家级高新区——哈尔滨高新区和大庆高新区；2 个省级高新区——齐齐哈尔高新区和牡丹江高新区；3 个国家级大学科技园；8 家国家级科技企业孵化器；10 个国家级火炬计划特色产业基地；2 个国家级民营科技企业示范区；1 个国家级对俄科技合作及产业化中心；1 个国家级农业科技示范园区，1 个黑龙江中俄农业高新技术合作示范区等。这些园区对提高技术创新能力，推动经济发展发挥了重要的作用，已成为经济增长快、投资回报率高、创新能力强，具有极大发展前景的高新科技产业集中开发区。

随着服务外包业务和领域的扩大，多个专业性的服务外包园区也相继投入了建设。原有的哈尔滨软件园、哈尔滨开发区、哈尔滨工业大学国家大学科技园、哈尔滨工程大学科技园、黑龙江大学省级大学科技园、黑龙江动漫基地、大庆市高新技术产业开发区、大庆软件园（国家火炬计划软件产业基地）、大庆石油技术服务园区都把发展服务外包作为新的工作重点。以哈大齐工业走廊为经济链条启动的哈尔滨软件及服务外包产业园、黑龙江省地理信息产业园、哈尔滨呼叫中心园区、大庆市的黑龙江软件园和高新区服务外包产业园、齐齐哈尔装备制造业服务外包园区都已经启动建设。

四、政策和资金支持情况

为推动服务外包产业发展，为东北老工业基地振兴提供新的经济增长点，从调整产业结构，转变经济发展方式的高度出发，黑龙江政府高度重视，在资金和政策方面给予了大力支持。2007 年 4 月，省政府成立了由 19 个中省直部门以及哈尔滨、大庆和齐齐哈尔市政府组成的“黑龙江省服务外包产业发展领导小组”，建立起了省级部门联动、省市互动的工作机制。并相继出台了《黑龙江省服务外包产业发展“十一五”规划》和《黑龙江省

① 商资发［2006］556 号《商务部关于实施服务外包“千百十工程”的通知》。

促进服务外包产业发展的若干意见》。从黑龙江省政府层面明确了发展服务外包产业的指导思想、基本原则和发展目标。哈尔滨政府也成立了服务外包产业发展领导小组，相继出台了《哈尔滨市促进服务外包产业发展若干政策》《哈尔滨市服务外包产业发展规划》。大庆市政府为推进资源型城市转型、实现经济社会的可持续发展，抓住发达国家服务外包产业转移、国家发展服务外包产业的有利契机，大力发展国际化水平高、资源消耗低、环境污染小、附加值高、增长潜力巨大的接续替代产业，实现产业升级，优化外向型经济结构，相继制定了《大庆市促进服务外包产业发展暂行办法》《大庆市加快发展服务外包产业若干意见》和《大庆市服务外包产业发展规划》等扶持政策。

在资金支持方面，黑龙江省各部门加大了对服务外包产业资金的扶持力度，把服务外包产业项目作为资金重点支持方向，财政厅每年安排 2500 万元专项资金，同时，整合相关专项资金 3000 万元支持服务外包产业发展。在具体体制机构安排上，设立了黑龙江省服务外包产业发展专项资金，重点支持服务外包企业进行技术研发与自身发展，服务外包急需人才的引进和培养，公共服务平台建设，知识产权保护体系建设，企业取得国际认证，开拓国际国内市场，服务外包企业参加国内外相关展会等。① 同时，加大对服务外包园区建设的资金支持。省级服务外包示范区所在地、市投入相应资金，用于省级服务外包示范区的基础设施和公共服务平台建设。同时充分利用各类基金扶持服务外包产业，支持各有关部门分管的省级相关专项资金，引导服务外包企业发展。加强对服务外包培训的资金支持，与服务外包企业签订一年以上劳动合同的培训对象，每人一次性享受政府培训补贴和职业介绍补贴，大力改善服务外包企业投、融资条件，为外包企业的发展创造良好的金融信用环境。

五、培育重点项目情况

以服务外包重点企业为龙头带动，以高新技术园区和服务外包园区为产业发展的核心区，形成区域内服务外包产业聚集度和国际化程度最高的地区。黑龙江省发展服务外包重点项目：一是万席呼叫中心基地和万人数据交付中心基地建设。这个基地规划由三个园区组成，包括大庆市服务外包产业园区、哈尔滨高新技术产业园区和黑龙江省联通呼叫中心园区。位于哈尔滨市中心区西南部的黑龙江联通呼叫中心园区，依托联通的技术、网络、人才、管理、运营等优势，围绕呼叫中心、数据中心两项业务开展服务。黑龙江省联通呼叫中心示范园区提供场地外包、坐席外包及全业务外包三大类服务，包括培训与咨询、IVR 托管、业务流程设计、系统集成、行业应用定制开发、冗灾备份服务等产品。示范园区总投资 62740 万元，服务外包规模提升到 1 万座席。黑龙江联通呼叫中心园区是黑龙江省规模最大、模式最先进的省级服务外包示范园区。园区侧重面向政府、金融、生物制药、装备制造、石油石化等多领域拓展，逐步打造成为北方区域的客户联络会聚中心，并

① 黑政发［2008］15 号《黑龙江省人民政府关于促进服务外包产业发展的若干意见》。

用地缘优势打造东北亚地区的国际化离岸外包中心。[①] 二是依托大庆华拓数码科技，在其现有 2000 人数据处理加工能力的基础上，进一步扩大业务范围、延伸产业链条，向高端服务拓展，实现规模化发展的升级。提供业务的行业从金融行业拓展到能源、制造、通信、医疗、物流等行业。主要经营范围包括影像处理、数据录入、数据整理、数据审核、数据分析、财务账单、保险理赔，呼叫服务、BPO 咨询、人才培训、IT 外包等，最终成为国内最大的 BPO 数据交付中心，带动黑龙江省中小型服务外包企业向规模化、产业化、现代化方向发展。

第二节 黑龙江省服务外包产业发展的指导思想和基本原则

一、黑龙江省服务外包产业发展的优势

黑龙江省服务外包产业的发展是在全国的大趋势下应运而生的。2006 年以来，国家为支持服务外包产业发展，先后出台了多项政策，在资金、税收、人才培育等方面提供政策支持，为开展服务外包产业建设提供了良好的政策环境。黑龙江省从总体上讲，产业基础雄厚、科技实力强、人才资源充足、综合成本低、基础设施完善，这些都是服务外包产业发展的重要基础。

(一) 人力资源优势

人力资源基础、人才市场的发育程度和培训体系的响应程度是服务外包产业发展的根本保障。2009 年末黑龙江省共有研究生培养单位 25 所，招生 1.8 万人，在学研究生 5.2 万人，毕业生 1.5 万人。拥有哈尔滨工业大学、哈尔滨工程大学等普通高校 78 所，招生 21.0 万人，在校生 70.9 万人，毕业生 17.4 万人。成人高校 19 所，成人高等教育招生 6.6 万人，在校生 16.5 万人，毕业生 6.4 万人。中等职业教育学校 415 所，招生 16.6 万人，在校生 39.0 万人，毕业生 9.4 万人。[②] 黑龙江省每百人中有 5 人接受过专科以上教育，人均教育资源在全国排第五位；科技人才实力排在全国第七位。

(二) 雄厚的产业基础

黑龙江省是老工业基地，制造业在技术、管理、市场上有一定的竞争优势。2009 年全年规模以上工业企业（年主营业务收入 500 万元及以上，下同）实现增加值 2905.5 亿元。从轻重工业看，轻工业增加值 414.2 亿元，增长 15.8%；重工业增加值 2491.3 亿元，增长 11.5%。从企业规模看，大中型企业增加值 2496.5 亿元，增长 11.6%；小型企业增加值 409.0 亿元，增长 15.3%。从经济类型看，国有及国有控股企业增加值 2218.0 亿元，增长 11.3%；集体企业增加值 101.9 亿元，增长 12.5%；非公有制企业增加值 585.6 亿

① 资料来源：狄婕，黑龙江省服务外包发展现状［N］. 黑龙江日报，2009－03－17。

② 资料来源：黑龙江省人民政府网站 http：//www.hlj.gov.cn/。

元，增长 14.8%。地方工业经济增效明显，全年规模以上地方工业实现利税 420.4 亿元，比上年增长 21.9%，其中利润 211.8 亿元，增长 22.8%；地方工业经济效益综合指数 171.9，提高 13.6 点。规模以上工业企业实现利税 1461.3 亿元，下降 27.8%，其中利润 860.1 亿元，下降 40.0%；工业经济效益综合指数 288.4，减少 62.6 点。四大主导产业稳步回升。全年四大主导产业实现工业增加值 2617.6 亿元，比上年增长 11.2%，90 种产品产量增幅超过 20%。①

（三）企业运营成本和基础环境的优势

黑龙江省综合成本相对较低，省内各城市的人均收入与平均消费水平均低于国内发达地区城市。以省会哈尔滨市为例，与其他城市作比较，北京市服务外包行业的人均月薪为 650 美元左右，上海市为 750 美元左右，大连市为 500 美元左右，而哈尔滨市不足 300 美元，约是北京 46%、上海的 43%、大连的 60%；哈尔滨市的物业成本是上海、北京的 50%；哈尔滨的物价指数和生活成本较低，在外包企业运营方面保证了一个较低的成本优势，这为建立呼叫中心、单据处理中心、冗灾备份中心等低端服务外包业务提供了最基础的成本保障。同时黑龙江省服务外包的基础环境优越。铁路、公路、水路、民航、交通、邮电等基础设施取得了长足的发展。地理环境良好、通信基础设施优越，全省长途光缆线路总长度 42567 千米；局用交换机总容量 1004.9 万门。数据网络省际出口带宽近 100G，可以保证最短的网络时延，最低数据丢包率，双路双备份的设计最大限度保障更快、更可靠的网络连通，为发展服务外包产业提供足够的基础保障。

（四）东北亚的区位地缘优势

东北亚地区覆盖范围包括中国东北三省、内蒙古自治区的东四盟、日本、韩国、朝鲜、蒙古东部和俄罗斯远东地区。伴随俄罗斯经济的复苏和振兴东北老工业基地战略的实施，东北亚地区经济呈现出稳定发展、合作加强的良好态势。区域内各经济体间的贸易额逐年递增，合作领域不断拓展，经济关联度进一步加强。黑龙江省与日本和韩国距离很近，交通方便；城市之间在经济、贸易、文化等方面保持着各种紧密的联系。目前有大批日本、韩国企业在黑龙江省设立了分支机构，这为企业在信息沟通、资讯互达、人员流动方面提供了优越的基础条件。同时，服务外包产生的另一个关键因素是发包国语言在接包国学习和应用的广泛性。黑龙江省从 9 年义务教育到高中和大学，不同程度地开设了日、韩等语言课程，发展对日、对韩服务外包具有独特的基础。近期，黑龙江省政府制定了《黑龙江省东北亚经济贸易开发区规划》，服务外包产业的发展为这一战略的实施提供了重要的支撑。

（五）国内外巨大的市场

服务外包按照目的地划分为离岸外包和在岸外包，也就是服务外包产业的发展可以依托国内、国际两个市场。对于欧美外包业务向来是各国争抢的重要资源，黑龙江省企业与美国企业在服务业外包领域的合作目前已经有了良好开端，全省所拥有的 200 余家软件企业中，绝大多数都从事着对欧美市场的服务外包，这是抢占并拓展欧美市场的有利基础。

---

① 资料来源：黑龙江省人民政府网站 http：//www.hlj.gov.cn/。

不同于印度、爱尔兰等以离岸外包为主的市场结构，我国的服务外包产业一直以境内市场需求为主。依托国内大市场以及发达的制造业基础等优势，境内服务外包需求旺盛。面对全球金融危机的影响深入，为了降低金融风暴对经济发展带来的负面影响，中国政府开始实施巨额投资计划以及十大产业振兴规划。随着这些措施的推进，可以通过改善交通、通信网络等基础设施来改善服务外包发展的硬环境，还为服务外包产业向纵深方向发展提供了新的机遇。“内需型”服务外包市场需求紧迫，极具潜力的领域和行业包括制造业服务外包、“后工业园区”共享型服务外包、新兴行业配套服务外包、专业性服务外包等。省内市场广阔，黑龙江省地处“东北老工业基地”，装备、石化、能源、食品一直是重要的支柱产业，经多年发展，现已形成了一批拥有自主知识产权、核心竞争力强的龙头企业。制造业与信息通信产业的“联姻”，必然为制造业和外向型的生产性服务业提供更为广阔的市场空间。

二、黑龙江省服务外包发展的劣势

（一）服务外包发展整体规模较小

黑龙江省服务外包发展的规模整体较小。以服务外包示范城市数据比较分析来看，2008年哈尔滨市服务外包合同协议金额0.22亿美元，执行金额0.20亿美元；大庆市服务外包合同协议金额0.06亿美元，执行金额0.02亿美元，与西部示范城市相比，成都市服务外包合同协议金额1.13亿美元，执行金额0.57亿美元；西安市服务外包合同协议金额1.46亿美元，执行金额1.30亿美元；与东部示范城市相比，上海市服务外包合同协议金额12.54亿美元，执行金额9.03亿美元；南京市服务外包合同协议金额7.96亿美元，执行金额5.10亿美元。[①] 从这些数据中可以得出：黑龙江省服务外包产业发展水平低，远没有达到企业发展所需外部环境的集聚状态和范围经济。市场上尚未形成有影响力的品牌，客户资源单一，经营业务种类较少，高端外包市场份额有限，市场拓展空间不大。

（二）企业发展缺乏人力资源支持

服务外包产业对劳动力素质和管理者的要求较高。国内企业与欧美、日本等国外企业的业务流程和运作方式上存在较大差异，对国外的商业文化缺乏了解，对服务类无形产品的交付方式缺乏认识。在商业文化一致性方面将遇到较大的挑战，知识产权保护意识也有一定的差异。由于省内大部分服务外包企业还处于起步阶段，业务量较小，能力不够成熟。同时业务主要集中在简单的数据录入和低端产品的开发上。由于经验技术的缺乏、市场和规模的限制，很难形成外向型的高端人才储备，在现实中表现为企业交付能力普遍较弱，无力单独承接大的订单。针对这一问题黑龙江政府制定了《黑龙江省教育厅关于加快黑龙江省服务外包产业人才培养培训的通知》（黑教高［2007］246号），建立服务外包人才培养培训基地和实训基地。但如何与企业的需求对接，真正实现产学研结合，是体制和机制改革亟待解决的核心问题。

① 资料来源：《中国统计年鉴（2009）》。

（三）外包企业发展的外部环境有待改善

首先，服务外包产业作为黑龙江省支柱产业的地位已经在政府层面中达成共识，但各职能部门联动、省市互动机制尚未完善，配套完整的服务外包政策体系尚未形成，同时缺乏服务外包具体的发展规划和实施细则。其次，服务外包产业发展的经济环境有待改善。黑龙江省尚没有形成一个良好的服务外包企业发展的外部环境。服务外包企业空间布局较为分散、各自发展、重点不突出，企业没有形成规模经济，产业没有形成范围经济。最后，黑龙江省由于受计划经济影响比较重，中小企业不发达。而服务外包产业的发展恰恰需要大量现代企业制度、经营灵活的中小企业作为载体。因此，在金融支持和政策法规配套方面应该更注重扶持服务类外向型企业。

三、黑龙江省发展服务外包产业的指导思想

全面贯彻科学发展观，实现经济增长方式的转变，把服务外包产业作为全省调整产业结构、实现产业升级的重要战略。必须以体制和机制创新为突破口，发挥老工业基地制造业发展的优势，打造“龙江服务外包”品牌。坚持离岸与在岸外包相结合，以离岸外包发展增强区域的外向度，以在岸外包发展带动区域产业结构升级。坚持服务外包业与其他产业的融合发展。既挖掘现代制造业中知识流程的高端服务产业，又扩大呼叫中心、单据处理、数据分析、冗灾备份等低端产业基础。坚持政府、企业、市场互动发展的机制。坚持市场运作为主、政府推动为辅，努力培育一批具有自主品牌和知识产权的服务外包企业，构建特色鲜明、产业协调发展、聚集互动的服务外包发展格局。

四、黑龙江省发展服务外包产业的基本原则

（一）以服务外包产业带动现代产业体系协调发展

现代产业体系的建设需要三次产业之间互动融合发展。把发展服务外包产业作为黑龙江省现代产业体系发展的切入点，不断推动服务外包产业向纵深发展，促进传统产业的改造升级。通过政策制定引导政府部门和国有大型企业将非核心环节外包出来，扩大区域内外包产业的在岸需求，将巨大的潜在需求转变为现实的有效需求。进一步挖掘和创造外包业务的新市场和新需求，以服务外包产业带动三次产业发展，最终走上产业间互动协同、经济持续快速发展的轨道。

（二）大力培育内资企业　积极引进外资企业

黑龙江省既要大力培育内资企业，提高企业运营的专业化水平，扩大企业的国内外市场网络；又要加大引进外资的力度，增强其根植性。通过内企与外资的互动发展，推动国内企业加快自主创新、增强其承接外包订单的能力，成长为拥有自主知识产权的知名品牌企业。发挥企业集聚优势，通过企业间转包和技术溢出效应，加快黑龙江省企业与国际市场和国际标准的接轨。

（三）以园区发展为核心　增强企业间分工协作机制

服务外包产业在空间上集聚特征明显，统筹规划服务外包园区，加大对通信、电力等

基础设施的投入，提高服务质量和管理效率，降低企业运行成本。对服务外包园区的发展规划进行整体部署，细分园区业务，定位园区发展方向。积极构建园区服务外包政策支撑体系，搭建公共服务平台，推动外包产业集聚，拓展企业间转包合作的领域和范围，提高合作层次，整体提高外包的竞争力。

(四) 完善自主创新机制　走国际标准化认证之路

服务外包产业对知识产权保护的要求较高，外包企业应积极关注知识产权保护的需求。黑龙江省企业应完善技术创新体系，培育自主知识产权核心技术、共性关键技术和自主品牌，着力提升产业自主发展能力。充分利用全球资源，加强技术合作，开拓离岸市场，加快产业国际化发展步伐。同时，政府与企业应进一步认识信息安全在全球服务交付中的重要性，信息安全管理体系认证成为识别组织信息安全管理能力的标志。立足自主创新，走国际化标准认证之路，有助于扩大对外开放，开展多种形式的国际和地区间服务外包的交流与合作。

(五) 企业市场运作为主　政府推动引导为辅

在服务外包产业发展初期，政府的作用至关重要。合理的政府引导和支持性的产业政策可以加速外包产业的发展。要在保障企业市场化运作的同时，充分发挥政府宏观调控和组织协调的作用。在产业发展规划、基地平台建设、市场秩序规范、标准化认证、会展宣传与推广、行业协会建设以及对市场主体的扶持等方面发挥主导作用。充分发挥市场在服务资源配置中的基础性作用，企业是市场运行主体，提升企业国际化竞争能力，企业的竞争力高低与规模效益水平将决定服务外包产业能级和产业发展的速度与效益。

第三节　黑龙江省服务外包重点发展行业

区域内服务外包重点产业的选择既要符合服务外包发展的总体趋势，又要结合区域自身产业结构的特点。第一，从服务外包产业的发展趋势看，离岸服务外包细分市场中，信息技术外包占据主导。2008 年，中国离岸 ITO 的合同执行金额为 32.1 亿美元，占 68.4%；BPO 为 10.6 亿美元，占 22.6%。[①] 业务流程外包 BPO 的总体规模虽然比信息技术外包 ITO 小，增长速度快于 ITO 业务，但仍处于发展的初期阶段。因此服务外包重点产业的选择既要关注信息技术软件外包的发展，同时更应该结合原有产业基础发展业务流程外包业，逐步提升服务外包产业规模和层次。第二，从区域自身产业结构的特点看，服务外包业的发展要统筹考虑东北老工业基地振兴和黑龙江省产业升级的需要。基于东北老工业基地改造和振兴的需要，提高制造业的核心竞争力，服务外包重点产业的选择应该放在区域经济发展的大格局和黑龙江省产业结构的大框架中去思考，才能理顺服务外包的发展脉络，发挥其高端服务功能，与三次产业间协同发展，带动整体区域经济的增长。第三，从区域经济发展的比较优势来看，着眼于本地区主导产业在整个产业链中的地位和作

① 数据来源：中国服务外包研究中心．中国服务外包发展报告［M］．上海：上海交通大学出版社，2009：11.

用，充分发挥黑龙江省资源基础、发展潜力和比较优势的基础上，考虑与其他服务外包示范城市功能互补、错位发展，实现区际间融合协作，产业链条间的互动发展。在原有优势产业、领先技术基础上，保持竞争优势，切入产业价值链的中高端环节，发展与现代制造业配套的知识流程外包业，抢占市场的制高点。基于以上重点产业选择的三大基本原则，构建产业竞争力—吸引力模型，在相关数据处理分析，以及课题组专家认真论证的基础上，选出黑龙江省服务外包发展的重点产业。

一、服务外包细分行业遴选模型

为了能科学、客观地遴选出黑龙江省服务外包发展的重点产业，在界定清晰服务外包细分行业的基础上，构建服务外包细分行业遴选模型，提出产业发展重点。

（一）服务外包细分行业界定

在参考麦肯锡、IDC、GARNTER、NASSCOM2008 报告等国际咨询公司和中国服务外包研究中心对服务外包细分行业界定的基础上，我们以信息技术外包、业务流程外包和知识流程外包为基本分类，把服务外包细分行业作如下分类（见表 9-1、表 9-2、表 9-3）。

表 9-1　信息技术外包业（ITO）细分行业

分类标准 / 行业名称	基于 IT 的外包	基于项目的外包	IT 配套支持与培训
信息技术外包业细分行业	信息系统外包 网络/桌面外包 信息应用管理 托管应用管理 托管基础设施服务 云计算服务	IT 咨询服务 系统集成 网络咨询与集成 定制应用程序开发	硬件部置与支持 软件部署与支持 IT 教育和培训

表 9-2　业务流程外包业（BPO）细分行业

分类标准 / 行业名称	横向职能性业务流程	特定行业的纵向服务
业务流程外包业细分行业	数据采集加工 呼叫中心 人力资源 财务会计 物流采购 冗灾备份 客户交互和支持 销售和市场营销 行政服务等	金融、电信、高科技、零售业、媒体、医疗健康、航空交通运输、石油天然气和化工、公用事业

表 9-3　　知识流程外包业（KPO）细分行业

分类标准 行业名称	制造设计研发	软件设计研发	创意产业	知识型服务
知识流程外包业细分行业	专利研发 产品设计 样本测试 样机研究 内置系统 工程解决方案 工艺设计等	新产品开发 系统测试 本地化 产品维护 产品支持等	影视节目制作 动漫制作 游戏设计开发 手机游戏 游戏机游戏	商务调研 市场研究 证券分析 法律服务 知识产权服务 临床试验 物联网服务等

（二）指标体系建立

在借鉴商务部对服务外包示范城市进行评价考核的“中国服务外包示范城市综合评价指数”和中国服务外包研究中心构建的“吸引力—竞争力模型”的基础上，构建服务外包细分行业遴选模型。依据科学性和可操作性并重、系统性和层次性相结合、主观评价和客观测度相结合的原则，建立如下指标体系（见表 9-4、表 9-5）。

表 9-4　　服务外包细分产业选择指标体系

一级指标	二级指标	说明指标
服务外包发展水平	产业规模	细分产业规模　产业增长率　同类企业数量
	产业影响力	对产业链上下游企业及其他产业的拉动效应
	产业匹配度	是否符合地区战略/导向
服务外包环境和基础	生产要素	信息通信基础设施　服务外包人才培训水平
	产业基础	本地产业状况，如企业竞争力等
	区位条件	地理位置　产业集聚程度　区域文化积淀水平

表 9-5　　服务外包细分产业选择评分标准

服务外包发展水平指标体系	细分产业规模（单位：百万元）	＜100	100～300	301～500	501～700	＞700
		2 分	4 分	6 分	8 分	10 分
	产业增长率	＜5%	5%～10%	11%～15%	16%～20%	＞20%
		2 分	4 分	6 分	8 分	10 分
	同类企业数量	＜3	3～5	5～8	8～10	＞10
		2 分	4 分	6 分	8 分	10 分
	产业影响力	1～10 分，得分越高对产业链上下游的正向影响力越大				
	产业匹配度	1～10 分，得分越高表示越符合当地发展战略与产业导向				

续 表

服务外包环境和基础指标体系	生产要素	1～10分，得分越高代表信息通信基础设施和人力资源等生产要素越适宜发展该产业
	产业基础	1～10分，得分越高代表该产业发展的基础越雄厚
	区位条件	1～10分，得分越高表明区位和外部环境越适合发展该产业

(三) 细分产业的选择方法

首先，对黑龙江省服务外包的整体规模和细分行业的发展现状进行统计分析，确定目前服务外包细分行业范围。其次，对各个细分产业的竞争力及行业发展水平进行评价分析，明确产业发展潜力。再次，该行业发展对区域内其他产业的关联程度和影响效应进行分析，确定其目标市场和重要程度。最后，从服务外包产业发展环境和基础条件中分析，该细分行业在本区域发展的可能性。

从国外服务外包发展的整体规模、趋势、产生条件来看，服务外包企业最先开始依托于区域的成本优势和技术优势而发展，最新实践表明外包集聚的区域往往围绕某个特定行业形成专业性强的行业整体解决方案，行业群体形成的竞争能力是打造区域服务外包品牌，承接来自区域外服务外包业务的关键。通过上述服务外包细分行业的遴选办法，对黑龙江省整体情况进行全面分析的基础上，经过课题组和相关专家的评估打分，确定出黑龙江省服务外包产业发展的重点细分行业。

二、服务外包重点细分行业

(一) 应用软件开发与维护

应用软件开发主要指为满足用户不同领域、不同应用的针对性需求而提供的包括应用软件开发、集成与测试以及维护管理等业务环节。黑龙江省软件外包发展较为成熟，早在1992年就成立了专业的对日软件外包公司，2002年又进军欧美软件外包市场，许多软件外包公司通过了CMM/CMMI认定。软件整体行业的发展和规模的壮大为进一步扩大软件外包提供重要的产业基础和发展条件。应用软件开发和维护是IT服务的基础与核心，这一行业的发展不但能带动信息产业的发展，应用软件与优势制造业的结合又是促进产业链升级，加快信息化、现代化建设的必然选择。

(二) 信息数据采集加工

信息数据采集加工外包是劳动密集型产业，对劳动力的要求不高，可以大量地解决就业。虽然其进入的技术门槛不高，但需要严格高效的组织管理和相应的信息安全认证，才能确保数据交付的及时性和准确性。黑龙江省信息数据加工的外包企业发展有一定的基础，例如，大庆华拓数码科技有限公司（M&Y CHINA LTD），为客户提供高效、优质、经济的业务流程服务外包解决方案，涉及的业务范围包括影像处理、数据处理、呼叫服务、BPO咨询、人才培训、IT外包等，为来自中国、澳大利亚、新西兰、英国、美国、荷兰等国家的上百家客户提供信息处理服务，在银行、保险、制造、物流、出版等领域做出了大量成功案例。黑龙江省的业务流程外包行业以专业的技术、优质的服务、安全的信息管理及大规模的生产运营实力取得了迅速的发展，先后成立了大庆、上海、珠海三个数据处理中心，目前从事信息处理的专业人员已经超过 2100 人，日均数据处理量已经达到行业领先水平。[①] 通过龙头企业的带动，黑龙江省加强外包业内分包和转包的运作机制，实现业务流程外包的整体发展。

（三）呼叫中心外包

呼叫中心是一种基于现代通信和计算机技术、充分利用通信网络和计算机网络的多项功能，与企业业务相结合的综合信息服务系统。现代呼叫中心的构建是由计算机电话集成系统、自动呼叫分配系统、交互式语音应答系统、数据库应用系统、呼入电话管理系统、呼出电话管理系统、人工坐席系统、呼叫管理系统、电话录音系统整合而成，每个系统分别独立承担一定的功能和作用。呼叫中心服务的本质是客户关系的维护与管理，为企业全面掌握最新的市场动态信息起到重要的作用。黑龙江省发展呼叫中心外包行业有基地和投资的强大保障。黑龙江省联通呼叫中心园区是专业呼叫中心基地，规划建成后可达一万坐席规模，承载 3 万人就业，直接收益可达 10 亿元。项目规划总投资超过 6 亿元人民币。目前，园区一期建设已投入使用。呼叫中心广泛应用于电信、金融、政府机构、电力、邮电等各行各业。随着经济全球化进程加快，企业经营的地域范围和业务门类也在增加，诸多的业务环节、众多的客户资源使得更多的公司都有呼叫中心的业务需求。呼叫中心无论从系统还是从应用来讲，都越来越趋于细分，出现专业的营销呼叫中心、催收催缴呼叫中心等。这正是开展呼叫中心服务外包业务，建立专业化呼叫中心的良好机会。黑龙江省可以利用与韩国、日本邻近的优势区位，结合人力资源、文化兼容性和正在建设的哈尔滨呼叫中心园区等有利条件，同时开展境内、境外呼叫外包业务。

（四）地理信息外包

地理信息外包是从事工程测量、摄影测量与遥感、地籍测绘、行政区域界线测绘、地理信息系统工程、大地测量，以及各种影像、遥感数据的加工处理、GIS 建库及应用开发、三维景观制作等相关地理信息技术服务。黑龙江省发展地理信息外包有强大的技术基础，黑龙江省测绘局是国家重要的信息化测绘生产基地，在地理信息产业方面有多年的技术积累，并于 2006 年建成了全国唯一一家以地理信息产业为主的专业高科技园区——黑龙江省地理信息产业园。目前，黑龙江省地理信息产业园已吸引 32 家地理信息中小企业入园，聚集了 1000 多名高科技人才，境外服务外包业务遍及 20 多个国家和地区，与日本、韩国、波兰、荷兰、比利时、德国、美国等国家的相关企业建立了稳定的业务关系。

（五）金融保险外包

金融服务外包是指银行和保险公司等金融机构，将本应由自身处理的某些事务或某些业务等非核心活动，委托给第三方进行处理的经营方式。金融机构的外包行为是企业重新

① 资料来源：大庆华拓数码科技有限公司网站 http://www.huatuodata.com.cn。

配置资源，进行战略定位与选择的经营行为，在本质上是把资源集中于核心的优势环节，从而提升自身的效率，降低成本，提高效益。具体业务有信息处理、交易处理、计算处理、数字认证、租赁业务、贷款审批、委托业务、国际业务、系统发展及维护、集团服务外包等。发展金融外包目前面临着两大重要的发展机遇，一是越来越多的外资金融机构在华开展人民币业务，这些机构一般倾向于设立外包服务中心。二是国内的银行从构筑核心竞争力角度出发，将非核心业务剥离，选择合适的外包商，提高自身经营效率。这些都为黑龙江省发展金融外包提供了难得的机会，目前有些外包企业已经在这方面有了重要的突破。如哈尔滨鼎鑫数据科技有限公司就一直从事于海外市场的软件和数据服务外包业务，覆盖金融、保险、邮政、医疗等多个领域，已经和美国、加拿大和澳大利亚的10余家公司建立起长年的服务外包合作关系。①

（六）石油石化外包

石油石化产业服务外包的业务模式主要有石油石化数据处理、地质制图、数据分析、地震解释、勘探开发、实时数据库分析等服务型应用软件的服务外包工作。黑龙江省发展石油石化服务外包既有历史基础，又有现实需要。首先，石油行业外包业在油田企业中已大量存在，大庆油田每年的外协项目（即服务外包）都有数亿元人民币，具备一定的服务外包市场基础。其次，随着信息化建设需要，数字化油田的理念已经在现实中广泛地实践起来。近年来随着油价的普遍上涨，石油行业对于技术、安全、产量的要求也在逐步提高，在科研、数字化油田方面的投入也在逐年增加，石油行业的服务外包市场还会逐步放大。大庆油田经过多年的发展，无论在产值规模，还是技术创新水平方面都走在全国的前列。发展石油石化外包是在全球大环境和大市场发展中作出的重要战略性定位与选择。石油行业的服务外包是一种高附加值的服务外包，例如，大庆油田的油藏勘探的地震解释服务外包，每平方千米的解释处理价格高达几万元人民币，而每年的解释需求量就高达7000～8000平方千米。

（七）动漫服务外包

动漫产业是以动画和漫画为表现形式的创意产业。动漫产业外包业务范围不仅包括动漫产品的开发、生产、出版、播出、演出和销售等服务环节，还包括与动漫有关的服装、玩具的设计与市场开发，以及相关游戏等衍生品的生产和经营。动漫游戏制作本身属于劳动密集程度极高的工作，为节约成本，一些国家把动漫制作的一些环节外包出去。例如，日本尽管动画制作已采用数字技术，但仍需庞大的绘画工作。日本动画绘制工作有90%依赖海外，主要流向中国和菲律宾。黑龙江省发展动漫外包既有产业基础，又有地缘优势。截至2009年年底，黑龙江省动漫基地实现销售收入1.09亿元，同比增长112.7%，利税440.24万元，同比增长91.8%。黑龙江动漫（平房）产业发展基地是国家八大动漫产业联盟成员之一，是我国数字内容重要生产加工基地。基地现入驻动漫企业138家，有生产办公用房4.5万平方米，从业人员2000余人。目前，黑龙江动漫产业（平房）发展基地

① 资料来源：张立．黑龙江省金融企业外包的发展状况［N］．黑龙江日报，2009-2-20.

正在建设国家文化部重点支持的黑龙江新媒体动漫公共技术服务平台，将成为国内唯一以4D动漫影视制作为特色、达到国际领先技术水平、可满足高端动漫制作全过程需要的“一站式”公共技术服务平台。基地的建设将培育出动漫与游戏产业聚集地和创意产业的核心区。

（八）制造业生产性服务外包

生产性服务业的产生以及与原有制造业的融合发展能够大大提升产业的竞争力。传统产业要实现优化升级必须经过信息、通信技术的全面改造，在传统产业部门嵌入信息管理系统，利用现代的信息与通信技术，从根本上解决了以信息为中心服务的可贸易性的问题。黑龙江省经过长期的发展，已经形成了汽车、装备制造业、食品、医药、煤炭、林业等优势支柱产业。在建设现代化产业体系的过程中，应该利用区域优势的产业，通过产业链条的延伸，促进产业的专业化分工，发掘具有价值链增值较高、竞争能力较强的核心业务，把这些生产过程中的关键环节通过通信、信息技术的改进，实现资源的重新整合，从而培育出黑龙江承接外包服务产业的新的增长点。黑龙江省的工业基础和潜在市场是发展服务外包的先决条件，尤其是发展知识流程外包和专业细分配套制造生产性外包的有利条件。制造业中的信息化、技术研发、专业解决方案、供应链解决方案、金融服务、数据处理、第三方物流等外包业务，都有待于专业公司的开发与运营。

（九）冗灾备份外包

冗灾备份是指企业为了防止出现自然或者社会灾害带来的对存储设备的损害，对重要的数据和资料进行备份的行为。大量有关生产、销售、服务、管理的业务信息数据维系着整个公司和企业的生存和发展，这些数据是企业运营的基础，成为至关重要的无形资产。企业生产经营过程中一旦因为存储系统遭受意外，造成数据丢失，对于企业来讲将是无法弥补的重大损失。因此，建立数据冗灾备份的市场需求越来越多，市场发展潜力较大，需要专业的冗灾备份中心来承包企业的冗灾备份业务。黑龙江省的自然社会环境对从事冗灾备份工作十分有利。由于自然灾害少、经济社会稳定、平均气温较低可以节约冗灾中心电力资源成本等原因，再加之人力成本较低，交通及通信等基础设施完善，黑龙江是建立冗灾备份中心的理想地区，应加大宣传，积极与大型的企业、中心交流和洽谈，积极筹建冗灾备份中心，开展冗灾备份外包业务。

第四节　黑龙江省服务外包发展的空间布局

黑龙江省服务外包产业的布局既要与黑龙江省总体规划和发展战略相契合，又要具有产业和实践发展的基础。服务外包产业属于现代服务业，服务业与其他产业能实现高度的融合。大量实践表明，第二产业发达的地区往往也云集了大量的服务业，产业集群是提升区域竞争力的重要途径。服务外包产业知识外溢、示范和学习的效应显著，有利于促进新企业的衍生和创新的扩散，推动地方经济发展。因此，服务外包业在原有优势产业集聚区域中布局，通过合理规划实现产业集群的总体思路就是科学和客观的。目前，黑龙江省正处在产业转型升级的关键时期，加快发展服务外包业成为提升产业层次、增强产业竞争力的重要途径。鉴于黑龙江省大部分地区服务业整体发展水平较低、集中化和系统化程度不高的实际情况，构建完善的服务外包生产体系，科学规划外包产业的区域布局就显得紧迫而重要。

一、服务外包产业布局的基本原则

（一）符合黑龙江省总体规划和发展战略的要求

按照省委、省政府建设“八大经济区”的总体要求，抓住东北老工业基地振兴的历史机遇，整合区域内资源，加快对外开放程度，实现资源的合理配置，推进产业集聚和企业集群。服务外包产业布局应围绕“八大经济区”建设而展开，结合工业基础雄厚和外向度高的地区形成三次产业紧密结合，传统产业优化升级的现代产业体系集中布局的经济核心区。

（二）符合服务外包产业布局的规律达到软、硬环境标准

服务外包产业的科技含量较高、产业外向度高，广布市场网络，产业的聚集性强，是高端人力资源集中的产业。这类新产业区布局的特点为：要求靠近市场，靠近科研机构和大学；要求有高级的企业管理人才和高素质的劳动力；要求优良的基础设施和优良的投资软环境；要求具有完备的辅助工业和发达的第三产业支撑；要求地区具有创业精神的城市气氛。因此，服务外包产业布点要首选具有相应产业基础，对外交通便捷、通信和信息系统发达通畅、双路电力供应有效保障的地区。新的服务外包园区选址应重点考虑高校集聚区、环境优美的风景区、周边生活配套服务比较完善或正在加快建设完善的新规划区域。

（三）保障服务外包企业发展的可扩展的空间需求

服务外包企业的成长性高，企业入驻对空间的需求增长较快。从孵化器的一间办公室，到初创期的一层楼，到成长期的一座楼甚至一个专业园，对空间的需求逐步加大，对品质的要求越来越高。因此对于服务外包业布局规划必须有发展的眼光、动态的思路，既要体现产业发展的阶段性特征，又要具有前瞻性和预见性，为企业后期发展以及产业发展预留进入空间。在服务外包园区规划的过程中，注重在时间序列上的衔接和拓展，争取建设一批、规划一批、储备一批，保障服务外包企业入驻需求得到有效合理满足。

（四）符合服务外包产业区域空间发展的规律

服务外包示范城市是中国服务外包产业发展的核心力量，实践表明示范城市的集聚和带动效应明显。中国服务外包20个示范城市的各项主要统计指标占全国总量的75%以上，示范城市在外包产业发展基础、企业大项目培育、外包人才培养、招商引资等方面具有丰富的经验。研究发现，国际上服务外包热点城市开始出现产业扩散的趋势。在印度、巴西和阿根廷等国家的热点城市开始出现商务成本上升、人才短缺等问题，服务企业逐渐向二线或三线城市发展。国内，也有一些全球著名的外包商向二线城市扩展。部分服务外包业务在地区之间的梯次转移，将推动中国形成以示范城市为核心，带动一批二三线城市参与

服务外包产业发展的递进模式。国内各省市已经认识到这一趋势，积极推出优惠性政策措施，推动区域服务外包产业整体实力的提升。

二、服务外包产业布局的总体思路

黑龙江省服务外包产业的整体规划布局应依据原有优势支柱产业空间分布的特征，以产业集群发展的思路统领全局，确定以“中心城市为增长极点、哈大齐工业走廊和中俄边境带为发展轴线、向八大经济区全面辐射”的空间布局思路。

以哈尔滨市、大庆市国家级服务外包示范城市为产业增长的极点，重点培育齐齐哈尔市装备制造服务外包产业发展，城市中重点布局建设专业性服务外包园区。哈尔滨软件及服务外包产业园、哈尔滨平房开发区动漫基地、哈尔滨高新技术产业园区（双太园区），黑龙江省联通呼叫中心示范园区、黑龙江省地理信息产业园、大庆市服务外包产业园、黑龙江软件园都已经启动建设，齐齐哈尔装备制造业服务外包园区也在规划中。

哈大齐工业走廊的发展轴线。根据《黑龙江省哈大齐工业走廊建设区规划》，走廊建设与规划将打破行政区划界限，充分发挥哈尔滨、大庆和齐齐哈尔区域中心城市的作用，依托现有开发区向肇东市和安达市延伸。先进制造业的集群发展将产生大量的生产性服务需求，这种增长的刺激将扩散到整个区域，使外包的细分行业与工业空间分布配套产生、集聚发展。

中俄边境带的发展轴线。依据《黑龙江省东北亚经济贸易开发区规划》和《黑龙江省哈牡绥东对俄贸易加工区发展规划》，以服务外包产业发展推进东北亚经济贸易开发区和哈牡绥东对俄贸易加工区的发展。以黑河、同江、绥芬河为节点，加快建设综合保税区、绥波和东宁跨境经贸合作区，依托同江黑龙江跨境铁路大桥和黑瞎子岛跨境通道，巩固国际商品集散地、商贸旅游通道和经贸洽谈平台地位，建设中俄区域经贸合作中心。

辐射八大经济区网络发展，结合哈大齐工业走廊建设区发展现代制造业服务外包业；结合东部煤电化基地建设区发展矿业资源开发运营服务外包业；结合大小兴安岭生态功能保护区发展林业资源开发和森工服务外包业；结合哈牡绥东对俄贸易加工区、东北亚经济贸易开发区发展外贸通关结算和现代物流服务外包业；结合高新科技产业集中开发区发展知识流程外包业等高端服务外包产业。

三、服务外包产业布局的重点

服务外包产业的发展，在本质上是建设完善区域产业中服务体系的过程。政府推进地区现代产业体系建设中，必须统筹兼顾地进行合理规划，尤其要根据经济发展的规律，科学地确定产业的时空布局特征，以达到各种资源有效整合和充分利用的目标。

哈尔滨和大庆市加速示范基地的建设，加快服务外包产业集聚，在尽可能短的时间内，扩大产业的整体规模。在条件成熟的地区培育出若干个省级服务外包示范区，积极推进服务外包市场的开拓。要大力宣传推介黑龙江省服务外包产业优势，巩固东北亚市场，大力发展国内市场，尽量争取欧美市场。提升服务外包产业规模和层次。促进低、中端服务外包和环节向高端层次和环节转变，促进劳动密集型服务外包向技术、知识型服务外包转变，促进从一般服务外包向服务外包品牌转变。

(一) 哈尔滨市优势与发展重点

哈尔滨市科技综合实力较强，科学研究基础雄厚，拥有独立自然科学研究机构 118 个。先进制造业基地已经形成了一定优势，水电设备、数控切割设备、包装机器人等产品占国内市场份额达 50%以上，火电设备、大型量仪、微型汽车发动机等产品占国内市场份额达到 30%～50%。随着企业市场竞争力的不断增强，部分企业已经开展了研发设计外包业务。哈尔滨市医药行业在全国居领先地位，多年来打造了以哈药集团为龙头的一批骨干企业和哈药、三精、哈药六、世一堂等一批知名品牌。哈尔滨市医药行业的科研实力雄厚，仅哈药集团就拥有两个国家级企业技术中心、一个博士后科研工作站、两个省级工程技术研究中心和一个省级重点实验室。[①] 依据哈尔滨产业发展的基础，围绕 IDC（网络数据中心）业务扩大 ITO（信息技术外包）产业；围绕呼叫中心和数据处理业务发展 BPO（业务流程外包）产业；围绕现代制造业技术研发和业务流程管理的优势，开展工程技术服务外包；围绕医药发展全国医药实验和研发的外包产业；围绕地理信息数据加工，建设国际地理信息数据加工基地；依据成本优势，大力发展冗灾备份外包业务。

(二) 大庆市优势与发展重点

大庆是中国最大的石油工业基地，已形成采油、炼油、石油化工配套的石油工业体系。大庆在高分辨率地震勘探、调整井钻井完井、水淹层测井资料处理等方面具有国际领先技术。此外，大庆市在软件开发、工程设计、工业控制系统方面有大量的科研院所、研究人员和中试基地，研发实力雄厚，已形成了完善配套的产学研一体化发展体系。大力发展石油软件开发及油田开采中涉及的物探、钻井、测井、录井、采油等领域的技术支持与服务；依托制造业优势，发展流程行业控制和管理、组态监控、化工装置和工艺优化的生产性外向型服务外包业；大力发展数据录入、呼叫中心、图文处理、软件服务、后台支持、信息工程监理、信息技术咨询、信息系统安全测评等信息服务，面向多元化的行业和服务领域。积极开拓金融保险、商业物流、动漫产业等新领域，巩固发展对日外包业务，大力开拓俄罗斯、欧美市场。

(三) 齐齐哈尔市优势与发展重点

齐齐哈尔具有雄厚的工业基础，是国家最早兴建的老工业基地之一。区域产业以重型机械、冶金工业为主体，包括化工、轻工、纺织、建材、食品、电子、医药等门类齐全的工业体系。尤其是装备制造业具有强大的产业基础，在重型装备技术、数控车镗铣床技术、国防装备生产设计、货车技术研发等方面具有强大的优势。齐齐哈尔市优化产业结构，走新型工业化道路，在推进区域经济快速发展上，有用高技术和先进适用技术改造提升传统产业的内在需求。因此发展装备制造业的生产性服务业，既面向区域内需市场，又

---

① 资料来源：中国服务外包网 http：//chinasourcing. mofcom. gov. cn/。

大力开拓区外市场，突破了单一行业市场空间过小的瓶颈，对区域产业升级改造具有强大的带动作用。延长区域产业发展链条，提高企业生产的配套协作能力，着重将其打造成为装备制造业的工程设计、实验和研发基地，主要是专利研发、产品设计、样机研究、内置系统、工艺设计、自动化嵌入式软件开发、专业细分配套制造等外包业务。

第十章　国内典型服务外包示范城市外包基地建设

第一节　成都市服务外包基地建设

一、成都市服务外包发展概况

改革开放以来，成都市开放型经济建设取得了长足发展。1993 年成都市被国务院确定为西南地区的科技、商贸、金融中心和交通及通信枢纽。2007 年继上海浦东新区和天津滨海新区之后，又成为一个全国综合配套改革试验区。

20 世纪 90 年代，成都市政府为寻找错位发展机会，在新领域寻找经济增长点，利用区域自身的发展条件，制定优惠的政策措施，大力发展服务外包产业。2008 年在国际金融危机的大背景下，扩大对外开放和改革力度，应对大地震灾后重建工作，成都市政府有关部门提出了调整地域性经济的发展结构，把服务外包作为经济工作的重点之一，通过政策调整等方式大力扶植服务外包的发展促进经济持续、平稳发展。

成都市服务外包产业规模不断扩大。据统计，2007 年，成都市新增服务外包就业岗位近 2 万个，从业人员达到 10 万余人，实现服务外包销售收入约 270 亿元，占 GDP 的比重达到 8.1%。同时，成都市软件产业实现经营总收入 310 亿元，同比增长 50.3%，实现增加值 140 亿元；成都市软件出口额达 1.6 亿美元，同比增长 41.8%，连续四年保持较高增长速度。据统计，成都市内现有各类软件企业 9000 余家，以高新区为主要聚集区的软件产业带集中了成都市 70%以上的软件企业。据成都市商务局预测，到 2010 年，成都市软件产业经营收入将达 600 亿～800 亿元，年均增长 45%以上，经营收入超过 30 亿元和 10 亿元的软件企业将分别达 2 家和 20 家。成都市软件产业销售收入与增长率如图 10－1 所示。服务外包业务总额将达到 800 亿元人民币，其中服务外包出口达到 5 亿美金，拥有超过 20 万服务外包从业人员，吸引 500 家海内外公司在成都建立服务外包企业。重要的是作为国家软件和信息产业的重点地区，成都市已建立了包括国家软件产业基地、国家软件出口创新基地、国家 863 软件专业孵化器、国家集成电路设计产业化基地、国家数字媒体产业化基地、国家信息安全成果转化基地等在内的多个国家级产业基地。成都市正建设以高新区服务外包核心区为主，武侯区服务外包示范区和都江堰服务外包示范区为两个增长极的产业格局。

为更好地服务于当地信息产业和服务外包的发展，成都市政府相继成立了“信息化办公室”“软件产业推进办公室”“IT 产业推进办公室”等专门机构，以软件外包作为突破口，全力打造软件外包、IC 设计、信息安全、数字娱乐、3G 通信和 IPTV 等特色产业和企业集群，努力将成都市建成中国软件产业的重要基地。为扩大招商引资和市场推介，在成都市政府的积极配合下，由商务部、科技部、教育部及四川省人民政府共同主办，成都市人民政府、中国国际投资促进会、美国高德纳公司及四川省商务厅共同承办的首届中国国际服务外包交易博览会（以下简称“服务外包博览会”）于 2008 年 11 月在成都市成功举行，为成都市服务外包产业的发展起到了很好的宣传作用。

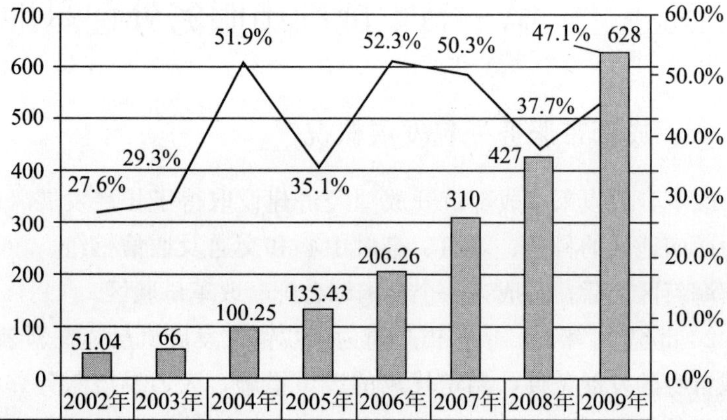

	2002年	2003年	2004年	2005年	2006年	2007年	2008年	2009年
软件产业销售收入（亿元）	51.04	66	100.25	135.43	206.26	310	427	628
——软件产业销售额增长率	27.6%	29.3%	51.9%	35.1%	52.3%	50.3%	37.7%	47.1%

图 10－1　成都市软件产业销售收入与增长率

二、成都市服务外包发展的特点

（一）园区建设处于领先地位

成都市推进天府软件园、西部智谷等服务外包园区建设，并完善公共配套设施及生活配套设施。从 2010 年开始，对每个完成目标考核任务的服务外包示范园区给予 100 万元的服务外包园区综合补贴。同时对服务外包示范园区实行动态管理，建立认定和末位淘汰制度。成都市高新区作为全国“创建世界一流园区”6 个国家级高新区之一，拥有软件及服务外包相关企业 440 家，国家软件产业基地等国家级产业基地 11 个，以及 IBM、赛门铁克、甲骨文、华为、中兴等大批知名企业。

成都市软件和服务外包的新地标——天府软件产业核心园区，在区划特色上，强调“职住一体”特色，把科技创新、软件研发、总部商务、现代服务、文化休闲、生活配套六个产业整体考虑，并配备完善的道路交通网、城市宽带通信基础设施网络、电力供配网络、城市生活配套服务网络、生态化人性化城市开放空间网络，在大源商务核心园区（现出口加工区）相对集中 250 米以上超高层建筑簇群。

(二) 政府引导、推动产业发展的效应明显

成都市搭建了服务外包交易博览会等平台，邀请全球知名服务外包企业汇集成都，培育和提高本土服务外包企业对接国际市场的能力。2008 年，为服务外包企业搭建了多个交流、对接平台。比如，组织成都市服务外包企业参加中国香港电子展，并在成都市举行“2008 年国际服务外包交易博览会”等。“2008 年国际服务外包交易博览会”为国内外服务外包企业提供了了解成都市本地产业和企业的机会，不少参会企业都对来成都市合作发展表达了浓厚的兴趣，像印度、日本等国家的行业协会负责人都表示会继续加大和成都市联系、推动国际合作；国内上海的张江科技园更是提出了以上海作为服务外包窗口，把成都市作为服务外包基地，两地携手展开多元外包的理念。通过博览会，成都市本土服务外包企业已经与不少有发包意向的国际企业建立了联系。成都市政府鼓励帮助企业分行业组建有上下游关系的企业联盟，提高服务外包的承接和交付能力，促进成立成都市服务外包行业协会，加强产业的凝聚力和整体作战能力。

2009 年，成都市政府继续为国内外企业搭建服务外包交流、接洽平台，引导企业主动出击，力争实际签单。2009 年 2 月，成都市首次组织市内服务外包企业参加了印度全国软件与服务企业联合会年会、考察印度全球外包人才培育计划（GTT）培养体系，拜访信息技术系统公司（Infosys）、NIIT、3I Technology 以及德国博世在印度的外包服务中心。2009 年 4 月，以音泰思为代表的成都市对日服务外包企业组团参加 Gartner 在日本东京举办的外包峰会，进一步加强与日本潜在客户的沟通和联系，争取成都市对日外包有重大的突破。

(三) 结合比较优势细分外包产业重点

成都市着重推进四大重点服务外包领域的发展。第一，软件服务外包发展。依托高新区软件及服务外包产业基础，积极引导企业分行业拓展服务市场领域，大力发展集成电路、信息安全、数字娱乐、教育培训等专业领域的软件服务外包。第二，生物医药研发的服务外包发展。以成都生物医药产业基地和生物医药技术平台为产业基础，跟踪葛兰素史克等医药研发外包项目，逐步培育生物医药研发服务外包产业集群。第三，金融外包领域的深化和升级。抓住金融后台业务向成都市聚集的发展态势，促进更多金融机构后台中心落户成都市。搭建金融服务外包接包平台，促进各金融机构扩大、升级后台业务的广度和深度，逐步实现前、后台业务分离。第四，整合成都市相关资源，鼓励成都市在电子信息、建筑、水电、铁路等工程设计方面已具有比较优势的企业，积极开拓国外市场，承接工程设计国际服务外包。

(四) 交通通信基础设施建设良好

成都市作为西南地区的交通要塞，铁路、公路、航空四通八达。成渝、宝成、成昆、达成四大铁路主干线交汇于此；公路交通系统有国道主干线三条，省干线公路 13 条。双流国际机场是我国西部最大的机场，现已开通国内航线 245 条，国际航线和国际包机航线 25 条，通航的国际城市达 20 余个，包括首尔、东京、福冈、大阪、曼谷、新加坡、加德满都、吉隆坡、中国香港、中国澳门等国际（地区）直航定期航班，以及洛杉矶、伦敦、

巴黎、悉尼、纽约、旧金山、温哥华、法兰克福等国际国内中转联程航班。

成都市是中国八大通信枢纽之一，通信设施完善。目前，成都市拥有8个向省外辐射的光缆，其中包括重庆、西安、昆明、兰州的直达光缆干线和到北京、上海、广州三个国际出口城市的直达光纤电路。干线出省光缆数量22条，传输总带宽达到3200Gbps，城域网出口带宽超过100Gbps。到2010年，基于五条干线的出省光缆总数将超过30条，干线传输总带宽超过8000Gbps，城域网出省带宽达450Gbps以上，信息源拓展超过10万个，构建IDC和IXC，形成可容纳20万台服务器的标准机房和TB级数据吞吐能力；形成200Gbps国际通达能力。另外，成都市现已全部实现长途和市话交换、传输数字化，并开通与180多个国家和地区以及国内600多个城市之间的通信业务。2009年全年完成邮电业务总量372.6亿元，比上年增长33.4%。年末电话交换机总容量767.4万门；固定电话用户437.4万户，增长9.3%；移动电话用户1449万户，年内净增175万户。

（五）服务外包人力资源储备丰富

成都市是我国西南地区重要的教育、科研中心，人力资源储备丰富，拥有各类专业技术人员达63万人。成都市拥有电子科技大学、四川大学、西南交通大学、成都信息工程学院等高校在内的20多所高等院校，具有从信息技术基础理论到前沿领域完整的学科群，IT类专业20个，国家级重点学科15个，硕士点454个，博士点181个，博士后流动站41个，每年招收IT类相关专业学生2万多人。成都还有门类齐全的中等专业学校44所，在校学生6万人，每年培养电子信息类技术工人2000人，机械类技术工人3500人。

三、成都市服务外包发展的优势

成都市是商务部第一批授牌的服务外包示范城市之一，作为中国西南地区服务外包发展的中心，成都市不仅具有成熟的交通、通信及网络等现代基础设施，还拥有广阔的市场基础和丰富的人力资源储备。

（一）经济发展快速增长

成都市2009年GDP达到3164.6亿元，同比增长14.2%，列副省级城市第一位，比2002—2008年的年均增速高0.7个百分点；地方财政一般预算收入达268.5亿元，同比增长15.2%，列副省级城市第三位；服务业实现快速恢复，增加值达到1445.1亿元，比2008年同期增长13%，增速比2008年提高3.1个百分点。2008年进出口总额154.1亿美元，是2002年的7.4倍。

服务业从业人员比重逐年提高（见图10-2），2008年达到316.04万人，占全市从业人员总数的44.9%。截至2009年9月底，全市城镇登记失业率为3.03%，比2008年下降0.07个百分点，比2002年下降0.87个百分点。2009年1～9月，城镇居民人均可支配收入和农民人均纯收入分别增长10.6%和11.8%，其中，农民人均纯收入的增速比2002—2008年的年均增速提高0.3个百分点。

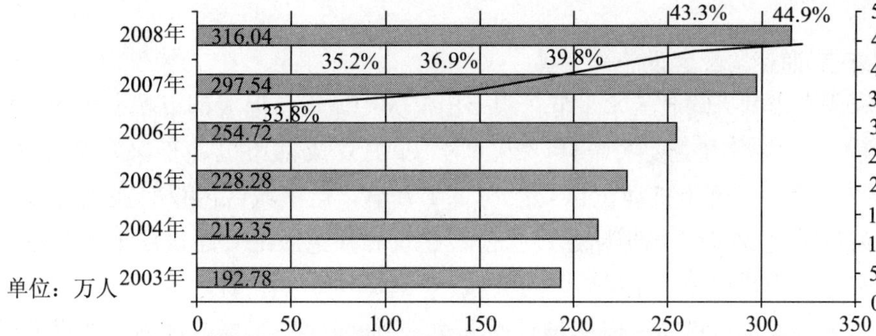

	2003年	2004年	2005年	2006年	2007年	2008年
服务业从业人员数	192.78	212.35	228.28	254.72	297.54	316.04
占全市从业人员数比率	33.8%	35.2%	36.9%	39.8%	43.3%	44.9%

图 10－2　成都市服务业从业人数变动

（二）对外贸易总额迅速增长

如表 10－1 所示，2006 年，成都市对外贸易总额 69.5 亿美元，增长 53.3%。其中，出口 41.4 亿美元，增长 54.6%，出口增幅高于全国平均增幅 28 个百分点，出口规模居中西部地区首位。实现合同外资 20.5 亿美元，实际使用外资 7.6 亿美元，分别增长 41.7%、36.6%。2009 年，成都市对外贸易总额 125.3 亿美元，增长 13.8%%。其中，出口 72.7 亿美元，增长 15.7%，出口规模居中西部地区首位。

表 10－1　　成都市对外贸易总额及增长率变化　　单位：亿美元

年份	对外贸易总额	增长率（一）	出口额	增长率（二）
2006	69.53	53.3%	41.4	54.6%
2007	95.12	36.9%	57.13	37.9%
2008	154.11	61.9%	90.72	58.8%
2009	125.3	13.8	72.7	15.7%

四、成都市服务外包发展存在的问题

（一）缺乏清晰定位

北京、上海、大连、杭州、济南、广州、深圳、西安、南京等城市均将发展服务业作为当地经济建设和产业升级的第一要务，而服务外包又是政府规划中的重要内容。特别是在软件外包市场，各地均建立了软件园区，制订了各自的软件外包发展计划，无论是目标定位、模式选择、招商方法、企业引导等方面各地都大同小异，对国外发包商来说并无本质区别。随着国家认定的服务外包基地城市不断增多，如果没有清晰的定位，一旦形成竞争的局面，成都市要在激烈的地域竞争中获得市场份额并非易事。目前成都市地区生产总值和第三产业产值总量在全国十五个主要副省级城市中仍位居前列，但正逐渐被其他城市迎头赶上。

（二）交通拥堵配套设施需完善

尽管成都市的人均收入水平低于很多沿海大中城市，但成都市私家车的拥有量却居全国第三位。据成都市交委的统计，2006 年 11 月，成都市机动车保有量突破 160 万辆；2009 年 7 月底，成都市机动车保有量为 204 万辆，但主城区内仅有各类停车场 3001 处，总停车泊位不足 25 万个。道路建设、公共建筑和住宅区配套建设停车场与城市经济发展和机动车迅速增长相比明显滞后，街头随意停车现象普遍。针对这一状况，成都市政府已颁布实施了《成都市机动车停车场管理办法》，加强对停车场的规划、建设和管理，以期整顿机动车辆无序停放和交通拥堵现象。

（三）本土商业文化与现代商业文化脱节

厚重的文化底蕴和独特的生活氛围是成都市发展服务外包突出的优势之一，但这种城市传统也对其服务外包发展有反面的作用。成都市的城市文化基调是内陆型的农耕文化，千百年来，优越的自然条件使成都平原成为富庶之地，也使成都人习惯于安逸、闲适的生活，街头巷尾最多的是麻将摊和茶馆。这种文化特征虽然符合外包人才聚集的条件，但也造成当地整体商业氛围不足，缺乏冒险创新的意识。一些外国和东部地区的企业到成都市投资后，发觉成都市员工工作和生活节奏较慢，效率观念和进取心不强，政府和相关主要部门的服务不到位，对服务外包行业发展规律的认识和把握与东部城市存在一定的差距。

五、成都市服务外包发展的政策措施

成都市政府先后出台了《成都市人民政府关于促进成都服务外包发展的若干意见》《成都高新技术产业开发区加快软件产业发展的优惠政策》（试行）《成都市鼓励软件产业发展的政策意见》以及配合四川省人民政府出台的《关于加快发展服务外包产业的意见》，制定了一系列推进服务外包产业快速发展的财政、税收、投融资、政府采购、人才培养、产业集聚发展、扶优扶强等方面的优惠政策和配套措施。另外，为推进服务外包产业的迅速发展，成都市政府从市工业发展基金中专门安排了 2 亿元资金，全部用于服务外包人才培训的“倍增计划”。目前，成都市已发布了《成都市软件人才工作实施方案》《成都软件人才队伍建设行动计划（2007—2010 年）》《成都市鼓励企业引进急需高层次人才暂行办法》实施细则，确立了“十一五”期间服务外包人才的供给发展目标。

第二节　西安市服务外包基地建设

一、西安市服务外包发展概况

西安市是新亚欧大陆桥中国段陇海兰新线上的中心城市，是我国中西部地区重要的科研、高等教育、国防科技工作和高新技术产业基地。西安市承东启西的区域经济优势，在西部市场中占据着重要的战略地位。西安市拥有国家级科研教育和高新技术产业基地，同

时还是我国西部地区的金融和商贸中心与内陆交通与信息的枢纽。如表 10 - 2 所示，西安市 2009 年全年实现生产总值（GDP）2719.10 亿元，比上年增长 14.5%。分产业看，第一产业增加值 110.38 亿元，增长 6.3%；第二产业增加值 1148.77 亿元，增长 14.4%；第三产业增加值 1459.95 亿元，增长 15.1%。按常住人口计算，西安市人均生产总值 32351元，比上年增长 13.6%。

表 10 - 2　　西安市三次产业产值变动情况

年份	GDP（亿元）	第一产业	第二产业	第三产业	人均 GDP（元/人）
2002	826.68	47.77	353.58	425.33	11831
2003	946.66	50.72	407.38	488.56	13341
2004	1102.39	60.21	476.92	565.26	15294
2005	1270.14	66.01	539.61	664.52	15859
2006	1473.35	70.44	638.88	764.03	18085
2007	1763.73	82.51	772.51	908.71	21339
2008	2190.04	103.45	987.70	1098.89	26259
2009	2719.10	110.38	1148.77	1459.95	32351

西安市作为商务部第一批授牌的服务外包基地城市之一，拥有大规模发展服务外包产业的基础设施与环境，同时还拥有丰富的人才储备资源。2006 年西安市新认定的高新技术企业 169 家，全市共有高新技术企业 1227 家，其中服务外包企业 600 家，从业人员近 5 万人。2008 年西安市高新区软件及信息服务外包产业总收入 227 亿元，同比增长 46%；出口 1.1 亿美元，同比增长 47%；全年新增软件及信息服务外包企业 200 家，累计近 800 家，新增就业人员 2 万人，从业人员规模超过 7 万人，全年新增营业收入上 1000 万元的 20 家，累计达到 100 家，行业覆盖金融、通信、电力、石油、医疗等领域。西安市本土服务外包企业的蓬勃发展，形成了呼叫中心、数据中心等服务外包产业的优势，营造起服务外包领域的产业氛围。西安市已经聚集了来自欧美、日本等地的 80 多家企业在西安市设立研发机构，2006 年实现对欧美出口 2800 万美元，对日出口 2700 万美元。截至 2007 年 6 月，西安市离岸服务外包企业共有 488 家，从业人员 3 万多人，离岸服务外包业务收益 3100 万美元。服务外包产业的规模化发展已经成为西安市经济发展的独特优势之一，和其他服务外包城市相比，西安市具有自己的显著优势。

二、西安市服务外包发展的特点

西安市服务外包产业发展颇具规模，特别是软件服务外包产业发展迅速。总体来说，西安市的服务外包发展具有以下特点。

（一）对日外包已初具规模

西安市目前有对日外包企业 50 多家，已成为继北京、上海、大连之后，国内对日软件外包产业发展最好、最快的区域，日资企业落户的趋势依旧保持良好势头。日本前四大 IT 外包企业中，有三家已经落户西安软件园（有富士通、NEC 和 NTTDATA）。同时，一些培训机构如西工大软件学院、西电软件学院、邮电学院以及索创、深蓝等，已初步形成了对日软件人才教育和培训体系。

（二）对欧美的外包发展迅速

西安市对欧美的外包虽然起步比对日外包晚，但是增长较快。Intel、微软、IBM、英飞凌、Sybase、SPSS、理诺、Platform、艾默生等 20 多家全球领先的欧美 IT 企业在西安建立了全球研发中心，提升了西安软件产业的知名度，也提升了西安软件产业的技术能力。目前全球软件外包业务主要来自欧美，仅来自美国的软件外包业务就接近全球 40%，占据着庞大的市场份额。

（三）BPO 业务发展潜力巨大

据统计，全球 BPO 服务从 2002 年的 1100 亿美元增加到 2007 年的 1730 亿美元，年复合增长率为 9.5%，远高于全球经济的增速。也有预测称，西安承接服务外包的 BPO 市场具有广阔的前景，到 2010 年，实现服务外包销售收入 400 亿元。西安市以打造 BPO 之都为目标，充分利用自身优势采取差异化发展战略，形成了特色产业，如在金融服务领域出现了神州数码、用友、炎兴、奥博杰天、未来国际等企业，初具产业特色；在嵌入式软件如手机、通信方面，从芯片设计到软件开发又有一批企业，如大唐、中兴、互芯科技等。据 Gartner 研究报告显示，主要形成了五个方面的服务外包形态：从事 BPO 服务的企业（如炎兴、神州数码等），软件加工企业（如用友、富士通等），跨国企业研发中心（如 Intel、SPSS、Sybase 等），人力资源派遣企业（如汉唐、金叶等）和工程外包企业（如西翼、神州石油、新生代等）。

三、西安市服务外包发展的优势

（一）良好的通信与交通基础设施

西安市是西北通向西南、华中、华东和华北各城市的门户，西北地区重要的交通要塞，是中国西部地区连接国际的纽带。西安航空港是中国六大航空枢纽之一，目前开通了 160 多条国内航线和伦敦、巴黎、纽约、法兰克福、洛杉矶、旧金山、温哥华等 29 条国际航线，已经成为我国第四大国际航空港。从西安市通过的陇海—兰新铁路复线东起连云港，西至乌鲁木齐，连通欧亚大陆，成为第二条欧亚大陆桥。西安货站是全国特等站之一，是西北、西南地区最大的货物集散地，年货物吞吐量 3000 多万吨。同时西安车站与沿海港口城市建立了“铁海联运”服务体系。西安市省内公路交通便捷，以西安市为中心形成“米”字形公路干线，并与周边区县全部开通高速公路。有 2 条国道主干线，3 条西部大通道和 5 条国道在西安交汇，还有 7 条省道由西安向外辐射或环绕。

近年来，由于信息技术的飞速进步和中国信息产业的大发展，西部中心城市的信息基础设施保障水平与其他地区相比差异不大。西安市是我国六大通信枢纽之一，全国八大电信节点之一。目前，西安市已经建成了拥有光纤、数字微波、卫星、程控交换、数据与多媒体等多种通信手段在内的通信网络。城市骨干网出口总带宽已达 87.5Gbps，宽带用户已达 50.9 万户。

（二）具有人力成本优势

服务外包产业的发展重在具有生产成本的比较优势，其中最大的成本就是人力成本。西安市是中国重要的教育与科研中心之一，高等教育门类齐全，综合实力居全国前列，特别是西安市的科技教育实力位居全国第三。据 2007 年统计年鉴显示，西安市拥有西安交通大学、西北工业大学、西安电子科技大学等普通高校 44 所，有西安翻译学院等 34 所民办院校，有西安航空技术高等专科学校等高等专科学校 29 所，各类专业技术人员 65 万人，其中电子信息类专业力量雄厚，该类科技人员有 25 万人，每年毕业的大中专学生 20 多万人中，仅计算机学科的大学毕业生就有 4 万多人，外语类毕业生近万人。据统计，西安的生活成本低于其他主要城市，相当于北京的 76%，上海与深圳的 78%，大连、南京的 86%，为成都的 98%。根据 51JOB 的调查结果，从 2004—2005 年两年的员工平均工资水平的总和来看，西安占深圳的 49%，占上海的 54%，占北京的 57%。西安市办公用房的价格大大低于深圳、北京、上海、广州等城市。因此，西安市发展服务外包还具有明显的商务成本优势。

（三）良好的基地建设与发展环境

目前，西安市有国家级科研基地 9 个，产业化基地 3 个。在航空、航天、兵器、电子、机械、光学、仪器仪表、生物医药等行业，西安市都占有领先地位。西安市在空间技术、电子信息、机电产品等高新技术方面的领先优势吸引了许多国际知名的研发机构来到西安市设立基地。西安市拥有科研机构 661 个，国家级重点实验室、工程研究和分析测试中心 120 多个。其中，西安市软件园聚集了西安市 90%的软件和服务外包企业，产业发展年均增速 45%，培育了一批具有自主知识产权、自主品牌、高增值服务能力的骨干企业，会聚了众多国际知名企业，吸纳了大量高端人才和专业资源，促进了创新集群的形成和发展，为服务外包发展建立了雄厚基础。

四、西安市服务外包发展存在的问题

（一）产业发展环境仍不完善

西安市作为服务外包示范城市与大连、广州、上海相比在重视程度、政策体系、环境营造等方面还存在较大差距，适合产业发展的空间严重不足，基地建设滞后。同是服务外包基地城市，西安与国内大连、天津、成都等地投巨资成规模开发建设产业基地相比，服务外包基地的投资力度远不及外地。另外整体配套欠佳，产业环境有待改善，西安市电力供应的稳定性和安全性，网络的速率与稳定性，电子通关的顺畅性，服务外包的税收政策环境等，都不能满足日益发展的服务外包企业的需求。除此之外，西安市服务外包发展布局比较分散，企业规模小，缺少龙头企业和知名品牌。缺乏规划布局引导政策，承接与开发大型服务外包项目能力不足，集聚效应受到较大制约和影响。

(二) 复合型人才短缺

人才资源结构不尽合理。西安市虽然拥有多所高校，具有丰富的人才储备，但基础型人才多，复合型人才尤其是中高端人才缺乏，人才的结构性矛盾突出。以软件产业为例，目前软件产业对人才的需求呈金字塔形结构，而软件人才结构则呈“橄榄形”，位于产业上层的软件架构师、系统设计师严重短缺，属于产业基础的软件蓝领非常稀少，而处于金字塔中层的系统工程师相对过剩。

(三) 知识产权保护意识不足

服务外包发包商与承包商之间最主要的信任是基于双方对知识产权保护的承诺。知识产权保护力度不够是目前我国服务外包发展缓慢的主要原因之一，西安市在这方面也应该有所突破和发展。

五、西安市服务外包发展的政策措施

西安市政府积极引导服务外包产业不断走向深入，通过政策促进、产业推动，使新兴的服务外包产业走向成熟。2007 年以来，西安市委、市政府就先后颁布了《关于加快发展软件服务外包产业的实施意见》《加快发展软件产业的意见》和《关于把西安高新区建设成为世界一流科技园区的若干意见》，为西安市服务外包产业的发展创造了良好的政策环境。西安市积极整合资源，加强平台建设，强化孵化培育，出台了一整套扶持、促进服务外包企业发展的支撑保障和扶持措施，包括网络通信、办公物业等基础条件保障、人力资源供给培训等系统化的专业服务，还有针对企业业务发展需要给予的贷款贴息、认证补贴、资金奖励等促进手段和鼓励措施，推动西安市服务外包产业的发展。

第三节　大连市服务外包基地建设

一、大连市服务外包发展概况

大连市位于东北亚经济区与环渤海经济圈的核心位置，与日本、韩国、朝鲜和俄罗斯的远东地区相邻，是欧亚大陆桥的重要连接点，同时也是东北亚商贸、金融、资讯、旅游的中心。大连市是商务部第一批授牌的服务外包示范城市之一，作为服务外包的示范城市，大连不仅有良好的基础设施和优美的环境，还拥有发展服务外包所需要的丰富的人才储备。进入 21 世纪后，大连市提出了“大连，中国 IT 外包中心”的发展目标，利用地缘优势积极开拓日本市场和韩国市场，使一批日本企业和韩国企业落户大连，日韩外包业务也源源不断地转移到了大连市，对日软件出口和外包业务已经成为大连市服务外包的特色。已经搭建起以软件和信息技术外包（ITO）、业务流程外包（BPO）和研发中心三大产业类型为核心的服务外包产业体系，建立起完整的服务外包产业链。

据《2010 年大连市软件及信息服务业上半年运行情况报告》统计，2010 上半年软件

产业实现销售收入254亿元，同比增长29.5%，出口8.78亿美元，同比增长31.5%，如图10-3所示。从业人员总数达到8.7万人，企业数量900余家，其中外资企业340余家，56家世界500强企业及著名跨国公司设立的机构。

单位：亿元人民币、%

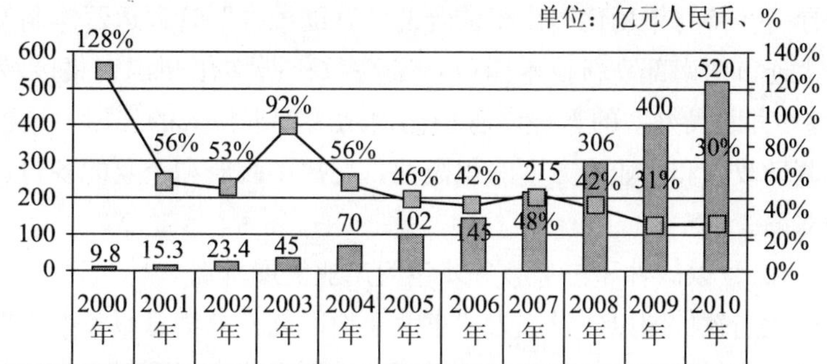

	2000年	2001年	2002年	2003年	2004年	2005年	2006年	2007年	2008年	2009年	2010年
软件与信息服务出口额	9.8	15.3	23.4	45	70	102	145	215	306	400	520
软件与信息服务出口增长情况	128%	56%	53%	92%	56%	46%	42%	48%	42%	31%	30%

图10-3 大连市软件及信息产业出口额变动图

国内通信、电力、金融、交通、医疗等行业需求日趋扩大，面向国内市场从事软件产品研发、系统集成、行业应用解决方案的企业运行状况也好于同期，同时市场竞争也更为激烈。日本财产保险、赛门铁克、腾讯等公司相继落户开业，IBM大连分公司获总部批准在大连市设立独立法人。东软、华信、海辉公司继续蝉联2009中国软件企业出口排行榜前三甲，亿达信息首次上榜位列第12名。全市经认定的软件企业397家，技术先进型服务企业56家。2010年1～5月，大连市新增软件从业人员近3000人，大部分来源于高校毕业生。本地企业间在职人员流动较频繁，更多是从中小企业流向大公司。惠普、戴尔、埃森哲、东软、华信等公司人员净增长均在百人规模。IBM大连公司前5个月扩张迅速，新增1041人。海辉国际集团人员总规模壮大到3900人。2010上半年，新建花旗—大外金融服务培训中心，引进思科网络培训认证中心、NIIT培训机构。大连软件高级经理人学院完成3期100多名高级项目管理人员培训。

为了鼓励和推动服务外包的发展，大连市积极推动企业参加国际认证，现已有26家软件企业通过CMM认证，其中有10家企业通过CMM 5级的评估，占全国的1/3。大连市始终不渝地在服务外包的发展中坚持国际化的特色，通过近20年的发展，已经确立了“东北亚服务外包中心”的地位。

二、大连市服务外包发展的特点

大连市服务外包产业中软件业具备了一定的研发和生产能力，尤其是大连市软件园的成功运作。大连软件园股份有限公司（以下简称“大连软件园”）是大连市服务外包的总基地，作为国内专业的园区投资运营和管理服务提供商，大连软件园经过多年的探索和尝试，已逐步发展成为目前国内最具特色的国际化软件园区。

(一) 独特的“官助民办”园区运营模式

大连软件园建设之前，市委、市政府就决定大力发展软件产业，但缺少产业发展资金和运作经验，不能确定以何种方式来建设软件园。在这种情况下，大连市的民营企业亿达集团提出开发和承建软件园项目，这一开创性举措得到大连市委、市政府的认可。由政府指导、扶持与市场化运作相结合的“官助民办”管理运营体制便应运而生。软件园一期地处大连市西南部高新技术园区，是高教科研文化知识密集区域，规划面积约为 3 平方千米。“官助民办”的管理体制创国内园区管理模式的先河，这种创新的管理体制最大限度地调动政府和企业两方面的积极性，发挥了政府和企业的各自优势，实现了优势互补，政企双赢。

(二) 以软件和信息服务外包为产业发展重点

大连软件园以建设成为“东北亚地区软件及信息服务中心”为初期目标，通过承接国际软件和信息服务外包业务，提高自主创新能力，不仅成为“中日软件产业合作的战略门户”，同时还通过“引进、消化、吸收、再创新”的产业发展模式，致力于建设国际知名、国内最大的软件出口基地、业务流程外包基地和软件人才培训基地。

为满足入园企业对人力资源多样化及专业化的要求，大连软件园不仅成立了人才服务中心，开通“大连 IT 人才网”，同时还建立了一支专业化的服务团队，为客户提供投资分析、市场信息、政策环境、人才供给、物业配备、业务发展等全方位的全面解决方案，并根据 IBM 公司的业务发展需要创造性地推出了 BOT 合作模式（即为“公司设立前期的人力资源订制和派遣”）。

(三) 专业化和深层次服务创新

大连市软件园运营的核心理念是：提供优秀的商务空间解决方案、人力资源解决方案和 IT 业务发展解决方案。作为专业的商务空间解决方案提供商，大连软件园主要从质量管理、基础设施建设、物业订制服务及建立“一站式企业服务大厅”四方面构建全面服务体系。

2003 年年底，大连软件园企业服务中心成立，通过建立“一站式企业服务大厅”，为企业提供项目申报、企业注册、风险投融资、人事代理、财税咨询、CMM 认证咨询等综合服务，侧重于支持企业的业务发展。软件园已搭建起包括综合信息协调、人力资源供应和培训、政府公关及政策协调、行政管理、市场拓展、企业家俱乐部等服务在内的综合服务平台，为企业提供高效周到的专业化服务。

2005 年，大连软件园信息技术人才培训中心正式成立，根据企业和市场需要，先后开展了为 IBM 公司提供大型机开发人才培训项目（首期班的就业率高达 90%以上）、赴日本研修生培训项目、数字技术开发人才培训项目、日本嵌入式软件开发人才培训项目等。

三、大连市服务外包发展的优势

(一) 优越的地理位置

大连市东濒黄海，西临渤海，南与山东半岛隔海相望，与日本、韩国隔海相望，是东北、内蒙古连通华北、华东以及世界各地的海上门户。此外，大连市的海陆空交通便利。海上航线四通八达，大连港对外与160多个国家和地区的港口有航运往来，对内与烟台、威海、蓬莱、秦皇岛、天津新港和长海县各海岛天天有航班往返；大连市陆路交通十分便捷，大连市周水子国际机场，开通了上百条国际国内航线，是中国东北地区最大的货物空运基地，而其距市中心仅10余千米。由于交通便捷，大大缩短了大连市与目的地的距离。

（二）IT产业和信息服务业基础雄厚

2007年年底，大连高新技术园区共引进外资软件和信息服务企业37家，占引进外资企业数的一半以上；引进5个世界500强企业投资的软件和信息服务项目，进一步提高了大连市IT产业的整体实力。从20世纪80年代以来，大连市借助以机电点产品为代表的资本密集型产业转移和以IT为代表的高新技术产业制造环节大规模转移的全球浪潮，推动了工业结构升级和技术进步。从2006年开始，大连高新技术产业增加值是2002年的3.4倍，呈现出以生产服务业为先导，第二、第三产业共同支撑的经济格局。

（三）政府大力扶持

大连市委、市政府在软件和服务外包业的发展上给予了大力支持。2000年，大连市政府在国内率先提出软件产业国际化的发展思路，制定了大连市做“中日软件产业合作战略门户”的阶段性目标，使大连市在新一轮全球服务业转移的过程中赢得了发展先机。2003年，大连市政府确立了软件和信息服务外包的发展方向，提出“大连，中国IT外包中心”的口号，大力扶持企业开展国际质量、安全等技术和管理认证；2007年，提出“做全球软件和服务外包新领军城市”的宏伟发展目标。

大连市政府对软件和信息服务外包提出很多扶持政策，《中共大连市委、大连市人民政府关于加快软件和服务外包产业发展的意见》（以下简称《意见》）深入阐述了大连市加快软件和服务外包产业发展的重要意义和举措。《意见》的颁布，是全面深入贯彻落实党中央、国务院关于发展现代产业体系、推进信息化与工业化融合、提升高新技术产业、发展现代服务业的战略部署，创建全球软件和服务外包新领军城市的重大政策。2008年4月，省政府批准将大连市旅顺南路软件产业带纳入辽宁沿海经济带重点支持区域，并明确起步区总面积40平方千米，形成了“一带七园”的产业形态。

（四）软件人才培养体系完善

大连市在软件人才储备、人才培训等方面具有优势。首先，根据大连统计年鉴（2008）数据显示，大连市现有软件从业人员88739人，其中专业技术人员84631人，占从业人员总数的53%。预计到2012年，大连市软件从业人员将达到20万人。其次，软件人才层次结构日趋合理。根据目前软件产业的发展现状及未来的发展趋势，软件人才结构大体分为三个层次：软件金领、软件工程师、技术工人或基础程序员，适合比率应保持在1∶4∶7左右。大连市的5所软件学院、职业中专（设立的专业），以及IT人才培训机构等为大连市软件从业人员从人数到层次都提供了强大的后盾，服务外包人才培养体系逐步完善：16所高等学校的计算机专业，培养了大批的软件研究和开发人才；专门培养软件人才的机构——软件学院，如大连理工大学软件学院、东北大学东软信息技术学院、大连交通大学软件学院等，满足软件产业可持续发展对人才的需求；40余所职业中专的IT专业和160余家社会力量办学开设的私立或民办的计算机培训学校，培养低端软件编程人员。与国外的合作办学也在逐步开展，已有日本、韩国的IT企业来大连市投资办学，开展软件技术和外语相结合的专业培训。如韩国KS集团与大连先河计算机学校合作在大连软件园成立"大连先河KS信息工程学院"，从事IT职业教育培训。

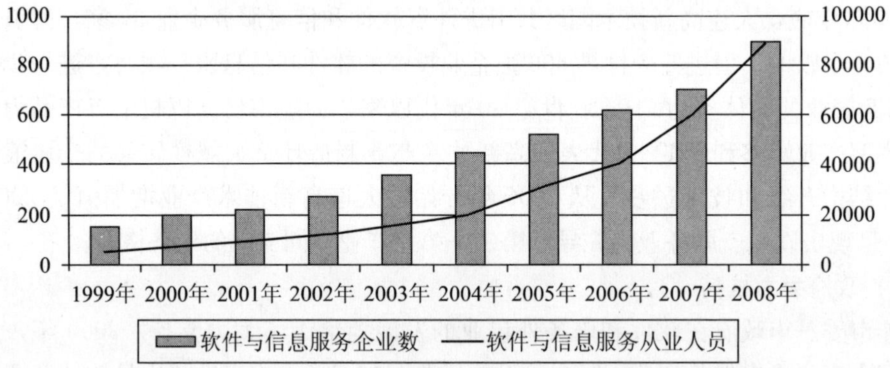

图10-4 大连市软件与信息服务企业数与从业人员变动

四、大连市服务外包发展存在的问题

（一）国内承接服务外包竞争加剧

作为成熟的服务外包园区，大连软件园不应将优惠措施作为招商的主要手段，而是要将集聚优质资源、提升招商层次和提高园区空间利用效率作为招商的基本原则。然而，随着其他开展服务外包城市的招商等政策进一步优惠，如何适应全球服务外包发展趋势以及国内承接服务外包竞争加剧的形势，适时调整招商引资策略，协调改善招商质量与降低招商成本之间的关系，是大连软件园面临的又一挑战。

（二）金融支持不足资本运作能力差

与北京、上海等金融中心相比，大连的金融氛围相对薄弱，先进的金融业态不够丰富，一定程度上制约了大连软件园的融资和资本运作。一些没有规模，不具备开发能力，缺乏核心竞争力的外包小企业，很难加大投入开发市场，因而面临倒闭的危险。同时，大连软件园自身的资本运作能力也有待提高：在尝试与国内外投资机构开展合作的同时，应加强监控，对企业资本运作的风险进行有效的控制；不仅通过高质量资本运作加快软件园自身的扩张发展，而且为入园企业特别是成长型的中小服务外包企业提供融资服务，从而进一步提升服务能力和层级。

（三）高端人才缺乏不能满足企业需求

不论对大连软件园自身还是入园的服务外包企业来说，高素质的人才都是实现可持续发展的基础。由于本地的人才培养规模和水平有限，为适应服务外包不断扩展的发展态势，大连市需要从本区域外和境外引进大量IT领域的技术和管理人才。目前，虽然大连市仍有一定的成本优势，但不断上涨的工资水平给服务外包企业带来了压力，大连软件园乃至整个大连市服务外包产业的人才供给状况不容乐观。同时，尽管大连城市吸引力不断提高，但与北京、上海等国际化都市相比，能为各类人才提供个人发展机遇、满足高端人才对城市功能多元化需求等方面仍有一定差距。

（四）易受国际经济波动影响

受国际金融危机影响，大连市软件和服务外包业面临的许多挑战，主要有接包量下降、利润空间缩水、出现裁员现象、融资困难。进入2008年以后，大连市服务外包市场规模有一定缩减，部分企业面临业务停滞、员工闲置的困境。据调查显示，在大连高新园区，超过60%的软件和服务外包企业受到金融危机的冲击，特别是对日软件外包业务量出现较大波动。另外，人民币的持续升值使部分外包企业2008年利润无增长，一些中小软件服务外包企业的业务进入了暂停阶段，利润空间缩水。自2008年下半年以来，很多软件和服务外包企业停止了招聘计划，甚至开始实施裁员方案，部分中小企业裁员规模甚至超过50%，与往年企业员工缺乏的情形形成鲜明的对比。

五、大连市服务外包发展的政策措施

大连市政府先后制定出台了《大连市人民政府关于加快发展软件产业的实施意见》《大连市关于吸引软件高级人才的若干规定》《关于鼓励软件产业发展的若干意见》《大连市软件企业发展专项资金管理办法》《大连软件及信息服务业个人信息保护规范》《大连海关支持软件出口的若干措施》《大连市人民政府关于促进大连服务外包发展实施意见》等。地方政府设立专项发展基金，用于企业参加国际软件认证、人才教育培养、公共技术服务设施建设。同时政府将服务外包纳入外贸出口和利用外资考核体系，并分别按外贸发展基金要求和招商引资奖励办法进行奖励。

第四节　杭州市服务外包基地建设

一、杭州市服务外包发展概况

杭州市位于长江三角洲南翼，钱塘江下游，是中国东南部重要的交通枢纽，世界上最长的人工运河——京杭大运河贯穿而过。全市总面积16596平方千米，2006年拥有666.31万人。杭州市作为中国经济核心区“长三角”的中心城市，以其人才优势、区位优势和投资创业环境优势成为长江三角洲地区企业投资创业的首选。

2010年1～6月，全市实现离岸服务外包执行额6.95亿美元，同比增长260.27%，完成年计划的58%；人才培训累计开班326期，培训人员9715人，完成年计划的54%，并呈现出龙头企业带动明显和欧美发包业务回升等特点。2009年杭州服务外包实现了较快发展。据统计，2009年作为全国服务外包示范城市，其服务外包离岸合同执行额达到

9.19亿美元，同比增长352%。杭州市2006年有条件承接服务外包的企业已超过150家，其中信息技术服务外包企业81家，软件出口企业60家，开展的服务外包以信息技术外包（ITO）为主，业务流程外包（BPO）正在逐步发展中，业务主要涉及软件开发、网络与数字增值、电信运营和金融服务外包。

二、杭州市服务外包发展的特点

（一）形成了服务外包产业联盟

产业联盟是基于市场资源共享，以协议方式形成的企业战略合作联合体，是企业竞合关系的最新发展。杭州市服务外包行业协会是由在杭州市从事信息服务与业务流程外包的企业以及相关单位自愿组成的、为共同促进行业发展和行业自律的行业性、非营利性社会团体。目前协会已经征集到第一批会员单位47个，并在协会的框架下组建了以企业合作为主体的杭州市服务外包产业联盟，还分别成立了“杭州市金融服务外包联盟”和“杭州市对日服务外包联盟”。杭州市服务外包行业协会和产业联盟的成立，有利于整合资源，提高接单能力，有利于发挥规模效应，增强产业竞争力，有利于紧跟国际潮流，共塑品牌形象，推动杭州市服务外包产业发展。

（二）离岸服务外包发展迅速

杭州市的软件和信息技术服务业起步较早、发展较快。2007年，杭州市国际服务外包和软件业营业收入达到280亿元，软件和服务外包从业人员4万人；软件出口与离岸服务外包收入总额4亿美元，离岸服务外包营业收入1亿美元；有离岸服务外包实绩的企业56家，通过认证的企业62家，有11家企业入围“2007年我国软件业务收入100强”。截至2007年10月，有61家企业获得软件能力成熟度模型认证。外包企业主要涉及金融服务、多媒体图像、电信、软件本地化、IC设计服务等多个领域，总产值为11273万美元，2008年的总产值增加到20342万美元，增长幅度高达80%。

（三）开始发展新药研发外包（CRO）产业

近年来，上海、泰州、苏州等地都出台了相关政策把CRO作为重点新兴产业来抓。杭州市以全国最大的CRO之一的“杭州泰格医药”为带动，出台相关政策支持CRO企业集聚发展，形成杭州发展服务外包的新领域。其中，泰格医药2007年实现主营业务收入1241万元，2008年达到2900多万元，同比增长134%。2009年上半年实现主营业务收入3000多万元，全年主营业务收入突破7000万元，将连续两年实现100%以上的增长。截至2009年7月底，泰格医药CRO签订合同金额7000多万元，全年合同金额将超过1.3亿元。

（四）企业开始规模化经营

杭州市近年服务外包发展迅速，培育了一批具备自主品牌和知识产权的服务外包骨干企业。一批开发实力强的外包企业，如恒生电子、浙大中控、浙大网新等，年销售额均已超过1亿元人民币，有的已接近5亿元规模。恒生是全国著名的证券、金融、基金软件开发商，在证券行的市场占有率已达到40%，居全国第一位。部分软件企业进入国内外资本市场，谋取更大发展空间。

三、杭州市服务外包发展的优势

(一) 投资环境优良

杭州市风景优美，经济发达，航空、铁路、公路、水路交通便捷，是中国整体环境最好的城市之一，连续 3 年被世界银行评为“中国城市总体投资环境最佳城市”第 1 名，连续 4 年被《福布斯》杂志评为“中国大陆最佳商业城市排行榜”第 1 名。杭州 2006 年 12 月被国家商务部、信息产业部和科技部列为“中国服务外包基地城市”，2008 年 5 月又成为国内第 1 个“部—省—市”三级共建的服务外包基地城市。在扶持服务外包产业政策方面研究提出较早、覆盖范围较广，围绕企业培育、载体建设、对外联盟、外包招商、专项资金、人才政策、产权保护、品牌建设、投融资、鼓励研发等方面制定了一系列鼓励扶持政策。

(二) 产业基础雄厚

杭州市的电子信息产业快速发展，先后被国家确认为国家首批电子信息产业基地、国家软件产业基地、国家软件出口创新基地、国家动画产业基地、国家数字娱乐示范产业基地、国家推进信息化综合试点城市等。杭州市软件企业与国际大公司间的交流合作也日益频繁，微软、摩托罗拉、英特尔 NEC、Infosys 等跨国公司在杭州市设立了软件研发中心。截至 2007 年 10 月，已有 61 家杭州企业获得软件能力成熟度模型（CMM/CMMI/双模）认证。

(三) 信息基础设施相对完善

杭州市已实现宽带“全程全网”，建成宽带互联网络、VPN 传输专网、MSTP 传输专网、SDH 传输网络、语音传输网络，并与我国网通、移动、联通、铁通、电信实现互联互通，具有大容量的数据出口带宽。2006 年，杭州市城域网出口带宽实际使用达到 75.7G。杭州市本地通信网已形成集大容量程控交换、光纤通信、数据通信、卫星通信、无线通信等多技术手段的立体化现代通信网络。在此基础上，杭州市电子政务建设取得很大发展，不少应用系统已经达到国内先进水平。

(四) 园区建设良好

杭州市拥有国家级园区 21 家，并先后被评为国家首批电子信息产业基地、国家软件产业基地、国家软件出口创新基地、国家动画产业基地、国家数字娱乐示范产业基地和我国服务外包基地城市。一些服务外包产业园，结合服务外包业务需求特性，致力网络基础设施建设，加大电力设施投资力度，通过双回路供电和配置备用发电机保障用电，一定程度上支撑了服务外包产业的发展。

(五) 人才实训基地逐步建立

杭州市拥有浙江大学等 36 所高等院校，共开设了 247 个直接与软件和计算机、集成电路设计、游戏动漫产业关联的专业，2003—2005 年，每年平均在校计算机及软件等关联专业学生 5.17 万人，毕业生 1.8 万人。2008 年毕业生超过 20 万人，关联专业毕业生约

3.5万~4万人。人才资源相对集中，但缺乏经过专门训练、具有国际视野和管理经验的高级人才，绝大多数大学毕业生上岗前企业要经过一段时间的培训，难以满足外包市场企业和迅速发展的外包产业的的需求。针对这一情况，杭州市坚持“部委（省政府）—基地城市—示范区—园区—服务外包企业”五级共建机制，联动企业、院校和园区及相关社会机构，推进国际交流共建实训基地。如杭州市经济技术开发区加大对培训机构的支持力度和广度，推行把大学办在厂门口、6所高校25个专业跨校修学分；杭州国家软件产业基地与杭州电子科技大学合作开展的对外培训业务；“浙大网新”与浙大合作开展的订制式市场化培训；东部软件园与新加坡联手培育软件人才的“千里马”工程；以及东忠集团的东忠人才发展培训机构从教材、师资等直接参与到人才培训中来。

四、杭州市服务外包发展存在的问题

尽管杭州市软件和信息服务外包发展态势良好，但存在产业链有待升级、外包品牌知名度低和人才结构失衡等问题。

（一）产业链有待升级

杭州市信息服务业从业企业众多，但大多数企业还处于产业链的底层，企业管理水平落后，难以接到大项目，多数业务处于外包价值链的低端。杭州信息服务业内部的企业规模普遍偏小。截至2007年年底，经认定的软件企业1201家，但是300人以上、软件销售收入亿元的企业只有35家；1000人以上、软件销售收入在5亿元以上的企业12家；3000人以上、软件销售收入在10亿元的企业5家。而国内最大的软件外包公司东软拥有员工1.5万人，2007年实现销售收入37.4亿元。印度超过千人的企业已突破百家，TCS、Infosys等公司员工超过5万人，经营规模达到5亿美元。相比之下，杭州市的IT外包企业在规模方面远落后于国际领先企业，在交付能力、服务水平、行业专业知识等方面也有差距。

（二）人才结构不合理

杭州市虽然拥有多所高校，具有丰富的人才储备，但人才结构并不合理，以软件产业为例，目前软件产业对人才的需求呈金字塔形结构，而杭州高端和低端软件人才缺乏。一方面，缺乏能够掌握国际标准规范的，并且具有大型系统的开发管理经验，能够参与国际软件发展与竞争的高层次软件人才。另一方面，杭州市也缺乏能够执行重复而枯燥的工作，适应国外开发模式，具有一定外语能力的初级软件人才。随着离岸业务的发展，杭州市软件和服务外包从业人员外语水平有一定提高，但与上海等国内领先城市相比还存在不少差距。

（三）产业园区与企业之间缺乏互动

杭州市现有的软件园、科技园区面积普遍较小，且往往多业并举、业态混杂，不利于树立统一对外形象、打造公共技术服务平台、发展专业化服务。一些服务外包园区的相关配套尚未跟上，周边商业配套、休闲配套、公共配套还比较缺乏。服务外包企业对于网络通信速度、供电稳定性有着非常高的要求，杭州市现有的相关园区难以满足服务外包产业的专业性要求。目前，杭州市的大多数园区的管理仅停留在单纯的物业服务阶段，缺少创新增值服务，没有形成整体对外的品牌效应；园区与企业的内在联系不强，没有建立起资本纽带关系；园区内企业与企业、园区与企业之间沟通互动较少，导致企业成为一个个孤岛。互动创新机制的缺乏，使得产业集聚效应不能得到有效发挥，企业的根植性也大大削弱。

五、杭州市服务外包发展的政策措施

杭州市政府为了鼓励服务外包产业做大做强，不断加强政策支持力度，先后出台了《杭州市人民政府办公厅关于促进杭州市服务外包产业发展的若干意见》《杭州市人民政府办公厅关于促进自主出口品牌发展的指导意见》《关于进一步调整规范软件企业认定和年审工作流程的通知》《杭州市服务外包专项资金管理办法（试行）》《关于推进科技创新服务平台建设的实施办法》《关于促进创新型企业融资担保的试行办法》《杭州市人民政府办公厅关于提高知识产权创造管理保护运用能力的实施意见》和《关于加强高层次人才引进工作的若干意见》。2008 年 1 月 14 日，杭州市服务外包专题会议审议通过了《杭州市服务外包三年行动计划（2008—2010）》，确定了 3 年服务外包工作的行动目标；2008 年 12 月 2 日，《杭州市服务外包产业发展战略与产业规划》通过了专家论证，从专项资金、企业认证、市场开拓、园区建设、人才培训、出口、产权保护等各方面对服务外包产业进行大力推进。

第五节　苏州工业园区服务外包基地建设

一、苏州工业园区服务外包发展概况

1994 年经国务院批准，中新两国政府合作共建苏州工业园。从建园到现在，一直保持持续快速发展的态势，国民经济年均增幅达 30％左右，是中国综合吸引力最强的开发区之一。2007 年，苏州市 GDP 为 5700 亿元人民币，增长率达到 17.5％，其中苏州工业园为 836 亿元，约占苏州全市的 15％。2001—2007 年，苏州市的 GDP 年平均增长率为 15.6％。

2008 年，苏州市新增服务外包企业 569 家，新增从业人员 2.5 万人，新签服务外包合同金额 6.3 亿美元。其中离岸合同金额 5.2 亿美元，增长 73％，占江苏省的 31.8％；离岸执行金额 4.5 亿美元，占全省的 34.7％。承接美国、欧洲、中国台湾、日本、中国香港、新加坡的离岸执行金额达 9.07 亿美元，占全市总额的 89％。先后引进美国安软、法国凯捷、日本大宇宙、中国台湾华硕科技以及中全数据、华道数据、实达外设、阿里巴巴等一大批国际、国内知名服务外包企业，初步形成了软件设计、研发设计、医药研发、动漫制作、现代物流、金融数据处理 6 大外包产业集群。已通过 CMM/CMMI 国际认证的企业达 28 家，佳能系统软件、欧索、新宇软件、宏智科技、国泰新点等多家企业正在进行

CMMI 5 级认证。新宇软件入选“中国服务外包最佳商业模式”排行榜，宏智科技、凌志软件入选“2007 中国软件出口和中国软件外包 20 强”。方正软件、江苏远洋、药明康德等 7 家企业被认定为第二批江苏省国际服务外包重点企业。

苏州市编制出台《苏州市服务外包产业发展规划（2008—2010）》，确立以现有产业优势为依据，重点发展研发、软件、物流、动漫创意、后台信息处理和信息基础设施外包的发展定位，以“国家级示范城市省级基地城市＋省级示范区”为基本构架，形成全市服务外包产业的合理布局。至今，苏州工业园区建设了综合保税区、国际科技园、高教创新区、服务外包产业园等功能载体 360 万平方米。新宇软件、新电信息、蜗牛电子、神游科技、三星半导体、UPS 等众多企业分别集聚在各功能载体中。在昆山花桥经济开发区金融 BPO 示范区，已有法国凯捷、华道数据、中金数据等企业落户。江苏生物医药创业服务平台、江苏动物实验开放服务中心、苏州软件技术公共服务平台等被认定为省级公共服务平台，苏州动漫游戏平台，微软 SaaS 平台等已投入使用。

二、苏州工业园区服务外包发展的特点

近年来，苏州市服务外包产业发展十分迅速。园区积极抢抓服务外包全球化机遇，主动承接以 ITO、BPO 为重点的国际服务业转移，努力提升园区对外开放水平，加快推进经济发展方式转变。

（一）服务外包产业已具相当规模

2007 年，园区服务外包收入超过 50 亿元，增长 67%；离岸外包收入约 2.2 亿美元，增长超过 80%；软件业产值突破了 100 亿元。2008 年一季度，又新增服务外包企业 26 个，新增服务外包企业注册内资 1.1 亿元、外资 1120 万美元，服务外包产值为 18.2 亿元。园区的服务外包学院获批筹建，包括微软技术实训基地、中印合作 BPO 人才培训基地等一批新培训项目开始启动。累计引进和培育服务外包企业 110 家，从业人数达 1.2 万人。全省 100 家成长型服务外包企业中，苏州工业园区占 1/10 强，江苏欧索软件有限公司等被认定为省国际服务外包重点企业。全区形成了以软件外包、信息服务、产品设计、业务流程外包、生物医药研发、创意设计、第三方物流等业务为主的外包产业格局，2008 年，软件服务外包产业销售额达 102 亿元。

（二）离岸外包业务比重大

苏州工业园区对欧美和日韩的离岸外包都有一定基础，以软件外包为例，2007 年苏州市完成软件出口 12 亿美元，占软件总收入的 30%，位居江苏省首位。苏州工业园区软件出口 3.53 亿美元，占软件总收入的 44%，这一比例与其他基地城市相比，仅次于天津，列第二位。园区软件出口中 60%服务于欧美和新加坡，40%服务于日韩。欧美和新加坡离岸外包所占比例远高于国内 36%的平均水平。

（三）服务外包业务门类比较齐全

园区 ITO 起步较早，比重大（服务外包总业务量的 80%），并已形成一定规模；BPO 尽管起步较晚，比重小（服务外包总业务量的 20%），但是涉及面广，发展迅速。园区

ITO 产业主要集中于软件及嵌入式软件外包和动漫制作外包。硬件包括设备托管、硬件配置与支持、网络集成和 IT 培训也占据一定份额。园区 BPO 业务除个别细分行业之外，几乎涵盖了所有定义的 BPO 细分产业。其中人力资源外包、财务外包、研发/设计外包和物流外包扮演重要角色，除此以外，测试外包、后勤外包和呼叫中心等客户服务外包也发展迅速。

（四）现有制造行业服务外包内需大

在苏州工业园区 IC、汽车和航空零部件、医药、液晶面板、纳米新材料等园区优势产业现阶段已经对研发外包、物流外包、测试外包、财务外包、人力资源外包和各类后勤外包存在需求。随着行业的成熟、专业化分工的加剧、企业规模的扩大、企业国际化发展，会有更多的潜在服务外包需求释放出来。园区内服务外包企业有条件利用地缘优势，结合自身业务特点，选择不同类型的服务外包项目，并以较短的时间实现从低端程序外包向研发、设计和物流等职能外包的过渡。

（五）园区服务外包专业平台日趋完备

园区近年来在推动产业升级，大力发展服务外包的过程中，注重公共技术服务平台建设，从企业需求入手，以服务为发展重点，结合园区实际，着力建设软件评测中心、通信网络与数据中心、培训中心、动漫游戏平台、集成电路设计中心、物流信息服务平台、知识产权保护中心、投融资平台、服务外包综合信息平台等服务外包专业平台，园区服务外包专业平台日趋完备。

三、苏州工业园区服务外包发展的优势

（一）毗邻上海的区位优势

苏州工业园区具有方便快捷的水陆空交通设施和在全国较为先进的现代化立体交通网络系统，商务空间活跃，为跨国公司实现外包战略合作创造了有利条件，为建设服务外包产业基地提供了优越竞争条件。

（二）IT 企业聚集的产业优势

苏州科技城近些年一直以打造核心产业、先进装备制造业、电子及通信产业三大基地为目标，形成与服务外包产业具有很强的产业关联度的制造业基础的产业集群。2008 年，苏南五市软件企业数、从业人员数、软件业务收入、软件业务出口四项指标占全省的比重分别为 92.2%、97.1%、98.7%和 99.9%，集聚效应显著。

（三）多层次的人才培训体系

苏州市拥有苏州大学、苏州科技大学等 18 所高等院校，中国科技大学软件学院、东南大学软件学院、四川大学苏州研究院落户苏州。到 2007 年年末，苏州市有普通高等学校在校学生 15.24 万人，毕业生 2.66 万人；成人高等学校在校学生 4.16 万人，毕业生 1.14 万人，为苏州市发展服务外包提供了智力支持。苏州工业园区发挥专业培训机构和企业的积极性，大力支持建设实训基地，其中 IT 实训基地（高博软件技术学院）是经省政府批准成立的省内首家民营软件学院，由微软（中国）有限公司、苏州科技城和高博教育管理（苏州）有限公司合办，是江苏省首家实行“自主招生、学企结合”的创新型高等

院校，实行“课堂教学、项目实训、有酬实习”三位一体的培养模式，强化外语口语和软件外语，培养高素质、实用型、国际化软件人才。苏州市专门开辟服务外包人才引进绿色通道，实施科技创新创业领军人才计划，提供科技创新创业领军人才最高100万元的安家补贴或不少于100平方米公寓住房，不少于100平方米的工作场所和不少于100万元的创业经费等优惠条件，引进具有带动、示范和导向作用的软件领军人才，加快软件服务外包人才培养。

（四）园区政策扶持力度大

苏州工业园区自2006年年底成为全国首个至今也是唯一的一个“技术先进型服务企业支持政策试点区”，试点区是国家财政部、国家税务总局、商务部和科技部联合授予，旨在支持园区大力发展技术先进型服务产业和高新技术产业，加快产业转型升级。2006年12月31日，财政部、国家税务总局、商务部、科技部联合下发了《关于在苏州工业园区进行鼓励技术先进型服务企业开展试点工作有关政策问题的通知》，明确扩大苏州工业园区高新技术企业的认定范围，对园区内从事软件研发及服务、产品技术研发及工业设计服务、信息技术研发服务、ITO服务以及技术性BPO服务的先进型服务企业，可认定为高新技术企业，并享受相关的税收优惠。至2007年年末，园区共有118家企业被认定为技术先进型服务企业，12家企业通过CMM/CMMI评估、2家企业通过ISO 27001评估、26家企业通过ISO 9000认证，取得专利88项，一大批在各自领域占有重要地位的技术先进型服务企业正加速集聚。

四、苏州工业园区服务外包发展存在的问题

（一）服务外包统计体系不健全

服务外包目前还缺乏统计意义上的确切定义，涉及行业众多，但具体的外包部门无法细分。现有的统计方法和体系难以适应服务外包产品无形性的特点，特别是离岸服务外包，很难从现行海关统计中得到准确反映。鉴于以上问题，难以准确判断区域服务外包发展的情况和发展趋势，从而制定有针对性的措施和政策。

（二）服务外包相关法律法规和扶持政策不够完善

服务外包属于新型经济形态，现行的法律法规难以符合新业务形式的发展需要。如业务流程外包等新型业务无法享受到政府的优惠政策。由于受服务外包发展起步相对较晚等因素影响，整体扶持政策还在制定中，现行的政策措施还比较散，有的针对性不够强，既缺乏贯彻国家政策的实施细则，又缺乏具有本地特色的政策措施，因而还达不到相应的支持力度。

（三）软件外包发展面临诸多困难

目前软件外包是苏州市离岸外包的主要领域，也是发展的重点，但仍存在以下突出问题：一是企业规模太小，缺乏品牌知名度；二是软件出口渠道不畅。软件出口企业可以通过网络传输将软件成果发给境外客户，避开出口报关监管手续，海关不出具报关单，导致之后的外汇局、国税局等一系列部门的管理无法正常进行。

五、苏州工业园区服务外包发展的政策措施

为了支持服务外包产业发展，国务院有关部门和苏州市政府先后出台了一系列专项政策：《财政部国家税务总局商务部科技部关于在苏州工业园区进一步做好鼓励技术先进型服务企业发展试点工作有关税收政策的通知》《财政部国家税务总局商务部科技部关于在苏州工业园区进行鼓励技术先进型服务企业发展试点工作有关政策问题的通知》关于印发《关于促进苏州工业园区服务外包发展的若干意见》的通知《关于促进苏州工业园区服务外包发展的若干意见》暂行细则《关于印发苏州工业园区技术先进型服务企业认定为高新技术企业的管理办法（试行）的通知》等。《苏州市促进服务外包发展的若干意见》（简称《意见》），对服务外包发展提出了多项扶持政策，从资金、准入、用地、人才、环境等各方面提供了优惠。

主要的税收优惠政策有：从2006年7月1日起，对经认定为高新技术企业的内外资技术先进型服务企业，暂减按15%的税率征收企业所得税。从2006年7月1日起，经认定为高新技术企业的技术先进型服务企业实际发生的合理的工资支出可以在企业所得税税前扣除。从2006年1月1日起，对技术先进型服务企业当年提取并实际使用的职工教育经费，在不超过当年企业工资总额2.5%以内的部分，可以据实在企业所得税税前扣除。

第六节　国内典型服务外包示范城市外包基地建设经验

2009年，中国服务外包产业的发展，得到了国务院的高度重视，国务院办公厅在回复商务部《关于促进服务外包产业发展问题的复函》（国办函［2009］9号）中，同意将北京、天津、上海、重庆、大连、深圳、广州、武汉、哈尔滨、成都、南京、西安、济南、杭州、合肥、南昌、长沙、大庆、苏州、无锡等20个城市确定为“中国服务外包示范城市”。各服务外包示范城市依据自身的发展优势，积极推进服务外包产业发展，在基地建设中形成了各具特色的发展经验。

一、以产业升级为目标推动服务外包产业发展

服务外包产业是现代服务业的重要组成部分，在科技革命和经济全球化的共同作用下，企业通过投资和业务发包实现全球经济布点。传统意义上以商品贸易为基础的国际分工逐步深入到了企业内部。国际分工的方式由产业间分工，向产业内部产品分工和要素分工延伸，呈现出产业间分工、产业内产品分工、产业内分工和要素分工并存的新模式。国际大型跨国公司在建立全球一体化生产体系的过程中，纷纷将传统制造业务实行剥离，并将一些特定的服务环节转包给专业公司，以进一步强化自身的核心竞争力，从而牢牢控制高技术领域的关键技术和创新环节，占据高技术产业国际竞争的制高点。随着知识、技术和资本的积累，国内部分企业将会有机会接触价值链的上游领域，逐步带动整体向高附加值的生产者服务提供商转变，最终达到提升地区产业结构的目的。

近年来，大连市在体制创新的基础上，瞄准全球服务产业转移的机遇。通过发展服务外包，吸引了众多来自信息服务业的大型跨国公司的投资，从而实现了产业的调整和升级，使大连市的标志性产业由造船、港口、旅游等传统产业快速向软件开发、服务外包、科技研发等现代服务业升级发展。1998—2008 年的 10 年间，大连市软件产业销售收入从 2 亿元增长到 300 多亿元，总量增长了 150 倍；大连市软件出口从不足 1000 万美元增长到 10 亿美元，增长 100 余倍。10 年来大连市软件产业规模的年均增长率达到 68.2%，是全国发展速度最快的城市之一。随着服务外包的发展，软件业与信息服务业在大连市经济发展中的地位不断提高，软件与信息服务收入占大连市第三产业的比重由 2000 年的 2.0%上升到 2008 年的 19.0%，同期软件与信息服务收入占全市 GDP 的比重由 0.8%提高到 7.896%，软件与信息服务业已成为大连市产业升级的目标产业。同时，服务外包企业的聚集还带动了大连市房地产、酒店、会展、休闲娱乐等相关产业的发展，促进了大连市服务业内部结构的调整。随着服务外包规模的扩大，大连市服务外包业务升级加快。目前，越来越多的大连市服务外包企业转向应用软件开发，开始进军高端的业务流程处理。通过大连软件园的域外发展，将一些低端的数据处理业务转移到国内的二线城市其他地方，逐步形成梯次分布的格局，以增强行业的可持续发展能力。

二、集聚式发展具有竞争力的软件企业群

服务外包产业的发展有利于在中心城市形成高端生产者服务产业的集聚。制造业集聚，能够有效促进生产性服务业的发展，并形成生产者服务业集聚与制造业集聚相互协同发展的局面。发展生产性服务外包有利于吸纳本地产业内部的高级生产要素，迎合产业发展的趋势，形成与国际产业价值链条对接的高端产业，推进本地区产业结构的整体升级。服务外包的生产方式拓展了生产要素发挥作用的能力，摆脱了区域内资源的限制，延长了产业的价值链条，有利于产业的升级与产业结构的转型。从国内外服务外包产业空间布局特点来看，企业在空间上的集聚程度较大，全国 20 个基地示范城市服务外包总量占到全国总量的 75%以上，因此有效推进服务外包产业集聚应该是产业发展在空间布局上的关键环节。

以成都市的发展来看，随着服务外包企业逐步成长，成都市内现有各类软件企业 9000 余家，以高新区为主要聚集区的软件产业带集中了成都市 70%以上的软件企业。截至 2007 年年底，成都市通过“双软”认证的企业已超过 500 家，通过和正在进行 CMMI 3 级以上认证的企业 35 家，11 家银行和保险业后台服务中心正在建设中。不仅成都本地企业成长迅速，而且良好的基础设施环境与人文环境也吸引了来自国内外的许多知名企业。包括 IBM、英特尔、摩托罗拉在内的 36 家世界 500 强企业已进驻成都市，带来了较为显著的规模效益。通过集聚式的发展，跨国公司与国内企业逐步形成了从应用软件开发、行业设计、数字娱乐到呼叫中心等较为完善的产业链结构。服务外包企业的集聚，形成具有竞争力的软件企业群，不断推进服务外包基地建设，使城市服务外包产业的发展前景广阔。

三、服务外包的发展需要政府强有力支持

服务外包示范城市优惠政策的制定应紧紧围绕国家级服务外包产业政策，结合地方发展实际制定针对性的政策措施。2006 年商务部发布《商务部关于实施服务外包“千百十工程”的通知》，决定在“十一五”期间，在全国建设 10 个具有一定国际竞争力的服务外包基地城市，推动 100 家世界著名跨国公司将其服务外包业务转移到中国，培育 1000 家取得国际资质的大中型服务外包企业，创造有利条件，全方位承接国际（离岸）服务外包业务，并不断提升服务价值，实现 2010 年服务外包出口额在 2005 年基础上翻两番，并配套性地出台了《商务部关于做好服务外包“千百十工程”人才培训有关工作的通知》《［商资函（2006）110 号］商务部关于做好服务外包“千百十工程”企业认证和市场开拓有关工作》《［商资函（2006）102 号］商务部信息产业部关于开展“中国服务外包基地城市”认定工作有关问题》。国家为了扶持产业发展，在融资和税收方面给予了操作性极强的优惠政策，见表 10－3。

表 10－3　　国家级服务外包政策汇总

<table>
<tr><th colspan="2">政策名称</th><th>文　号</th></tr>
<tr><td rowspan="6">国务院政策</td><td>《国务院关于加快发展服务业的若干意见》</td><td>国发［2007］7 号</td></tr>
<tr><td>国务院关于实施《国家中长期科学和技术发展规划纲要（2006—2020 年）》若干配套政策的通知</td><td>国发［2006］6 号</td></tr>
<tr><td>《国家中长期科学和技术发展规划纲要（2006—2020 年）》</td><td>国发［2005］44 号</td></tr>
<tr><td>《振兴软件产业行动纲要》</td><td>国办发［2002］47 号</td></tr>
<tr><td>《国务院关于印发鼓励软件产业和集成电路产业发展若干政策的通知》</td><td>国发［2000］18 号</td></tr>
<tr><td>《国家科学技术部财政部关于科技型中小企业技术创新基金的暂行规定》</td><td>国办发［1999］47 号</td></tr>
<tr><td rowspan="5">国家部委政策</td><td>《商务部财政部关于做好 2007 年度支持承接国际服务外包业务发展资金管理工作的通知》</td><td>商财发［2007］343</td></tr>
<tr><td>《商务部办公厅关于执行〈服务外包统计报表制度〉的通知》</td><td>商服贸字［2007］12 号</td></tr>
<tr><td>《商务部关于实施服务外包“千百十工程”的通知》</td><td>商资发［2006］556 号</td></tr>
<tr><td>《商务部关于做好服务外包“千百十工程”企业认证和市场开拓有关工作的通知》</td><td>商资函［2006］110 号</td></tr>
<tr><td>《商务部关于做好服务外包“千百十工程”人才培训有关工作的通知》</td><td>商资函［2006］111 号</td></tr>
</table>

续 表

	政策名称	文 号
国家部委政策	《商务部信息产业部关于开展“中国服务外包基地城市”认定工作有关问题的通知》	商资函［2006］102号
	《商务部 信息产业部 教育部 科技部 财政部 海关总署 税务总局 统计局 外汇局关于发展软件及相关信息服务出口的指导意见》	商服贸发［2006］520号
	《财政部、国家税务总局、商务部、科技部关于在苏州工业园区进行鼓励技术先进型服务企业发展试点工作有关政策问题的通知》	财税［2006］147号
	关于印发《国家规划布局内重点软件企业认定管理办法》的通知	发改高技［2005］2669号
	《软件过程能力及成熟度评估管理办法》	国家认证认可监督管理委员会2005年第4号公告
	《中小企业国际市场开拓资金管理办法》	财企［2000］467号
	《中小企业国际市场开拓资金管理办法实施细则》	外经贸计财发［2001］270号
	《财政部、国家税务总局、海关总署关于鼓励软件产业和集成电路发展有关税收政策问题的通知》	财税［2000］25号
	关于印发《软件企业认定标准及管理办法（试行）》的通知	信部联产［2000］968号
	《关于软件出口有关问题的通知》	外经贸技发［2000］680号
	《软件产品管理办法》	信部［2000］第5号令

各个城市都推出了一系列政策措施支持本地服务外包产业发展，制定了一系列的财政、税收、投融资、政府采购、人才培养、产业集聚发展、扶优扶强等方面的优惠政策和配套措施。因此，各个城市根据自身的情况制定因地制宜的服务外包政策，与国家政策对接，建立公共服务平台是引导企业走出国门，发展价值增值率高的现代服务产业外源性动力的重要源泉。

四、软件园区提供“专业化”“系统化”服务体系

服务外包企业对网络设施的稳定性以及数据快速安全传输等方面的要求较高。同时，服务外包企业也是高层次、国际化人才集中的领域。因此，服务外包产业园区的建设要体现企业和园区建设合作共赢，企业可以缩短投资周期，降低风险，而园区则可以获得服务的规模效应，提高服务质量。大连软件园为入园企业提供的服务有两个突出的特色：一是专业化。园区在软硬件配备上，着力体现行业的发展规律和特点，构建适合承接国际服务产业转移的商务空间和专业支持平台，不断创新和丰富面向客户的增值服务内容，并为服务外包企业提供投融资、业务对接等专业化服务。二是系统化。由于采取企业化运作，大连软件园服务项目的投资和拓展更为灵活和高效，能够为服务外包企业提供人力资源支

持、基础设施建设、网络设施、物业服务、产业合作等全方位的服务。大连软件园的专业化和系统化服务集中体现在其“交钥匙工程”中，该工程由大连软件园按照企业的要求提供顾问型订制物业，由企业或软件园进行人员招募、管理和培训，待入园企业正式投入运营后，软件园再将所有人员移交给企业。2002 年，大连软件园一次性通过了ISO 9001质量管理体系认证，成为国内鲜有的从园区开发建设、物业管理到企业服务全业务流程通过该认证的专业机构。目前，大连软件园的服务模式被多个国内服务外包基地城市学习借鉴，特别是订制式物业管理，已在武汉、苏州、天津、成都、济南等城市推行，从而带动了国内服务外包基地和软件园区总体服务水平的提高。

五、提高人才素质大力支持建设实训基地

从各园区发展服务外包人才需求经验来看，外包企业需要的人才主要有五类：第一是具备战略策划、项目管理、组织领导等综合素养的管理者；第二是具备外包方案专业策划及运作能力的具体操作人；第三是具备国际交流能力的辅助人才；第四是具有很强的纪律性和耐心、能够一丝不苟地执行重复枯燥工作的基层人员；第五是积极地倡导那些具有专业和语言优势的海外留学生回国工作。尽管我国在劳动力成本上有一定优势，但由于服务外包业务越往高端发展，发包方对专业人才素质的要求越高，甚至超过了对成本的关注。在这种情况下，中国不仅要培养大量的专业人才，更要注重人才的质量。

首先，加大教育投入，培养和吸引服务外包产业人才。中国服务外包企业应高度重视针对服务外包市场的人力资源建设。通过制定各种优惠政策，加大投入，吸引各国高级人才来我国发展。同时加强职业教育，与高校联合，或牵头建立相关的培训基地，对高校或职高等专业院校毕业生直接提供服务外包行业必需的业务能力培训，为服务外包企业定向培养人才。另外，还可以设立从业人员的技能等级证，对从业人员分不同等级进行管理，逐步解决人才短缺的问题。其次，侧重于提高人才质量。一方面，注重提高服务外包从业人员的外语交流能力，服务外包尤其是离岸外包业务对语言的要求特别高，如果交流能力较差就会降低客户的信任度，从而很难获得订单，即使获得订单，也会增加管理难度，延长项目时间，进而产生较高的费用。另一方面，要注重提高大学毕业生的实际操作技能，政府可以建立有针对性的、大规模、多种形式的人才培训体系，为开展服务外包的人才培养设立专项资金，还可以鼓励国内培训机构和企业与有培训能力的跨国公司进行合作，开展专项的业务培训，并在培训后吸收人员就业。同时，政府可以就员工培训方面给予企业适当的财政补贴。苏州工业园区在服务外包人才实训方面做得比较好，园区发挥专业培训机构和企业的积极性，大力支持建设实训基地，实行“课堂教学、项目实训、有酬实习”三位一体的培养模式，强化外语口语和软件外语，培养高素质、实用型、国际化软件人才。另外，园区专门开辟服务外包人才引进绿色通道，依托人才培养主阵地，实施科技创新创业领军人才计划，这些方式方法都值得推荐。

六、加强服务外包企业的核心竞争力

当前，服务外包产业涉及的领域越来越广泛，从简单的客服、信息处理和计算机日常

维护到复杂的远程营销、财务和金融分析以及软件开发、新产品设计。在这个过程中，相关的环节越来越细化，在价值链上的位置也越来越高。为了顺应这一发展趋势，接包方企业要不断地加强自身的能力，提高企业的品牌价值和研发能力，从而创造竞争优势，增加对发包方的吸引力。

第一，树立企业品牌，由于规模小的企业不容易使发包方对其服务的可靠性产生基本的信任，所以有能力的小企业应努力扩大规模。一些规模较小的企业可以通过重组、并购或战略合作等方式，形成企业联盟，还可以与国外的先进外包企业建立合作机制，在交流中学习和借鉴对方的经验。另外，服务外包企业一定要与发包方及时交流，准确掌握客户的需求，制定相应的营销策略，加大对企业的宣传推广，为客户提供高质量和一流的服务及资源，逐步树立自已的品牌，以提高竞争力。第二，加强企业自身的研发能力，拥有自己的专利。服务外包企业一定要跟踪和掌握世界上技术发展的最新动向，加快技术革新，努力突破制约产业发展的关键技术，不断开发出拥有自主知识产权的产品，增强创新和发展的实力。第三，充分发挥行业协会的作用，服务外包产业应加快行业整合速度，通过行规行约来协调行业内部企业之间的关系，促进同类服务外包企业之间的有序竞争。这样协会内的会员企业会共享商业信息，促进整个行业的发展来带动企业外包业务的拓展。

七、积极开拓服务外包国内外市场

中国服务外包企业首先要立足国内市场。国际金融危机的影响使得国外服务外包业务减少，而作为正在崛起的大国，中国国内服务外包市场的潜力要比离岸市场的规模大得多。目前，中国国内市场已经成为国外大型服务外包企业觊觎的目标，因此我国服务外包企业应该率先抓住庞大的国内需求。中国政府实施投资计划以及十大产业振兴规划措施的推进，不仅可以通过改善交通、电信网络等基础设施来改善服务外包发展的硬环境，同时还将在教育培训、信息服务、医疗、法律服务、电子政务、商务等领域给服务外包产业的发展带来新的机遇，如表 10 - 4 所示。

表 10 - 4　　十大产业振兴计划给服务外包产业发展带来新的机遇

十大振兴产业	服务外包产业发展机会
钢铁业	钢铁领域、IT 服务、信息化、专业解决方案等
汽车业	技术研发、销售配套服务、供应链解决方案等
纺织工业	技术研发创新、信息化等
装备制造业	技术研发、金融服务、数据处理等
船舶工业	设计研发、第三方物流、配套服务等
轻工业	技术改造、产品研发、物流服务等
石化业	技术改造、研发设计等
有色金属	技术改造、兼并重组咨询服务

续 表

十大振兴产业	服务外包产业发展机会
电子信息	信息技术服务领域
物流业	信息技术服务、物流整体解决方案、供应链管理等

资料来源：中国服务外包研究中心。

在立足国内市场的基础之上，中国服务外包企业应巩固已打好基础的日韩市场，通过服务本国和日韩客户，来培养解决方案的能力，积累客户资源，确保领先优势。同时，努力开拓欧美市场。欧美市场是利润最大价值链高端的市场。如果国际市场过于单一，当出现经济低谷或市场抵制时，国内服务外包承接企业就会遭受惨重的损失。因此，中国服务外包企业应发展多元化的国际市场，加强在欧美市场的宣传力度，通过与具备品牌优势和拥有客户资源的国外企业合资合作来扩大在欧美市场上的认知度。

八、加强知识产权保护

知识产权保护是一国服务外包产业得以快速发展的基础，是提高服务外包产业附加值和适应高端服务委托的客观需求。我国目前对知识产权的保护力度还很不够，现实中盗版现象比较严重，还没有形成一种有效阻止侵权行为的威慑力量。我国必须大力加强对知识产权的保护，以形成服务外包产业的高附加值产品的保护屏障。首先，完善知识产权保护政策，加大知识产权保护力度。政府应积极推动建立知识产权举报投诉服务中心，加大对侵权案件的惩罚力度。同时，根据服务外包产业发展的特殊需求进一步完善有关的法律法规，制定服务外包信息保密的相关规则。其次，在签订合同时，明确双方在合作期间的知识产权归属，建立有效的信息使用控制机制。中国服务外包企业在与发包企业制订合同时，要严格规范合同的起草、谈判、审查和签署过程，在合同中明确规定服务外包过程中信息和商业机密保护的责、权、利，签订保密协议，确定使用范围。通过完善合同内容，签订相关协议，双方约定任何一方使用核心技术或商业秘密时，都不得以任何方式向第三方泄露，承接方更不能以任何方式利用核心技术或商业秘密从事本项目以外的研发活动，一旦违反合同事项，即按合同中协定的处理方法进行处理。最后，承接企业要建立完善的管理与监督机制。承接企业可以设立专门的管理和监督部门，安排专人负责知识产权的管理。同时，加强计算机网络监管，建立严格的监督管理体系。企业还应加强对员工的培训，提高员工的知识产权保护意识，通过和员工签订协议、条款等方式，对其行为进行约束，尽可能避免因人员的流动造成发包方知识产权方面的损失。

第十一章 哈尔滨市服务外包产业发展战略

第一节 哈尔滨市服务外包产业发展现状

哈尔滨市软件业起步较早，目前已拥有工大科技园、工程大学科技园、哈尔滨软件园、黑大软件园4个软件园区；哈尔滨市海外留学创业园、中俄信息产业园、黑龙江动漫基地和黑龙江省地理信息产业园4个专项园区；形成了以哈尔滨乐辰科技有限公司、哈尔滨嘉鸿科技开发有限公司、黑龙江省地理信息产业园发展有限公司、黑龙江国脉通信科技有限公司和黑大伊思特软件有限公司等企业为龙头的服务外包企业团队。伴随着20世纪90年代新一轮的产业转移，哈尔滨市服务外包产业从无到有，从小到大，现在全市有200余家软件企业，具有一定的软件产业基础。其中已开展服务外包的企业有15家，主要承接方向是欧美、日本和韩国。有3家企业通过软件能力成熟度（CMM）评估认证。服务外包业务范围覆盖通信业、医疗、金融保险、银行、科研院所等多个领域。2008年哈尔滨市被商务部认定为“中国服务外包基地城市”，2009年又被国务院批准为“中国服务外包示范城市”，哈尔滨现已成为黑龙江省重要的服务外包基地，并正努力成为全国主要的服务外包承接地之一。

一、产业初具规模

2008年全市外包业实现销售收入60亿元，同比增长20%，其中离岸外包收入3000万美元，同比增长30%；服务外包企业80家，其中28家企业从事信息技术外包、52家企业从事业务流程外包，14家企业通过了CMM/CMMI的认证；从业人员8000人，约占全省的25%；人才培养基地8个，年培养能力4000人。

2009年，哈尔滨市软件和服务外包产业为大学生提供就业岗位3000余个。2010年，哈尔滨市服务外包业发展进一步提速，从业人员有望增加到2万人，新吸纳6000名大学生就业。2009年哈尔滨市先后入选全国20个服务外包示范城市和全国7个服务外包最具发展潜力奖城市，服务外包产业发展迅速。截至2009年年底，哈尔滨市软件和服务外包企业数量达到329家，比2008年分别增长25.1%，其中被认证为软件企业并进行软件开发的“双软”认证企业达209户，技术先进型服务企业25户。当年软件和服务外包实现创收72亿元人民币，其中离岸收入6080万美元。软件和服务外包企业数量与收入的增加也提供了更多的就业岗位。截至2009年年底，哈尔滨市服务外包产业从业人员1.2万人，比 2008 年分别增长 50.0%，其中当年为大学生提供就业岗位 3000 余个。

二、园区建设加快

哈尔滨市初步形成了以市经济技术开发区服务外包示范园区为 1 个核心，省地理信息产业园、平房区动漫产业园、黑龙江联通服务外包呼叫中心示范园区 3 个专业园区、哈工大科技园、工程大学科技园、理工大学软件园、黑大软件园 4 个大学园区的发展环境。哈尔滨市现有各类服务外包产业园区 8 个，正在积极推进占地 40 万平方米、建筑面积 50 万平方米的国家级开发区服务外包示范园区建设。其中 73 万平方米的哈尔滨市经济开发区服务外包产业园现有外包企业 24 家，从业人员 2500 人，2008 年实现销售收入 1.8 亿元人民币，待一期工程建成后可容纳外包企业 80 家、从业人员 30000 人，信息产业部与哈尔滨市共建的“黑龙江省软件与信息服务外包公共服务平台”已在园区内开工建设。27 万平方米的黑龙江省地理信息产业园现有外包企业 32 家，待二期工程建成后可容纳外包企业 60 家，从业人员 8000 人，是目前国内唯一、世界最大的地理信息产业园区和国际地理信息数据重要的加工基地。投资 3 亿元、占地 12 万平方米、由 IBM 公司和哈尔滨凯纳科技公司共同开发建设的 IBM 外包服务产业园已开工建设。

三、政府积极推进产业发展

哈尔滨市政府专门出台了《哈尔滨市服务外包产业发展规划》《哈尔滨市促进服务外包产业发展优惠政策》《哈尔滨市服务外包人才培训规划》《哈尔滨市人民政府关于促进服务外包产业发展的意见》等相关文件；构建了哈尔滨经济技术开发区服务外包产业园、哈尔滨工业大学科技园、哈尔滨工程大学科技园、哈尔滨理工大学科技园、黑龙江大学软件园、黑龙江地理信息园、平房动漫产业园、中国联通呼叫中心产业园等服务外包园区。此外，市政府还积极宣传产业政策、开展招商引资、推行行业自律、搭建交流平台、启动产业统计体系，现正努力将服务外包纳入全市专项工作目标考核范畴。

2009 年哈尔滨市政策和工作环境明显改善，出台了《哈尔滨市人民政府关于促进服务外包产业发展的意见》(哈政发［2009］15 号)，制订了涉及 8 个方面的 30 条优惠政策；通过工作任务和目标分解，将 7 类 30 项重点工作任务和责任目标落实 27 个政府部门或驻哈单位；与 59 户企业、20 户培训机构签订了省、市、园区、企业（或培训机构）合作备忘录，把部、省、市共建协议中的目标落实到服务外包企业和培训机构。

四、政府资金扶持情况

哈尔滨市专门成立了服务外包产业发展领导小组，设立了服务外包专项资金和外包企业贷款担保风险备付资金。2008 年哈尔滨市 17 家企业、8 家培训机构共获得中央财政服务外包人才培训专项补贴 862 万元，市公共服务平台建设获国家专项资金 500 万元，获得黑龙江省扶持服务外包产业发展专项资金 1300 万余元。2008 年哈尔滨市作为服务外包基地城市获得 500 万元的公共服务平台建设的扶持资金。2008 年年底，哈尔滨市从发展服务外包产业专项资金中列支400万元，作为全市服务外包企业贷款担保风险备付资金，用于为符合条件的服务外包企业贷款提供担保，建立了服务外包企业贷款担保的绿色通道，提高了服务外包企业抵御金融风险的能力。黑龙江省商务厅同人民银行哈中支、黑龙江省银监局、证监局、保监局、省金融办等单位，积极落实国家即将出台的有关金融方面的政策，将服务外包产业纳入银行、信用保险机构重点扶持范围，对固定资产、抵押物和质押物不足的服务外包企业，推出符合服务外包经营特点的贷款产品和金融服务，建立服务外包融资平台；推广哈尔滨市与哈尔滨市银行合作经验，充分利用服务外包专项资金，与需贷款企业出小部分资金共同建立担保备付金，以放大7～10倍的比例，为企业融资。

五、服务外包人才培养力度加大

哈尔滨市对服务外包企业引进的高级管理人才，实施鼓励政策，补助金额按申请企业引进的高级管理人才在补助年度已缴纳的个人所得税的50%给予补助；建立软件服务外包产业基地及软件服务外包人才培养基地，经过认定的软件服务外包企业进入基地可享受一定的房租减免政策，软件服务外包人才培训费用由市软件外包服务产业发展资金和培训对象按一定比例分别承担等。2008年，认定了哈尔滨理工大学软件学院等12家服务外包人才培训和实训机构；2009年，国家商务部、教育部在哈尔滨市设立了服务外包人才培训中心，负责全市服务外包人才培训工作。目前，哈尔滨市服务外包人才年培训能力达到5000人以上。哈尔滨市将逐步建立完善服务外包企业公共软件培训工具和培训项目课件数据库、服务外包专业人才储备和需求数据库、服务外包产业统计数据库、服务外包产业政策数据库等，为服务外包企业提供更有效的公共服务。

六、服务外包市场范围不断扩大

印度知名服务外包企业IDMI公司落户哈尔滨市，美国IBM公司在哈尔滨市设立了服务外包人才实训基地；市信息产业局与英国桑德兰软件城签订了战略合作框架协议，乐辰科技公司与柯达影像集团签订了BPO项目合作协议；市服务外包产业发展领导小组办公室聘请了柯达影像集团、日本NEC公司等知名企业家为哈尔滨市发展服务外包产业顾问。2008年，哈尔滨市在岸外包业务占56.4%，离岸外包业务（即出口）占43.6%。外包合同额在500万元及以上的企业占7.7%，有42.3%的企业合同金额在101万～500万元，50万～100万元的占30.8%，50万元及以下的占19.2%。主要客户群中国国内和省内各占39.3%，国外占46.4%。在国外客户中，53.6%的业务在亚洲，欧洲占25.0%，美洲占21.5%，其他占14.3%。

七、服务外包企业初具雏形

从国家统计局黑龙江调查总队调查的28户服务外包企业看，哈尔滨市小型企业居多，占60.7%；从企业性质看，多数为私人控股企业，占82.2%，国有控股和中外合资企业各占7.1%，集体控股企业仅占3.6%；从经营情况看，私人控股企业对主营业务收入贡献最大，占全部主营业务收入的91.2%，同比增长13.5%；从企业的分布看，25户IT服务外包企业在国内设有市场和技术支持机构，8户在国外设立了分支机构。目前，哈尔滨市软件服务外包产业的主要内容是信息技术外包（ITO）和流程外包（BPO）。业务接包的方式（按合同金额计算）以直接接包为主，占78.9%，转包的占21.1%；接包的行业主要有软件业、政府部门和制造业，提及率分别为60.7%、42.9%和28.6%。在28户企业中，有27户从事ITO业务，户均主营业务收入1737.04万元，同比增长15.0%。在10种业务类型中（限选三项），提及率排在前三位的是软件开发、系统集成、应用实施，其中，软件开发占74.1%。在信息技术外包的带动下，业务流程外包也成功起步。从21户有BPO业务企业看，户均主营业务收入同比增长22.3%。在8种业务类型中，选择比重居前三位的是：研发设计业务占38.1%，客户关系管理（不包括呼叫中心）占23.8%，其他业务占28.6%。从承接方式看，完整业务过半，达57.1%。在28户企业中，有53.6%的企业软件开发模式为团队开发；28.6%的企业以个人与团队结合开发；另有17.8%的企业以工程开发为主要模式。

八、服务外包企业人才结构不断完善

国家统计局黑龙江调查总队的调查显示，2008年软件服务外包从业人员所在公司成立时间主要集中在5～12年；成立时间10年以上的企业只有4户，所占比例14.3%；其中，最长12年。平均从事软件服务外包业务时间为4.8年。专业人员从业经验5年以内居多。软件专业人员从业经验在5年以内的占79.9%，其中，工作一年的比重最高，占31.1%；从业经验在10年以上的仅占4.6%。2008年年末，28户企业共有从业人员2505人，户均从业人员89.5人，同比增长66.6%。其中，技术人员1526人，占从业人员的60.9%；管理人员255人，占10.2%。在软件服务外包产业人才中，56.3%拥有本科学历，2.6%拥有硕士学历，0.6%拥有博士学历，本科学历及以下的占40.5%。

九、服务外包企业承接业务的能力不断增强

在哈尔滨市的服务外包28户企业中，有13户企业通过了CMM/CMMI等国际认证，占被调查总体的46.4%，有4户企业计划在两年内进行CMM/CMMI认证；有12户企业通过ISO 9001认证；拥有专利13项，户均0.5个；94个软件著作权登记备案，户均3.4件。企业经营效益明显上升，2008年28户软件服务外包企业实现主营业务收入4.85亿元，实现软件外包收入2.76亿元，分别比上年增长20.1%和19.1%；实现软件业务出口1516.59万美元，比上年增长21.3%；实现增加值0.98亿元，利润总额1.04亿元，分别比上年增长13.9%和27.1%。从业人员年平均工资为2.10万元，同比增长43.9%。企业对知识产权保护意识增强。调查显示，82.1%的企业进行了知识产权保护；60%以上的企业采取“制定规章制度、员工合同签署相关条款”措施保护知识产权；仅有14.3%的企业表示知识产权、商业机密遭受过侵害。

第二节 哈尔滨市服务外包产业发展的优势与问题

服务外包产业作为经济全球化与国际产业转移的新兴主流方式，能够改善外贸结构，吸纳就业，提高劳动力的整体素质，提升产业的核心竞争力。服务外包产业发展最重要的资源是人力资本，以密集型信息为重要载体和贸易媒介的外包产业，能够扩大服务外包承接地现代服务业的产业规模，优化三次产业结构；更重要的是先进技术、管理方法以及经营方式的学习和示范效应，能够提升企业经营的效率，增强企业的市场开拓能力，优化企业产品结构，尤其是强化高信息、高技术产业价值链的增值与扩张。服务外包是地方企业发展成为国际性企业的重要契机，又是区域内部在国际市场需求推动下，产业链整体重组和架构的重要途径和方式。

一、哈尔滨市服务外包产业的优势

（一）科技教育资源基础良好

根据2008年全国50个城市科技竞争力排名，哈尔滨市在科技创新能力方面列第9位，其中科技成果数量仅次于北京、上海、天津、武汉和沈阳，列全国第6位。目前已经形成了以大学、研究所、大型企业科技力量为主，地方科技力量为辅的研究与开发体系。拥有研究生培养单位19所，大专院校36所，各类科研机构370个，全市每年专科以上毕业生超过10万人，中专、技校毕业生近10万人，能够为服务外包企业提供大量人才。同时，软件业起步较早，已拥有工大科技园、工程大学科技园、黑大软件园、哈尔滨软件园等4个软件园区和开发区创业中心、海外留学创业园、中俄信息产业园、黑龙江动漫基地以及黑龙江省地理信息产业园等5个专业园区。全市已建成5个国家级企业技术中心和19个省级企业技术中心。这些园区和技术中心已经成为发展服务外包产业的孵化器，为服务外包产业的快速发展提供了必要的技术支持和基础设施支撑。哈尔滨市强大的综合科技实力为发展知识、技术型外包业务打造了核心竞争力，成为服务外包发展的雄厚依托。

（二）工业与工程技术基础雄厚

哈尔滨市工业基础比较雄厚，是中国重要的工业基地之一，电站设备、轻型飞机和直升机、轴承、工量具、镁铝合金、抗生素原料药、亚麻纺织等产品技术水平和销量居于国内同行业前列。哈尔滨是中国重要的装备制造业工业基地之一，经过多年的发展，先进制造业基地已经形成了一定优势。水电设备、数控切割设备、包装机器人等产品占国内市场份额达50%以上，火电设备、大型量仪、微型汽车发动机等产品占国内市场份额达到30%～50%。随着企业市场竞争力的不断增强，部分企业已经开展了研发设计外包业务。2007年全市装备制造业企业研发设计外包收入约为15亿元，其中离岸外包收入约1.4亿元，哈尔滨市依托装备制造业的人才、技术实力发展服务外包产业的前景广阔。哈尔滨市的地理信息数据加工和处理技术、生物医药研发技术、包装机器人技术、电机空冷技术等在全国处于优势地位，特别是地理信息技术国内领先，现有的黑龙江省地理信息产业园是目前国内唯一、世界最大的地理信息产业园区和国际地理信息数据重要的加工基地，这为哈尔滨市开展该领域的知识管理服务外包提供了强大的技术支撑和操作平台。

（三）地缘优势明显

哈尔滨市地处东北亚地区中心位置，是欧亚大陆桥和空中走廊的重要枢纽，是我国东北部沿边开放格局的轴心和沟通南北的联结点，对东北亚、日本、韩国及俄罗斯和东欧国家经济技术合作具有重要的战略地位。哈大、滨绥、滨洲、滨北、拉滨5条铁路连通国内外，松花江黄金水道可直达俄罗斯。全球电子信息5大产业基地中的3个位于东北亚，即日本、韩国和中国台湾，这三大基地集中了世界电子信息产业总量的60%。哈尔滨市处于日本、韩国服务外包产业梯次转移的承接圈内，地域优势显著，与日、韩两国历史交往悠久，民俗、文化、语言、经济各方面有着千丝万缕的联系，并建立起了相互交流、合作的良好环境，尤其是在日语、韩国语人才培训方面，在全国具有比较优势，对日、韩服务外包方面具有明显优势。

（四）国内外市场需求优势

哈尔滨市作为国家重要的老工业基地，有相当数量的产品技术水平居于国内同行业前列。同时，在当前全省“八大经济区”建设中，哈尔滨市提出依托工业基础雄厚的优势，打造全省新型工业化示范区，进一步加大产业结构和空间布局调整力度，促进要素资源向优势、高端和新兴产业集中，形成更为雄厚的产业基础。这为今后发展知识流程外包（KPO）和合同研发外包（CRO）提供了条件。随着哈尔滨市在东北老工业基地振兴的战略下，现代农业、新型工业和现代服务业蓬勃发展，现代产业体系逐步形成，对现代服务业中的技术研发、信息处理、现代物流、金融、统计、培训等方面的需求越来越大，这为服务外包企业提供了大量的在岸外包机会。另外，哈尔滨市与俄、日、韩等国的交往比较紧密，特别是最近制订的《黑龙江省哈牡绥东对俄贸易加工区发展规划》，确定了在哈牡绥东对俄贸易加工区重点发展对俄科技合作产业、对俄服务外包产业园区的发展方向，助推了哈尔滨市对俄经贸科技合作战略升级。

（五）服务外包企业发展优势

哈尔滨工业大学软件工程有限公司因打造了一批“拥有自主知识产权、高水平的民族软硬件产品”而备受行业关注。截至2008年年底，总资产已达1.98亿元，净资产高达1.51亿元。黑龙江省海天地理信息技术有限公司主要从事空间地理信息数据加工技术的外包服务，国际项目年产值已突破500万美元，离岸服务外包成绩显著。以上两个企业入选了“2009中国100强成长型服务外包企业”。哈尔滨乐辰科技有限公司在金融危机席卷全球之时成功收购美国波士顿LCMGROUP软件企业，不但“收编”了该公司在美国和亚太地区的全部业务资源，还引入了一批高水准的人才，为哈尔滨外包企业国际化发展开创了先河。2007年哈尔滨市装备制造业企业研发设计外包收入约为15亿元，其中离岸外包收入约1.4亿元，哈药集团的新药研发外包收入接近5000万元，以此可预见哈尔滨市外包业务的发展具有广阔的空间。

(六) 哈尔滨市综合成本低廉

哈尔滨市人均收入与消费水平、用房用地，公用事业服务、食品及其他生活资料价格、物业成本及劳动力成本，均明显低于沿海和发达地区城市，较低的物价水平和人力成本，使哈尔滨市在服务外包市场竞争中，具有吸引外商发包的优势。生产成本的低廉是发展服务外包的基础，据相关资料显示，我国服务外包的劳动力成本仅为印度的70%，美国的12.5%。位于中国内陆的哈尔滨市，劳动力成本处于全国较低水平，与服务外包基地城市西安市相近。低廉的劳动力成本构成了发展服务外包尤其是发展业务流程外包 BPO 的最大竞争优势。

(七) 城市环境有利于发展服务外包

哈尔滨市建成以宽带城域主干网和光纤接入网为核心的城市光缆骨干传输网络。市主干网带宽 480G，宽带城域网出口带宽为 4 个 2.5G。2007 年，哈尔滨市固定电话用户数为 352.3 万户，移动电话用户数为 460 万户，增长 4.1%，互联网用户数已达 97.4 万户，比前一年增长了 6.7%。一是网络基础设施环境较好。作为省会城市，哈尔滨市的网络基础设施完全可以满足服务外包企业发展的需要；二是以冰雪文化为代表的哈尔滨市是国家十大最具竞争力的城市之一，随着“哈大齐”工业走廊的快速崛起和“北跃、南拓、中兴、强县”战略目标的推进，哈尔滨市的经济将愈加繁荣和稳定。

二、哈尔滨市服务外包产业发展的问题

(一) 规模小竞争力薄弱

如表 11-1 所示，哈尔滨市与第一批服务外包基地城市相比，服务外包产业规模还很小，多数服务外包企业成立于 2002 年以后，尚处于起步期，超百人的企业只有几户，多数为三五十人，国际、国内知名服务外包企业尚未落户。2005 年，哈尔滨市实现离岸外包收入 1000 万美元，同期，位居全国服务外包发展规模之首的上海市，实现离岸外包收入 10 亿美元，是哈尔滨市的 100 倍；大连市实现离岸外包收入 3 亿美元，是哈尔滨市的 30 倍；第一批基地城市中离岸外包收入最低的西安市，离岸外包收入 3000 万美元，是哈尔滨市的 3 倍，哈尔滨市服务外包发展规模处于较低水平。此外，在软件研发能力、基础设施建设、市场开拓等方面也存在很大差距。以大连市为例，大连市是国家软件产业基地、国家软件出口基地、软件产业国际化示范城市、软件人才国际培训基地。经过近几年的努力，大连市已形成了以对日软件和信息服务外包为主的国内外大公司和本地企业组成的企业集群，22 家世界 500 强 IT 企业入驻。在国际化和标准化方面，大连市有 20 多家软件企业通过 ISO 认证，有 14 家企业通过了 CMM/CMMI 的评估，其中 5 家企业通过了 CMM 5 级（全国有 6 家）。哈尔滨市只拥有 4 个软件园，规模小，基础设施建设薄弱，资金、技术、人才投入严重不足，研发能力不强。哈尔滨市外包企业资质较低，通过国际软件能力成熟度 CMMI 认证的企业只有 3 家，国际化经验不足，开发国际市场力量薄弱。

表 11-1　　2005 年哈尔滨市与第一批服务外包基地城市发展情况对比表

城　市	业务种类	接包对象	2005 年离岸收入（美元）	发展定位
大　连	ITO、BPO、呼叫中心、教育培训业务、嵌入式产品研发、多媒体等产业	日本	3 亿	中国 IT 外包中心
上　海	ITO、研发设计、呼叫中心、人力资源、金融后台和管理咨询服务	日本、欧美	10 亿	国际离岸服务外包总承接商和对内服务外包总发包商
深　圳	通信、ITO、生物医药	中国港、澳、欧美	2.5 亿	全国重要的软件外包基地
成　都	ITO、IC 设计、信息安全、数字娱乐、行业应用软件、嵌入式软件	日本、欧美	3000 万	中国服务外包之都
西　安	BPO、ITO	欧美、日本	4200 万	中国 BPO 之都
哈尔滨	BPO 中测绘、空间地理信息、保险、人力资源、电子政务、物流、会计、影视动漫、网络游戏服务及 ITO	美国 日本	1000 万	

表 11-2　　2008 年哈尔滨市与其他服务外包基地城市发展情况对比表　　单位：亿美元

城　市	重点产业	合同协议金额	合同执行金额
上　海	技术先进型服务外包、信息技术外包、业务流程外包、动漫创意外包、金融服务外包、生物医药研发外包	12.54	9.03
无　锡	技术先进型服务外包、信息技术外包、业务流程外包、动漫创意外包	9.41	7.40
南　京	信息技术、移动通信、动漫制作、医药研发外包	7.96	5.10
成　都	信息技术、数字娱乐、生物医药、金融后台、呼叫中心服务	1.13	0.57
西　安	行业应用软件研发、嵌入式软件研发；后台 IT 技术支持和业务流程外包、客户联络服务中心、数据资讯服务、电子商务、电子交易等现代服务业务	1.46	1.30
哈尔滨	空间地理信息、呼叫中心、动漫外包、信息技术外包、嵌入式软件外包	0.22	0.20

如表 11-2 所示，2008 年位列第一位的上海市服务外包合同执行金额是哈尔滨市的 45.15 倍；内陆城市西安市是哈尔滨市的 6.5 倍。哈尔滨市在软件研发能力、基础设施建设、市场开拓等方面也存在很大差距。其他发展较快的服务外包示范城市围绕人力资源培训、品牌建设、自主创新、服务外包公共平台建设等方面，经过多年的努力已经形成企业

的集群，特别在服务外包企业国际化和标准化方面取得了显著的进步。但哈尔滨市取得国际化认证的企业较少，园区规模小、基础设施建设薄弱；资金、技术、人才投入严重不足，研发能力不强；国际化经验不足，开发国际市场力量薄弱。

（二）服务外包产业集聚效应不明显

在品牌建设方面，哈尔滨市的服务外包品牌尚未形成。在资源高效配置、互补利用方面，具有不同优势的企业之间缺乏实质性的联盟合作。服务外包产业的集聚发展特别需要企业间、产业链条间重组与合作，在经营形式上体现为合同的分包与转包；在组织形式上要求有服务外包中介组织的产生与协调。政府在资金支持方面，资金的使用缺乏连续性和针对性，基本停留在一次申请一次给付，缺乏长期的跟踪监督服务机制等。哈尔滨市服务外包产业本身的发展规模较小，企业数目有限，空间布局比较分散，既不利于形成完整的企业服务体系，建立公共技术服务平台，也难以引起大型服务外包供应商的投资与合作。

（三）区域创新体系没有形成

哈尔滨市政府在服务外包产业布局上，把大学园区作为重要的产业发展的载体。哈工大科技园、工程大学科技园、理工大学软件园、黑大软件园4个大学园区作为服务外包产业的孵化基地。服务外包产业是高科技高知识密集型行业，特别需要构建“企业主体、市场导向、产学研联合、政府扶持”的区域创新体系。哈尔滨市虽然教育资源极其雄厚，但尚未形成与当地产业结构很好衔接的产业孵化模式的运行机制与利益分配机制。

（四）产业发展的外部环境尚不完善

由于服务外包产业属于高端产业，发展特别需要有优良的基础设施、环境优美的人居环境、创新的城市氛围、风险投资云集的创业环境、积极的政府支持。服务外包产业在哈尔滨起步较晚、规模较小，因此政府的重视和支持程度与外包发达城市有一定的差距。哈尔滨市是东北老工业基地的中心城市之一，在城市建设和形象塑造方面还没有摆脱计划经济时代老工业城市的历史痕迹，城市建设缓慢、整体的市场意识不强、创新的氛围尚未形成、对政府配置资源的依赖性过重、金融投资环境较差、非国有经济比重较小。当然，老工业基地振兴的契机使得生产性服务业在原有产业中的剥离与发展，形成现代化的产业体系。这也为生产性服务外包业的繁荣提供了重要的内部需求。但关键的是服务外包特色产业定位、品牌的建立、配套基础环境的建设与政府的政策支持，应该保持一致性与连续性。

（五）人才培训不足

哈尔滨市有多所国家、省、市级的重点大专院校，但受专业设置、教育方式等方面所限，培养的人才尚不能符合服务外包产业的需求。因此，目前哈尔滨市所拥有的人力资源大多是未经过职业培训的，能直接进入服务外包工作岗位的熟练技术人员很少，既懂技术又通晓外语，能对外谈判的高端复合型人才更是缺乏。由于外包企业数量少、业务纷杂，每个企业都有自己的培训特点和培训内容，难以建立统一平台集中培训，目前哈尔滨市尚未成立服务外包人才专业培训基地，这将直接影响服务外包产业的发展壮大。另外，外包人才培训不足也加重了企业的负担，据调查，员工工资及培训费用占外包企业运营成本的70%，企业的加速发展受到制约。

(六) 政府引导滞后

服务外包在哈尔滨市起步较晚，相关的产业发展战略规划目前还没有出台，制约着哈尔滨市服务外包产业的进一步壮大发展。产业发展战略规划为产业发展明确方向、确定重点、制定阶段性目标，是产业可持续发展的重要保障。相关资料显示，11 个服务外包基地城市均制定了相关的产业发展指导意见，在产业发展定位及未来发展目标上非常明确。如上海市定位国际离岸服务外包总承接商和对内服务外包总发包商；大连市定位中国 IT 外包中心；深圳市定位全国重要的软件外包基地；成都市定位中国服务外包之都；西安市定位中国 BPO 之都。上海市、大连市还把发展服务外包产业纳入了“十一五”规划。因此，政府引导滞后制约着哈尔滨市服务外包的发展。

(七) 相关政策不尽完善

服务外包在哈尔滨市尚属新事物，社会各界特别是公共管理部门在思想认识、信息掌握、政策领会、措施制定方面都比较滞后。2006 年省市政府大力提倡发展服务外包产业以来，只有科技局出台了 4 项扶持措施，开发区出台了外包企业免费入住 3 年的优惠政策，还亟待制定较系统、较完整的政策扶持措施。目前，15 个副省级城市中已有 8 个被国家确定为服务外包基地城市，而黑龙江省大庆市服务外包产业发展迅速，在政府重视程度以及相关措施出台方面均走在了哈尔滨市的前面，国家商务部已给予大庆市享受与服务外包基地城市同等待遇的特别安排。

第三节 哈尔滨市服务外包产业发展重点

一、哈尔滨市发展服务外包产业的指导思想

抓住后金融危机时期全球经济深度调整，各国间贸易深化，东北老工业基地振兴中生产性服务业激增的历史契机。坚持在岸外包和离岸外包相结合的策略，充分利用“两个市场”、“两种资源”，提高经济发展外向度，提升开放的层次和水平。以扩大在岸外包带动产业结构调整，促进哈尔滨市的工业企业转变经济发展方式；以推进离岸外包带动国际和发达地区产业转移及要素重组，激发地方经济发展的活力；坚持市场运作为主，政府积极引导的原则，大力发展非公有制的服务外包企业，优化地区的所有制结构；建立大学、企业、政府的区域创新体系，提高区域的创新氛围和创新能力，逐步培育一批具有自主知识产权、自主品牌、高增值服务能力的服务外包企业。提高服务外包企业国际化运营的能力，形成较完善的服务外包产业体系和企业集群，壮大服务外包产业的整体规模。

二、哈尔滨市发展服务外包产业的基本原则

(一) 在岸外包和离岸外包相结合

哈尔滨市既要发挥在东北亚的地缘优势，大力发展面向俄、日、韩和欧美的服务外包业务，也要聚焦东北老工业基地制造业转型生产性服务业的需求，发展在岸外包。服务外

包产业的发展需要两个基本的条件，一是具有产业基础和技术优势，能够运用现代化的通信和电子计算机技术，标准化运营的企业；二是需要足够的市场规模，支撑服务外包产业的形成。从微观层面讲，哈尔滨具有众多的工业企业和科研院所，在客观上存在发展服务外包的基本要素。从产业的中观层面看，区域原有制造业的价值链的分解与重构，服务环节的剥离成为新生企业的主营业务。但新企业的发展是否有足够的市场支撑，实现规模经济，是个关键的问题。因此依托哈尔滨市优势支柱产业的技术管理优势发展外包品牌，利用区域内自身的需求培育服务外包产业，利用区域外的资源扩大服务外包的规模。

(二) 重点扶持内企与积极吸引外企相结合

非公有制服务外包企业发展规模较大，是哈尔滨市服务外包产业发展的特色之一，也是区域经济彰显活力的内在动力。政府通过资金扶持和优惠政策支持，重点发展一批基础好、发展潜力大的企业，引导企业加快自主创新，增强承接国内外服务外包业务的能力，成为拥有自主知识产权的知名品牌企业。此外，加大外资的吸引力度，并促进外资与内企互动，将外商融入本地经济，增强其根植性。外资在服务外包方面的发展理念、专业水平与市场网络可以加快哈尔滨市与国际市场和国际标准的接轨，并通过转包与技术、知识溢出效应提升本地企业层次，推动老工业基地所有制结构的优化与经济发展方式的转变。

(三) 市场主导与政府推动相结合的原则

服务外包产业是在经济全球化背景下发展起来，并在专业化分工细化与国际化协作深化的趋势中发展壮大的。因此市场化程度的高低，直接决定了服务外包产业发展的层次和规模。目前，哈尔滨市服务外包产业尚处于初级阶段和导入期，政府的政策引导和融资的优惠扶持，可以加速新兴产业的发展。建设完善的公共服务平台，充分发挥政府在服务外包产业发展初期的推动作用。鼓励服务外包企业间的联盟与合作，促进多水平、多层次的服务外包产业链条的形成，利用现有服务外包园区企业集聚的外部性，吸引社会资源向服务产业流动，最终促进现代服务业整体竞争能力的提高。

(四) 服务发包模式与接包模式相结合的原则

服务外包产业的发展依托于服务需求增长和规模的扩张，只有不断增加的外包需求才能催生服务外包产业的发展壮大。高标准的外包需求能促使外包企业不断提高自身流程管理与技术支持的专业化程度，鼓励企业将生活性服务、非核心的生产性服务和附加值较低的生产环节发包出去，接包附加值较高的服务环节，以发包扩大产业内部需求，以接包提高效率。支持企业接包 BPO、KPO 业务，积极承接产品研发、工艺设计、管理咨询等高附加值业务，提高自身专业化水平。在培养接包企业的同时，关注对发包方的引导激励，实现释放发包市场潜在需求与提升接包企业竞争力并举，优化结构、转变发展方式，实现发包与接包融合发展。

三、服务外包重点产业选择的标准

(一) 大力开发知识流程外包业的标准

虽然目前信息技术外包（ITO）的总体份额要高于业务流程外包（BPO），但是 BPO

的增长速度却快于 ITO。在 BPO 中产生知识密集型服务外包业，就是知识流程外包业（KPO）。在传统的制造业，承载着行业领域专业的工程技术显性知识和管理经验等隐性知识，这些知识资源与信息技术相结合就可以产生跨地域交易的服务性高增值产品。在我国战略性新兴产业中，制造业的研发设计、品牌建立以及市场开拓等环节能够催生大量极具市场潜力的业务，这类服务外包业务必然成为行业利润的重要来源。

（二）重点发展生产性服务外包的标准

生产性服务业是指为保持工业生产过程的连续性、促进工业技术进步、产业升级和提高生产效率提供保障服务的服务行业。生产性服务业可以拉长传统产业的产业链条，增加产品的价值增值；可以通过专业化分工的深化和广化，降低产品成本；可以通过人力资本的提升，增强产业自主创新能力；可以通过多元化发展方式支撑产业转型和区域竞争力的提升。黑龙江省建设“八大经济区”、实施“十大工程”战略取得了重大进展，全省制订了装备、石化、轻纺、医药、冶金、建材、电子信息 7 个重点产业的振兴方案；发布了新能源、新材料、节能环保、生物、信息、现代装备制造 6 大战略性新兴产业的发展规划。因此，哈尔滨市产业优势的建立和发展决不能割裂、独立的发展，必须结合服务业产业的功能，尤其是发挥生产性服务领域内研发、设计、检测、物流等环节的重要作用，通过生产性服务业重塑一个企业的核心竞争力，重构产品价值链分布，重振区域经济的发展活力。政府必须发挥这一现代服务性产业发展的引导和支持作用，生产性服务业战略的制定和实施就显得紧迫而重要。

（三）以构建现代产业体系为目标的标准

目前，全球服务外包正以生产性服务业为主线，由传统服务领域向现代制造业、现代采掘业等领域渗透。黑龙江省在东北老工业基地振兴的国家战略下，进一步建立现代产业体系，实现优势产业振兴和新兴产业发展的重要途径之一是围绕产业优势发展服务外包业。从经济发展规律来看，现代产业体系是在经济全球化、创新网络化的背景下，以产业内企业间互动创新为基本途径，新型工业、现代服务业和现代农业互相融合、协调发展。现代产业体系以创新性、开放性、融合性、集聚性为特征，以高科技、高附加值、自主创新能力强的产业群为核心，以企业区域集聚和产业功能集聚的中心区域和重点产业为载体，市场导向与政府推动紧密结合，信息技术应用与创新网络扩散为途径，与地区传统优势产业融合的现代产业体系。深度挖掘传统产业和战略新兴产业的价值链条，在产品开发、采购管理等上游环节发展融资服务、市场咨询服务、研发设计服务、采购运输服务，增强企业控制市场的能力；在制造业生产的中游环节，发展工程技术服务、测试、质量控制服务、设备租赁、财务管理、战略咨询、法律及知识产权服务等，提升企业的经营效率；产品生产出来后的下游环节，发展物流服务、市场营销服务、品牌宣传服务、出口服务、维修服务等，提高企业产品的知名度和市场占有率。这些领域服务外包产业的发展必然推动整个现代产业体系的建立。

（四）东北老工业经济发展方式转型的标准

通过对服务外包业发展战略的研究，在产业发展初期通过政府战略制定与政策引导，加快生产性服务业的产生和有效的集聚，推动传统优势产业经济发展方式的转变，促进新兴产业的成长与创新。生产性服务业的发展是加速老工业基地转型，推进产业结构战略性调整升级，抢占新一轮国际现代服务业转移承接的制高点，促进产业链向两端延伸、价值链向高端攀升，不断提升制造业和服务业竞争力，实现区域经济可持续发展的必然选择。基于现代制造业基地发展水平和企业提高竞争力的内在驱动，区域未来对外包服务的需求将更为强劲。哈尔滨市服务外包产业的发展不是孤立的，重点产业的选择应放在东北老工业基地转型、产业结构调整和经济发展方式转变的大框架中思考，不能就服务外包论服务外包。

四、哈尔滨市服务外包产业发展重点

哈尔滨市劳动力资源丰富，劳动力成本相对低廉，发展服务外包产业的定位应以业务流程外包（BPO）为主，在已有发展态势良好产业的基础上重点发展测绘、空间地理信息处理、保险、动漫、电子政务、物流、会计、金融等业务；同时加速提升软件外包能力，配合东北老工业基地新型工业化要求，加速嵌入式软件设计研发。以黑龙江省服务外包产业联盟为依托，加速整合服务外包资源，建立服务外包示范园区和服务外包人才实训基地，重点发展欧美、日本离岸服务外包，全面发展境内服务外包，积极承接国际、国内发包商的服务外包业务转移，加速推进国际国内大型发包公司在哈尔滨市建立分公司，逐步培育一批具有自主知识产权、自主品牌、高增值服务能力的服务外包企业，提升产业层级，把哈尔滨打造成东北亚地区 BPO 中心。

（一）应用软件开发与维护

应用软件开发与维护是针对具体企业的业务流程，满足不同用户的实际应用需求，开发和运营的软件系统。应用软件是 IT 服务的基础与核心，使客户降低成本的同时获取更专业的服务和更先进的技术，有效促进产业链升级。哈尔滨市目前有 60%左右的重点监控工业企业基本实现了产品设计、生产过程和企业管理的信息化应用，这为企业发展应用软件的开发与维护、开拓业务潜能、开发创新项目、扩大业务规模、促进产业集聚提供了重要的现实基础。哈尔滨市制造业和服务业加快信息化、提升竞争力是服务外包产业发展的重要驱动因素。基于老工业基地转型广阔的信息化建设市场，应用软件将成为服务外包产业发展重点领域。

哈尔滨市加快应用软件开发与维护的基本发展思路是，要加快工业企业的信息化的进程，鼓励现有企业将应用软件的开发和运营给予专业化的部门进行开发、设计，以及后期运营的维护。通过区内需求的增加，推动现有的应用软件开发企业拓展业务的范围和领域，从软件技术性服务向生产全流程的整体方案提供上转变，增强软件提供商的供应能力，从而积极开拓区外甚至国际市场。

（二）软件运营服务（SaaS）

SaaS（Software-as-a-Service）即软件运营，SaaS 是基于互联网提供软件服务的软件应用模式。作为一种在 21 世纪开始兴起的创新的软件应用模式，SaaS 是软件科技发展的最新趋势。SaaS 提供商为企业搭建信息化所需要的所有网络基础设施及软件、硬件运作平台，并负责所有前期的实施、后期的维护等一系列服务，企业无须购买软硬件、建设机房、招聘 IT 人员，即可通过互联网使用信息系统。就像打开自来水龙头就能用水一样，企业根据实际需要，从 SaaS 提供商租赁软件服务。

SaaS 是一种软件布局模型，其应用专为网络交付而设计，便于用户通过互联网托管、部署及接入。SaaS 应用软件的价格通常为“全包”费用，囊括了通常的应用软件许可证费、软件维护费以及技术支持费，将其统一为每个用户的月度租用费。对于广大中小型企业来说，SaaS 是采用先进技术实施信息化的最好途径。但 SaaS 绝不仅仅适用于中小型企业，所有规模的企业都可以从 SaaS 中获利。

哈尔滨市软件运营服务的发展思路是，软件运营服务是信息产业中的新兴领域，扩大宣传和普及业务的运营模式是非常重要的。要充分发挥哈尔滨大学科技园区在软件人才和信息通信技术方面的优势，面向国际、国内市场开发 SaaS 项目，形成信息处理、数据加工的产业“飞地”，让更多的中小企业了解这一全新的服务模式，挖掘他们对这类服务的潜在需求。

（三）呼叫中心外包

呼叫中心是充分利用现代通信与计算机技术，如 IVR（交互式语音 800 呼叫中心流程图应答系统）、ACD（自动呼叫分配系统）等，可以自动灵活地处理大量各种不同的电话呼入和呼出业务及服务的运营操作场所。呼叫中心在目前的企业应用中逐渐被认为是电话营销中心。首先，呼叫中心能提供普通及先进的语音服务，还要进行大型数据库管理，并与企业 IT 系统有效结合。其次，建设呼叫中心面临选择设备提供商、业务集成商的难题。再次，呼叫中心“是劳动密集型的高科技产业”，呼叫中心需要具备一批知识结构复杂、技术水平很高的员工队伍。最后，呼叫中心要提高服务水平就需要对商业智能与客户关系管理系统等进行大量的投资，这些对企业的资源基础提出了很高的要求。

哈尔滨市呼叫中心外包的基本发展思路是，以哈尔滨市联通呼叫中心园区建设的硬件条件为基础，不断开拓服务外包业务领域，积极发展政府、银行、公用事业、电信、金融等行业的业务。目前，呼叫中心投资在制造、物流、零售行业中表现出了良好的增长态势，未来两年这三个行业的呼叫中心投资规模增速都保持在 35%～50%。哈尔滨市既可以鼓励现有制造企业增加呼叫中心的服务功能，又可以利用与韩国、日本邻近的优势区位，结合人力资源、文化兼容性等有利条件，同时开展境内、境外呼叫外包业务。

（四）地理信息系统外包

地理信息系统（Geographic Information System 或 Geo-Information System，GIS）有时又称为“地学信息系统”或“资源与环境信息系统”，它是一种特定的十分重要的空间信息系统，是在计算机硬、软件系统支持下，对整个或部分地球表层（包括大气层）空间中的有关地理分布数据进行采集、储存、管理、运算、分析、显示和描述的技术系统。以地理信息系统（GIS）技术为关键的信息产业发展迅猛，几乎渗透到国民经济的各个部门，GIS 产业日益呈现出专业精细化、产业分流化的理性态势，地理信息业务涉及国土、测绘、城市、公安、警务、国防、电力、水利、交通、电信、环保、航天航空、邮电、农林、地下管网、应急救灾等多个行业，以 GIS 技术为代表的空间信息技术的应用，必然产生大量细分的服务外包业务。哈尔滨市地理信息外包初步形成了以科技创新为基础，先进的地理信息技术为支撑，境外服务外包为龙头，空间地理信息数据加工为重点的地理信息产业化集群效应。

哈尔滨市地理信息外包发展思路：以黑龙江省地理信息产业园为产业发展的基地，充分发挥该园区已建立的孵化器、工程中心、重点实验室、基地为核心的科技创新和人才培养体系。跟踪地理信息应用发展的前沿领域，建设科技创新、服务创新、企业孵化的重要平台。最大化哈尔滨市在地理信息产业领域的品牌优势，利用已研发的具有自主知识产权的重大项目，继续细分行业领用和应用范围。同时，政府加强产业扶持和产业发展推介，使地理信息外包成为哈尔滨市的特色服务外包品牌。

(五) 金融外包

金融外包（Financial Service Outsourcing）是指金融企业持续地利用外包服务商（可以是集团内的附属实体或集团以外的实体）来完成以前由自身承担的业务活动。外包可以是将某项业务（或业务的一部分）从金融企业转交给服务商操作，或由服务商进一步转移给另一服务商（“转包”）。金融外包始于 20 世纪 70 年代的欧美，证券行业的金融机构为节约成本，将一些准事务性业务（如打印和存储记录等）外包。到了 20 世纪 90 年代，在成本因素及技术升级的推动下，金融外包主要集中在 IT 领域，涉及整个 IT 行业。

目前，金融外包有两大发展机遇。一是越来越多的外资金融机构在华开展人民币业务，这些机构一般倾向于设立外包服务中心。二是国内的银行从构筑核心竞争力角度出发，将非核心业务剥离，选择合适的外包商，提高自身经营效率。这些都为哈尔滨市发展金融外包提供了难得的机会，有些外包企业已经在这方面有了重要的突破。例如，哈尔滨鼎鑫数据科技有限公司就一直从事于海外市场的软件和数据服务外包业务，覆盖金融、保险、邮政、医疗等多个领域，已经和美国、加拿大和澳大利亚的 10 余家公司建立起了长年的服务外包合作关系①。

(六) 动漫服务外包

哈尔滨市发展动漫服务外包既有产业基础，又有地缘优势。截至 2009 年年底，哈尔滨市动漫基地实现销售收入 1.09 亿元，同比增长 112.7%，利税 440.24 万元，同比增长 91.8%。哈尔滨动漫（平房）产业发展基地是国家八大动漫产业联盟成员之一，是我国数字内容重要生产加工基地。基地现入驻动漫企业 138 家，有生产办公用房 4.5 万平方米，从业人员 2000 余人。目前，哈尔滨动漫产业（平房）发展基地正在建设国家文化部重点支持的黑龙江新媒体动漫公共技术服务平台。这一基地将成为国内唯一以 4D 动漫影视制作为特色、达到国际领先技术水平、可满足高端动漫制作全过程需要的“一站式”公共技术服务平台。这一基地的建设将培育出动漫与游戏产业聚集地和创意产业的核心区。

---

① 资料来源：黑龙江日报 2009 年 2 月 20 日。

（七）冗灾备份外包

企业生产经营过程中数据一旦因为存储系统遭受意外，造成数据丢失，对于企业来讲将是无法弥补的重大损失，需要专业的冗灾备份中心来承包企业的冗灾备份外包业务。哈尔滨市的自然社会环境对从事冗灾备份外包工作十分有利，是建立数字内容外包的理想地区，应积极筹建冗灾备份中心，开展冗灾备份外包业务。

（八）医药研发外包

医药研发外包服务业务已由最初的药物发现、临床前研究、药物基因组学、药物安全性评价等有限服务发展到几十项内容。包括数据管理与分析、信息学、政策法规咨询、产品研发与注册、生产和包装、市场推广、产品发布和销售支持以及各类相关的商业咨询等诸多领域。

哈尔滨市医药行业在全国居领先地位，拥有以哈药集团为龙头的一批骨干企业和哈药、三精、哈药六、世一堂等一批知名品牌。哈尔滨市医药行业的科研实力雄厚，为企业承接新药研发外包业务提供了必要的保障。

第四节 哈尔滨市服务外包产业布局

以哈尔滨市服务外包产业发展规划、土地利用总体规划、高技术产业发展规划和服务业发展规划为指引，形成“一横、一纵、重点园区”定位明确、聚集发展、优势互补的服务外包产业发展格局。

一、“一横”布局

“一横”是指以红军街、中山路为集聚带，大力发展现代服务业。充分利用现有保利大厦、玛克威大厦、松雷大厦、迪康大厦、常青大厦、齐鲁大厦、烟草大厦、奥威斯大厦、北亚大厦和黑龙江电视台旧址、省政府旧址等设施，采取政府引导的方法，充分利用现有的资源，使之成为现代服务业的聚集地。主要建设以生产和市场服务类为主的现代服务业，包括金融、物流、批发、电子商务、农业支撑服务业，法律服务、财务服务、广告、分销服务、会展服务、管理咨询、信息服务等专业服务机构。

二、“一纵”布局

“一纵”是指以大直街、学府路为集聚带，大力发展知识流程服务外包产业。该区域内有哈工大、哈工程、哈理工、哈师大、哈医大、黑大等高等院校 23 所，哈尔滨焊接研究所、中国农科院兽研所等省级以上科研机构 61 个，以及 62 个省部级以上重点实验室和 4 个国家级工程技术中心，在航空航天、机器人、动物疫病疫苗等前沿领域处于领先地位。知识流程服务外包产业需要依托大学科研的创新平台，建立起系统的人才培养体系，构建大学科研与服务外包产业创新的互动机制，打造具有国际竞争力的服务外包产业集群。

三、"重点园区"布局

"重点园区"是指以哈尔滨工业大学、哈尔滨工程大学、哈尔滨理工大学3个国家级大学科技园为服务外包产业的孵化基地。能够发展服务外包的产业，一定是在区域分工中具有优势的产业和专业化部门。哈尔滨市作为我国重要的资源和能源基地，拥有许多大型的资源、能源企业。将服务外包产业与哈尔滨市优势产业发展结合起来，必然要求知识科技创新体系的支撑。因此大学科技园就历史地承担起服务外包产业孵化基地的作用，这些园区将成为服务外包产业孵化基地、创新创业人才培养基地和科技成果研发、转化及产业化平台。

四、专业型的服务外包园区

（一）平房动漫园区

哈尔滨市平房工业园区积极打造游戏动漫产业基地，目前，已有哈尔滨智慧动画公司、哈尔滨新洋科技公司等多家国内企业入驻。美国、加拿大、日本、韩国、中国香港等国家和地区的著名动漫与网络游戏企业也纷纷表示将入驻园区。园区将着力发展动漫与网络游戏文化创意、制作传播出版业、数码产品电子信息业、商标广告业、文化旅游业及轻工业，使基地建设成为科技水平高、人才素质好、创作能力强、制造成本低、规模产量大的具有黑龙江特色的国际知名动漫与网络游戏产业聚集地。基地还与东北师大、哈尔滨理工大学、黑龙江大学等高等学府积极磋商，拟建立东北最大的动漫人才培训中心和实训基地。利用几年的时间把平房动漫园区培育成服务外包的核心区，并以此为核心逐步辐射到利民开发区和哈西开发区，形成企业特殊需要的专业化服务体系，以优良的物理环境和服务质量吸引跨国公司、国内知名企业入住园区，形成明显的集聚作用。

（二）黑龙江省地理信息产业园区

黑龙江省地理信息产业园是目前全国唯一一家以地理信息产业为运营主体的高科技园区。园区位于哈尔滨市利民开发区学院路，哈大齐工业走廊起始处，占地面积27万平方米，规划面积23万平方米。各入园企业凭借产业园区搭建的发展平台，以观念创新、技术创新和管理创新为理念，积极开展地理信息数据的生产加工和GIS产品应用研发，先后承担了多项国际合作项目，在与美国、欧洲、日本、韩国等国的合作中树立了良好的形象，通过几年来的不懈努力，已经初步形成了自己的品牌效应。国际空间数据加工业务迅速增长，到2007年年底实现服务总产值1.1亿元，离岸服务外包产值达500多万美元。此外，荷兰地理信息产业园将与园区就双方形成产业联盟进行洽谈，为园区的进一步发展做大做强奠定了基础。

（三）哈尔滨高科技园区

哈尔滨市将围绕集聚知识创新功能，聚焦区域高新技术产业发展的重点和优势领域，以区域内的哈尔滨工业大学、哈尔滨工程大学、哈尔滨理工大学、哈尔滨师范大学、黑龙江大学等高校为重点，创建一批高水平、创新型的大学校区；以国家级大学科技园建设为牵动，围绕大学校区，建设一批具有强势学科支持的科技园区、创业园区和专业孵化器，建立园区之间互相协调、联动发展机制，打造创新源头，为区域产业升级发展提供技术支撑。哈尔滨工业大学国家大学科技园成立于1999年12月，2001年5月经国家验收合格，被正式批准授予国家级大学科技园。科技园现有入园孵化企业120余家，其中以哈尔滨工业大学国家大学科技园发展有限公司参股投资孵化企业30余家。这些企业涉及计算机及通信、能源及交通、新材料及材料设备、机电一体化、建筑及环境等领域，孵化项目科技含量高，市场前景好。哈尔滨工程大学科技园在2002年被认定为国家级大学科技园，经过5年的努力，完成了全部共三期工程建设，建成了船舶大厦、军工大厦近三万平方米的科技企业孵化器、创建了近五万平方米的科技产品交易市场，构建了完善的创业服务体系，孵化了一批具有学科特色的科技成果，并使一批成果成功实现了产业化。哈尔滨理工大学科技园现有在孵企业56家及部分研发机构，主要从事光机电一体化、电子与信息、新能源高效节能、新材料等高新技术领域的产品研发与生产及高新技术人才培养。目前，通过高校集聚及政府扶持政策，利用大学及社会科技创新资源，哈尔滨理工大学科技园已实现校区、科技园区和社区联动，形成了服务于地方经济建设的创新创业平台，并带动周边高校的自主创新及创新创业人才培养。

第五节　哈尔滨市外包产业的政策支持

一、加速整合服务外包资源

整合服务外包资源、建立示范园区可以考虑分两步走。现阶段，加速对软件园和专业园进行整合，争取把留学生创业园和一街之临的经济技术开发区孵化基地培育为服务外包示范区，以乐辰科技、兰诺数码和嘉鸿科技等骨干企业为依托，加速吸引分布在园区之外的服务外包企业和新建立的外包企业入驻，初步形成示范效应和集聚效应。随着服务外包产业的发展壮大，可以选择在松北、群力等地建设东北亚BPO中心，以一流的基础设施、完善的服务体系，打造国内一流的服务外包示范园区，吸引国内外大型发包企业入驻，引导服务外包企业向示范区聚集。

二、建立服务外包实训基地

针对哈尔滨市服务外包业务繁杂的现状，可初步采取建立服务外包企业实训基地、企业与大中专院校联办实训基地以及企业与劳动部门联办实训基地3种形式培养外包人才。待示范园区建成，可在园区内设置专门的培训场所和设备。企业实训基地可选择培训经验丰富的乐辰科技、嘉鸿科技、兰诺数码等龙头企业。培训院校可选择专业对口的哈尔滨工程大学、哈尔滨理工大学、哈尔滨师范大学、哈尔滨商业大学、哈尔滨工程学院、黑龙江大学、黑龙江科技学院、哈尔滨高等测绘学校、东方学院、华夏学院以及哈尔滨经济贸易职业中专等院校。校企合作培训可采用3.5年（或2.5年＋0.5年）的企业实践模式。在资金扶持方面，政府可给予承担培训的企业、院校一定的补贴。

三、充分发挥行业协会作用

行业协会作为市场经济的一种新型组织形式，在推动产业发展方面的作用日益突出。哈尔滨乐辰公司是黑龙江省服务外包产业联盟的理事长单位，联盟中哈尔滨市企业占90%，重视并重点扶持黑龙江省服务外包产业联盟，对哈尔滨市服务外包产业发展壮大意义深远。一方面，要建立健全行业协会的内部组织管理机构，建立科学高效的内部运行机制；另一方面要积极扶持行业协会开展市场调查、咨询评估、技术交流、行业自律、政策研究和投资促进等服务，不断拓宽业务范畴，使其真正成为黑龙江省、哈尔滨市服务外包产业发展的桥梁和纽带。

四、加速培育服务外包业人才

为抓住服务外包业国际转移所提供的历史机遇，哈尔滨市更需要采取切实措施来配备人力资源。为此要充分地利用发达国家的知识、信息资源和教育专门技能，鼓励外资在哈尔滨市开展专门教育，加速培育实用型现代服务业紧缺人才。要下大力气突破复合型中高端人才和实用性技术人才短缺这一制约哈尔滨市服务外包产业的瓶颈，采取综合措施加快这一进程。一是加强教育体制改革，在大中专院校设置创新课程，大批培养具备应用能力的软件和服务外包人才。二是搞好专门人才培训工作，继续在商务领域人才培训资金中，安排服务外包公共培训专项资金，实施“千百十工程”人才培训计划。服务外包公共培训专项资金主要用于支持大学生增加服务外包专业知识和技能，鼓励服务外包企业新增大学生就业岗位，对尚未就业的大学毕业生以及服务外包企业新入职员工进行培训，力争在5年内培训5万承接服务外包所需的实用人才，吸纳4万大学生就业，有效地解决服务外包产业人才短缺和大学生就业问题。服务外包培训内容主要包括：服务外包企业人才订制培训、从业人才资质培训、国际认证培训、对外承包工程和劳务输出等具有比较优势的项目。

五、加大服务外包推介力度

哈尔滨市服务外包企业规模较小，在拓展业务和对外交流方面较薄弱，应采取各种方式加强对哈尔滨市服务外包产业的宣传推介，积极为服务外包企业搭建对外交流平台。首先，加大定向招商力度。一是要走出去，积极组织企业参加国家及地方政府组织的海外服务外包专项拓展活动，寻找离岸服务外包的商机；二是要请进来，由政府及企业出面邀请知名服务外包企业到哈尔滨市考察商业发展环境，通过各项优惠政策措施，吸引更多的企业来投资发展服务外包业务。三是建立以英、日语种为主的服务外包信息网站，宣传介绍服务外包的比较优势、发展现状及相关企业，同时与中国服务外包信息网站以及省市政府网站、软件园网站建立链接。四是加强与各基地城市的经验交流，认真探索承接服务外包发达城市产业梯次转移的途径。

第十二章　大庆市服务外包产业发展战略

第一节　大庆市服务外包产业发展现状

2007 年 12 月，大庆服务外包产业园被国家商务部、信息产业部、科技部批准为“中国服务外包示范区”。2009 年 1 月大庆市被国务院批准为中国服务外包示范城市。大庆市服务外包示范城市排名由最初的第 19 位上升到目前的第 11 位，已经形成以油化行业软件开发及技术服务为特色的服务外包园。受大庆市工业城市效应的影响，园区重点建设石油勘探、地质测量、油化行业相关软件开发及技术服务外包，此外还涉及数据库处理、图像扫描、软件开发、动漫制作、呼叫中心、信息技术服务等外包业务。目前大庆市服务外包园区拥有中国 BPO 十强企业——大庆华拓数码，COSEP 中国软件进出口工程百强企业——明达韦尔等服务外包企业。大庆纳奇网络等企业已经打入法国、美国、日本、加拿大、德国、中国香港等地市场。截至 2009 年年底，大庆服务外包产业园外包企业 223 家，主营业务收入 52.3 亿元，比 2008 年增长约 15%，占大庆市 GDP 比重约 2.5%，其中离岸业务产值达 3.72 亿美元。

在人才培育方面，在大庆服务外包产业园内建立 2000 平方米公共人才培训场所，配齐培训设施，为企业培训人才，建立了服务外包人才培训支撑平台。2008 年，共投入资金 1346 万元人民币专项资金，用于服务外包人才培训平台建设以及人才培训。

在政府工作运行机制方面，成立了由市长任组长的服务外包产业工作领导小组。市发改委、信息产业局、财政局、科技局、人事局等成员单位发挥职能作用，形成了合力推进的运行机制。

大庆市服务外包产业的发展规划和目标是：着力打造一个品牌、建设一个基地、发展四个园区。即一个石油石化服务外包特色品牌，一个人才培训基地，以及石油石化外包园、大庆服务外包园、大庆软件园和黑龙江软件园四个园区，推动服务外包产业成为高新技术产业和现代服务业的主导产业。

一、大庆市服务外包产业发展的优势

调整产业结构、发展接续产业，是作为资源型城市的大庆市转型的核心。目前大庆市除石油和石化产业外，第三产业尤其是现代服务外包产业已孕育出勃勃生机。国家把发展服务外包产业作为转变经济发展方式、提高对外开放水平的重要内容，制定和实施了优惠政策促其快速发展，这为大庆市优化、提升产业结构，实现可持续发展提供了重要契机。

大庆拥有历史最悠久、规模最大的油田，石油工程技术领先并具有较强的技术支撑体系，具有一批石油技术服务外包骨干企业，有直接的市场基础，低廉的商务运营成本，人力资源相对丰富，这些都是大庆市服务外包产业发展的自身竞争优势。

（一）石油工程技术领先

在石油工程技术服务方面，已为中亚、东南亚、南美、北美、中东、北非等区域的20多个国家，提供了勘探、测井、录井数据采集、处理、解释以及钻井、完井工艺设计和采油技术等外包服务。在软件开发与信息处理方面，已为国内外石化、教育、审计、医疗、娱乐等行业提供了生产过程自动化控制、仿真模拟、工艺优化、生产管理、影像、游戏等方面的软件开发服务，还为澳大利亚、英国、美国、中国香港等国家和地区提供了数据录入、图文处理等信息处理服务。不仅如此，金融保险商业后台支持、管理咨询、设计制作、人力资源及财务代理等专业服务外包也有一定的发展。以石油工程技术服务为主导，软件开发与信息处理、专业服务等行业为两翼的服务外包产业发展格局已初步形成。

（二）较强的技术支撑体系

大庆市服务外包还构筑了较强的重点技术支撑体系。大庆油田开发建设以来已累计取得科技成果6900多项。大庆市在软件开发、工程设计、工业控制系统方面有大量的科研院所、研究人员和中试基地，研发实力雄厚，已形成了完善配套的产学研一体化发展体系。目前，大庆市从事软件开发系统集成注册企业400多家，29家企业通过了软件企业资质认定，6家企业通过了系统集成资质评审，登记软件产品48个，1家企业通过CMMI 3级评估，形成了一批有自主知识产权的软件产品。其中，三维公司的力控平台、医院管理系统，同创公司的同庆教育系列软件在本行业中具有领先优势，金桥公司、澎汇公司的石油石化专用软件在石油石化行业获得广泛应用，华创公司的审计软件通过国家审计署在全国推广。

（三）低廉的商务运营成本

大庆市电力供应丰裕，电网供应能力312万千瓦，用电最高负荷154万千瓦，电力富余50.6%，电价相对较低。大庆土地资源充足，市区面积5107平方千米，已规划的哈大齐工业走廊大庆项目区总规划面积340.86平方千米，目前还有252.7平方千米土地可以利用，不存在征地矛盾和用地限制。与国内大中城市相比，大庆市的地价和房租相对比较便宜，地价约为北京和上海的1/8、大连的1/4，房租约为北京和上海的1/10、大连的1/5。同时大庆市城市生活指数较低，生活成本比北京、深圳、上海等城市低30%左右，专业技术人员的薪酬水平也比北京、深圳、上海等城市低30%以上。由于人力成本和场地成本占服务外包产业成本的绝大部分，因此大庆市发展服务外包产业的商务运营成本较低，具有较强的竞争优势。

（四）具有一批石油技术服务外包骨干企业

大庆市培育形成了大庆石油管理局钻探集团、大庆油田工程技术有限公司等一批石油技术服务外包骨干企业，2007年承接境外服务外包项目15个，实现收入6亿元。高新区大庆软件园和服务外包产业园目前有金桥信息、华创通软、三维软件、拓普科技等服务外包企业 70 家，2007 年实现产值 6 亿元。其中，服务外包的龙头企业华拓数码是国内较大的数据处理公司，现有员工 1700 多人，2007 年实现产值 7500 万元。目前，全市营业收入超亿元企业 3 家，超千万元的企业 12 家，服务外包的骨干企业群初具规模。

(五) 人力资源相对丰富

大庆市高等教育和职业教育体系完备。东北石油大学、黑龙江八一农垦大学、大庆师范学院、哈医大大庆校区、大庆职业学院等 7 所高校，学科范围涵盖理、工、经、法、文、教、医、农、管、艺等 10 个门类，共设置专业 215 个，拥有教师 5009 人，在校生 7 万多人，每年毕业学生近 2 万人，其中计算机、自动化、电子、管理、财务、外语等与服务外包相关专业毕业生 7000 多人。全市共有职业教育机构 165 个，教师 2604 人，设置专业 101 个，在校生 2.7 万人，每年毕业学生近万人，其中与服务外包相关专业毕业生 3000 多人。

(六) 资源型城市转型的有力政策环境

资源型城市转型可以分为产业转型和城市功能转型，产业转型是资源型城市转型的核心，没有产业转型，资源型城市转型就失去了载体。但产业转型是需要资金投入的，大庆市政府在支持服务外包产业发展的优惠政策中明确提出要设立大庆市支持服务外包产业发展专项资金，每年从市级财政中安排不少于 3000 万元用于支持和鼓励服务外包产业的发展，所涉及的配套资金和各种奖励、扶持、补贴、补助均在专项资金中列支。同时，国家宏观政策也为大庆市发展服务外包提供了良好的背景。商务部 2006 年开始启动了承接服务外包的“千百十工程”。国家创造有利条件，全方位地承接国际服务外包业务，不断提高服务价值，实现 2010 年服务外包出口额在 2005 年的基础上翻两番。

二、大庆市服务外包产业发展的劣势

大庆市以石油工程技术服务外包为主导，软件开发服务外包和信息处理服务外包为两翼的核心发展体系，已形成了一定优势。但在全国 20 个服务外包示范城市中，与北京、上海、广州、深圳等先进服务外包城市相比，大庆市服务外包产业发展仍存在一些问题。具体表现在：服务外包企业规模小且业务集中于低端环节、高端人才严重匮乏、对外包服务产业的认知程度不高，服务意识淡薄、区域劣势比较突出、商业环境不佳，本土需求少、服务外包产业链发展不均衡、服务贸易发展基础薄弱等方面。

(一) 服务外包企业规模小且业务集中于低端环节

目前，大庆服务外包企业绝大多数是小企业，多数企业员工数量低于 50 人，有些小企业的员工人数还徘徊在个位数以内。截至 2009 年年底，园区从业人员仅 1 万余人，企业平均员工 44.3 人，只相当于大连市服务外包企业平均员工的一半。园区企业承接业务分散，没有形成规模经济效应，不具备持续开发项目所需的规模与手段，多数企业缺乏专业技能和国际市场经验，具有品牌认证的企业更是凤毛麟角，由此导致产业竞争力不强，缺乏能够参与全球竞争的大型 ITO/BPO 企业。目前，大庆市的外包企业还没有办法承接超过百万美元的外包订单。另外，大庆市主要承接的还是来自日本的软件外包项目。这些项目一般由日本企业先承包下来，然后经过分解之后，将其中技术含量较低、人工需求量较高的加工型业务转包出去，因此，大庆市的服务外包业务仍集中在低端环节。

（二）高端人才严重匮乏

尽管大庆市接受过高等教育的人力资源比较丰富，但大庆市人才结构不合理，具有从事服务外包业务能力的人才总体匮乏。具体表现在中层程序开发人员相对较多，而高端人才严重匮乏，如项目管理人员、技术领导者、数据库管理员、系统设计师和高级开发人员等。同时，由于承接国际大型项目较少，实践经验不足，不能建立有效的人才培养机制，人才流失严重。此外，能够熟练运用英语交流的人才资源短缺，远远不能满足大庆市服务外包产业发展的需要。

（三）大庆市区位劣势比较突出

区位条件为产业发展提供基础条件，影响生产要素的流动。第一，大庆市区位条件较差。大庆市是20个服务外包示范城市中最北端的服务外包基地，没有珠江三角洲制造业的优势；没有上海、北京极其发达的第三产业基础；也没有大连、烟台等濒临日本、韩国的地缘优势。第二，大庆市与经济发达城市对接缓慢。大庆驶往大连、北京等铁路列车频次较少，驶往珠三角地区需要中转换乘。目前只有通往北京、上海、广州、杭州、青岛、成都、西安和海拉尔的航班，国际航班尚未开通。第三，大庆市交通成本较高。出租车、公交、火车和飞机费用都高于省会哈尔滨，并且供不应求。第四，大庆市信息流通慢。大型国际会议、行业会议、高科技产业年会、科协年会等高端信息会议很少在大庆市举办，信息资讯不灵通。

（四）商业环境不佳，本土需求少

服务外包发包方以大规模企业为主流，大规模企业普遍集中在商业环境好、服务业发展程度高的城市，并且发包企业首选本地区或邻近地区接包企业承接服务项目。对于综合优势不足的大庆市而言，本土企业的发包需求成为服务外包企业承接项目的重要源头，也是服务外包产业可持续发展的基石。大庆以石油工业著称，企业种类相对单一，贸易往来项目比较单一，企业数量相对较少，企业规模普遍偏小，商业发展背景比较短暂，服务业基础薄弱，现代服务业发展缓慢。这些因素使得承接国内外发包方的服务项目面临挑战。

（五）服务外包产业链发展不均衡

服务外包产业链中的需求方（其中绝大部分属于服务业的范畴）是服务外包发展的基础，是刺激服务外包业壮大的内需载体。因此，服务业特别是现代服务业的发展环境直接影响着服务外包产业的发展前景。目前，大庆市服务外包产业链不均衡发展体现在需求方发展不平衡。首先，大庆市服务业不发达。2009年，大庆油与非油经济比例为56.8∶43.2，第三产业增加值占本市GDP的14.6%，而工业产业所占比重81.6%，第三产业发展仍处于落后阶段。此外，生产型服务业发展缓慢。良性的第三产业壮大应该以生产型服务业为根基。一方面，大庆市生产型服务业多围绕油化行业，从事科学研究、技术服务和地质勘察行业的占大部分，集中在工业企业内部运营，以主管部门或是政府垄断形式体现，很难在自由市场空间中与非公有制经济主体公平竞争。另一方面，现代服务业，如信息技术、金融、人力资源、市场营销等现代服务业发展势力薄弱，限制服务外包产业发展。

（六）服务贸易发展基础薄弱

作为资源型内陆城市，大庆市经济偏重石油、石化产业，服务业发展先天不足，总体发展水平偏低。虽然不断调整产业结构，但仍存在传统服务业比重大、现代服务业不发达、服务企业规模小、核心竞争力不强等问题。此外，对外招商引资虽有较大突破，但服务业领域引进外资项目偏少，结构问题突出，传统产业多、新兴产业少，立足内需多、出口创汇少。而金融保险、分销服务、旅游服务、研发服务等领域更少有涉及，对服务贸易出口的带动作用小。

第二节　大庆市服务外包产业发展重点

服务外包产业作为现代高端服务业的重要组成部分，具有信息技术承载度高、附加值大、资源消耗低、环境污染少、吸纳就业能力强、国际化水平高等特点。在新一轮世界产业结构调整中发挥着越来越重要的作用，正在成为经济发展新的增长点。大庆市委、市政府提出将服务外包产业作为发展接续产业的重点进行培育，并以此来推动大庆市向资源型城市转型。

大庆市的经济结构中，石油石化产业的比重很大，而石油石化产业链中的服务外包需求也很大，这在全国是独一无二的。大庆市服务外包产业起步仅 3 年多，但通过石油石化龙头产业的带动效应，取得了快速发展。因此，应借助于当地的石油石化产业优势，通过政策引导，促进本地石化企业与服务外包企业的合作，提高对本地服务产品的采购份额，完善本地的石油石化 BPO 服务外包。

充分发挥大庆市企业运营成本低廉、人力资源相对丰富、电力通信设施完善等明显优势，针对国内外石油石化、金融保险、商业物流、出版零售、影视娱乐、管理咨询等行业，重点发展行业应用软件（石油石化、审计、教育、医疗、娱乐等）、嵌入式系统、呼叫中心、游戏动漫、数据处理、金融服务、基于互联网的综合性服务等服务外包业务。

一、石油石化行业外包

石油石化行业服务外包在大庆市是客观存在的，大庆油田每年的外协项目资金投入（即服务外包）都有数亿元人民币，具备一定的服务外包市场基础，随着数字化油田概念的提出，全国各大油田都在这方面进行了大量的资金投入；同时，随着国际原油价格的上涨，石油企业利润空间增大，相应在科研、数字化油田方面的投入也在逐年增加，石油石化行业的服务外包市场还会逐渐放大。因此，石油石化行业是一个巨大的服务外包市场，必须对石油石化行业服务外包进行战略性定位，使其成为发展大庆市服务外包产业的优势业务和重点领域。

(一) 信息数据外包

围绕大庆油田市场，积极开展基于地质制图、数据分析、地震解释、勘探开发、实时数据库分析等服务型应用软件的服务外包工作。石油石化行业应用软件独显特色。德瑞克软件公司的勘探开发绘图软件、拓普公司的油藏描述软件、澍汇公司的测井软件、明达维尔公司的录井软件等石油软件享誉中外油田。金桥公司的实时数据库及监控软件、流程行业控制及生产管理软件等处于行业先进水平，拥有国内60%的市场份额，2008年营业收入达1.2亿元。华创公司减少二氧化硫排放硫磺回收装置控制系统应用后，使排放低于国家标准1/3以下，每年向大气中减少排硫量165吨（即增产硫黄165吨）、节约蒸汽4000吨，取得良好的社会效益和经济效益。三维公司的“力控”监控组态软件在石化企业有广泛的应用。目前，中国软件行业协会下属唯一的油田勘探开发应用软件分会已落户大庆市。

(二) 技术服务外包

充分发挥资源优势，依托大庆石油石化产业基础，加快发展以石油勘探开发和石化生产数据采集处理、工程设计、自动化控制等为重点的石油石化技术服务外包。大庆油田的油藏勘探解释外包，每平方千米的解释处理价格高达几万元人民币，而每年的解释需求量就高达7000～8000平方千米。以石油石化产业为依托，大庆市企业承接的国内外石油石化技术服务外包项目众多、金额高。据不完全统计，大庆油田2008年涉及ITO的项目共72项，金额合计1649.5万元人民币；大庆油田相关企业在国内外承担的大量油田勘探、开发等石油工程技术服务业务，每年服务性收入约100亿元人民币；据测算，其中约40%为服务外包项目。

二、嵌入式系统服务外包

根据IEEE（电气和电子工程师协会）的定义，嵌入式系统是“控制、监视或者辅助装置、机器和设备运行的装置”。嵌入式系统服务外包是软件和硬件的综合体的服务外包，还可以涵盖机械等附属装置的服务外包。以应用为中心、以计算机技术为基础、软件硬件可裁剪、适应应用系统对功能、可靠性、成本、体积、功耗严格要求的专用计算机系统的服务外包。

嵌入式系统发展潜力巨大，重点发展应用于石油石化行业的仪器仪表及控制系统、医院物流传输系统、夜视安防监控系统、电力控制系统、半导体照明系统、通信配套系统及电子显示屏等嵌入式系统。三维公司的医院物流传输系统为国内首创，包括解放军301医院在内的近百家医院都在使用该产品；朗墨光电公司的远距离激光夜视仪技术指标国际领先，可在夜间无光源条件下看清3千米远的目标，而成本仅为国外同类产品的1/3，主要用于油田、航海、公安、交通、防汛防火等领域的监控，市场前景广阔。

三、金融服务外包

金融服务外包是指金融企业持续地利用外包服务商（可以是集团内的附属实体或集团

以外的实体）来完成以前由自身承担的业务活动。外包可以是将某项业务（或业务的一部分）从金融企业转交给服务商操作，或由服务商进一步转移给另一服务商（即“转包”）。

大庆市华拓数码科技有限公司在大庆高新区服务外包“十二五”发展座谈会上，进一步明确了企业的发展目标：成为中国第一家专注于金融服务外包的上市企业。主营业务方向也由发展之初的基础性外包业务重新定位为金融业务流程外包、金融产品营销外包、金融人才外包3大主营业务方向。围绕着公司的发展目标和市场定位，华拓数码计划在未来5年内将公司现有服务外包业务定位在金融业的信用卡业务、中后台集中业务、个人信贷业务、客户联络中心建设等领域。

四、软件开发服务外包

软件开发外包就是一些发达国家的软件公司将他们的一些非核心的软件项目通过外包的形式交给人力资源成本相对较低的国家的公司开发，以达到降低软件开发成本的目的。软件外包基于比较优势产生的国际产业分工理论，来源于价值链分解。软件外包产生于价值链的低端，属于缺乏创新性的活动，已成为软件行业全球化生产的重要实现方式。众所周知，软件开发的成本中70%是人力资源成本，所以，降低人力资源成本将有效地降低软件开发的成本。

大庆市应发挥人力资源成本低廉的优势，全方位、多层次承接软件开发外包。重点发展流程控制和管理、组态监控、自动控制和工艺优化以及物流管理、财务审计、教育娱乐、石化医疗等行业应用软件开发与维护，发展IT基础设施及研发服务外包。华创公司开发的Smart Audit审计系列软件为国家审计署指定推广产品；红光科技公司的多维汉语教学系统获联合国教科文组织高度评价并被选为国宾礼品；普华科创公司、柯润爱森公司等企业开发的ERP管理软件在石油石化领域广泛应用，提升了行业管理水平和工作效率；金卫兆通公司的心脏综合数字化医疗系统在解放军301医院、协和医院等多家医院应用；纳奇网络有限公司自主开发的逐鹿中原游戏享誉全国，注册用户已达1.6亿，实际使用用户200万户，最高同时在线人数40万人；三维公司的监控组态软件成功应用于“神五”和“神六”飞船的燃料注入系统。

五、动漫制作服务外包

大庆市《动漫企业认定管理办法（试行）》政策的颁布，促进了动漫服务外包业的发展。占地面积30.3万平方米，集动漫、数字传媒、数码设计、文化艺术创造及交易4大产业于一体的大庆文化创意产业园已初现雏形，为动漫产业的发展提供了有利平台。园区落成后将吸引大量动漫企业入驻，到2011年，园区预计实现销售收入20亿元。文博会的开展和园区的建设，为动漫产业的发展、品牌的培育、平台的打造、人才的集聚创造了良好的环境，也为大庆市文化产业的快速发展提供持续动力。由大庆市盛源文化传播有限公司创作的动画片《大志有话说》已经在中央台播出。该公司生产的动画片年产量8000多分钟，居东北三省前3位。同时，大庆市纳奇网络开发有限公司自主研发的游戏，早已打入日韩和欧洲市场。这些成绩都印证着大庆市动漫产业已经步入“快车道”。

六、呼叫中心服务外包

呼叫中心（Call Center）是由成组制坐席员或公司的业务代表通过集中进行电话呼入处理和对外呼叫联络的方式与产品用户联系服务的一个专门系统。呼叫中心外包广泛地应用在市政、公安、交管、邮政、电信、银行、保险、证券、电力、IT 和市场行销等行业以及所有需要利用电话进行产品行销、服务与支持的大型企业，是服务于各行业的信息集散平台，是信息时代最具发展前景的网络商务形式，是最具成长性与战略性的全球第六大媒体，使企业的客户服务与支持和增值业务得以实现，并极大地提高了相应行业的服务水平和运营效率。

呼叫中心服务是大庆市服务外包园和大庆市政府重点关注的服务外包产业，大庆百呼百应呼叫中心建成后，将是东北第一家以专业提供呼叫服务外包为主的呼叫中心，将大大弥补大庆市呼叫中心市场的空白。坐席人员将达到 160 人，第一年在职人员和外派外包人员总数 300 人。呼叫中心已经建立专业的呼叫人才储备数据库，预计 2 年以后呼叫人才的储备将达到 2000 人，年呼入呼出次数将达到 1000 万次，将为近百家企业提供服务，每年将解决千人的就业问题。

七、数据加工服务外包

数据加工是人力密集型的外包服务，虽然其在服务外包的产业链低端，但可以大量地解决就业问题，尤其是初级人才的就业。其管理模式、外包经验仍适合各外包领域。

大庆华拓数码科技有限公司（M&YCHINALTD）是一家承接数据加工外包的专业服务供应商，在国内外拥有庞大的客户群体，国外客户有：AC 尼尔森公司、美国时代华纳、英国 EDM 公司、柯达—澳大利亚公司等；国内客户有：交通银行、香港汇丰银行、深圳发展银行、太平洋保险等，国内外客户总数超过了 150 家，还是 2008 北京奥运会独家票务处理服务提供商。业务领域涉及金融、保险、物流等 8 大行业。华拓的数据加工服务提供了第一手的服务外包经验；解决了大量的就业问题；提高了大庆市服务外包产业的知名度。

八、基于互联网的综合性服务外包

基于互联网的综合性服务外包，是指在应用互联网的基础上发展的信息服务、接入服务、游戏运营、网络内容服务、电信增值服务、电子商务、云计算服务等服务外包。

基于网络技术的信息服务业异军突起。翼开信息技术有限公司的 GPS/GPRS/GIS 卫星定位系统和车辆调度指挥系统提升了城市信息化水平；塞力生网络信息咨询公司的全国道路运输信息服务系统覆盖全国；佳维网络科技有限公司开发运营的大庆人才网、龙跃科技公司开发运营的大庆房产网等地方行业网站都具有较强的影响力，久久网络科技有限公司、城库信息技术有限公司等一批网站建设和网络推广企业极大地提高了黑龙江省的信息化水平。

第三节　大庆市服务外包产业布局

承接国际服务外包企业通常集中分布在特定聚集区内。天津、昆山、苏州、大连等经济技术开发区的产业结构表明，无论开发区规模如何，支撑开发区发展的主导产业都是一枝独秀的特定行业。一个地区的产业定位越清晰，目标越集中，效果就越好，发展就越快，竞争力就越强。因此，大庆市服务外包产业的发展，必须坚持“立足自身实际、发挥比较优势、突出优化特色”的原则，着力抓好以石油工程技术服务为主导，软件开发与信息处理和专业服务为两翼的服务外包产业的发展，高标准的建设和完善大庆软件园、黑龙江软件园、大庆高新区服务外包产业园和石油工程技术服务园 4 大服务外包专业园区，积极培育骨干和龙头企业，全力打造具有大庆特色和核心竞争力的服务外包品牌，努力把大庆市建设成为中国北方重要的服务外包产业基地。

大庆市服务外包产业布局示范区东部以国家高新技术产业开发区为中心，包括大庆软件园、黑龙江软件园和大庆高新区服务外包产业园；西部以石油大企业为依托，建设石油工程技术服务园。大庆服务外包产业园、大庆软件园、黑龙江软件园、石油工程技术服务园，是大庆市服务外包业的四个核心载体。这几年，随着政府对园区建设投入的逐年加大以及良好的政策指引，上海浦东数字平台等不少沿海的大型服务外包企业纷纷落户“四园”，业务领域也从最初的石油石化、金融保险、商业物流拓展到影视娱乐、管理咨询等 20 多个行业，涵盖了软件开发、数据处理、动漫制作、呼叫中心等数十项业务，与欧洲、澳洲、非洲和亚洲在内的 20 多个国家和地区建立了长久的业务往来。

一、大庆软件园

大庆软件园，位于大庆高新区主体区，毗邻东北石油大学、黑龙江八一农垦大学、大庆应用技术研究院等教育科研机构。大庆软件园地理位置优越，园区环境优美、人文文化氛围浓郁、网络环境优越、商务成本低廉、非常适合软件企业的创业和发展。

（一）建设情况

大庆软件园 2002 年开工建设，占地面积 8.4 万平方米，建筑面积 5 万平方米，2003 年 9 月份企业开始入驻，2004 年 9 月国家科技部批准大庆软件园为黑龙江省唯一的“国家级火炬计划软件产业基地”。该园区已于 2006 年建成并投入使用，今后重点是做大做强现有企业，引进建设知名软件开发企业，承接软件开发和信息处理服务外包。到 2010 年，力争园区企业总数达到 50 家，实现总收入 10 亿元。

（二）产业发展

经过几年的建设和培育，软件园在以下几个领域发展迅速：一是石油石化行业应用软件显出本地特色。拓普公司的地质绘图与数据分析软件、金桥公司的实时数据库分析系统及组态软件、华创公司的流程控制软件、三维公司的监控组态软件等在石油石化行业获得广泛应用。二是数据加工和图文处理具有竞争优势。本地开展这类业务具有明显的低成本优势，华拓公司的数据处理业务已从国外延伸到国内。三是数字设备及嵌入式系统发展潜力巨大。以朗墨光电公司的远距离激光夜视仪、三维公司的医院物流系统等为代表的嵌入式系统已占领本行业的大部分市场。四是管理、娱乐及其他行业应用软件（如审计、教育等）稳步发展。华创公司的审计软件通过国家审计署在全国推广，红光科技公司的多维汉语教学系统获联合国教科文组织高度评价，普华科创公司的人力资源管理软件在石化总厂应用。金卫兆通公司的心脏综合数字化医疗系统也已在解放军301医院、协和医院等多家医院应用。五是信息服务业异军突起。塞力生网络信息咨询公司的全国道路运输信息服务系统、网安测评公司的语音短信平台等也已投入运行。

(三) 企业情况

目前软件园共进驻企业180多家，其中高新技术企业51家，28家企业和50个软件产品通过双软（软件企业和软件产品）认证，承担国家863计划3项、火炬计划17项，26家企业通过ISO 9000系列认证。大庆三维集团、大庆开发区华创电子有限公司、大庆金桥信息工程技术有限公司等3家企业被科技部认定为国家火炬计划软件产业基地骨干企业。

(四) 公共服务

大庆软件园设立了专门服务机构——软件园管理办公室，为企业提供项目申报、房屋物业、网络服务、资源共享、商务设施等服务。由国家科技部资助建设的软件技术公共服务平台已投入使用，向企业开放软件工具库、构件库、源代码库中的内容及提供人才招聘、项目和信息发布、服务器空间和服务器托管等服务。

二、黑龙江软件园

黑龙江软件园位于大庆市萨尔图空港经济园区。“黑龙江软件园”开发项目是黑龙江省2008年重点推进的200个重大项目之一，也是黑龙江省“哈大齐工业走廊”开发建设项目。

(一) 规划建设情况

黑龙江软件园占地6.46平方千米，建筑面积369万平方米，计划总投资59亿元。规划设计形成以教育培训区、生活服务区、行政办公区、软件产业区“四个分区”的主空间结构。教育培训区——主要以软件学院和信息技术学校为主体进行软件人才教育，按整体进行综合规划设计，整体规划建设面积55.69万平方米。生活服务区——居住用地为60.93万平方米，占分区建设用地的9.44%。居住用地组成：住宅用地、居住区级和小区级公建用地、公共绿地、道路广场用地。行政办公区——根据分区规划的结构和用地布局、城市道路等因素，行政中心布置在北一街的北、滨湖路西侧占地面积约8.93万平方米，在行政中心将规划建设综合办公建筑，东面设文化广场，占地6.10万平方米，广场内布置绿化带、花坛、喷泉、雕塑等建筑小品及停车场和群众集会广场。软件产业区——在规划区东南区域规划占地315.27万平方米。产业区内要求布置无污染、低能耗（软件研发、信息交换、程序处理为一体）的高科技一类工业生产项目。项目全部启动后，预计进驻企业可超过350家，园区内从业人员有望超过3万人。

（二）发展情况

黑龙江软件园项目一面世就受到世人的瞩目：世界500强企业排名24位的日本NTT通信公司全程跟踪，希望在4个方面参与合作：一是基础设施建设上，在软件园内建立和提供网络接入管理服务、"全天候网络方案"和国际及数据中心服务；二是在应用软件上，提供IT解决方案和软件应用增值服务；三是网络服务方面，将软件园建设成为"支持IPV6的软件园"；四是在BPO中心建设上，帮助承接日本企业外包项目。建立企业、学校、软件园三位一体的发展架构。重点是完善基础设施及配套，大力开展招商引资，针对日韩市场进行软件外包服务、信息服务和信息技术教育培训。到2010年，力争园区服务外包企业达到60家，服务外包产业收入达到10亿元。

（三）服务设施

根据黑龙江软件园总体规划及软件业实际需求，黑龙江软件园主要提供：①软件人才教育服务。包括黑龙江软件园软件学院和黑龙江信息技术学校两部分。软件学院主要从事计算机应用与软件技术知识和技能方面的专业教学。学院为四年制本科教育，容纳学生规模为10000人。黑龙江信息技术学校是专门从事企业人才订制服务、人才培训、实习实训、软件人才就业服务的IT职业培训机构。学校容纳学生规模为5000人，培训期为10个月。②软件认证服务。全面推广CMM/CMMI/SPCA的培训、咨询以及评审服务，为软件企业提供全套过程改进的解决方案，切实地帮助国内的软件企业提高管理和产业能力，帮助其立足国内市场并走向国际。提供登记测试、鉴定测试、验收测试、确认测试等软件产品测试服务，出具全面、客观、规范的测试报告和软件质量结论。为评测服务对象提供诸如对系统存在的问题提出建设性意见等服务，帮助企业提高软件质量，本着认真、负责的态度向社会推荐优秀产品。③公共技术服务。开发软件公共技术服务平台，购置软硬件设备，为软件企业更好利用平台资源，尤其是为规模小、资金少的中小软件开发企业提供软件、硬件以及人才等多方面的支持，加速国产软件产品进入国际软件市场。可提供如下具体服务：软件开发平台、软件测试平台、动漫平台、嵌入式平台、联合实验室、网络服务平台等。④企业行政、办公服务。为企业提供项目申报、企业注册、银行结算、风险投资、贷款担保、人事代理服务、园区社会保险及医疗保险、财税咨询代理、通关代理、法律服务、会计师事务等一站式服务。推动软件企业知识产权保护工作，促进软件信息服务业招商引资和服务外包产业的健康发展。⑤生活配套服务。园区设餐饮、购物、健身、娱乐休闲、交通、小学、宾馆、医院及公寓于一体的生活服务区，全面满足园区业主的生活需求。设立24小时五星级物业服务，协助业主作好物业管理工作，提升园区的整体档次。

（四）优惠政策

凡进入黑龙江软件园区的企业享有黑龙江省"哈达齐工业走廊"特有的土地、税收、资金、吸引人才、知识产权等多项优惠政策。税收方面：凡是进入园区的企业均享受国家高新技术产业开发的优惠政策。凡是进入园区的软件企业经认定后，自获利年度起，享受企业所得税“两免三减半”的优惠政策。对是增值税一般纳税人的软件企业销售其自行开发生产的软件产品，2010年前按17%的法定税率征收增值税，对实际税负超过3%的部分即征即退，企业用于研究开发软件产品和扩大再生产。人才方面：入园高新技术企业、软件企业聘用的应届本科毕业生给予办理落户手续。在入园高新技术企业、软件企业任职2年以上，具有本科及以上的专业技术人员和经营管理人员，给予其本人、配偶及未成年子女落户指标。其他方面：入园企业均享受“哈大齐工业走廊”内的所有优惠政策。入园的软件服务外包企业可享受《大庆市促进服务外包产业发展暂行办法》里的优惠政策。软件产品年出口额超过100万美元的软件企业，可享有软件自营出口权。鼓励入园的软件企业研发具有自主知识产权的软件产品和技术。软件企业拥有自主知识产权的成果，通过专业机构评估，可作为无形资产追加到本企业的注册资本金。支持软件人员以技术专利或科技成果作价入股。支持进入园区的符合条件的软件企业在境内外上市，积极支持已上市的软件企业通过兼并、收购、增发等方式扩大规模。

三、大庆高新区服务外包产业园

大庆高新区服务外包产业园，规划在大庆市高新区主体区，毗邻东北石油大学和黑龙江八一农垦大学，重点发展软件开发、文档扫描、数据录入、呼叫中心、应收应付账款处理、财务管理、客户管理、设计制作等服务外包。

（一）规划建设情况

2007年5月启动建设，分为产业区、教育科研区、生态休闲区、文体娱乐区等功能区，产业区规划占地面积50万平方米、规划建筑面积60万平方米。园区与软件园、文化创意产业园互为支撑，协同发展。园区环境优美，配套服务设施齐全。建有双电源，保证24小时供电；建有网络通信和数据服务平台，拥有高速交换、传输、路由、存储设备，联通、电信的光纤接入园区主机房，内部局域网1000M网络直达各房间，可为企业提供网络接入、服务器空间和托管、数据备份处理等服务；建有人才培训平台，可为企业提供人才培训场地设施和招聘服务。

（二）发展情况

园区已聚集了大庆市华拓数码科技有限公司、大庆纳奇网络开发有限公司、大庆金桥信息技术工程有限公司等110余家企业，这些企业主要为美国、英国、澳大利亚、新西兰、荷兰及国内的300多个客户提供数据处理、软件开发、呼叫中心和动漫制作等外包服务。业务领域涉及石油石化、金融保险、商业物流、影视娱乐、管理咨询等20多个行业。

依托大庆市的石油石化市场、人才及成本优势，园区大力发展以行业软件开发和工业设计为代表的石油石化外包服务、数据处理和数据中心、呼叫中心、动漫制作和信息技术服务等外包业务，努力打造中国石油石化外包服务基地和数据服务基地。到2011年年底，园区服务外包企业将达到300家以上，营业收入将达到100亿元以上，吸纳就业4万人。

（三）主要优惠政策

大庆服务外包产业园积极贯彻执行国家、黑龙江省出台的各项服务外包优惠政策。根据大庆市自身特点，大庆市政府及高新区管委会出台了《大庆市人民政府关于支持服务外包产业发展的优惠政策》、《大庆市人民政府关于推动文化体制改革和文化事业文化产业发展的若干意见》和《大庆高新区关于促进服务外包产业发展的暂行办法》等规定，对入园并经认定的服务外包企业，实行“一免六奖六补”等优惠政策，即免房屋租金，给予技术创新、企业上市、出口创汇、品牌建设、原创产品播出、高级人才奖励，在通信专线、资质认证、展会宣传、贷款贴息、人才培训、知识产权等方面给予相应的补贴。

四、石油工程技术服务园

石油工程技术服务园，位于大庆市西城区，规划占地200万平方米，重点发展油田开发规划、勘察设计、工程设计以及地球物理勘探、钻井、测井、完井、采油等工艺设计、数据处理和技术服务。大庆市发展石油石化服务外包具有不可取代的优势，发展石油石化服务外包产业更有利于调整和带动产业升级、结构调整。依托大庆油田等中直企业，大庆市建成了石油工程技术服务园，2006年共签订服务外包项目25个，合同金额11.55亿元。为了打出特色，在服务外包竞争力迅速提升的大环境下，大庆市开始打造国际化的石油石化服务外包基地。如今，众多石油系统的央企在未来发展中对大庆市的倾向力度在加大，大庆市发展、壮大石化服务外包产业基地的机会大大增加。

第四节　改善投资环境　搭建服务平台

大庆市按照国家“千百十”工程部署和省里要求，立足市情，抢抓机遇，加快发展服务外包产业。大庆市在政府推动服务外包发展、大力建设园区，打造服务外包产业发展平台、全面启动服务外包专业人才培育工程、完善落实服务外包优惠政策、大力开展服务外包产业招商工作等方面改善基础设施、支撑服务平台等投资环境。

一、改善服务外包产业投资环境

大庆市政府将服务外包产业纳入大庆市国民经济和社会发展“十一五”规划，作为持续产业的一个重点，加以培育，将石油石化服务外包、数据处理、软件开发、呼叫中心、动漫制作等确定为产业发展的重点，着力推进。

为了加快服务外包产业发展，市政府制定出台了《大庆市加快服务外包产业发展若干意见》和《大庆市促进服务外包产业发展暂行办法》等一系列政策规定，对入驻园区并经认定的服务外包企业，在充分享受国家振兴东北老工业基地、资源型城市转型、哈大齐工业走廊、高新区以及国家对软件企业的优惠政策的同时，还可获得房租、通信专线、资质认证、人才培训和出口等补贴。

（一）建立服务外包产业领导和协调推进机制

建立服务外包产业领导和协调推进机制，成立大庆市服务外包工作领导小组，做好服务外包相关部门的组织协调和宏观指导；督促落实服务外包发展规划、政策措施的执行；

研究解决重大问题的建议；做好与国家对服务外包鼓励扶持政策的衔接工作，跟踪国家政策动向。同时，建立服务外包产业发展协调机制，按照服务外包产业互动发展的原则，从不同角度，协同推进服务外包的发展。以服务外包领导小组为平台，密切跟海关、外汇、工商、税务、司法、金融等部门合作。同时，借鉴深圳、大连、杭州、天津等城市经验，积极组织各有关部门互相合作，抓紧研究制定促进服务外包出口的鼓励政策和措施，在财政税收、投融资、进出口、出口信贷和信用保险、设立境外研发和营销机构、人才培训、保护知识产权、CMM 国际认证等方面加大支持力度。

建立支持服务外包产业发展专项资金，调整地方外经贸经费的支出结构，逐年提高支持服务外包发展的资金比例；支持鼓励外包企业开拓国际市场、参加国际软件认证、人才教育培养以及全市公共技术服务设施建设和集聚区建设。大力改善服务外包企业投融资条件，鼓励银行向软件出口企业发放流动资金贷款，鼓励外资和民间资本以多种形式进入软件和信息服务领域。服务外包企业在税收、外汇、海关、工商等方面享受软件企业同等待遇，软件和信息服务出口免征关税，重点软件出口企业免征所得税；外包企业实行网上报关，经核准，凭海关手续办理结汇和退免税手续；已确定为国家高新技术企业的可按国家有关规定享受优惠政策，将服务外包纳入外贸出口和利用外资考核奖励体系。

（二）建立服务外包行业协会

专业的服务外包行业协会是服务外包产业集聚的催化剂。在印度服务外包创造奇迹的各个历史阶段，NASSCOM（印度软件和服务业企业行业协会）发挥了难以替代的引领者、推动者和组织者的作用。大庆市服务外包产业做大做强，除了政府积极作为和企业自身努力外，还亟须一个类似 NASSCOM、对外包产业发展有高度敏感性的行业协会组织，以便为外包企业实现自主创新和价值创造提供有效公共服务。因此，应尽快建立由市政府相关部门、服务外包园区、院校、企业和国际知名咨询机构有关人员参加的服务外包协会和专家委员会，科学规划和指导大庆市服务外包产业的发展。大庆市鼓励服务外包企业筹建服务外包行业协会，更好地发挥行业信息交流、监督协调、标准制订、规范自律、市场拓展、人才培训等方面的作用。同时，制定和完善了促进服务外包发展的规章和规定，健全了管理机制，使行业服务质量有了显著提高。

（三）营造诚信环境

与制造业相比，服务业国际转移对投资环境的要求更高。大庆市应进一步营造诚信环境，争取使大庆市成为国际服务业的最佳栖息地。加强知识产权保护，进一步降低市场软件盗版率。通过地方人大制定出台本市的地方性法规，健全相关行业的管理规范和行政执法机制，强化知识产权保护，对符合条件的服务外包企业在知识产权试点、示范和保护等方面予以支持。首先，完善知识产权保护政策，加大知识产权保护力度。政府应积极推动建立知识产权举报投诉服务中心，加大对侵权案件的惩罚力度。同时，根据服务外包产业发展的特殊需求进一步完善有关的法律法规，制订服务外包信息保密的相关规则，为整个社会营造诚信为本的良好氛围。其次，在签订合同时，明确双方在合作期间的知识产权归属，并建立有效的信息使用控制机制。中国服务外包企业在与发包企业制订合同时，要严格规范合同的起草、谈判、审查和签署过程，在合同中明确规定服务外包过程中信息和商业机密保护的责、权、利，并签订保密协议，确定使用范围。通过完善合同内容，签订相关协议，双方约定任何一方使用核心技术或商议秘密时，都不得以任何方式向第三方泄露，承接方更不能以任何方式利用核心技术或商业秘密从事本项目以外的研发活动。如遇违反合同事项，即按合同中协定的处理方法进行处理。最后，承接企业要建立完善的管理与监督机制。承接企业可以设立专门的管理和监督部门，安排专人负责知识产权的管理。同时，加强计算机网络监管，建立严格的监督管理体系。另外，企业还应加强对员工的培训，提高员工的知识产权保护意识。通过和员工签订协议、条款等方式，对其行为进行约束，尽可能避免因人员的流动造成发包方知识产权方面的损失。加强诚信建设，培育良好的信用环境和市场经济秩序。建立行业诚信数据库，加强从业人员诚信管理、规范市场秩序，提高行业服务质量，形成"政府引导、行业自律、社会监督、法律保障"的诚信环境。

(四) 完善扶持政策

目前，大庆市根据发展服务外包产业的紧迫性和长期性，深入研究服务外包的产业特点，坚持产业谋划、政策先行，项目落地、政策跟进的理念，制定出台了具有地方特色的服务外包优惠政策体系，在市场准入、财政投入、税费减免、金融服务、人才引进、设施建设、品牌培育、产品输出、奖励激励、产权保护等方面给予政策的大力支持。同时，紧密与国家和省产业政策衔接，企业可以充分享受国家振兴老工业基地、资源型城市转型、国家级高新技术产业开发区、黑龙江省哈大齐工业走廊以及国家关于软件开发的全部优惠政策。在此基础上，结合形势发展需要，及时调整优化相关政策，全力为服务外包产业发展打造良好的政策环境。

首先，大庆市对服务外包企业租用园区内办公和业务用房的，政府给予租赁费用补贴。园区服务外包企业租用数据专线的，给予租赁费用30%的补贴，每年补助金额不超过30万元，补贴期限为5年。政府还鼓励服务外包企业申请相关的国际认证。对于获得开发能力成熟度模型集成（CMMI）认证、开发能力成熟度模型（CMM）认证、人力资源成熟度模型（PCMM）认证、信息安全管理标准（ISO 27001/BS 7799）认证、IT服务管理（ISO 20000）认证、服务提供商环境安全性（SAS 70）认证的，给予不超过认证费用50%、累计不超过50万元的费用补贴。

其次，支持园区内服务外包企业开展自行培训核心岗位员工。对于新入驻园区的服务外包企业，3年内按当年净增核心岗位员工的数量，给予一次性每人不高于1000元的培训费用补贴，并对园区内年薪在12万元及以上的服务外包企业高级管理人员和技术人员给予奖励，奖励额度按同期个人缴纳所得税数额掌握。

大庆市规定在园区服务外包企业工作一年以上具有专科以上学历的专业技术人员可以办理大庆市户口，对于企业的骨干专业技术人员学历可放宽到中专。对于中专学历以下，在园区服务外包企业连续工作满三年以上的专业技术人员可以办理大庆市户口。

大庆市自建生产和业务用房的可按照工业用地价格收取土地出让金，免收本市有权减免的建设规费；鼓励房地产开发企业在园区内成片开发服务外包企业生产和业务用房；开发建筑面积达到5万平方米以上并引进服务外包企业的，自房屋建成投入使用之日起5年内，服务外包企业上缴税收区级（含开发区）留成部分的50%可以投入给房地产开发企业。

二、打造服务外包产业发展平台

（一）搭建服务外包产业园平台

大庆市高标准规划建设了服务外包产业园，位于大庆市高新区主体区，总规划占地面积1.64平方千米，分为产业区、教育科研区、生态休闲区、文体娱乐区等功能区。

按照“立足自身实际、发挥比较优势、突出油化特色”的原则，充分依托大庆石油工程技术方面的独特优势，服务外包产业园确立了石油工程技术服务、软件开发与信息处理服务三大领域作为服务外包发展重点，打造独具魅力的服务外包品牌。一方面，做强石油技术服务。大庆石油管理局国际工程公司、大庆石油管理局钻探集团、大庆油田有限责任公司等骨干品牌企业，积极开展勘探、测井、录井数据采集等石油工程技术服务，业务遍及中亚、美洲、中东、北非30多个国家和地区，在国际市场享有盛誉。大庆油田工程技术有限公司坚持一流装备、一流技术、一流价格和一流服务“四个一流”标准，积极采取“走出去”战略，聚驱提高采收率项目和工程设计项目成功进入哈萨克斯坦油田，完成了蒙古塔木察油田注水设计方案、钻井设计方案和产能设计方案，优势技术服务达到国际先进水平。另一方面，做强软件开发和信息处理服务，培育形成了以华拓数码等为代表的一大批具有较强实力的服务外包企业群，为国内外石化、教育、医疗、娱乐等行业，提供生产自动化控制、仿真模拟、工艺优化、生产管理和影像游戏等方面的软件开发、数据录入、图文处理等信息服务，成为大庆市服务外包产业加快发展的生力军，打造了新的服务外包品牌。目前，大庆市形成了以石油工程技术服务为主导、软件开发和信息处理服务为两翼的服务外包产业发展格局，石油工程技术服务走在了全国前列，软件开发和信息处理服务也具有一定影响力和竞争力。

（二）全面启动服务外包专业人才培育平台

充足的人力资源是外包产业发展的主要生产要素，大批合格的专业人才是外包产业快速发展的关键。大庆市鼓励7所高校、91所研究机构以及石油石化企业培养、储备科技人才，鼓励高校设置服务外包相关专业，支持高校与企业、园区合作，共建服务外包人才培训、实习、创业基地。一是建设人才培训共用平台，为企业提供培训场地和设施。在大庆服务外包产业园内建立2000平方米公共人才培训场所，配齐培训设施，建立了服务外包人才培训支撑平台。2008年积极争取国家和省813万元专项资金支持，并由地方财政配套资金535万元，用于服务外包人才培训平台建设以及人才培训。二是通过政府人事部门，开展职业技能培训。依托华拓等骨干企业，组建和引进专门的服务外包培训学校，利用各级政府的培训专项资金，做好订单式培训工作。目前，仅高新区服务外包产业园从业人员就达到5000多人，华拓数码一家企业就近1700人。三是引进专业培训机构。引进北大青鸟、科瑞尔思等专业人才培训机构 3 家，支持企业开展服务外包人员岗前培训，培训各类人才 2100 多人。四是与高校合作，设立软件外包专业。东北石油大学成立软件学院，开设软件开发外包等相关专业，并把软件开发和石油勘探等专业学生与大庆服务外包产业园区企业对接，为企业输送软件外包人才。支持企业与大庆高校签订人才联合培养协议，建立教学基地和实训基地，培训实用型人才。科瑞尔思软件开发有限公司先后与东北石油大学、黑龙江八一农垦大学、大庆职业学院、大庆师范学院等高校签订人才联合培养协议，建立全省教学基地和实训基地，培训实用型人才近千人。

（三）大力打造服务外包产业招商引资平台

关注国外服务发包商的动态，积极举办和营造一些大型活动、国际会议，加大服务外包对外推介、宣传和招商力度，积极宣传大庆服务外包产业发展的综合优势和广阔的市场潜力。同时，吸引世界 500 强企业在大庆市设立研发中心、区域性营运中心等。要以日本、韩国、欧美等国家地区为重点，每年定期举办服务外包招商活动，利用海外资源建立全球接包网络。通过建立多语种服务外包信息网站，宣传介绍本地服务外包的比较优势、发展现状及相关企业；通过积极参加国家有关部委组织的海外拓展服务外包专项活动，以及地方政府积极组织软件企业赴海外开展服务外包对接洽谈，拓展离岸服务外包的商机。大力引进国外先进的服务外包提供商，重点吸引欧、美、日等国的公司服务外包投资，带动提高地区服务外包层次。完善招商引资机制，创新招商方式，推进集聚区招商、网上招商、代理招商，举办形式多样的服务外包专题招商会、研讨会。积极为企业创造与跨国公司接触的机会，树立良好的大庆市服务外包形象。

（四）建立全方位的服务外包信息平台

加强园区内公共服务平台建设，帮助园区内企业协调商务、外汇、海关、银行等多个部门，以缩短企业承接业务时间。根据软件与信息服务外包的特点和规律的要求，依据“资源共享、业务合作、优势互补、可持续发展”的思路，建设软件与信息服务外包公共支撑平台，是为推进大庆软件与信息服务外包产业发展而采取的一项重要措施。依托该平台，有效地整合和配置各主要软件与信息服务外包企业聚集区的公共技术服务资源，提供涵盖共性技术支撑、知识产权保护、人才培训服务、国家公共品牌建设与市场推广等在内的各项公共服务。政府部门依托该平台及时为企业提供发包国的有效信息服务，引导大庆企业与国外大型外包公司分包合作，帮助大庆企业建立自己的营销队伍，以此推动本市软件与信息服务外包产业发展迈上新的台阶。

第十三章 齐齐哈尔市服务外包产业发展战略

第一节 齐齐哈尔市服务外包产业发展现状

齐齐哈尔市是国家老工业基地和装备制造业基地，素有“钢铁机械城”之称。2008年以来，齐齐哈尔市充分发挥自身优势开展装备制造业服务外包，进一步提升经济结构，深化老工业基地的改造，对装备制造进行科学的专业化分工、流程再造，通过细分经营，将非核心的固定流程业务分离出去，对具有核心竞争力的环节进行规模生产，在此专业化的基础上再发展生产性服务外包。

一、齐齐哈尔市服务外包产业发展的优势

齐齐哈尔市具有雄厚的工业基础，尤其是装备制造业具有强大的产业基础，在重型装备技术、数控车镗铣床技术、国防装备生产设计、货车技术研发等方面具有强大的优势。齐齐哈尔市依托装备制造业的人才和技术实力，发展服务外包产业尤其是生产性服务外包的前景很广阔。

（一）产业基础扎实

以一重集团和三大军工企业为代表的专用设备制造业；以齐齐哈尔铁路车辆有限责任公司为代表的交通运输设备制造业；以齐重数控装备和齐二机床集团为代表的通用设备制造业；以齐齐哈尔德恩电力集团有限公司和黑龙江环宇电缆股份有限公司为代表的电气机械及器材制造业；以齐齐哈尔金茂钢结构制造有限公司和齐齐哈尔新重电站冶金机械制造有限公司为代表的金属制品业，都是全国同行业的优势企业，是齐齐哈尔市发展制造业生产性服务外包的产业基础。

（二）人才储备充裕

齐齐哈尔市拥有科研院所30余家，其各大企业，如一重集团公司、齐三、齐二机床集团公司等有众多尖端人才和高技术人才。齐齐哈尔大学、齐齐哈尔医学院、东亚大学、齐齐哈尔高等师专等大专院校，每年毕业生有1.2万人之多。齐齐哈尔职业学院在2008年被省教育厅确定为软件外包服务人才培养学校。劳动力成本方面，齐齐哈尔市作为内地城市也有一定优势，科技人才与劳动力综合成本相对较低。

（三）基础设施完备

齐齐哈尔市公路、铁路、航运等交通十分发达，是黑龙江省西部重要的交通运输枢

纽。空中航线已经开通至京沪哈以及至俄罗斯克拉斯诺亚尔克斯包机。铁路滨州线、平齐线在此交汇，铁路有重要的至北京、经上海至杭州、西安、满洲里等城市的客货运输车次。公路国道015、111、202、省道纵贯全境。通信设施先进，拥有数据通信、图像传输、智能通信等。电力供应充足，是电力输出区。信息咨询、金融保险、商贸流通等基础设施完备。

(四) 具有地域与人文优势

齐齐哈尔市对俄罗斯、蒙古、日本、韩国、朝鲜等国家和地区有着地理与人文的优势。特别是与俄罗斯、蒙古相距较近，历史交往悠久，在习俗、文化等方面有着很多的相似。自改革开放以来，经济联系密切，有着成功的合作经历和良好的交流环境，故双方服务外包业务更容易实现。而且，齐齐哈尔大学等院校和培训机构培养了大量的俄语、日语、韩国语方面人才。这使齐齐哈尔市在发展对俄、日、韩服务外包具有一定的优势。

二、齐齐哈尔市服务外包发展的劣势

(一) 政府和企业认识不足

齐齐哈尔市是传统的老工业基地，受各种历史和现实因素的影响，政府历来高度重视工业经济的发展，在发展服务业，尤其是代表了未来服务业发展高级阶段的生产性服务业方面重视程度相对较低。服务外包及其产业是一个新兴的领域，多数人和企业对这一概念还不清楚，很多人经常把服务外包与生产加工连在一起，把制造外包和服务外包混为一谈。虽然在黑龙江省政府的大力支持和号召下开始发展服务外包，但无论是企业的敏感度还是政府的意识，齐齐哈尔市与哈尔滨市和大庆市相比，在认识上明显落后。

长期以来，政府在制订经济发展规划、招商引资、政策扶持等方面往往侧重于那些投资大、产值高、能够提供大量就业岗位的传统工业项目，对服务业和生产性服务业的关注不够，没有充分认识到生产性服务业在推动地方产业结构调整、改造传统制造业以及提升产业竞争力等方面的功能和作用，缺乏完善的、科学的生产性服务业的专项发展规划。而企业在选择投资项目、个人在选择创业的时候，也都将注意力主要集中在第二产业或者是以餐饮、娱乐为代表的传统服务业领域，造成生产性服务业的企业数量和从业人员较少，总体规模偏小，整体实力和综合竞争力较弱。

(二) 经济和服务业水平不高

经济和服务业的发展水平的高低是影响服务外包发展的重要因素之一，一个地区的经济和服务业发展水平决定了该地区承接服务外包的水平和竞争力。齐齐哈尔市的经济发展水平改革开放以来虽有显著提高，其经济总量仍然偏小，城市化水平也相对较低，地区经济的总体实力也相对较弱，地区服务业水平不高。

(三) 缺少服务外包平台

服务外包产业是一种生产性服务业，适合聚集发展。服务设施完善、功能完备的外包园区是服务外包发展的必须条件，然而，齐齐哈尔市的装备制造服务外包园区正在规划建设中，物流、金融等相应的配套设施和基础设施还不完善，没有形成服务外包企业的集聚发展，外包园区对外引资、对内辐射力、带动示范作用不足。

(四) 人力资源供给不足

虽然齐齐哈尔各大企业和齐齐哈尔大学等高校拥有众多人才，但缺乏既有技术又懂服务外包的人才，特别是具有项目管理经验、系统工程设计专业技能的复合型高端人才更是匮乏。

第二节　齐齐哈尔市服务外包产业发展战略定位

大力发展服务外包，是齐齐哈尔市贯彻落实科学发展观、加快建设“哈大齐”工业走廊的重要实践，是主动加强与国际经济接轨、推动经济转型升级的重要抓手。把齐齐哈尔市的服务外包产业发展融入到齐齐哈尔市提升制造业竞争力的发展格局中，释放齐齐哈尔市本地优势制造业的服务外包潜力，使服务外包产业和齐齐哈尔市的优势制造业之间互为支撑，促进齐齐哈尔市服务外包产业一体化发展和专业化细分，推动齐齐哈尔市制造业与服务业融合发展。

一、齐齐哈尔市服务外包发展战略定位

齐齐哈尔市装备制造业的发展具有悠久的历史，作为国家“一五”、“二五”时期重点投资建设的重工业基地之一，齐齐哈尔市聚集了包括中国第一重型机械集团公司、北满特钢集团、齐重数控股份有限公司和齐二机床集团公司、齐齐哈尔轨道交通装备有限公司等在内的许多机械制造业的知名企业，齐齐哈尔市装备制造业的巨大优势，使其在装备制造业的工程设计、实验和研发基地，主要是产品研发、产品设计、生产流程服务、部件设计等的服务外包业务发展都具有良好的基础。黑龙江省致力于将齐齐哈尔市打造成国内重型装备制造技术研发和设计、货车技术研发等生产性服务外包首位城市。根据国家转变经济发展方式，调整产业结构的政策要求，全面推进齐齐哈尔市服务外包产业跨越发展，使其跻身黑龙江省服务外包示范城市第一方阵，成为国内特色突出的知名装备制造业服务外包承接地。

为谋求经济的全面、健康发展，齐齐哈尔市必须改变过去传统的产业结构，建立现代产业体系，适应国内外日益激烈的竞争，培养比较竞争优势，抢占国际市场。装备制造业是一种资源消耗性产业，基于经济可持续发展的需要，齐齐哈尔市必须逐步转变依靠重工业发展的模式，而转向更多的依靠低消耗、无污染的第三产业带动的经济发展模式。从装备制造业中剥离出的生产型服务业就是齐齐哈尔市的第一选择。制造业中生产性服务业的剥离与发展，使得生产性服务外包这一资源配置与组合的新方式得以发展，从而加深分工的细化程度，尤其是运用信息通信技术、国际规范化运作的产业发展模式，使得齐齐哈尔市产业发展能够突破地域的限制，达到基本的市场进入门槛规模。生产性服务外包产业的发展将会使齐齐哈尔市制造业产业链得以延伸，生产性服务业得以独立发展，制造业得以调整升级。齐齐哈尔装备制造业服务外包中心项目，将承担装备制造企业的非核心、服务

性的工作，通过转移与承接，大大提升企业自主创新与核心竞争力，实现企业主辅分离，最终实现产业结构优化调整，推动齐齐哈尔市新型工业化进程。

二、齐齐哈尔市服务外包产业发展的总体思路

依托齐齐哈尔市现有产业基础，以齐齐哈尔市装备制造服务外包园区为载体，结合服务外包产业发展的特征以及齐齐哈尔市经济发展的实际，发展生产性服务外包产业。装备制造业将联合外包企业，共同承接世界装备制造业向中国（齐齐哈尔）转移，形成离岸外包的中心，更好地实现“承接、引进、消化、吸收和再创新”。通过转移与承接，必将提升企业自主创新能力，实现齐齐哈尔市装备制造企业“高科技、专业化与资本化”的目标，加快产业结构的优化调整，推动新型工业化的进程。以生产性服务外包为重点，结合齐齐哈尔市装备制造业的改造，适度发展业务流程外包。通过培育知名服务外包企业品牌、服务外包产品品牌、发展服务外包市场中介组织等方式培育齐齐哈尔市服务外包市场，带动黑龙江省服务外包产业的发展。

依托齐齐哈尔市装备制造业的巨大优势，着重将其打造成为装备制造业的工程设计、实验和研发基地，大力发展专利研发、产品设计、样机研究、内置系统、工艺设计、自动化嵌入式软件开发、专业细分配套制造等服务外包业务。着力为中亚、东南亚、南美、北美、中东、非洲等区域的国家和地区，提供装备制造业技术数据采集、处理、解释以及工艺研发、设计、技术等离岸外包业务。近期，吸引跨国公司 15 家、世界 500 强企业 5 家、国内知名服务外包企业 50 家，拉动和扶持本地的中小企业 100 家，服务外包销售收入保持 50%以上的复合增长率，新增就业 3000 人。抓住国际服务业加速转移的机遇，依托装备工业科技人才密集、研发实力雄厚、配套设施完善、投资环境良好的发展优势，形成以装备制造业技术服务为指导，以信息处理及软件开发为两翼的服务外包产业发展的新格局，努力打造东北地区一流、国内外具有一定影响的装备制造业服务外包产业基地城市，成为支撑齐齐哈尔市经济社会快速发展的重要力量。

三、齐齐哈尔市服务外包产业发展的主要任务

（一）大力推进装备制造业服务外包产业园区

针对齐齐哈尔市“大工业”的特点，利用齐齐哈尔市“装备工业基地”的强大优势，科学谋划服务外包产业的空间架构，建设并启动各类产业园区。积极创建“齐齐哈尔软件产业园”、“齐齐哈尔装备制造服务外包产业园”、“中国（齐齐哈尔）装备制造业服务外包产业园”、“齐齐哈尔服务外包产业服务专业园”等。大力推进在鹤城新区（齐齐哈尔市对应的嫩江西岸）建设“中国（齐齐哈尔）装备制造业服务外包产业园”，将齐齐哈尔装备制造业非核心的重复性的工作转移到服务外包园区去完成，使企业“专注标准、专业分工”，专攻提升企业核心竞争力的部分，形成产业战略联盟及产业集合。鼓励装备制造企业与服务外包企业联手，共同承接世界装备制造业向中国（齐齐哈尔）转移，打造世界装备制造业离岸服务外包中心，更好地实现“承接、引进、消化、吸收和再创新”。通过转

移与承接，提升企业自主创新能力，实现齐齐哈尔市装备制造企业“高科技、专业化与资本化”的目标，加快产业结构的优化调整，推动新型工业化的进程。该园区定位是高新技术产业的辐射基地、技术产品制造的研发基地、高新技术企业的孵化基地、创新创业人才的培训基地，从产业集群发展看，紧紧围绕园区服务本地装备制造企业，构建以 BPO、KPO 为核心内容的服务外包产业园区，依托“哈大齐”工业走廊，使该园区辐射哈尔滨市、大庆市及相关地区的装备制造企业，形成产业链、产业集群、国际资本、国际技术、国际人才的聚合高新地。

（二）组建生产力促进中心、国家级和省级专业孵化器

在技术创新方面，依托服务外包产业园区的平台优势和智力资本优势，联合企业、高校、科研机构，积极申请组建生产力促进中心、国家级孵化器、省级专业孵化器和国家级数控精密机床研究中心，为服务外包产业发展提供科技、孵化等服务。引本地中小企业入园，协助中小企业在技术、管理、市场等方面提升能力；利用国企改革的契机，加快国企科研机构的机制创新，促进专利技术的转化，建立高新技术企业的孵化基地，培育和孵化 5 家服务外包企业上市公司，提升企业技术实力和产品的国际竞争能力。

（三）搭建服务外包人才服务平台

在吸引人才方面，在服务外包园区搭建人才服务平台，组建一个国家级研究室、研发中心和博士生流动站 50 个，吸引服务外包专业人才 1000 人左右。

（四）筹建服务外包行业协会

为更好地发挥行业信息交流、监督协调、标准制订、规范自律、市场开拓、人才培训等方面的作用，筹建服务外包行业协会，制定和完善促进服务外包发展的规章，健全管理机制，提高行业管理服务质量。建立行业诚信数据库，加强从业人员的诚信管理，形成“政府引导、行业自律、社会监督”的诚信环境。

（五）优化服务外包发展环境

尽快制定出台《齐齐哈尔市服务外包产业落实与实施方案》《齐齐哈尔市促进服务外包产业发展的意见》等，在土地、税收、房租、融资等方面向服务外包企业倾斜，并提供强有力的保障；在政策方面给予放宽，多方面扶持，在基础设施方面加大工作力度，创设完善的服务外包环境；在市场准入方面，对于不涉及前置审批的业务，根据企业申请，可以直接核定服务外包的相关内容。在财政投入方面，设立服务外包产业扶持专项资金，重点给予资金匹配、租金补贴、人员培训等方面的扶持，支持服务外包产业的发展；在融资和税收方面，加大服务外包企业在境内外的上市融资支持力度，创新内外资利用方式，全力抓好招商引资，拓宽融资渠道，增加服务外包企业的风险投入，积极为中小型服务外包企业提供短期流动资金贷款担保，对新创办的软件服务外包企业，制定所得税减免政策；在品牌建设方面，支持服务外包企业培育发展出口品牌，对获得省级、国家级名牌产品的企业，给予政府奖励。

第三节　齐齐哈尔市服务外包产业发展重点

一、生产性服务业外包的理论基础

生产性服务业是随着社会分工的深化而从制造业中不断分离出来的一种产业。在经济发展的初期，由于技术水平比较低，生产工艺比较简单，社会专业化分工程度较低。随着科技水平的提高，生产工艺的复杂化，以生产过程的迂回化，促进社会专业化分工的深化，进而使服务业从制造业中分离出来，最典型的产业就是批发、零售业等一些生活服务业。当经济发展到信息经济和知识经济时代以后，以知识密集型和人才密集型为特征的生产性服务业务从制造业中分离出来，逐渐形成了生产性服务业。服务外包产业也是从制造业内部分离出来的一种新型的产业。从全球发展的眼光来看，全球专业化分工的程度在加深，未来装备制造业发展的趋势，也将是朝着更加专业化的方向发展。

（一）生产性服务业

生产性服务业是指为保持工业生产过程的连续性、促进工业技术进步、产业升级和提高生产效率提供保障服务的服务行业。简言之，在生产制造过程中，为生产提供专业性服务的活动我们称之为生产性服务。它是与制造业直接相关的配套服务业，是从制造业内部生产服务部门而独立发展起来的新兴产业，本身并不向消费者提供直接的、独立的服务效用。它依附于制造业企业而存在，贯穿于企业生产的上游、中游和下游诸环节中，以人力资本和知识资本作为主要投入品，把日益专业化的人力资本和知识资本引进制造业，是二三产业加速融合的关键环节。

总体上来说，生产性服务业又称生产者服务业，在理论内涵上是指市场化的中间投入服务，即可用于商品和服务的进一步生产的非最终消费服务。生产性服务业是生产者在生产者服务业市场上购买的服务，是为生产、商务活动而非直接向个体消费者提供的服务。生产性服务也可理解为服务生产的外部化或者市场化，即企业内部的生产服务部门从企业分离和独立的发展趋势，分离和独立的目的是降低生产费用，提高生产效率，提高企业经营的专业化程度。

（二）生产性服务业外包

生产性服务外包属于外包中的一种，从事生产制造业的企业把其非核心业务部分的或者完全的委托给另一个生产部门或者服务部门，并由其完成某个环节的生产与服务。大中型制造型企业通过主辅分离促进制造业内部服务活动的外部化和服务交易的市场化，从而产生生产性服务外包。生产性服务外包也是服务业的一种形式，是从制造业中相关环节剥离出来的为生产环节服务的服务。而将生产性服务外包是更专业化、更细致化的生产服务。

（三）制造业生产性服务业外包

将服务外包产业发展与装备制造业改造发展结合起来，既有利于齐齐哈尔市服务外包产业的发展，促进经济结构的优化和升级，也有利于齐齐哈尔市装备制造业体制的转换和其核心竞争力的提高。比如，将装备制造业企业中的设计、信息网络维护、物流、营销、售后服务等业务剥离出来，交给专业的公司来做，客观上增大了对服务外包产品的需求，拉动了齐齐哈尔市服务外包产业的发展；同时也有利于装备制造业企业剥离一些非核心业务，以及一些政策性负担，促进其体制转变。

二、齐齐哈尔市服务外包产业发展重点

依托齐齐哈尔市现有产业基础，围绕齐齐哈尔市的制造、机械装备和交通运输设备等支柱行业，主攻潜力外包行业的中低端，关注新兴外包行业的高端，实现"卓越服务"与"先进制造"的有效互动，打造齐齐哈尔市的装备制造服务外包行业品牌。重点开拓俄、日、韩市场，发挥优势承接产品研发、部件设计、生产流程服务等服务外包。

(一) 产品研发设计服务外包

目前，齐齐哈尔市装备制造业企业研发机构有国家级企业技术中心3个、省级企业技术中心1个、国家工程中心1个、国家级研究所6个。主要产品大型锻件加氢反应器、轧制设备、锻压设备、各类大重型高档机床、铁路货车和军工等产品的技术水平，已达到或接近国际先进水平，在国内市场上占有重要的垄断地位。一重集团、齐齐哈尔铁路车辆制造公司、齐重数控装备公司、齐齐哈尔二机床（集团）公司、北方机器制造公司、华安工业公司和北方特殊工业公司等主体装备制造业企业的研发制造水平均代表着我国目前同类产品的最高水平。充分发挥齐齐哈尔市在交通运输设备制造、电气机械及器材制造、数控装备和通用设备制造等方面的科技优势，积极承接国内外相关产品的研发、设计等方面的外包业务。

(二) 生产流程服务外包

生产流程是指从原材料入库开始到成品产出结束的流程；从更大的范围上讲，生产流程是包含生产计划流程、产品制造流程、产品入库流程的一级流程。生产计划流程又包括订单分析、产能分析、库存分析、采购分析、交期分析等；产品制造流程又包括原材料进场、生产过程、质量控制、包装等；产品入库流程包括清点、摆放、备档等。

生产流程服务外包可以将企业非核心的业务分离出来，外包给专门从事生产流程服务的企业，从而更专业化地发展竞争力强的部门。齐齐哈尔市长期以来重点发展制造业，在原材料采购控制、生产设计、库存分析等方面的服务有着丰富的经验，可以在生产流程服务的基础上承接制造企业的流程服务外包。

(三) 嵌入式系统服务外包

嵌入式系统服务外包是软件和硬件的综合体的服务外包，还可以涵盖机械等附属装置制造的行业，是以应用为中心、以计算机技术为基础、软件硬件可裁剪、适应应用系统对功能、可靠性、成本、体积、功耗严格要求的专用计算机系统的服务外包。

齐齐哈尔市有装备制造和机械装置重点行业，可以扶持软件企业在重点行业应用软件及服务业，培养服务外包嵌入式定向人才，充分发挥软件在信息化与工业化融合中的核心

作用。齐齐哈尔市嵌入式系统发展潜力巨大，重点发展装备制造和机械装置应用的仪器仪表及控制系统、设备物流传输系统、夜视安防监控系统、电力控制系统、通信配套系统及电子显示屏等嵌入式系统。利用齐齐哈尔市本地的机械、制造设备、电力设备、新能源设备、电子信息产业对嵌入式软件大量的需求，引进嵌入式软件企业进入齐齐哈尔市，并借助引进企业增加国外发包企业对齐齐哈尔市的关注和了解。

（四）运输物流服务外包

运输物流服务外包不仅为发包方企业提供基本的仓储、运输和配送服务，更对其提供优化物流模式等特色增值服务，以满足发包方企业整合资源，提高企业内部信息化等的核心竞争力建设需求。

齐齐哈尔市应该发展立足东北三省、面向全国、辐射东北亚，以工业原料为主、以其他生产、生活资料为辅的产品展示、交易、仓储、配送、信息服务为一体的现代物流体系。积极承接国内外运输物流服务外包业务，抓住哈大齐国家级高新技术产业带建设的契机，完善物流业发展体系，通过运输物流服务外包产业的发展，提高齐齐哈尔市物流业竞争力，为齐齐哈尔市服务业发展提供新的驱动力。

（五）网络营销服务外包

网络营销服务外包，就是把原本需要企业自己雇人实现的网络营销工作以合同的方式委托给专业网络营销服务商。网络营销外包服务商以互联网为平台，在深入分析企业现状、产品特点和行业特征的基础上，为企业量身订制个性化的高性价比网络营销方案，全面负责方案的有效实施，对网络营销效果进行跟踪监控，并定期为企业提供效果分析报告。

齐齐哈尔市装备制造业拥有产品科技含量高、企业竞争力强等上游研发和中游生产环节的优势，网络营销服务外包作为发展制造业下游销售环节的新的发展方式，能为齐齐哈尔市争取服务外包发展制高点，发展服务外包比较竞争优势，打造齐齐哈尔市服务外包品牌贡献力量。

（六）工程技术服务外包

工程技术服务外包涵盖了企业信息化解决方案、自动化系统集成及运行维护服务；项目综合解决方案和监控系统；机电成套设备、机电一体化产品及运行维护、项目管理方法、质量管理方法、风险管理方法、客户关系管理方法以及业务管理平台和工具分析等。

齐齐哈尔市正面临制造业的生产链条的拓展和结构体系的调整，工程技术服务外包就为其制造业微观企业的转型发展提供新的发展思路，拓宽了企业发展方向，为企业的后续发展提供技术保障。齐齐哈尔市可以充分利用制造业发展优势，积极承接来自省外乃至全国制造业项目争取、项目实施、项目交付的技术支持服务，并对项目实施过程进行统筹管理和监督。

（七）第三方专业测试服务外包

第三方专业测试服务外包能够解决企业对于产品质量、性能等是否适应市场需求的问题，避免企业不必要的经济损失，并且能够帮助企业提高产品竞争力。齐齐哈尔市可以利用其在制造业技术上的优势，对工业产品进行独立的性能测试。第三方专业测试服务外包提供企业具有专业领域的较高的技术水平，其能够基于对消费者对产品的需求的了解，对发包企业产品的生产过程、产品性能的需求提出、需求审批、需求分析等进行高度专业的测试服务。

第四节　齐齐哈尔市服务外包园区建设

服务外包园区的建设是发展服务外包产业的战略性举措。服务外包园区的发展及其业务运营已成为聚集服务外包企业的渠道。在整个服务外包产业体系的运营当中，园区起到了一个运行中枢的作用。服务外包园区作为发展服务外包产业的重要抓手，随着中国服务外包产业的发展，已经成为一个国家或者地区产业发展的载体。所以服务外包产业的发展，离不开集优越的地理位置、优惠的扶持政策、完善的配套服务和完备的孵化功能于一身的产业园区。服务外包产业园区在齐齐哈尔的发展还处于初级阶段，但通过强大的政策支持，园区公共服务平台的建设，有助于齐齐哈尔市服务外包产业的发展壮大。

一、齐齐哈尔市服务外包园区建设现状

齐齐哈尔市正在筹划建设各类服务外包产业园区，如齐齐哈尔中国装备制造业服务外包园区。一期规划建设占地 225 万平方米，建设服务外包场地 12 万平方米，将建成国家级重点实验室及工程中心、电子信息技术、应用软件开发、工艺设计、新能源与环保、新材料等方面的服务外包产业基地。园区投资为 5 亿元，年产出将超过 20 亿元人民币，通过本地转移与承接，带动地方 GDP 的二次、三次产业贡献率，实现税收同比增长，将龙头企业产业贡献率提升 300%。组建一个国家级研究室、研发中心和博士生流动站，吸引跨国公司 15 家、世界 500 强企业 5 家、国内知名服务外包企业 50 家，拉动和扶持本地的中小企业 100 家，服务外包销售收入保持 50%以上的复合增长率，直接新增就业 3000 人。

齐齐哈尔市的制造业服务外包园区计划在 2011 年完工，具有基本的配套设施，但尚未形成集聚效应。齐齐哈尔市的制造服务外包园区，对外的引资、引智能力和对内的辐射、带动、示范作用仍需进一步提高。园区内服务外包交付能力强的企业较少，企业缺少品牌知名度，客户资源不足，企业规模普遍较小。企业由于规模的限制难以承接大规模的外包业务，外包企业布局分散，难以形成企业集聚效应。另外，由于没有形成有效的刺激机制，使得企业缺乏发展服务外包的动力，竞争力较弱。

二、齐齐哈尔市服务外包园区建设规划

齐齐哈尔市服务外包园区内将建设四大区域，包括产业发展区、商务服务区、生活服务区、衍生产业区。产业发展区和衍生产业区主要为服务外包企业和相关企业提供发展场地，商务服务区和生活服务区主要是为企业提供配套服务，包括为企业提供公共服务平台和生活服务。规划建设的服务外包产业园区将侧重于制造业服务外包的中间环节服务外

包，承接产前的制造设计、研究，信息服务、设施管理、生产方式改进等，产后的销售、维修服务、物流金融等。园区建成后齐齐哈尔市就有了规模较大的提供外包服务的载体和平台，相关企业可利用发包、接包关系有效地重塑企业的组织结构。

三、齐齐哈尔市服务外包园区建设保障措施

（一）增强政府对服务外包园区的支持力度

服务外包园区在发展初期，需要政府强有力的政策支持。政府应该设立专项资金用于服务外包园区的基础设施建设、公用设施配套和主导产业培育；设立科技专项资金支持园区内有基础、有条件的企业建立和完善研发中心。加大财税、信贷支持力度。政府可以作为中介，开展多种形式的、经常性的银企对接活动，重点推进银企合作。鼓励各商业银行加大对园区内企业贷款支持力度，并打通多种渠道充实担保金，提高企业中介担保能力。

（二）合理强化服务外包园区配套功能和服务体系建设

园区应加快生活居住设施、休闲娱乐设施、传统商贸服务设施以及公共服务设施建设。另外齐齐哈尔市也应加快园区路网建设，使园区道路更加畅通快捷，并且加快园区生态环境建设。提高园区管理和服务水平，实现服务外包园区发展的升级。强化园区内部管理，统一组织园区基础设施建设、招商引资和经营管理等活动；开展社会化服务，鼓励和吸引金融保险、技术支持、社会保障、物流配送等相关服务业进入园区；建立有利于企业集聚发展的服务网络，把园区建成集研发、生产、商务为一体的多功能产业集聚地。

（三）保障服务外包园区所需要素供给

鼓励园区建立不同级别人才培训体制，园区可联合重点企业形成培养机制；园区可依据企业拥有高级人才的数量进行培训资金支持，或者直接以政府名义对个人进行奖励。制定相关政策，吸引和鼓励海外归国创业人员从事服务外包行业，完善海外人才激励和评价机制。园区应加快企业信用体系建设，积极向银行和资本市场披露产业发展信息，促进金融业、投资业和企业的对接，从而保障园区服务外包企业融资顺利进行。

尽快完成齐齐哈尔市的装备制造服务外包园区的建设，将齐齐哈尔市装备制造业非核心的重复性的工作转移到服务外包园区去完成，使企业“专注标准、专业分工”，专攻提升企业核心竞争力的部分，形成产业战略联盟及产业集合园区。加大园区基础设施建设投入力度，完善园区内生产性服务外包的咨询与管理、研究开发、产品设计、物流、公共关系、金融等各方面的服务设施，从而引进有实力的、有经验的专业服务外包产业园区运营管理企业进驻或者投资园区建设。

（四）加快科技创新

齐齐哈尔市应通过科技创新水平，全力为服务外包产业发展提供科技、孵化等服务。一是加强协作。加强与国内众多相关公司、知名研究机构建立广泛的联系，积极组织服务外包企业参与国际竞争与合作。二是企业孵化。积极吸引本地中小企业入园，协助中小企业在技术、管理、市场等方面提升能力；利用国企改革的契机，加快国企科研机构的机制创新，促进专利技术的转化，建立高新技术企业的孵化基地。三是拓展领域。齐齐哈尔市

可以为中亚、东南亚、南美、北美、中东、非洲等区域的国家和地区，提供离岸外包服务，如装备制造业技术数据采集、处理、解释以及工艺研发、设计、技术等服务。四是融资领域。应加大服务外包企业在境内外的上市融资支持力度，创新内外资利用方式，全力抓好招商引资，拓宽融资渠道。

（五）拓宽融资渠道

抓住中央实施振兴东北老工业基地，建设哈大齐工业走廊的机遇，发挥政府信用和协调功能，加强与区域内国家开发银行、国有商业银行和股份制银行等金融机构的沟通与合作，积极探索运用BOT、TOT、PPP等融资方式，吸收国际、国内金融机构进入，为哈大齐工业走廊建设和服务外包园区建设提供资金支持。培育地方性资本市场，拓展项目融资业务，充分利用国内外各种基金，发展风险投资基金。建立完善中小企业担保和风险投资机制，广泛吸收各种基金和民间资本参与齐齐哈尔生产性服务外包的建设。

（六）营造发展环境

在创造硬件环境的同时，抓好软环境建设，努力为投资者提供优质服务。进一步落实创建优良经济发展环境方面的政策和规定，清理各种障碍，确保各项政策落到实处。积极培育为企业服务的咨询、中介等机构。针对齐齐哈尔市服务外包发展处于起步状态，制定相关的规划政策，推动服务外包产业集聚，为制造业服务外包的发展营造良好的发展环境。积极为生产性服务外包企业创造条件，制定符合服务外包产业特点的灵活制度。齐齐哈尔市政府应从战略的高度在多种场合对服务外包进行大力宣传，并将服务外包的发展作为经济发展和产业结构升级的重要组成部分；放宽某些服务行业的市场准入条件，为来包企业开展服务外包业务创造软件、硬件环境。积极稳妥地进一步开放铁路运输、航空运输、货运代理、银行、保险、证券、电信、会计、审计、资产评估等领域，借助生产性服务外包的承接促进齐齐哈尔服务业向现代化水平发展。

（七）建立生产性服务外包平台

生产性服务外包产业专业性强，对市场规模化要求高。齐齐哈尔市的生产性服务外包才刚起步，缺少一个专业的服务推广平台。因此，齐齐哈尔市建立生产性服务外包的专业化平台，对培育服务外包产业具有重要意义。与传统的推广事物产品的平台相比，推广服务外包平台有着自身的难点，如推广服务应更注重演示和讲解、更关注成功经验和业内评价、更强调网上信息和网下展示结合互动等。所以齐齐哈尔市政府在培育生产性服务外包产业的同时，更要建立生产服务外包平台。

第十四章 服务外包园区发展研究

第一节 服务外包园区建设的重要意义

随着服务外包产业的蓬勃发展，服务外包园区已成为一个国家或者地区产业发展的重要载体。服务外包园区的运营模式成为聚集服务外包企业，提供各种专业服务的公共平台，在整个服务外包产业体系中，园区起到了一个运行中枢的作用。

一、有利于提高产业自主创新能力

园区建设质量决定集聚生产要素的能力，从而决定投入创新的要素数量。园区建设质量不仅关乎产业自主创新能力的提高，而且关乎产业发展速度的提升。强力推进园区建设，是提高产业竞争力，发挥比较优势的重要举措。服务外包园区作为承载、孵化和促进服务外包产业的物理载体，已经成为我国服务外包产业发展多层次推进体系的重要内容。作为招商引资的重要窗口和项目聚集的有力载体，园区正在成为提升自主创新能力，增加服务外包产业竞争力的有力推动力量。

提升服务外包产业自主创新能力的前提就是要加大创新要素的投入。要素间的协作和良性竞争机制有助于培育产业竞争优势。服务外包园区可以承担起整合优势资源，激发科技创新能力的载体作用。服务外包园区能够整合区域的资源禀赋、人力资本、产业基础和制度环境，能够集聚服务外包企业的生产能力、人力资源和技术支持，这对服务外包产业创新能力的提高至关重要。在园区的系统环境中，各个企业、机构相互学习，企业的相互交流、文化结构和制度环境等都有助于激发持续的创新。由于园区对于整合人力资源、财力资源和物质资源有较大优势，所以其在提高服务外包产业的资源投入能力、创新管理能力、创新倾向、R&D能力、制造能力、营销能力以及它们的组合效率——技术创新产出等方面有巨大的推动作用。

二、有利于发挥专业人才集聚效应

服务外包产业要实现跨越式发展，必须重视人才，特别是专业、高端人才的供给。一个产业群或经济体能否创造竞争优势，关键在于其人才的竞争力。有人才支持的产业才能形成核心竞争力，才能适应当今的国际竞争。人力资源是服务外包产业发展的核心要素。因此，对于服务业外包产业来说，形成人力资源的有力载体，打造吸引人力资本的平台，完善人才培养机制都至关重要。服务外包产业作为一种知识密集型产业，必须具备较高人力资本含量、高技术含量和高附加值的特点。高级服务外包专业人才对服务外包产业能否带动服务业乃至整个国民经济增长具有重要意义。服务外包园区集聚了彼此相关联的公司、专业化服务供应商和相关产业的企业以及政府和大学、规则制定机构、智囊团、职业培训机构以及行业协会等其他相关机构，这样的地理集聚地本身就存在着很大的人才集聚效应。不仅如此，园区的人才集聚效应还能形成人才供给的良性循环。专业人才在服务外包园区的集聚，会在园区形成巨大的人才池，为企业寻找人力资源提供充足的供给。人才的易得性会吸引更多的企业入驻园区进行投资，大量就业岗位也就随之产生。较多的就业岗位又会吸引更多的优秀人才进入园区，这就形成了一个持续的人才集聚效应。

三、有利于扩大服务外包品牌影响力

品牌对于服务外包产业的发展的成长起着重要作用，服务外包产业必须树立起具有竞争优势的品牌，才能更加有力地开拓市场、占领市场，为当地的经济增长贡献力量。品牌的建立是符合产业发展趋势，并且成为企业、机构乃至国家都为之付诸努力的重要课题。产业品牌是其市场占有率增长的源泉，是其市场影响力的基础。品牌战略是服务外包产业应该着力营造的关键点。服务外包园区优良的基础设施建设、完善的政策支持、活跃的创新环境、充足的人力资源供给，使得其在吸引区域外优势企业的投资以及高质量项目的投标方面都有较大的竞争优势，从而形成一个生产能力强、技术含量高、产品竞争力大的企业集群。以此为节点，支撑服务外包产业技术进步、人才培养和投资环境建设，为扩大区域服务外包产业品牌影响力提供平台支持。

园区集合众多服务外包企业的生产能力，整合了各个企业的优势资源，发挥了集群的规模效应，就可以形成较强的市场占有率，树立具有较大影响力的服务外包品牌，从而促进区域服务外包产业的发展。

四、有利于提升区域产业的整体竞争力

促进服务外包产业的发展，就是要提升服务外包产业竞争力，使服务外包产业在国际竞争中占据制高点，从而推动整个国民经济的发展。服务外包园区作为承载、孵化和促进服务外包产业的物理载体，园区内集聚了信息、网络、教育、金融等都是服务外包产业赖以发展的基础产业。这些相关和支撑产业的发展，是提升服务外包产业竞争力的必备条件。完善的产业链的支持，使得服务外包园区吸引投资，承载落实重大项目的能力得到提升。园区主动承接高投资强度、高技术含量、高利税贡献的大项目，主动承接国外及国内沿海、周边城市的产业转移，同时引导企业将总部、研发中心、销售中心等落户园区。

从微观层面来讲，服务外包园区内的企业集聚效应能够节约企业与外部环境联系所发生的成本，使得服务外包企业得到外部规模经济和外部范围经济，从而提高企业竞争力。同时服务外包企业可以利用的园区内资源、品牌、资金、信息等要素进行优势互补，发挥群体的协同效应。园区还为服务外包企业提供开放的沟通网络平台，提高前后项关联企业的紧密联系，保证了其技术创新的方向性与持续性，使得各种信息、知识和技术的创新都

能及时普及并得以完善，从而提高整个服务外包产业竞争力。

第二节 中外服务外包典型园区的成功经验

离岸外包模式价值的逐渐显现促使更多跨国企业制定了离岸外包发展战略，全球产业转移已经成为不可逆转的发展趋势。随着服务外包产业的迅速发展，以及发包方对外包地选择条件关注的变化，接包方必须提供比竞争对手更有优势的产品和服务。全球外包最受关注的离岸外包承接市场主要集中在印度、中国、菲律宾、爱尔兰以及巴西等国家。中国和印度的服务外包市场，具有成熟度高、交付能力强的优势。IT 服务行业又是中印政府都特别重视并大力扶持的领域，科尔尼公司公布的2004年、2005年、2007年、2009年全球服务外包目的地指数（GSLI）中，中、印两国一直保持前两名的位置，其他国家紧随其后。这充分反映出中印两国在承接国际服务外包方面具有强有力的吸引力与竞争力。尤其值得注意的是，美国市场几乎被印度垄断，印度软件业80%的收入依赖外包业务，并无可否认地成为外包界的第一大国。印度是国际服务外包发包国的首选地，也是目前服务外包产业发展最有代表性的国家。至2009年，印度已占有全球软件外包市场总额的65%以及全球服务外包市场总额的46%。财富500强企业中有1/5在印度设有研发中心，有220家从印度获得软件支持。印度软件业的快速发展离不开政府的倾力扶持。印度政府根据不同时期国家经济和社会发展的需要，颁布了相应的科学技术政策。政府制定各种优惠政策措施，为软件业发展创造良好环境。印度政府重视利用服务外包产业示范园区作为孵化、培育、承载和促进服务外包企业发展的载体，其中最为成功并在国际服务外包产业格局中具有重要地位的印度软件园就是一个可以树立为典范的软件外包园区。

一、印度软件园的发展状况

印度全国有43个城市开展了软件和服务外包业务。班加罗尔、钦奈、海德拉巴、新德里、孟买、普纳等城市是印度软件和服务外包的领先城市，业务收入占据了印度产业规模的90%以上，其中班加罗尔产业规模占印度整个产业的36%。作为印度服务外包业的发展载体，印度软件园已经成为了世界服务外包产业的中心。并且，印度软件园培育了印孚瑟斯（Infosys）、维普罗（Wipro）等世界级服务外包企业，在全球IT业界也取得了巨大的成就，印度已经成为名副其实的“世界办公室”。

（一）印度软件园的发展背景

印度发展服务外包的初期，采用的是“以信息技术外包为主要内容，发端于低端，完全依赖于国外市场”的发展模式，并在当时取得了成功。但随着国际服务外包向高端发展，这一模式开始成为制约印度服务外包产业进一步向前发展的因素。如今，印度的外包产业发展模式仍有不足之处。但是印度充分利用优秀的、成本相对低廉的软件人才优势，通过政府全方位政策扶持，积极开拓国际软件开发及服务市场，形成了以软件承包和服务出口为主的软件产业发展模式，并且形成了一定的规模效应，创造了产业基础本不强大的国家在短时间内跳跃式发展的奇迹。

印度在人才的教育和培养、政策支持、业务选择、市场定位、开放力度、完备的园区等方面都付诸了很大的努力：①在人才的教育和培养方面，印度政府相信人才资源是最重要的第一资源。只有一流人才，才能建设一流行业。印度有大量的高等学校，可以源源不断地输送高质量的专业人才。同时又有大量的民间教育培训机构，为高校毕业生实施上岗前的培训，以满足企业的特殊要求。各类学校和培训机构，为印度服务外包产业的发展，提供了人才保证。印度形成了产学研一体化的教育模式。为了保证服务外包企业能够争取更多的软件外包工程，扩大软件出口份额，政府鼓励软件公司办学，提高员工素质。并且，印度高校注重培养涉及各种交叉学科的全面型的软件人才。印度政府在创业方面也给了软件人才很多的优惠政策。②印度政府在政策支持上做到了不遗余力，良好的政策环境是印度服务外包产业得以发展的重要基础。1986 年印度政府制定了《计算机软件出口、软件发展和软件培训政策》，明确了印度软件产业发展战略目标。1991 年税法规定，软件和信息服务出口企业在 2010 年前免征所得税和出口关税，并对其生成的软件产品免征流转税。据有关资料显示，在印度发展服务外包的成本要比中国低 30%左右，企业负担基本上是“零税赋”，在相当大程度上形成了承接服务外包的成本优势。在 20 世纪 90 年代，印度加入了信息技术协议。在电信行业大力引进外资，印度的电信业逐渐成为世界上最开放的电信市场，为印度成为 ITO 和 BPO 的大国提供了基础的技术条件。政府政策对产业发展的有力支持，很大程度上决定了其服务外包产业的蓬勃发展。不仅如此，印度政府深切认识到知识产权保护程度对于服务外包产业发展的重要作用。印度政府加强对软件产业的安全管理，积极调整知识产权的条例与政策，制定版权法来保障软件产品的知识产权。这一方面保护了本国相关企业的合法权益，另一方面也使软件外包企业建立了良好的国际信誉。③印度政府加大了开放力度，积极引进外资。印度知识流程外包的发展得益于跨国公司在印度设立的研发机构。全球 10 大信息技术巨头，包括微软、英特尔和德州仪器，都在印度设立了研发中心。这些研发中心颇具规模，业务经验丰富，可以提供高端的创新产品，向客户提供系统的解决方案。④印度发展软件外包产业的一个很成功的经验就是通过建立软件园吸引众多企业入驻。印度政府认为，印度经济发展生产力的潜能并没有真正发挥出来，科技的贡献力还不高。因此，印度不仅要重视研发和创新中的技术因素，还要同样重视能够把创新加以吸收、传播、转化到生产部门的社会、机制和市场因素。本着这样的政策和指导思想，从 1987 年起印度就开始建设班加罗尔、布班内斯瓦尔和普那 3 个软件园区。其中，班加罗尔成为印度软件之都，被誉为世界十大硅谷之一。班加罗尔所在邦政府更是对当地高科技企业给予特别的支持，对企业科研实行财政资助，对企业科研成就颁发政府奖，在吸引外资和向世界宣传班加罗尔方面做了大量的工作，使班加罗尔成为跨国软件企业的重要投资目标地。

（二）印度软件园的发展经验

成立于 1991 年的印度软件园（STPI）是一个以国际卫星通信和高速宽带网络为基础形成的虚拟软件园区，总部设在新德里，在印度全国设立了 39 个分园，直属于印度信息技术部，代表印度政府进行产业指导，有力地推动和催化了印度软件产业的发展。

印度软件园的发展有很多值得我们借鉴的经验，如图 14－1 所示。

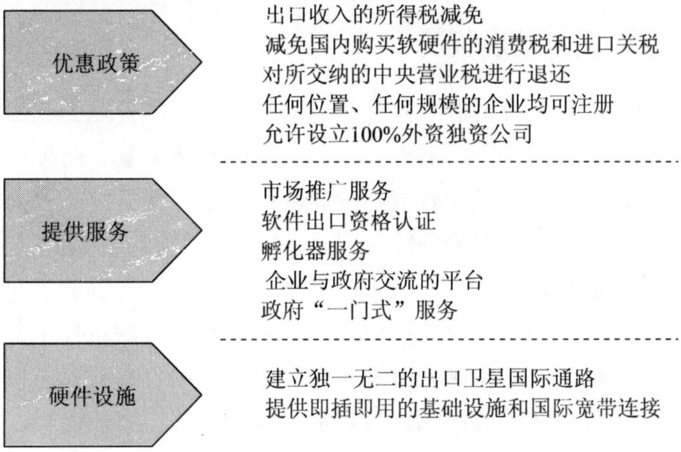

图 14－1　印度软件园促进园区服务外包发展的关键举措

资料来源：中国服务外包研究中心，NASSCOM.

印度政府在市场定位和业务选择上作出了睿智的选择。面对全球服务发包市场，印度选择在全球服务外包市场上先选择与本国有密切联系的美国作为承接对象。这种联系一方面表现在，印度文化深受英语国家的影响，在文化上与美国有“认同感”；另一方面，印度的许多软件开发人员都有在美国研发的经历，了解美国 IT 技术发展的状况以及外包的技术取向，很多外包业务甚至都是“将在美国的工作带回到印度来做”而形成的。在解决了开展服务外包业务方面的方向性的重大问题的同时，印度政府在业务选择上充分考虑了整合国内资源、提高国际竞争力等方面的需要。在印度国内，长期以来由于政府政策的鼓励和基础设施的薄弱，软件市场一直处于严重供过于求的局面。国内难以消化的软件供给，只能寻求国外市场。而此时的美国经济持续出现强势增长，需要大量的软件供给，部分企业开始将非核心的软件研发业务外包出去，以降低成本、提高核心竞争力。印度软件业抓住机遇，大力发展对美国的软件外包。以软件外包为切入点，既减轻了印度国内软件业供过于求的压力，又给本国经济增长带来了一个战略性的增长点。在这样战略性决策的驱使下，软件科技园区（STPI）就应运而生，并且成为政府引导产业聚集的一个典型案例。STPI 为园区外包企业提供了具有足够投资吸引力的优惠措施：允许建立全额外资企业，开放的资本运作，给本国产业发展提供了新的动力；给予进出口企业以很大的税收减免制度，进口资本货物基本免征任何关税；设立最低的注册标准等。在园区的后勤服务和硬件设施方面，STPI 投入了很大的成本：24 小时高速国际互联网，全天候技术支持，充足的独立照明系统、区域网络、自助餐厅和图书馆等便利的基础设施和服务，并且实施了“一门式”概念的手续和审计等服务，这种高效的服务也成为后备服务中的一大亮点。另外，由于印度的企业不具备足够的研发能力和融资能力，当地政府还为企业提供了一个较为完善的发展平台，其中包括规范的资本市场，能提供长期资金保证的银行体系和技术转移机制等。政府集中于园区改善基础设施的努力，对外包产业集聚产生了巨大的推动作用。

二、苏州工业园区的发展状况

我国把服务外包园区作为发展服务外包产业的重要抓手，各地涌现出一大批展现巨大活力，并仍有更大的发展潜力和空间的外包园区。当前我国主要有两类比较典型的服务外包园区，一类起步较早，已经形成比较成熟的软硬件设施，并且有了较高的知名度，具有较好的企业集聚效应。如中关村软件园、浦东软件园、大连软件园等。另一类是起步较晚，但是有一个较高的起点，园区在原有的已经具有一定主导力量的产业基础上快速启动和发展园区经济。如苏州工业园、杭州经济技术开发区、南京高新技术开发区、漕河泾新兴技术开发区等，这类服务外包园区也开始显现集聚效应和后发效应。以苏州工业园区为例，我们探索中国服务外包园区发展的区位优势、成本优势、人才优势、技术优势等。

（一）苏州工业园区的发展概况

苏州工业园区是中国、新加坡两国政府合作项目，于 1994 年 2 月经国务院批准设立，同年 5 月实施启动。园区行政区划 288 平方千米，其中，中新合作区 80 平方千米，下辖三个镇，户籍人口 35 万，属国家级经济技术开发区。苏州工业园区吸收来自于欧美、港澳台多方资金。2005 年园区 GDP 为 51 亿元，占苏州全市 GDP 的 14.43%。自园区项目启动以来，主要经济指标年均增幅超过 30%。园区以仅占苏州市 3.4%土地、5.2%人口创造了全市 15%左右的经济总量，成为苏州经济增长的驱动力。虽然苏州工业园区加工贸易和制造业的发展逐渐大规模化，但是制造业的发展主要依赖劳动力资源优势。发展制造业尤其是重电子产业，资源消耗大，土地成本增加。因此，为了使园区的产业结构得以优化，实现经济和社会的可持续发展，园区发展了一个战略性的新的经济增长点——发展服务外包。现代服务外包属于无烟工业，具有无污染，资源消耗少等制造业无法比拟的优点，同时又具有可以安置大量就业人口的优势。园区大力发展服务外包，提升园区产业水平，积极承接新一轮产业转移。承接外包服务，特别是吸收出口导向型服务业的外国直接投资，给园区乃至苏州带来巨大的经济和社会发展效益。

（二）苏州工业园区的发展经验

苏州市政府通过一系列内外部分析、产业发展战略定位、园区运营战略、实施计划等工作，制订了一套符合苏州工业园区自身特点的服务外包解决方案。确定开创“离岸与在岸并重，依托园区原有制造业优势打造服务外包产业，实现服务外包产业与制造业的协同发展”的发展方针。借助已有外商投资雄厚基础和决策层社会、政治关系，挖掘拉动内需加吸引锁定外需的发展模式，从业务、行业、层级、地域和产业多维度明确苏州工业园区服务外包产业的总体定位。具体来说，园区以数个各具特色的服务外包产业集聚区为载体，加大软件开发、动漫创作、研发设计、金融后台服务及人力资源服务等外包项目引进培育力度。引进名列世界百强的服务外包企业超过 20 家，园区内通过 CMM/CMMI 认证的软件企业超过了40家，离岸业务总量超过了20亿，建成了跨国公司离岸服务外包业务的重要承接与发包地和国家“千百十工程”的重要示范基地。

园区吸收来自印度的成功经验，并在此基础上基于自身发展的实际情况，根据园区整体发展的需要和规模经济的客观规律，制定了契合园区发展路线的各项保障措施。在园区原有产业的基础上，大力发展动画制作服务外包、软件服务外包等业务。园区致力于满足服务外包业务发展的软硬件需求。

1. 打造服务平台，加大园区支持力度

大力打造软件与信息服务外包共性技术平台，其中包括公共服务平台，该平台为企业提供高品质的互联网的在线信息化外包服务（SaaS模式）。主要内容包括：①软件评测平台，帮助软件企业提升产品质量，推动软件产业健康快速发展，提供软件产品等级测试、专业技术测试、信息监理、技术咨询、人才培训等服务；②嵌入式软件公共技术平台，该平台主要为企业提供嵌入式软件产品的技术培训和测试服务，同时与苏州移动共同搭建了移动测试服务平台，主要服务于园区的移动应用企业开发，推进移动应用产业链的发展；③中科集成电路设计中心，该中心为企业提供集成电路设计方面的技术和平台服务，推进科技成果产业化，提供的服务包括EDA平台服务、物理设计服务、IC测试服务、产业化与创业孵化服务等；④动漫公共服务平台，服务功能主要有渲染系统、视频系统、音频系统、虚幻游戏引擎等，按照整体规划、分步实施的原则进行建设，为动漫产业快速发展提供强有力的技术支撑。

大力打造实验平台，其中包括：①公共分析平台，该平台由气质室、液质室、光谱室、多功能实验室、离心机室、万级净化室等功能区域构成，配备生物医药研发所需的大型先进分析仪器和实验室保障设备，为生物医药研发企业提供药物性质结构研究等服务；②抗体公共服务平台，配备抗体筛选、制备、纯化所需的大型设备，为从事抗体研发的机构提供蛋白表达、抗体制备、诊断试剂上游开发、基因测序、定量PCR分析及抗原—抗体信息共享等服务；③纳米研究平台，纳米测试分析、加工、工程化研究平台配备先进的纳米相关分析设备，具备全面的纳米尺度下的单分子和纳米结构的表征技术与测试手段，为纳米材料和器件、生物医药、仿生、纳米安全等各个科研方向提供全面的科技支撑服务。

大力打造投融资平台，建立了覆盖企业不同发展阶段，集创业投资、产业投资、融资担保为一体的资金支持体系。开展针对种子期企业、成长期企业及成熟期企业的投资业务，满足企业原始创新、集成创新和引进、消化、吸收再创新的投资融资需求。

大力打造人力资源服务平台，其中包括设立实训基地培训机构。园区有包括苏州软件园培训中心等在内的50多家各类专业培训机构，提供外包实用性人才。园区已有包括苏州软件（微软技术）实训基地和SUN华东实训基地等在内的4家园区公共实训基地。通过构建仿真实训环境，培养适应企业需要的服务外包人才。

2. 加强载体建设，推进园区体系发展

园区建设了以苏州国际科技园、创业产业园、腾飞苏州创新园为中心的信息技术外包集聚区，以生物纳米园为中心的生物医药外包集聚区，以中新生态科技城为代表的生态科技及咨询认证外包集聚区，以易迪外包服务产业园为代表的商贸及供应链管理外包集聚区，以苏州工业园综合保税区、金融创新区为中心的金融财务外包集聚区，以中国电信苏州呼叫中心产业基地为代表的呼叫中心集聚区，以创意泵站为代表的动漫游戏外包集聚区，以乡镇分园为中心的乡镇业务流程外包集聚区，以创新科教区为中心的教育及公共服务外包集聚区，以产业园为中心的高端知识服务外包产业区等十个集聚区。各个集聚区之间互相形成支撑和推动力，串成一个驱动力链条，互为条件又互为结果，形成一个超动力的传输机制。

3. 提供政策支持，保障优良园区环境

政府给予了苏州工业园区强大的政策支持，给予园区上不封顶的自行审批特权。凡符合国家产业政策的外资项目，园区均可自行审批。给予园区灵活高效的外事管理权，享有公务出境任务审批、颁发公务护照、向外国驻华使馆申办签证及签发境外人员入境签证通知函电等管理权限。给予园区中国唯一的区域性公积金制度，并使其拥有快速的物流通关优势等。园区被划为率先进行通关作业制度改革和现代物流试点的区域。园区拥有独立的海关、高效的绿色通道，具有内陆口岸功能的进出口货物分流中心。经国务院批准还可在区内设立现代物流园，允许成立外商独资或中外合作经营的国际物流公司。上海机场监管仓库可直接延伸至园区，使区内企业通关效率大幅度提高等。此外，在苏州工业园区，国家授权“凡是符合改革方向的均可在园区先行，一时看不准的也可在园区试行”，即“先行先试”的特殊政策。政策上的极其特殊和优惠，使苏州工业园在招商引资方面极具优势。在这样的政策支持力度下，苏州工业园区不仅在原有主导产业的发展上取得了更大的进步，并且在服务外包产业上也取得了巨大的发展。

园区抓住产业转移的大好机遇，出台了一系列的政策支持园区服务外包产业的发展。园区奖励制作原创动画电影和原创动画电视片完成备案、获得发行许可证并播出的企业。奖励创作原创网络游戏产品经批准上线运行、单机版原创游戏产品获批准正式销售的企业。奖励游戏运营公司投入运营新款网络游戏的企业，奖励获得国际和国家级大奖的动漫游戏产品。资金支持获得权威部门奖励资助的动漫、游戏、影视项目。软件生产企业和集成电路设计企业的职工培训费用，可按实际发生额在计算应纳税所得额时扣除。在知识产权的保护方面，园区鼓励服务外包企业开发具有自主知识产权的关键技术和重大产品。对服务外包企业申请国内外自主知识产权登记和取得专利权，并能实现专利实施产业化的项目，给予资助。园区设立知识产权投诉举报中心，并与园区知识产权保护局合署办公，园区工商局、园区公安局、园区法院等部门共同参与，形成共同打击知识产权和个人信息侵权的综合氛围。园区还建立了专门从事知识产权服务工作的公共服务平台，为园区企事业单位和个人提供全方位的知识产权创造、运用、管理和保护等服务。平台主要由承担公益性服务功能的知识产权服务中心、知识产权举报投诉中心以及知识产权中介代理服务机构和知识产权评估交易机构等组成。

第三节 服务外包园区的发展趋势

目前国际服务外包产业正处在经历危机后逆势发展及全球战略转移的宏观发展态势中，中国凭借其人力资源、总体经济、成本及社会稳定等多方面的因素成为全球服务外包产业的焦点。随着服务外包产业及专业化产业园区在中国的持续发展，未来中国的服务外包产业园区将不仅仅是享受优惠政策的特定区域，而是将成为整合全球产业资源、聚集产业要素、推动持续创新以及产业发展，形成经济产出的产业载体。园区的发展将更多地符合经济活动的核心规律，遵循“市场化、差异化、企业化”的基本原则并将从一般性的成本竞争转向为效率的竞争和技术能力的竞争，将从一个产业园区化时代逐步走向园区城市化的时代。随着后危机时代产业发展格局的变化，基于政府定位，紧密联系服务外包园区竞争力与城市竞争力的互促发展和国际化视角，服务外包园区的发展出现了新的趋势。

一、重视园区体系建设

随着服务外包产业的蓬勃发展，其对区域经济起到越来越大的带动作用。作为服务外包发展重要节点的服务外包园区，也摆脱过去单纯以园区为边界的发展模式，而建立更加宏观的模式和体系。基于城市整体视角的竞争体系的建立，是发挥城市、园区联动效应，促使服务外包园区跨越发展的根本保证。不仅如此，园区内完整的产业体系，也使得园区在创新能力、市场建设、软硬环境完善等方面具有更大的推动力。

（一）形成“示范城市＋示范园区”的竞争体系

以园区为载体来推动产业集约化发展是促进服务外包产业发展的重要决策。同时随着园区内各经济及社会要素的不断完善，整合城市的优势产业资源，服务外包园区将带动整个服务外包城市的发展。园区外包产业也是所在城市的战略发展行业，城市发展战略与园区发展高度结合，园区和城市的同步发展。园区城市化发展有利于发挥企业集聚效应，同时又有利于提高园区的品位和竞争力。长远来看，可以将城市规划建设和园区规划建设融为一体。园区发展为城市发展提供基地技术支持，城市为园区发展保障环境设施，二者互相协调、互相促进，从而打造“示范城市＋示范园区”的竞争体系。

（二）建立完整的服务外包园区产业体系

服务外包园区的发展单纯依靠政策推动、市场拉动或者创新驱动都是不健全的。依靠政策推动，就不能避免政策的时滞问题和脱节问题；依靠市场拉动，就一定会受到市场波动起伏的影响；依靠创新推动，就难以保持企业持续的动力推动。在“十二五”计划的推动和机遇下，服务外包园区逐渐把目光专注于发展完整的产业体系。服务外包企业都意识到，只有形成一个同类资源共享或异类资源互补所形成的共生体，才能使园区内乃至整个产业内独立经济组织之间形成一个互惠互利的网络，促进服务外包园区形成一个完整的自我驱动的产业体系。

二、注重园区竞争力的构建

园区的竞争力是其成长的重要保障。竞争力是保证园区内企业占有市场份额、获得经济效益的关键力量。现代国际分工格局的建立，使得服务外包接包方必须具有较强的专业化素质，这就对园区内企业的专业化水平提出考验。同时，持续的自主创新能力是园区保持竞争力的内在保证，本地创新技术竞争力的建立对园区的市场影响力的扩大至关重要。品牌的宣传效应和带动效应是其竞争力的直接体现，建立特色服务外包品牌是对园区竞争力的直接支持。

（一）专业化程度增强

进入“十二五”时期，我国的服务外包园区都将进入以专业化竞争为核心标志的产业发展3.0时代：立足本区域的具有竞争力优势的产业，明晰发展定位，打造高级专业化园区。黑龙江省目前服务外包园区专业化发展已经起步并登上了新的台阶。信息呼叫中心、软件园等专业化园区不断涌现。园区专注于具备相对竞争优势的某一垂直行业或水平细分，专注做服务外包产业一个方面。这样，各个园区差异化发展，既避免了恶性竞争，又可以使园区企业能产生集聚效应，在技术上和效益上取得更大的突破。

（二）加大创新技术竞争力

观察印度服务外包产业发展的历程，在园区发展的初级阶段，产业聚集几乎是印度政府最重视的发展方向。但是，随着印度服务外包产业水平的发展和壮大，其外包园区逐渐走向了把技术作为一个最重要的内生增长力的道路。吸收印度模式发展的优秀经验，随着服务外包产业的发展，我们在园区的定位上更加注重企业的创新能力。黑龙江省不只注重提高园区的招商能力，更是鉴于技术性企业对本地产业发展的强大推动作用和经济贡献，把提高园区服务外包企业的技术创新能力作为重大课题。提高园区竞争力水平，必须注重培养本地龙头企业和产业链企业，完善本地产业链。这样就能将企业的核心竞争力留在本地，推动本地产业发展。

（三）提高园区品牌影响力

近年来，我国服务外包园区发展都在依靠本地的优惠政策来吸引服务外包企业入驻，目的就是为了得到产业集聚效应。但是研究实践经验可以得知，如果没有本地的优势品牌，没有自己独特的产业特长，无论是对于园区的发展，还是产业的发展，都会形成很大的阻力。打造园区品牌、建立园区品牌形象才是园区发展的关键举措。黑龙江省的服务外包产业发展较晚，水平较低。分析本省服务外包产业园区的发展优劣势，结合国家的相关政策方向，学习中外成功园区的经验，可以得出结论：必须树立黑龙江省服务外包园区品牌，提高园区竞争力，以国际化的视角，寻求更大的影响力。黑龙江省服务外包政策已经逐步从向区域倾斜转而向产业和企业倾斜。积极引进龙头企业，并协助本地企业打造园区一流品牌。“十二五”期间，黑龙江省服务外包产业园区发展将以品牌战略为主，打造园区品牌竞争力优势。

三、强调园区对产业发展的支持作用

随着服务外包产业园区的建设和完善，它将不仅仅是一个众多服务外包企业的地理集聚地，而将成为统筹各类优势资源、科学制定发展重点和方向、支撑服务外包产业的重要基地。总结建设经验、立足可持续发展的高度，园区会从规划的视角筛选投资主体，为其科学发展打下稳固基础。公共服务平台的高速、有效运行也是园区着重建设的方面。同时，园区将逐渐淡化自己的区域特性，而更加强调对服务外包产业的服务性，切实地为服务外包产业发展贡献力量。

（一）促进园区开发主体多元化联合

高校可以为园区提供领军人才、服务业人才、技能人才，并能为园区提供人才培训，为园区的发展、城市空间拓展、产业拓展积蓄后备力量，增强服务外包园区乃至整个产业的知识创新能力。服务外包企业能发挥集成和带动效应，其科技孵化与技术创新使服务外包企业在园区发展中起着决定性的作用。园区正在走知识经济的发展路线，企业重视与国际生产力资源、国际市场经济结合，发挥规模效应和集团战略。政府在园区的发展中扮演着领路者的角色，对园区的用地、政策、机制、资源等进行统一的规划和管理，从宏观上统筹园区经济的发展和进步。必须系统地把三者有机地统一起来，构造以知识为桥梁，价值创造为纽带，资源集聚共享为特征的紧密结合、共同发展的发展模式。服务外包产业是一个集高科技、高智力、高环境融合性为一体的产业。高校、政府和企业之间的“联动”，是发展现代服务业和服务外包产业的重要思路，也是黑龙江省乃至全国服务外包园区在未来阶段发展的新趋势及特点。

（二）升级公共服务平台核心

服务外包产业被称为“资源节约型、环境友好型”的产业，具有资源消耗低、环境污染少、科技含量高、附加值高、增长空间大、国际化程度高等特点。计算机和网络作为工作、通信和信息源载体，成为服务外包企业必备的工具。基于云计算中心衍生出的云平台，伴随着云计算的诞生、应用和流行，定将成为外包园区公共服务平台新的核心。借助云平台，服务外包园区能够得以进一步丰富并完善其资源及服务体系。为企业提供的不再是单一而固定化的产品或者服务，而是基于云端资源的个性化解决方案，使企业更快速地完成信息部署，整合资源，持续健康发展。

（三）强化园区对产业发展的服务性

服务外包园区发展初期，对于外包企业的吸引力主要在园区的设施建设、环境维护、治安管理、物业管理等基础服务上。但是随着外包产业的发展和外包企业需求的升级，园区必须创新服务模式。不仅要为服务外包企业提供硬件设施的服务，更要发展园区产业投资和增值服务等其他服务项目。服务外包园区的软环境将成为提高园区竞争力的关键因素。园区必须具备物理园区、网络平台、服务体系等服务功能，这也是服务外包产业更加健康、快速、平稳发展的保证。黑龙江省服务外包园区在发展伊始就处在一个基础性的高度上，在园区的服务性上给予了很高的重视，大庆软件园、哈理工科技园等园区的建设在服务性上都有很大的发展和创新。

四、积极发展呼叫中心产业园区

呼叫中心对于服务外包基地的建设至关重要。2008 年呼叫中心产业园的建设在全国范围内也掀起了一个高潮。黑龙江省在地理位置上比较靠近目前中国主要的 BPO 离岸市场——日韩，并且拥有巨大的人才优势——日语、韩语人才。联通哈尔滨呼叫中心产业园填补了黑龙江省在呼叫中心产业上的空白。得益于黑龙江省丰富的人力资源和低廉的人才成本，以及巨大的国内外市场需求，呼叫中心产业必将成为黑龙江省发展最为成熟的服务外包细分产业，同时在园区建设中将扮演重要的角色。

第四节　黑龙江省服务外包园区发展现状

抓住国际产业转移的历史性机遇，加快服务外包产业发展，提高黑龙江省参与国际竞争的能力，是黑龙江振兴老工业基地的重要举措。发展服务外包产业是黑龙江省接受产业转移、加快与世界经济接轨的战略性选择。黑龙江省服务外包园区起步较晚，在这个从无到有，从小到大的进程中，也已经取得了可喜的成绩。但是在优势企业品牌化、重点行业规模化、主要园区集群化上还有很远的路要走。如果要实现服务外包园区的健康可持续发展，并使园区真正地为黑龙江省转变发展方式、优化发展结构作出贡献，就必须立足本省经济发展情况，认真分析黑龙江省服务外包园区的发展现状、特征、问题及趋势，为有层次、有重点地加速推进服务外包产业园区发展，为把黑龙江省打造成为具有较高国际知名度和较强影响力的服务外包承接地提供支撑力量。

一、黑龙江省服务外包园区发展现状

黑龙江省服务外包产业充分发挥其在地理位置、基础设施、产业特色、服务体系等方面的比较优势，在发展初期就取得了一定的成绩。其服务外包园区的发展以科技为先导，强调服务园区的产业先进性和服务商品的高水平性；以服务为纽带，全面统筹生产、生活、市政分区服务；以环境为基础，把环境纳为重要的生产要素，并形成综合化的城市功能区，发展多重功能，提高应变能力和辐射效应。在这样的理念指导下，黑龙江省服务外包园区的发展已经形成了良性循环的产业链结构，并且确实地为黑龙江服务外包产业的发展提供支撑。

（一）黑龙江省服务外包园区的政策环境

黑龙江省高度重视服务外包产业发展，并力争将其打造为新的支柱产业。省财政每年安排 2500 万元专项资金，同时整合相关专项资金 3000 万元，用于支持服务外包产业发展。2007 年，黑龙江全省软件及服务外包业务收入 52 亿元，大部分为技术服务出口，在册软件企业发展到 252 家，从业人员数接近 3 万人，15 家企业通过 CMM/CMMI 评估。2008 年，全省软件及服务外包业务收入将近 80 亿元。2009 年，哈尔滨服务外包产业收入

72亿元，离岸收入6080万美元，大庆服务外包营业收入52.3亿元，离岸产值3.72亿美元。截至2009年年底，全省软件和服务外包企业达到320家，其中27家通过CMM/CMMI认证，12家通过ISO 27001认证，产值超过100亿。黑龙江省在多年的对日软件外包的基础上，成功进入欧美、澳洲、非洲以及东亚其他国家的软件外包市场。同时，采取措施鼓励软件开发商和系统集成商向服务转型，目前也已经取得很大的成绩。软件、IT基础设施、通信、医疗、金融、保险、物流、地理信息、动漫设计、数据加工、呼叫中心和石油工程技术等多领域的服务外包已经起步。

黑龙江省已经有哈尔滨、大庆两个国家级示范城市，省政府正在倾力打造齐齐哈尔——中国装备制造业服务外包园区。在政策支持和平台建设下，齐齐哈尔市也将成为黑龙江省服务外包产业发展新的增长基地。黑龙江省积极扶持服务外包企业的发展，鼓励企业入驻园区，并在服务、政策、设施等方面不断出台更大力度的支持措施。在这样的机遇和背景下，服务外包企业得到了巨大的发展。大庆华拓数码入选“2009年度中国服务外包企业最佳实践50强”“中国BPO企业十强”和2009年、2010年“全球外包100强”，大庆华拓数码、哈工大软件、海天地理信息公司入选“2009中国100强成长型服务外包企业”。

园区的建设一直是黑龙江政府一个发展服务外包产业的战略性的举措，并初步建成了一批服务外包园区。哈尔滨市更是初步形成了点、线、面结合发展的园区布局，其中包括一个核心园区——服务外包产业园，三个专业园区——黑龙江地理信息产业园、平房动漫产业园和联通哈尔滨呼叫中心产业园，四个大学园——哈工大科技园、哈工程科技园、哈理工科技园、黑大软件园。在大庆市，政府规划建设了大庆软件园、黑龙江软件园、高新区服务外包产业园、服务外包产业园和石油工程技术服务园等5个外包园区。其中，黑龙江地理信息产业园是国内唯一的世界最大的地理信息产业园和国际地理信息数据加工基地。

（二）黑龙江省典型服务外包园区的建设状况

虽然黑龙江省园区建设起步较晚，但取得了显著的建设成果。黑龙江政府鼓励有条件的地市以政府投入和民办公助等多种形式，按照国际标准将服务外包园区建设成为服务模式创新基地、技术创新基地、产品开发基地、人才培训基地、企业孵化基地和产品出口创汇基地；鼓励各地市要在已有高新技术园区等专业园区内，从实际出发，各有侧重地错位发展服务外包业务，力图逐步形成各具区域特色的服务外包集聚产业链条；鼓励各类企事业单位从事和发展服务外包业务，并加大对服务外包龙头企业的支持力度；鼓励服务外包企业与国际、国内知名服务外包企业或机构开展合资合作；推进产业联合，形成大型服务外包企业、产业集团和联盟，建立互促合作机制；出资支持服务外包企业开展技术创新，鼓励服务外包企业增加研发投入，特别是加大对服务外包所需共性关键技术研究的扶持；鼓励企业开发拥有自主知识产权的核心技术；政府出资建设服务外包培训基地和实训基地，充分利用黑龙江省现有教育培训资源，通过企业人才定制培训、从业人员资格培训和职业鉴定、服务外包企业国际资质认证培训等方式，加快培养熟练掌握外语技能的各类实用型服务外包人才。在这样全面的政策指导下，黑龙江省园区取得长足的发展，也树立了一些服务外包发展的典型园区。

1. 大庆服务外包产业园的发展概况

大庆服务外包产业园位于大庆高新区主体区，于2007年5月启动建设，分为产业区、教育科研区、生态休闲区、文体娱乐区等功能区。园区与软件园、文化创意产业园互为支撑，协同发展。园区配套服务设施齐全，建有双电源，保证24小时供电。建有网络通信和数据服务平台，拥有高速交换、传输、路由、存储设备，联通、电信的光纤接入园区主机房。内部局域网1000M网络直达各房间，可为企业提供网络接入、服务器空间和托管、数据备份处理等服务。园区建有：①人才培训平台，可为企业提供人才培训场地设施和招聘服务，降低企业培训成本，帮助企业解决人才问题；②呼叫中心，服务于标准化的工作流程、服务规范和全面的服务管理体系；③数据服务平台，为园区企业提供一个安全、便捷、高效的数据提取、处理、存储环境，从而提高企业的研发效率，为园区企业提供数据测试和模拟环境，平台可以实现数据和应用系统等信息资源的高度共享，减少信息资源的重复和浪费；④动漫技术平台，包括动漫培训平台、全方位运动捕捉系统、高性能的三维集群渲染系统、高效能后期制作系统和专业化影音房等；建有会议服务平台，可以满足园区企业的会议要求，适合企业召开各类大中小型会议及会展。园区营造了优良的经济发展环境，对符合条件的企业给予了各项优惠政策，吸引外来投资者来大庆高新区投资兴业，对入区新建的生产加工型企业免收城市基础设施建设配套费。对新上的生产加工型项目，项目建设期，减免本级行政收费。区财政每年安排3000万元创新基金，用于支持企业技术创新，鼓励园区内生产加工型企业加速技术改造和产品升级。对符合国家产业政策和高新区产业发展方向、投资额度大、科技含量高、对财政贡献大的重点项目，采取“一事一议、一企一策、特事特办”，给予特殊支持。

吸收大庆服务外包园的发展经验，黑龙江地理信息产业园、平房动漫产业园、联通哈尔滨呼叫中心产业园、哈工大科技园、哈工程科技园、哈理工科技园、黑大软件园、大庆软件园、黑龙江软件园、高新区服务外包产业园、服务外包产业园、石油工程技术服务园也都取得了可喜的成绩。

2. 黑龙江地理信息产业园的发展概况

成立5年来，黑龙江地理信息产业园始终致力于打造地理信息资源共享和社会化服务与应用的平台，促进地理信息产业的发展，已初步建立起以1个孵化器、2个工程中心、2个重点实验室、3个基地为核心的科技创新和人才培养体系。并且已吸纳30余家企业入园发展，吸引哈尔滨东画文化传播有限公司在园区建立“中国国际动漫产业基地”。各入园企业凭借产业园区搭建的发展平台，注重观念创新、技术创新和管理创新，大力开展地理信息数据生产加工和外包业务，已承担多项国际合作项目，靠质量和信誉赢得了市场，在与美国、欧洲、日本、韩国的合作中都占了一定的份额，初步形成了自己的品牌效应，境外服务外包业务已遍及世界20多个国家和地区。同时，园区充分发挥科技和服务创新、企业孵化的载体作用，开发了具有自主知识产权的黑龙江省地理信息公共服务平台、车载

GPS监控系统、遨游龙江影像网络浏览发布系统等重大项目，初步形成了独具特色的科技创新体系，创造了较高的经济和社会效益。截至2007年年底，园区实现服务总值已达1.1亿元，境外服务外包创汇500余万美元。

3. 哈理工科技园的发展概况

哈理工科技园经国家科技部、教育部联合批准，经过几年的历程，园区在软硬件环境建设、孵化器平台建设、促进行业技术进步等都取得了长足发展。科技园包括四个功能区，分别是聚集科技型企业及部分中介服务机构的科技园加速器——理工大厦，集聚科技型初创企业和部分研发机构的科技园孵化器——科技企业创业中心，集聚现代服务业、大学生创业企业的省级中小企业创业基地——校东区工字楼，承担企业产业化任务的生产加工基地——校北区原实习工厂。现有企业102家，从业人员1000余人。园区建有4个研究所、4个工程研究中心，1个技术转移中心，1个市级创业培训基地，1个市级创业孵化基地，1个省级中小企业创业基地。在一步步的稳健发展中，哈理工科技园建成了具有一定规模、具有较为完善的创业服务体系和产业化支撑服务平台，形成了"政府引领，三方合作，三区联动，公司化运作"的发展模式，创建了以科技园为平台"全真环境"下的大学生创业孵化体系，并建设了大学生创业基地和国家级双实双业创业基地。哈理工科技园致力于以"强化内涵建设，形成特色；注重外延发展，形成辐射"为原则的服务外延模式，在山东荣成创建了科技园分园，在广东佛山和黑龙江大庆也都分别建立了产学研基地。

联通哈尔滨呼叫中心产业园、哈工大科技园、哈工程科技园、黑大软件园、大庆软件园等园区都在建设和发展中，服务外包园区已经成为黑龙江省的一个发展标志，并且在全国甚至国际上都有很好的前景。在北京举行的2008亚太呼叫中心大会中，来自全球超过15个国家和地区的呼叫中心行业泰斗及各知名呼叫中心机构共同探讨了"更快、更高、更强"的主题。黑龙江省三个服务外包园区（哈尔滨软件园、大庆服务外包产业园、省网通呼叫中心产业园）参加此次大会的"呼叫中心及服务外包展览"。此次会议是亚太各国呼叫中心协会组织联盟成立后的第一届年度大会，全面展现了目前亚太呼叫中心行业的最前沿动态和最高管理水平。

二、黑龙江省服务外包园区发展的特征

全球服务外包产业呈现出"国家—区域—企业"三重竞争构架。园区作为国家和地区促进产业发展的载体，以及企业形成产业聚集的平台，已经成为产业竞争的核心主体和促进服务外包产业发展的关键动力。近年来，中国服务外包产业发展迅速，目前已形成"示范城市＋示范园区"的两级支持体系。21个示范城市中，仅商务部认定的服务外包示范园区就达84个，据不完全统计，以服务外包为主要发展方向的园区多达200余个。黑龙江省紧跟国家政策导向，发挥其成本、人才、政策、地理位置等方面的优势，在原有经济发展基础上倾力发展服务外包产业，并把服务外包作为本省发展的新的增长极。在国家和当地政府的扶持下，哈尔滨、大庆已经发展成为服务外包示范基地，服务外包园区也在积

极的建设中，形成了黑龙江省独有的特征。

（一）服务外包园区趋向专业化发展

黑龙江省服务外包园区已经走过了几个年头。大庆服务外包产业园、黑龙江地理信息园、平房动漫产业园、联通哈尔滨呼叫中心产业园、哈工大科技园、哈工程科技园、哈理工科技园、黑大软件园、大庆软件园、黑龙江软件园、高新区服务外包产业园、服务外包产业园、石油工程技术服务园等已经取得很大发展的园区和正在建设中的园区，均属专业型外包园区。相对于混合型园区，专业型园区虽然较之对入园企业类型限制性条件多，园区内产业种类较少，但却克服了混合型园区产业之间关联度不高，入园企业档次相对较低，难以培育园区主导产业和龙头企业，影响园区竞争力和可持续发展的致命缺点。专业型工业园入园产业一般为同类型产业或关联度较强的上下游产业，企业关联性较强，配套产业链较完善，能够有效降低企业生产运营成本，容易得到企业支持。

（二）服务外包园区开发主体多元化

哈工大科技园、哈工程科技园、哈理工科技园、黑大软件园等园区，均由政府和高校联合开发，其他园区是地方政府与开发商共同建设开发，形成了黑龙江省服务外包产业园区主体多元化的特征。高校可以给园区提供有力的人才资源的支持，服务外包属于知识密集型和技术密集型产业，高校能给园区提供人才保证和培训需要。政府可以给园区提供政策支持，并有效调度资源，保证公共设施配套和公共平台建设规模。开发商则更了解同类企业对园区软硬件环境的需要，使园区更好地发挥集聚效应。然而，三者各自作为开发主体也有其不可避免的缺点，如表 14－1 所示。

表 14－1　　单一开发主体特点比较

特点 部门	公共设施配套	公共平台	招　商	管　理
政府	强	较强	较强	一般
开发商	一般	一般	较强	强
高校	较强	强	一般	一般

资料来源：中国服务外包研究中心，2009.

由表 14－1 可以清晰看出，单一开发主体虽然在各个不同方面都有自己的优点，但却总不能克服短板对园区发展的限制，只有多元化的开发主体，才能互相补充、互相促进。

（三）服务外包园区发展来自原有产业

这是黑龙江省乃至整个中国服务外包园区的共同特点。例如，哈尔滨市的软件园就是在原有的哈尔滨市经济技术开发区核心示范园区的基础上发展起来的，中关村软件园是在中关村科技园区海淀园的基础上发展起来的，苏州工业园是在昆山花桥经济开发区基础上发展起来的。这样的条件给了服务外包园区一个侧重点，为园区在发展之初提供了一个契机，也使得园区发展有一个较高的起点。同时，对于地区的产业升级和发展方式的转变也有相当大的促进作用。但是这种发展模式也有其缺点：限制了发展多种混合产业和发挥产业关联优势的可能性。

（四）服务外包园区发展成本低廉

园区若想对服务外包企业产生吸引力，首先必须考虑电费、写字楼租金、人力资本等成本因素。由于服务外包产业是“绿色产业”，所以人力资本的成本又比物质成本占了更大的比重，职工工资就是服务外包企业必须考虑的成本支出。黑龙江省地处东北老工业基地，园区成本相较于北京、上海、广州等一线城市有显著的优势。根据资料显示，黑龙江省两个服务外包示范基地哈尔滨、大庆园区的 2008 年职工平均工资分别为 25525 元、34153 元。在全国 20 个服务外包示范城市代表园区的人力资本的排名分别处于第 18 名和第 8 名。低廉的人力资本的支出使得黑龙江省服务外包园区在全国范围内有了很强的竞争力。

三、黑龙江省服务外包园区发展的问题

服务外包园区在国内外的发展都是极其迅速的，面对竞争日益激烈的形势，如何迎接挑战、抓住机遇促进本省服务外包产业发展是黑龙江面临的重大课题。外包园区在黑龙江省服务外包产业的发展中已经显现了其有力的推动作用。但是由于发展时间较短，周期不全，所以园区的发展仍有很大的潜力没有得到释放。

（一）园区服务外包企业发展不足

由于黑龙江省经济条件、地理位置和交通设施等方面的限制，以致园区的建设也受到了影响。园区内服务外包交付能力强的企业较少，企业缺少品牌知名度，客户资源不足，企业规模普遍较小。超百人的企业只有 2 家，30～60 人的企业为 8 家，30 人以下的有 4 家。企业由于规模的限制难以承接大规模的外包业务。现有服务外包企业分散在哈尔滨高新技术产业开发区、哈尔滨工业大学、哈尔滨工程大学、哈尔滨黑龙江大学、留学生创业园、哈尔滨群利开发园区、省地理信息产业园、动漫基地等多个软件园区中，难以形成城市整体形象和企业集聚效应。此外，由于没有形成有效的刺激机制，使得企业缺乏自主创新能力。

（二）政府对园区发展支持力度较弱

黑龙江省政府把服务外包园区的发展放在了战略的高度。为了扶持服务外包产业的发展，黑龙江省根据国家的相关政策，结合本省实际，制定出了一系列的保障性措施，如税收优惠政策、投融资政策、财政扶持政策和人才吸引政策等。税收优惠政策方面，政府制定了对服务外包企业的增值税、营业税及个人所得税的减免政策；在投融资政策方面，政府提供给服务外包企业额度较大的短期贷款，并引导国外投资进入本省服务外包市场，同时还为服务外包企业的进出口提供信用担保；在财政扶持政策方面，服务外包园区所在地区财政会得到 1000 万元的专项资金，并给服务外包相关项目给予贴息补助和房租补贴，鼓励企业自主培训，并给予津贴，鼓励自主产权技术的创新，奖励业务创汇；在人才吸引

政策方面，政府对服务外包的高级管理人才在家属安置、科研补助以及所得税的退税补助等都有优惠政策。但是，不容忽视的是本省的税收优惠政策在优惠幅度上仍不如印度等国的政策那样有吸引力。这就使得金融机构对外包一直持观望甚至否定的态度。而且，政策体系中并没有细分到行业，所以细节方面的条例还不是很完善。在园区的建设方面更是严重缺乏政策支持，黑龙江省并没有专门的政策体系是用来支持、管理和监督服务外包园区的建设和发展的。这样不仅使得园区发展得不到法律保障，更会使服务外包企业对技术安全性产生怀疑。

（三）服务外包园区软硬件设施仍然薄弱

黑龙江省服务外包园区主要提供基础行政性服务，园区生活、管理、服务的质量和水平仍有待提高。园区管理应当注重培育园区龙头骨干企业、培育园区内企业间的关联度、建设良好的融资平台，使园区内的企业不再是一个个独立生存的企业，而是在生态链和产业链上依存共生的产业集群。同时应当注重保持良好的经营环境，使园区内部企业拥有良好的银行信用和畅通的融资渠道，使企业间信息沟通良好，关联交易公平、顺畅。但目前黑龙江省大多数服务外包园区的管理服务职能还发挥得不理想，大多园区只充当“房东”角色，提供基础行政服务，并且其提供的公共服务设施不能有效满足企业的需要，降低了园区的服务质量和对投资者与人才的吸引力。同时，园区也没有将企业作为客户来运营，园区管理的质量和水平影响到对园区企业的培育功能，从而影响产业集群效应的发挥。

第五节 黑龙江省服务外包园区发展的对策建议

“十一五”期间，中国服务外包产业取得了从产生到发展成为国际服务外包产业格局中的一个重要的承接国的巨大成果。如今，迎来了国家的第十二个五年计划，面对新的国际国内形势，必须结合黑龙江省发展实际，紧紧抓住重要发展战略机遇期，加快推进服务外包园区的建设，推动全省服务外包产业取得更加稳定和快速的发展，并以此为推手，促进黑龙江省在经济、社会方面取得更大的成绩。

一、转变服务外包园区发展模式

在全球竞争格局下，单纯凭借优惠政策和物理环境，很难在全球产业竞争中制胜。黑龙江省服务外包园区若想形成核心竞争力，必须形成自身的特色和独特的产业优势以及招商亮点和竞争优势，彻底改变过去的粗放式的发展模式。未来的竞争必然要向产业链综合竞争发展。黑龙江省必须逐步实现园区经济转型，重新整合具有竞争与合作关系以及有交互关联性的外包企业、专业化供应商、服务供应商、金融机构、相关产业的厂商及其他相关机构等，将园区打造成关联产业相互融合、众多类型机构相互联结的共生体，构成特色竞争优势。在创新园区运营模式、差异化定位和行业聚焦的基础上，完成从政策竞争向服务竞争，从个案培育到产业链打造的转变。园区要在政府的指导下，通过构建立体的招商引资体系，采取聚焦行业，通过针对性政策和服务、构建专业招商体系的方式，提供重点突破式的招商引资，促进服务外包产业跨越式发展。

二、科学规划服务外包园区运营

黑龙江省政府2008年起大力发展服务外包产业，确立了“一区一带一覆盖”的产业发展区位布局，即一个沿哈大齐工业走廊的服务外包产业集聚区，一条沿中俄边境的服务外包产业带，一个面向传统产业、资源产业地区的全覆盖。目前，哈尔滨和大庆被批准成为“中国服务外包示范城市”。在进一步的发展中，黑龙江省要坚持把发展服务外包产业园区的规划与城区经济规划相结合，提升城市商业品味，形成可持续发展模式，力争社会效益与经济效益双丰收。

(一) 制定合理的发展目标和路线

服务外包园区的科学定位对于园区的可持续发展至关重要，必须立足当前、放眼长远，制定合理的发展目标和路线。应该基于“统一规划、分步实施、集中开发、滚动发展”的出发点，适度超前完善载体功能，为企业入驻和项目摆放创造条件。服务外包城市和园区的竞争已经开始进入个性化发展时代，黑龙江省要依照自身的产业基础、区位优势，制定具有针对性的产业园区发展策略，形成差异化的竞争定位。园区必须走创新驱动的内生增长路线，使其成为创新聚集的良好载体，共同形成创新聚集倍增效应，向创新型园区转化。

(二) 合理规划服务外包园区配套功能

产业集聚作为服务外包园区的第一个重要功能，必须配套以优良的生产生活环境。若想给产业打下发展的基石，园区就必须摒弃单纯物业化的发展思路，而应以城市开发的角度去看待园区。服务外包园区应该以浓厚的商业氛围以及高品质人居环境来提升园区的品位能级。园区应加快生活居住设施、休闲娱乐设施、传统商贸服务设施以及公共服务设施建设，通过城市功能的强化塑造推动区域经济共同发展的中坚力量，将产业发展、生态保护、人居环境、人文生活等因素全盘考虑进来，融入园区和城市的整体空间规划中。另外，黑龙江省也应加快园区路网建设，使园区道路更加畅通快捷，并且加快园区生态环境建设，完成沿路绿化景观的打造，着力美化园区环境。

(三) 打造服务园区特色品牌

黑龙江省在提升服务外包的品牌效应上任重而道远。当前和今后一个时期，黑龙江服务外包园区要坚持品牌特色化总体思路，从更高、更宽、更长远的视角，强力推进服务外包产业快发展、大发展。品牌特色化，就是发挥服务外包企业市场优势，充分利用国家开发区作为服务外包示范基地以及国家服务外包政策试点区的政策优势，打造国际知名服务外包产业园区品牌。服务外包园区品牌的创建需要依赖于园区内服务外包的主导产业。因此，黑龙江省应该选择园区内有比较优势的细分产业加以重点发展。围绕着一个或是几个重点产业来完善产业集群的体系，构建出一个有自身特色与品牌的高新园区产业集群。

(四) 加强对园区内服务外包企业的监督

园区的建设必须依靠服务产业的入驻才能体现其价值，黑龙江省建立从战略到计划，到执行、服务、评估的招商流程化体系，使招商工作得以成功有序地进行，同时高度重视对整个外包企业及其业务的控制和监督。对于初具规模的服务外包园区，若想做大做强，必须建立科学的监督机制，控制园区内企业的质量，促进外包园区的良性循环，保障园区的可持续发展。

三、保障服务外包园区要素供给

黑龙江省把服务外包产业作为抓抢新一轮世界产业转移机遇、抢占产业发展制高点的重要抓手，作为发挥黑龙江省科教人才资源优势、释放科技创新潜能的重要渠道。在服务外包园区的发展上，黑龙江省应投入更大的人力物力来保证其所需各种要素的供给，以这种支持作为杠杆撬动市场，激发市场这只“无形的手”发挥作用，进而激发创新主体的积极性。黑龙江省应建立一种全新的，能使各学科、各领域资源自由流动和充分共享的公共平台，使众多大学、研究机构甚至其他社会机构包括产业界拥有相互沟通的桥梁。这样，就能促使资源要素流通，有利于创新技术的研发，为服务外包产业内生增长提供动力。

（一）重视服务外包产业人才培养

政府要为整个产业提供持续的人才供应，可以实行的措施包括培训机构的发展、高等教育资源的聚集、教育基地的建设等。园区在招商引资和政策支持方面，应该充分考虑人才这个产业发展的关键要素，充分发挥人力资源对黑龙江省服务外包产业发展的推动作用。黑龙江省应该采取有效措施鼓励大学生参加服务外包培训项目，创造就业机会，对大学应届毕业生和尚未就业的大学毕业生参加服务外包培训项目给予财政支持。为了引进服务外包企业高端人才，继续支持服务外包人才培训，夯实人才基础，黑龙江省还应制定招商引智的鼓励政策。鼓励企业在实际工作中培养高端人才，把握高端人才资源。鼓励园区建立不同级别人才培训体制，园区可联合重点企业形成培养机制，如园区可依据企业拥有高级人才的数量进行培训资金支持，或者直接以政府名义对个人进行奖励。制定相关政策，吸引和鼓励海外归国创业人员从事服务外包行业，完善海外人才激励和评价机制。

（二）保障园区企业融资顺利进行

园区应该积极争取国家有关政策和资金支持。大力开展与金融机构合作，通过国家政策扶持和政策性贷款支持，为服务外包企业提供方便快捷的融资渠道，促进服务外包产业的发展。单纯依靠政府，并不能为服务外包园区的发展提供足够的资金来源，园区还可以通过土地资产的证券化和股权化，不仅保证融资来源，而且带来可观的资产收益，园区也应加快企业信用体系建设，积极向银行和资本市场披露产业发展信息，促进金融业、投资业和企业的对接。

政府除了直接提供资金支持，还可以通过支持大中型服务外包企业的资产重组、收购兼并和境内外资本市场上市融资等措施，为企业提供融资便利，并积极引导金融资金和社会资金对服务外包企业进行投入。为支持风险投资机构和信用担保机构加大对服务外包企业的融资担保力度，对创业投资企业采取股权方式投资未上市的、被认定为高新技术企业的中小型企业，减免其所得税。对本省服务外包企业的贷款担保额达到较大的程度的，由政府给予补偿，积极支持技术先进型服务企业进入境内外资本市场融资，通过发行股票、发行企业债券等方式筹措资金。政府应鼓励各类金融机构将服务外包产业纳入业务范围，对服务外包企业贷款融资给予支持，大力参与服务外包产业的投资、合资、融资或资本运作。另外，金融服务外包园区可作为黑龙江省发展金融服务业的基地系统和拓展系统，组建金融外包联盟，由企业主办、政府支持，为本省的金融服务外包提供商提供国内外市场信息。

（三）扶持本地企业　构建服务品牌

本地现有企业是园区发展的基础，如果不能维持并支持现有企业的发展，就无法获得园区长远的发展。园区必须具有对企业提供环境支持能力和支持本地企业创造比其竞争对手更多财富的能力，具有将其现有资产和全部资源运用于转换过程而创造更多价值的能力。这就要求园区发展水平、经济实力和增长潜力政策都要逐步向产业和企业倾斜，向协助国家和地方培育本地企业、引进龙头企业、形成产业集聚倾斜，向协助本地企业打造园区一流品牌倾斜。

园区应加大投入培养本地外包人才，构建全面的行业服务体系，以支持本地企业发展壮大，从而形成产业的良性发展。应鼓励和支持本地服务外包企业进行联合，采取有效措施，对本地服务外包企业承接服务外包业务进行基础设施和完善投资环境的建设。应加强与国家开发银行、中国出口信用保险公司的合作，为企业争取政策性贷款及信用保险和相关担保服务。园区应支持本地服务外包企业取得国际认证，鼓励企业做大做强，增强国际竞争力。组织本地的企业联盟，帮助企业开展各种形式的合作，以项目为纽带，帮助企业形成区域内的产业整合基础。积极寻找各种国际合作机会，包括合资，并购，投资等，为企业提供更多的机会和发展可能。培育本地龙头企业，筛选一批业务前景好、管理水平高、创新能力强的服务外包龙头企业，对其给予稳定的资金支持，为其招商和宣传推介提供服务，并在土地、基础设施建设、项目核准或备案、专项资金、融资担保、贷款贴息、上市融资等方面给予优先扶持，以促使服务外包产业本地化实现跨越式发展。

四、强化外包园区服务体系建设

提高园区管理和服务水平，实现服务外包园区发展的升级。强化园区内部管理，统一组织园区基础设施建设、招商引资和经营管理等活动；开展社会化服务，鼓励和吸引金融保险、技术支持、社会保障、物流配送等相关服务业进入园区；建立有利于企业集聚发展的服务网络，把园区建成集研发、生产、商务为一体的多功能产业集聚地。

（一）组织服务外包行业协会

行会的任务包括协调产业与政府的关系，推动产业规划与发展，促进人力资源开发，协调国内外合作等问题。利用协会优势，加大行业协会对服务外包企业的组织协调作用，开展市场调查、咨询评估、技术交流、行业自律、政策研究和投资促进等服务。行会代表的不单单是园区的利益，更是整个区域产业的利益，它不仅能为园区的发展提供保障，而且为企业入驻园区铺平道路。行会可以代表企业与政府沟通，站在微观和宏观角度帮助政府进行产业规划，争取有利于软件发展的政策优惠。行会可以代表黑龙江区域产业与国际商贸协会沟通，争取在国际贸易中的有利地位和条件。行会可以与高校等培训机构沟通，开展人才培训。行会可以帮助服务外包企业与其他相关产业企业谈判，争取低价格的优良服务。行会可以维护企业知识产权。行会可以推动服务外包由后端办公服务等业务向金融、保险、软件开发与研究等领域发展。成立服务外包行业协会，黑龙江省就可以开辟稳定的接单渠道。行会可以在组织会员企业开拓国际市场、培养和引进人才、搭建服务平台、帮助企业融资、为企业提供咨询、维权等各方面开展大量的工作，并能帮助外包企业形成自我联合、自我约束、自我发展的机制，为服务外包发展营造良好环境。

（二）增强政府对服务外包园区的支持力度

服务外包园区在发展初期，需要政府强有力的政策支持。政府有关部门应该对有突出贡献的服务外包园区实施奖励政策，园区或企业每接到一个项目订单，政府就给予一定奖励和减免房租等优惠政策，扶持企业做大做强。同时，政府应该加强职能转变，增强服务意识，简化办事程序，提高办事效率，并帮助园区加大信息化基础建设力度。在园区的发展中，政府应切实跟踪和监督政策执行的效果，使之能够真正对企业和产业的发展起到预期的促进作用。

加大政府资金扶持是引导服务外包园区发展的重要手段，黑龙江省要实现服务外包园区的升级，必须借助扶持服务外包园区发展的专项资金。政府应该设立专项资金用于服务外包园区的基础设施建设、公用设施配套和主导产业培育；设立科技专项资金支持园区内有基础、有条件的企业建立和完善研发中心。加大财税、信贷支持力度。政府可以作为中介，开展多种形式、经常性的银企对接活动，重点推进银企合作。鼓励各商业银行加大对园区内企业贷款支持力度，并打通多种渠道充实担保金，提高企业中介担保能力。

（三）加大服务外包产业知识产权的保护力度

服务外包行业是一个知识密集的行业，知识产权保护程度对服务外包产业发展是至关重要的。黑龙江省知识产权保护无论在认识上，还是在法律法规制定和严格执行上都有很长的路要走。要实现园区产业升级和跨越式发展，黑龙江省积极支持服务外包企业加强知识产权保护和自主创新，研究制定保护知识产权和个人信息安全的地方性法规和行业规范，加大服务外包知识产权保护的执法力度，依法严惩服务外包知识产权侵权行为和违法行为。园区更应该加强信息安全保护的意识，强化知识产权保护实力，积极研究信息安全保护的地方性法规，使用法律武器和行业规则来保护园区服务外包企业信息安全。

园区必须为入驻企业提供一个优质的软环境。其中有序的公平竞争秩序是外包园区产业集群发展的保障。黑龙江省在知识产权保护方面还有待改善，政府和园区应成立专门的机构，监督并强化保护知识产权的执行力度。长期来看，着眼于培养企业的自我创新能力，引导企业加大研发投入，形成自主知识产权，并注重知识产权的自我保护意识，加强相关法律法规的宣传和普及工作，保证对知识产权的保护落到实处。

（四）构筑服务外包产业的公共服务平台

构建服务外包产业的公共服务平台，支撑整个软件与信息服务外包企业聚集地区的公共服务，为外包企业提供共性技术、知识产权、人才培训和公共品牌推广等方面服务，推动服务外包产业实现跨越式增长。随着信息的高速流通，产业的高度关联，黑龙江可以建设一个集群外的资源置换中心，不但可以产业内置换资源，更能科学整合相关产业富裕资源。只有通过各种资源合理高效的整合配置，才能最大程度上发挥一个外包园区的产业集群竞争力，同时也能激活园区内现有资源，在更大程度上提高园区产业发展水平。

黑龙江省应该积极打造服务外包集聚平台，以增加对有实力的外包企业入驻的吸引力；应该升级服务外包招商平台，利用国内外各种资源和信息通路，通过服务外包高级人才来吸引国内外先进服务业的龙头企业来黑龙江省投资；大力打造供求网络信息平台，为省内国际发包商发布发包信息；倾力打造技术服务平台，为园区内服务外包企业提供专业化技术支持服务。

第十五章　黑龙江省沿边城市和地区服务外包产业发展战略

第一节　黑龙江省沿边城市和地区服务外包产业发展现状

以沿边对俄合作战略升级为标志的黑龙江省沿边城市和地区主要包括牡丹江、佳木斯、黑河、哈牡绥东对俄贸易加工园区及东北亚经济贸易开发区，覆盖了黑龙江省主要的对俄开放边境口岸，双边经贸流通北起黑河，东至绥芬河、东宁，沿线分布着边境经济合作区、互市贸易区和其他各类外向型专业加工或贸易园区。这些沿边地区集中体现了黑龙江对俄开放的综合优势，形成了稳定的境内外合作渠道、协调畅通的往来通道、逐步深入的互补贸易市场和不断完善的基础设施条件。在口岸辐射功能的作用下，沿边地区正迅速形成向内地延伸的科技输出、出口加工、出口农业基地及产业，吸引了国内外客商利用沿边开放带平台，引进俄罗斯的木材矿产和油气电力资源，开拓发展境外工业品和农产品市场。

牡丹江市位于黑龙江省东南部，是中国哈尔滨经俄罗斯海参崴至日本新泻国际贸易大通道上的区域性中心城市，客观上成为了东北亚区域经济中一个重要的人员流动、物资集散和信息传递中心。牡丹江市地理位置优越，是鹤岗至大连、绥芬河至满洲里公路，哈尔滨至绥芬河、图们至佳木斯铁路的交汇点，是黑龙江省东出海参崴、南下图们江的交通枢纽，在对俄罗斯、东欧、日本、朝鲜、东南亚等国家和地区开展贸易和经济技术合作方面，有着十分有利的条件和广阔的前景。现已形成以牡丹江市为轴心，以边境口岸为窗口，以不同类型经济技术开发区为突破口，南联北开，全面开放的沿边开放带。作为新兴的工业城市，牡丹江市经济基础比较雄厚，综合物资技术基础和经济实力较强，拥有丰富的自然资源和景色秀丽的牡丹峰自然保护区，正在开辟成独具特色的国际旅游热线。

佳木斯市位于东北亚经济圈的中心位置，是通往俄罗斯、连接东北亚的桥头堡，拥有佳木斯、富锦、同江、抚远、桦川等 5 个国家一类口岸和佳木斯航空口岸，通过江海联运，可连接蒙古、俄罗斯、日本、韩国、朝鲜和东南亚各国，形成东北亚经济圈六国与东南亚各国的经济大循环。作为黑龙江省东部地区的中心城市，优越的地理位置使佳木斯成为黑龙江省东部的经济中心；强大的运输、商品集散能力及交通枢纽打造了佳木斯的物流中心地位；便利的交通、优良的环境打造了佳木斯的商务中心地位。

黑河市是中国首批沿边开放城市，地处中国东北边陲，以黑龙江主航道中心为界，与俄罗斯远东第三大城市——阿穆尔州首府布拉戈维申斯克市隔江相望。黑河具有发展边境贸易的地缘优势，黑河市有黑河、逊克、孙吴 3 个国家一类口岸，分别与俄阿穆尔州的布拉戈维申斯克、波亚尔科沃、康斯坦丁诺夫卡 3 个口岸相对应，其中黑河口岸隔江与俄罗斯阿穆尔州首府布拉戈维申斯克的港口相对，是中俄边境线上距离最近、规格最高、交通便捷的对应口岸。

哈牡绥东对俄贸易加工区是一个经济区域的概念，是以区域经济一体化发展为方向而建设的一条集对外贸易、进出口加工、现代物流、经济技术合作、外向型农牧业、旅游于一体的国际化、综合性、多功能的带状经济发展区域。这条“黄金带”背靠俄罗斯的资源和市场，以木业产业为主导、以牡丹江市为中心、以滨绥铁路和绥满公路（301 国道）为轴线，依托国际陆海联运大通道，西起哈尔滨市，经阿城、尚志进入牡丹江市各行政辖区和经济开发区，东经绥芬河、东宁两个国家一类口岸，延伸到俄罗斯滨海边疆区的符拉迪沃斯托克港，全长 700 千米，其中在牡丹江市境内长 211 千米。哈牡绥东对俄贸易加工区沿线两侧分布有 7 个境内经济开发区及其所属各类园区和 3 个境外园区。其中绥芬河边境经济合作区和东—波互市贸易区为国家级开发区；牡丹江、海林、林口、穆棱和东宁开发区为省级经济开发区。境外在乌苏里斯克至海参崴沿线目前建有康吉工贸园区、华宇工贸园区和远东工业园区。截至目前，哈牡绥东对俄贸易加工区已累计落地项目 513 个，其中亿元以上项目 108 个，投产项目超过 206 个。世贸集团、万向、大亚、台声、绿地、大自然、皓月等一大批国内著名强势企业已经和正在落户哈牡绥东对俄贸易加工区。

一、沿边城市和地区服务外包产业发展的优势

（一）区位发展优势

黑龙江省位于东北亚的中心地带，与俄罗斯、日本、韩国、朝鲜和蒙古接壤和相邻，可与周边国家（地区）形成资源、资金与技术互补的密切经济关系。民俗、文化、语言、经济各方面有着千丝万缕的联系，并建立起了相互交流、合作的良好环境，尤其是在日语、韩语人才培训方面，在全国具有优势，这使黑龙江省在发展对日、韩服务外包方面具有明显优势。东北亚经济合作方兴未艾。包括中国东北地区、日本、韩国、蒙古和俄罗斯远东地区在内的东北亚各经济体之间合作领域不断拓展，经济关联度不断加强，东北亚已经成为世界第三大经济实体，为沿边城市高起点参与东北亚区域合作带来了新的契机。

牡丹江是黑龙江对俄经贸第一大城市，对俄贸易是牡丹江最大的优势，多年来牡丹江在沿边开放中始终扮演着重要角色。绥芬河是牡丹江市管辖的一个地级市，位于黑龙江省的东南部，与俄罗斯的滨海边疆区比邻，处于东北亚经济圈的中心地带，它是目前中国通往日本海的最大陆路贸易口岸。绥芬河是黑龙江省最大的口岸，也是国内排在前三甲的口岸。2009 年 4 月国务院正式批准设立绥芬河综合保税区，到目前为止，绥芬河是在东北地区的第一个内陆综合保税区。它是目前国内开放层次最高、政策最优惠、功能最齐全的海关特殊监管区。佳木斯处于东北亚经济圈内的中心位置，通过江海联运，可连接蒙古、俄罗斯、日本、韩国、朝鲜和东南亚各国，形成东北亚经济圈六国与东南亚各国的经济大循

环。黑河地处黑龙江的北部，与俄贸易交往已有100多年的历史，是国家首批沿边开放城市。在黑河与俄罗斯358公里的边境线上，有黑河、孙吴、逊克3个国家一类口岸，分别与俄罗斯3个口岸相对应。其中黑河市与俄罗斯远东第三大城市——阿穆尔州首府布拉戈维申斯克市是中俄边境线上唯一一对距离最近、规模最大、规格最高、功能最全的对应城市。

良好的区位优势使得中俄贸易前景广阔。并且中俄两国产业结构互补性强，合作领域宽广。俄远东地区物产丰富，科技实力雄厚，石油、天然气、木材、铁矿石等自然资源赋存量大，在诸多领域拥有高科技成果，为黑龙江省乃至我国与俄加强能源、原材料合作，引进、消化、吸收国外科技成果，带动沿边开放带建设创造了有利条件。中俄两国政府确立了战略协作伙伴关系，签订了睦邻友好合作条约，并就中国东北地区老工业基地振兴战略与俄罗斯远东开发战略衔接互动达成共识，长期稳定的政治经济关系为扩大对俄开放提供了有力的保证。此外，我国东北部沿边开放格局以哈尔滨为轴心，形成沟通南北的联结点，对东北亚、日本、韩国及俄罗斯和东欧国家经济技术合作具有重要的战略地位。全球电子信息五大产业基地中的三个位于东北亚，即日本、韩国和我国台湾，这三大基地集中了世界电子信息产业总量的60%。黑龙江省处于日本、韩国服务外包产业梯次转移的承接圈内，地域优势显著。

（二）良好的基础设施建设

服务外包发包方在选择承接方时对基础设施条件要求比较高。在交通系统方面，除了便捷、通畅、经济、安全，更要拥有一个快速化、系统化的立体交通运输结构，便于商务活动。黑龙江省沿边地区国际经贸大通道枢纽基本建成，跨境运输通道建设取得突破。公路、铁路、航空、水运和输油管道等综合交通网络基本完善，江海联运、陆海联运实现大运量、常态化，口岸整体通道优势得到充分释放，形成内联产业腹地、外接俄远东交通干线、辐射东北亚的立体交通纽带。

目前，边境口岸物流一体化建设步伐加快。黑龙江省交通厅与俄罗斯联邦的五个边区、州交通运输主管部门建立了交流协调机制和例会制度，通过相互交换信息，在国际道路运输和边境口岸物流领域建立了良好的合作关系，为推进边境口岸运输物流一体化奠定了良好基础。黑龙江省拥有国家一类口岸25个，与内地联系的通道顺畅，通过俄罗斯的陆海联运和江海联运可以进入太平洋，通过俄罗斯西伯利亚大铁路可以进入欧洲腹地，综合性国际物流运输通道已具雏形。与俄罗斯开通了国际道路客货运输线路已达41条，江海联运为黑龙江省物资外运增加了出海通道，提高了沿江地区运输与物流效率。

2003年7月8日，黑龙江省地理信息产业园经省政府批准正式成立，这是全国首家以地理信息产业为经营主体的高新科技产业园区，也是国内唯一、世界最大的地理信息产业园区和国际地理信息数据加工基地。目前，已有近20家地理信息企业和测绘单位入驻，承揽美、欧、日等10多个国家和地区的高端外包服务业务，2008年仅国际空间数据加工业务就达到400多万美元。

正在建设的哈尔滨公路货运主枢纽站，即哈尔滨龙运物流园区一期工程占地52万平方米，分设综合服务站、配送配载站、物流交易站、仓储站和集装箱海关监管货场，是中俄公路集装箱中转的主枢纽和中俄边贸通道腹地物流运作基地，建成后将发挥腹地物流与口岸物流的“政策叠加、优势互补、资源整合、功能集成”的港区联动优势。绥芬河、黑河、同江等地，多层次的中俄边境口岸物流网络节点体系正逐步形成。

（三）全面的产业基础和政策支持

1. 具备一定的产业发展基础

外向型产业体系基本形成。沿边地带建立起依托两种资源、开拓两个市场，以资源加工、绿色食品、机电轻纺为重点，具有较强自主创新能力和国际市场竞争力的进出口加工产业集群综合保税区功能全面实现，跨境经贸合作区成为对外开放的重要载体，加工贸易比重大幅提升，境外开发合作领域不断延伸，对俄科技合作不断深入。

特色旅游产业的支柱作用显著增强。已形成具有市场竞争力和沿边地域特色突出的旅游目的地体系、旅游客源地体系、旅游商品体系、旅游公共服务体系和国际旅游知名品牌，旅游产出水平大幅提升特色旅游产业已成为拉动沿边地区经济增长的支柱产业。

牢固的制造业基础和产业集群使黑龙江省沿边地带在承接国际服务外包上拥有得天独厚的后发优势，软件、IT 基础设施、物流、地理信息、数据加工、商贸业、石油工程技术等多领域的服务外包已经起步，迅速发展的软件和贸易服务业为承接服务外包奠定了基础。

2. 政策上的高度重视

国内政策环境显著改善。在“十一五”规划纲要中提出“建设若干服务业外包基础，有序承接国际服务业转移”；国务院总理温家宝在十届人大五次会议所作政府工作报告中指出“大力承接国际服务外包，提高服务业发展水平”。党的“十七大”明确提出提升沿边开放，这标志着我国开放进一步深化，沿边开放将成为贯彻落实科学发展观、推动区域经济协调发展的重大战略。我国将扩大对俄开放作为实施老工业基地振兴战略的重大举措。同时扩大内需促进经济增长政策的实施，以及对粮食主产区、生态功能区、沿边开放地区的倾斜政策，必将形成政策的集聚和叠加效应，为沿边开放注入强大的动力。

省内政策方面，黑龙江省政府高度重视服务外包产业发展，陆续出台了一系列鼓励服务外包产业发展的政策。2006 年 8 月黑龙江省发布的《黑龙江省人民政府关于进一步扩大对外开放促进老工业基地振兴的意见》中指出“鼓励国外服务外包企业来我省投资，发展壮大我省服务外包企业”；“紧紧抓住国际国内产业分工转移的机遇，向符合自身特点和国际发展趋势的并购、境外上市、特许经营权转让、服务外包等领域拓展”；“加速发展服务外包，创新服务业对外开放模式”等。以上政策表明黑龙江省对服务外包产业的高度重视。

2008 年，《黑龙江省沿边开放带发展服务外包规划》提出，以信息技术和业务流程服务外包为重点，积极承接外包服务业转移，发挥黑龙江省对俄及东北亚开放的基础优势，加快推进沿边开放带建设，在园区建设、人才培养、企业扶持等多个方面，提出了明确、全面的指导性意见，积极推进沿边地带服务外包产业基地和示范区建设。

(四) 人力资源充足且劳动力成本低

黑龙江省拥有包括国际知名的哈尔滨工业大学、哈尔滨工程大学等院校在内的62所高等院校，年毕业生超过10万人，每百人中有五人接受过专科以上教育，人均教育资源在全国排第五位，科技人才实力排在全国第七位。充足的人力资源为发展服务外包产业提供了强有力的基础保障。

近10年来，黑龙江省高等教育实现了跨越式发展，整体实力大幅提高。在《中国教育与人力资源发展报告（2005—2006)》教育发展指数排名中，黑龙江省居第9位，属于高等教育区域竞争力比较强的省份。黑龙江省的本科院校数量与国内省市相比并无优势，但加上高职大专院校、独立学院后，黑龙江省仅比北京、陕西稍差，甚至还强于上海、天津，这说明黑龙江省在受过教育劳动力方面具有较强的竞争优势。

黑龙江省沿边地区劳动力成本处于全国最低水平，比沿海发达城市要低50%以上，与服务外包基地城市西安沿边地带相近。低廉的劳动力成本构成了发展服务外包的竞争优势。

(五) 企业竞争力提升前景广阔

在服务外包供应地中，黑龙江省是资源大省，具有非凡的吸引力，吸引了越来越多的服务外包业务，这主要得益于黑龙江省服务外包方面的政策支持、高质量的品牌企业以及人才储备等。黑龙江省服务外包企业具有开拓边境大市场的优势，一方面，企业与边境国家的服务外包企业合作，不仅可以解决资金问题，还可以掌握服务外包市场的信息和动向，按国际标准来组织和管理外包业务，全面透彻了解国外的商业惯例，学习国外先进的经营和管理经验，提升自己的竞争力。另一方面，通过加入激烈的国际竞争，可以提高自己的服务水平和研发水平，以吸引更多的服务外包业务。

企业规模日益成为客户选择我国企业外包承接商的重要因素，这是因为企业的规模决定了企业的业务能力以及抗风险能力。目前，我国沿边地区多数的服务外包企业规模较小，但专业化优势明显，能突破产业发展的瓶颈，扩大生产规模，发挥专业化优势。黑龙江省沿边地带企业的业务经营理念是：从“小而全”转向“大而精”，通过准确的定位经营自己最擅长的业务，并且不断强化自身的强项，逐渐实现“大而精”。大多数企业也通过合并、联盟等方式，有选择地进行强强联姻，整合彼此的资源，交流和学习彼此的服务理念和管理经验，形成优势互补，不断加强自身的实力建设。

自主创新能力是服务外包产业发展的动力，沿边开发带外包企业紧跟国内先进企业的技术创新的步伐和潮流，不断提高技术水平和业务能力，进行自我创新能力的发展。企业通过发挥自主创新能力，不仅可以研究具有自主知识产权的产品，树立自己的服务外包品牌，获得更多的收益，还可以增强企业的知名度和竞争力。

二、沿边城市和地区服务外包产业发展的问题

(一) 服务业发展滞后

虽然黑龙江省服务外包市场一直高速增长，但所承接的都是产业链底端的低层次的业

务，高技术含量、高附加值的业务流程外包的市场规模还很小，和国外那些大型的服务外包企业相比，其拥有的高水准、高能力的企业屈指可数，因此不仅得到的利润很薄，而且还影响企业服务水平的提高。

黑龙江省服务业主要集中在传统服务业上，生产、运输、餐饮等产业所占服务业比重过高，而旅游、金融、电信等现代服务业的发展严重落后。大部分的服务行业正处于发展的起步阶段，服务产业的发展远未成熟。

推动现代服务业发展的主要因素是服务外包，从二者关系上看，服务外包是因，现代服务业是果。服务外包水平在很大程度上决定了服务业的发展水平，大量的服务外包促使许多相关新兴服务业逐步生成，而成熟的服务业，又成为刺激服务外包发展的重要条件。目前，黑龙江省沿边地带的服务外包规模较小，服务业水平较低，在一定程度上遏制了其服务业的产业升级和整个经济的发展。

虽然黑龙江省沿边地带服务外包市场发展迅速、前景广阔，但从总体上看，服务外包仍处于起步阶段，所承接业务的水平和规模都与其他省份存在很大的差距。

(二) 服务外包业发展存在人才缺口

尽管人力资源在数量上有一些优势，但从质量上看，黑龙江省的高素质专业人才和复合型人才相对不足。以软件服务外包业为例，一方面大量的毕业生遇到前所未有的就业问题，另一方面国内大多数城市的软件服务外包企业都出现了不同程度的“人才荒”。人才短缺成为制约黑龙江省发展和承接服务外包业务的瓶颈。

首先，从业人员缺乏熟练英语应用能力，尤其是口语能力存在很大的缺陷。黑龙江省外语教育结构不合理，科技外语尤其是 IT 技术的外语培养体系不完善，而其他技术专业的教学又忽略了相关外语能力的培养。

另外，毕业生缺乏职业训练。在印度，大学生一般取得学位要求学生有工作经验。而我国大多数软件相关学科的大学毕业生，需要 6～12 个月的培训。

(三) 相关法律法规不健全

服务外包涉及企业内部职能和部分商业机密，甚至是发包方的核心技术，因而发包商对接包方所在国家的信息安全保障法规等法律环境要求很高。由于中国市场经济体制尚不完善，市场竞争秩序有待规范，这给侵犯知识产权提供了温床。例如，由于我国软件市场整顿和监管不到位，知识产权保护较弱，软件盗版率居高不下。这令许多国外的公司担心，因而极大地阻碍了高新技术研发环节向中国的真正转移，对中国承接国际服务外包业务产生了深远的负面影响。

当然，受服务外包自身性质以及新技术的影响，知识产权保护工作变得更为复杂和艰巨。由于外包涉及多个部门，国际服务外包对知识产权资产管理更是增加了复杂性。对服务外包企业来说，管理任务也将越发复杂，管理难度也将进一步增大，比如外包过程中出现的或改进的知识产权归属问题、商业秘密与机密信息的保护问题、与财政税收政策有关的知识产权问题、知识产权的价值及税收考虑等。

黑龙江省在外包市场上深受知识产权保护欠佳的现状所累，因此，知识产权法尚待进一步完善。同时要注重建立信息安全保障体系，鼓励接包企业参加国际信息安全认证，提升企业的接包竞争力。

（四）政府对服务外包投资力度不够

黑龙江省对沿边地带的服务外包承接企业投入少，因此信息化程度较低，市场竞争力不强。例如，沿边地带的物流业仍处于加强机械装备的阶段，很少应用信息技术。从台式计算机、笔记本计算机和通用输出设备的人机比例看，仍处于全面落后的状态。此外，由于投资规模小，因此企业规模小，技术和管理实力薄弱，核心竞争力差，缺乏能力承接技术含量高、附加值高的服务外包项目。

第二节　黑龙江省沿边城市和地区服务外包发展目标与模式

一、沿边城市和地区服务外包产业发展的目标

（一）商贸业服务外包

1. 基本原则

适应新形势，树立新理念，采用新模式，在不断扩大规模的基础上，推动对外贸易由以增加生产为主向质量和效益同步增长转变，建设和完善功能齐全、层次分明的服务外包体系，形成服务全国、辐射东北亚的区域性商品集散中心。

2. 总体目标

加强与沿边县（市）的互动合作，重点建设以绥芬河青云、抚远正阳（世贸中心）和黑河大黑河岛等服装、轻工产品综合商贸企业；依托牡丹江国际木业博览会建设东北亚木材交易大市场；加快建设绥芬河、同江等木材市场，绥芬河、东宁、同江等机电产品市场及中俄机电产品展览交易中心；以牡丹江市、佳木斯市、鸡西市为中心，在沿边口岸建设对俄商贸出口企业。构筑沿边开放带进出口商品市场体系，打造全国最重要的对俄商品展销平台。优化进出口商品结构，继续保持和扩大服装、轻工产品、农副产品的对俄出口增势，进一步扩大机电、高新技术产品及建筑材料等产品的出口加工。扩大具有自主知识产权、自主品牌的商品出口，提高名优商品的市场占有率。巩固提升商业贸易，加快发展加工贸易、技术贸易、服务贸易、农业合作开发贸易服务领域，引领对俄贸易向宽领域、深层次转变。充分发挥俄语人才多的优势，建设独具优势的中国对俄服务外包基地。

3. 发展服务贸易的商务流程外包体系框架

目前，沿边地带具有发展BPO的优势。BPO的业务以加工制造业的充分发展为支撑，涉及商品流程的生产、采购、销售等商务流程的各个环节。

日本和韩国是国际上服务发包较多的国家，无论在文化渊源、地理位置，还是人脉关系，沿边地带都具有承接这两个国家服务外包的先天优势。同时，这两个国家在黑龙江省的制造业投资也较多，均居黑龙江省吸引外资前列。

商品制造业是黑龙江省潜在服务外包市场。大量的服务外包产生于商贸制造企业的生产性服务环节，数目庞大、实力雄厚的制造业公司形成了巨大的潜在服务转移方市场。

建立服务外包产业梯度，统筹规划，合理布局，推动服务外包有序发展。区域经济学中的梯度转移理论主张生产性服务业强的地区应首先加快发展，然后通过产业和要素向较发达地区和欠发达地区转移，以带动整个经济的发展。黑龙江省幅员辽阔，各地生产力发展水平、经济技术水平和社会发展基础差异较大，客观上也存在着经济技术梯度，因此，不同地区也应该根据客观存在的经济技术梯度建立不同层级的服务外包产业梯度。服务外包非核心技术梯度转移，如图 15 - 1 所示。

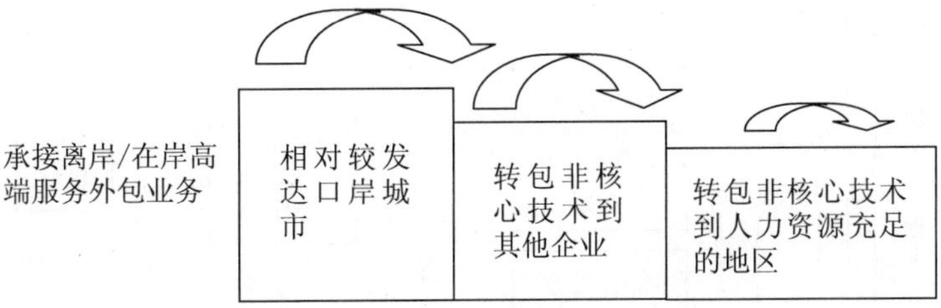

图 15 - 1　服务外包非核心技术梯度转移

（二）物流业服务外包

1. 基本原则

整合现有物流资源，以市场为导向，以企业为主体，提高物流组织化程度，建成便捷、高效、节约的现代物流服务体系，实现境内外商品、市场、资源的有效衔接，牵动工业，促进农业，带动第三产业加快发展。

2. 总体目标

发挥黑龙江省口岸群体优势和交通运输通道优势，以国际经贸大通道为纽带，构筑以哈尔滨市为中心、区域中心城市为支撑、边境口岸为节点的扇骨型物流系统，建成东北亚重要的物流中心。着力培育以木材、建材、轻纺、机电、化工等产品为重点的哈尔滨—牡丹江—绥芬河（东宁）物流体系，以矿产、冶金、木材、食品等产品为重点的哈尔滨—佳木斯—富锦—同江（抚远）的物流体系，以轻纺、机电、新材料等产品为重点的哈尔滨—黑河物流体系，以煤炭、食品、建材等产品为重点的哈尔滨—鸡西—密山物流体系，以木材、绿特食品等产品为重点的哈尔滨—漠河（洛古河）物流体系以及大兴安岭至大庆石油管道物流体系，形成内连生产基地和外接资源与市场的跨国物流网络。

3. 发展定位

加快物流园区及物流仓库、配送中心、检验检疫等基础设施建设，以期建设现代物流企业体系（如图 15 - 2 所示），推动陆海联运、江海联运的有效衔接和航线常态化，扩大“适箱”货物、大型机电装备和粮食等散装产品运输。完善物流基础设施平台，重点建设哈尔滨龙运物流中俄国际集装箱站、哈尔滨铁路货运口岸集装箱物流中心站、牡丹江市西安区国际物流园区、佳木斯综合物流园区以及绥芬河、黑河、同江、黑瞎子岛国际物流园区，构筑面向东北亚的区域性、国际性的物流基地。加强与国内外物流企业合作，支持牡丹江华晟国运物流有限公司等物流企业发展壮大，培育发展规模合理、技术装备和管理先进、市场竞争力较强的现代物流企业集团。加强与俄方边境口岸物流互动，逐步实现中俄边境口岸物流一体化。

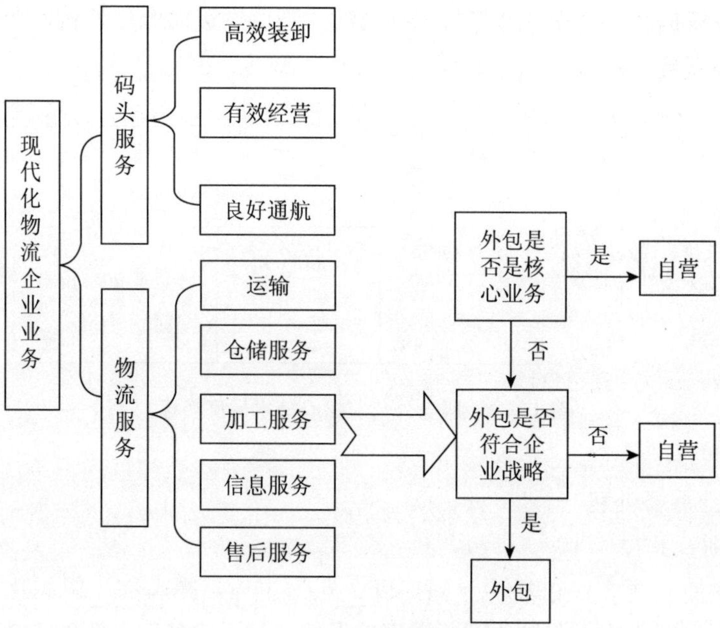

图 15-2　现代物流企业体系

（三）出口加工业服务外包

1. 基本原则

建设哈牡绥东对俄贸易加工区，发展出口加工业服务外包。打造一条以区域经济一体化发展为方向的集对外贸易、进出口加工、现代物流、经济技术合作、外向型农牧业、旅游会展于一体的国际化、综合性、多功能的带状经济发展区域。

2. 总体目标

培育壮大出口加工龙头企业，建设规模化、标准化、集约化和专业化的生产出口基地。以牡丹江中心城市为重点，扶持发展一批规模大、带动能力强、辐射面广的出口龙头企业；以黑河、东宁、同江等边境口岸市、县为重点，加快建设果菜出口基地；以黑河、抚远、东宁等地为重点，建设山野菜、山野果、食用菌和珍贵皮毛动物养殖、鹿养殖、蜜蜂养殖等特色产品生产加工基地。另外，建设优质安全的农产品种植示范基地，加强农产品出口仓储、保鲜和产品质量检验检测体系建设，确保食品安全。吸引省外和境外资本参与沿边地区农业产业化开发，在农副产品加工中把非核心的劳务外包给接包企业。龙头企业保证核心技术，研发新技术，提高产品科技含量和精深加工能力，培育农产品出口加工产业集群。将企业非核心的加工生产集中外包给生产加工企业，形成以边境县（市）为前沿、周边县（市）为延伸、中心城市农产品出口加工基地带为支撑的外向型产业新格局，打造优势互补的出口加工服务外包生产集群。

3. 发展定位

以地区经济优势互补、互利互惠、促进中俄两国地区经济发展为目标，建立跨境经贸合作区，推动双方合作迈上新台阶。加强与俄方沟通协调，按照“两国一区、境内关外、封闭运行、政策优惠”的模式，力争建设中俄绥芬河—波格拉尼奇内、黑河—布拉格维申斯克、东宁—波尔塔夫卡、黑瞎子岛等四个跨境经贸合作区，重点发展国际贸易、商务服务、现代物流、国际旅游及高新技术产品加工和组装等各种业态，形成中俄基础设施共建共享、资源市场相互依托、产业链条有机衔接的互益型沿边开放新模式，抢占对俄开放制高点，为辟建东北亚自由贸易区探索新途径、积累新经验。

二、沿边城市和地区服务外包发展模式

（一）技术与外包相结合的外包模式

劳务外包，又称人才派遣，是人力资源管理外包进一步向企业内部渗透的表现，它是指人力资源服务商通过劳动合同的形式吸收、储备人才，然后根据用人单位的需求，派遣劳动力到企业的部分非核心岗位上从事劳务工作，提供预定的服务（如招聘、测评、技能培训、工资福利管理等），并收取既定的费用，外包员工的人事关系隶属于人力资源服务商，享受人力资源公司的员工的薪酬福利、养老保险和档案托管等人事服务。而企业则对该员工不担负此类管理责任，只向租赁公司按照公司的约定支付租赁人员的工资和管理费用。

这是一种“人”与“才”的使用权和所有权相分离的新型劳务关系，“人”属于人力资源公司管理。“人”为用人单位服务。它的特征是企业用人不养人“但求所用，不求所有”，使人才从“单位人”转变为“社会人”。进入20世纪90年代，经济全球化和信息化的背景下，企业已经越来越难以靠资本雄厚或技术优先而获得市场竞争的优先，因而压缩成本和提高劳动效率变得日益重要。就人力资源管理而言，人力资本逐渐在升值，为了保持竞争力，必须调整人力资源管理方向，聚焦于人才战略与规划，加强核心业务，压缩非核心员工的管理付出。

（二）以物流为依托的沿边地带发展模式

黑龙江省有同江、抚远两大口岸。同江港位于同江市，地处黑龙江省东北部三江平原腹地，黑龙江和松花江交汇处南岸，与俄罗斯隔江相望，是国家一类开放口岸，是黑龙江省江海联运始发港和“同三”公路起点，因此同江港具有独特的区位优势，将逐渐成为东北亚重要交通枢纽和黑龙江省东北部国际物流中转与贸易及加工中心。同江市目前经同江口岸至少有三条重要国际大通道与东北亚各国相连：一是江海联运国际大通道，二是公路国际运输大通道，三是铁路国际运输大通道。抚远港位于黑龙江省抚远县所在地的抚远

镇，距俄罗斯哈巴罗夫斯克市65千米，1992年5月国务院批准为一类对外开放客货运输口岸。抚远县的交通运输以公路和水运为主。公路有二（龙山）抚（远）、同（江）抚、抚饶（河）等高级公路联结毗邻各市县，水运沿黑龙江可上溯到黑河、漠河，并经松花江到佳木斯、哈尔滨等地；沿黑龙江向上直达俄罗斯的沿江城市，并可出海，抵日本、韩国等国及国内东南沿海各港口。

沿边地带的港口凭借其有利的经济地理位置，是原材料和货物装卸的场所，是水陆空运输工具的衔接点。供应链中原材料的供应、商品的进出口、货物的运输，无论从船舶换装陆运工具，还是由陆运工具换装船舶，都离不开港口提供的物流服务，离不开港口的基础设施如码头、仓库、堆场、后续用地等，以及与外部衔接的从事货物装卸、保管和多式联运的输送通道。另外，要建立起与港口企业业务关系密切的运输企业、代理公司、加工企业、流通企业。各个企业机构发挥其职能，共同合作完成港口的各项作业活动。现代港口既是全球供应链的环节，又是现代运输枢纽，是供应链三种形态中物流、信息流和资金流的交汇点，处于供应链中的核心位置。

沿边地带运输体系整体市场化程度不高、港口技术和管理水平落后以及劳动生产率低下使沿边港口的发展面临着巨大的挑战，港口物流模式迫切需要一种新的适应发展的管理模式。港口物流贸易是供应链三种形态中物流、信息流和资金流交汇点，见图15－3港口物流。企业供应链的基本模型呈网状结构。每个企业都是网上的一个节点。港口作为国际贸易最大的中转站，是最大也是最重要的物流节点，港口在供应链管理模式下具有越来越重要的地位和作用。

在供应链管理环境下，物流服务外包正在成为港口企业发展的一种重要策略，很多港口企业已将部分业务外包出去，强调把主要精力放在企业关键业务上，与合作企业建立战略合作关系，将非核心业务由合作企业完成。而港口企业对上下游企业实施供应链管理后，将取得企业间超越界限的集成与整合，协同运作，进而实现链上所有企业的多赢和共赢。

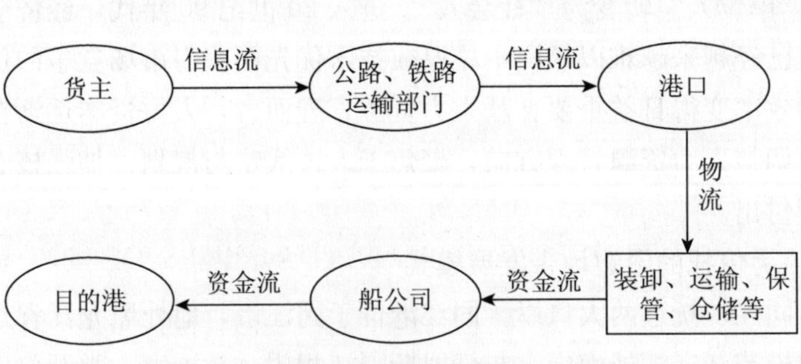

图15－3　港口物流

（三）中外沿边开放带功能互补的发展模式

沿边地带的城市拥有诸多的开放优势，这使得沿边城市发展关系黑龙江全省经济发展全局。由黑龙江省沿边地带的特殊边情和沿边地区目前的发展水平来看，该省的边境贸易还处于总量规模小、出口商品档次低、与周边国家的边境贸易不平衡、贸易政策不对等的低层次阶段。当前寻找一个合适的发展模式对沿边城市的发展显得尤为迫切。

进一步加强中外沿边城市之间的合作，不断深化区域合作，建立协作保障体系。以优惠政策和区位优势，参与沿边开放带建设。按照行政协调、产业互动、互利共赢的模式，完善东北区域合作机制。进一步加强与日本、韩国、俄国等国的合作，引进项目、资金、技术与管理，建立常态、长效的合作模式。积极推动与东北亚合作，共同开发俄罗斯市场。依托哈尔滨国际经济贸易洽谈会、黑龙江冬季国际投资合作洽谈会，培育中国（牡丹江）木业博览会等地方重要会展，打造和完善多层次的南联北开合作平台，联手打造沿边城市贸易加工业发展的最佳产业链条，努力形成沿边开放的集聚效应。加强旅游贸易合作，鼓励沿边旅游企业之间的合作，加大旅游贸易政策的衔接力度，促进沿边开放带旅游业的共同繁荣发展。

沿边城市之间的合作与发展需要良好的交通、通信等基础设施作为沿边城市之间关联的物质和技术载体。通道的衔接和整合，能够增强区域要素的流动，促进人口流、物质流、技术流、资金流、资本流的畅通。

沿边城市互动现象对于中外沿边城市的发展具有很强的经济效应。首先，中外沿边城市互动有助于削弱国界壁垒，加强市场的组织和制度建设，摒弃地方保护主义，有选择、有步骤地培育并逐步建立一个完善的区域共同市场体系。第二，优化中外沿边城市的空间结构和地域部门结构。中外沿边城市通过互动在地缘区域内部实现产业的前向和后向的关联，使主导产业与关联产业、基础性产业之间的数量、规模、时序和空间布局等方面协调发展。第三，使生产要素的跨界流通成为可能，物质、人员、信息在中外沿边城市之间能够通畅流通，充分利用互补优势进行产业协作，以优化当地产业结构，促进产业升级。

中外沿边城市互动将会带来巨大的社会效应。第一，促进不同文化的融合。中外沿边城市互动是不同国家不同文化的交流与冲突点，通过中外沿边城市互动可以促进文化的交流，提高教育文化水平，促进科学技术的进步。而且文化融合反过来又可以促进沿边城市互动的进展。第二，为沿边城市居民提供良好的生活环境。中外沿边城市互动所进行的基础设施建设、绿地系统的改造和城市环保设施的改善，共同为两地居民提供了更好的生活空间。

第三节　黑龙江省沿边城市和地区服务外包产业发展重点和空间布局

一、黑龙江省沿边城市和地区服务外包产业发展重点

黑龙江省沿边城市和地区必须充分发挥政府的宏观调控和组织协调作用，制定和实施推动服务外包产业发展的规划和政策措施，营造鼓励企业主动承载外包业务的宽松环境，

着力增强企业开展对外服务的内在动力，发挥企业主体作用。要针对应用需求，以市场为导向，充分发挥市场在服务资源配置中的基础性作用，激发企业在外包服务中的主观能动性。抓住重点区域、重点领域、重点企业，通过政府引导扶持资金和优惠政策的支持，推动服务外包突破性发展，尽快培育一批龙头企业和产业集群。树立人力资源优势是服务外包竞争的核心理念，把重视专业人才的引进、培养与开发，作为加快服务外包的核心环节抓紧抓好。

根据沿边城市和地区的地缘特色和产业基础，服务外包产业发展要以俄罗斯、日本和韩国为境外重点目标市场，承接服务外包业务。以国内物流、进出口加工、国际贸易、商贸等行业为重点发展境内外包。积极推进保税区等一批服务外包集聚区建设，以目标产业为重点，加快发展面向航运、物流、金融、保险、教育、医疗卫生、旅游等行业和网络信息安全、社会信用体系、社会保障体系等城市公共管理信息化的应用软件开发与外包，金融、保险、财务、人力资源后台支持服务等业务流程外包，需求管理和客户服务等业务运作外包，系统操作服务和技术支持管理服务。以提高服务外包人员素质为重点，加快建立服务外包培训基地，扩大各层次人员培训规模，培养一批高水平的服务外包人才。

（一）运输、仓储信息处理外包

运输、仓储信息处理外包就是整个地区、国家乃至全球在内的运输、仓储等物流信息的外包，整合力量，为客户提供规范的、全程的、一整套的物流管理和服务。黑龙江省沿边城市和地区可以承接来自国内以及日、韩、俄等国外企业的仓储、运输信息，建立信息处理平台，专门为第一方、第二方和第三方提供物流规划、咨询、物流信息系统、供应链管理等服务。依据口岸、交通等地理优势，黑龙江省沿边城市和地区在政府的规划下，建立运输、仓储信息处理平台。通过拥有的信息技术、整合能力和其他资源，经过有效的运作，为发包方提供系统信息管理流程服务。建立运输、仓储信息集散中心，扩展沿边城市和地区的口岸优势，并超越其地理发展优势，成为网络信息运输中枢。

（二）贸易流程服务外包

贸易流程服务外包指为进行国际贸易业务的发包方企业提供报价、订货、付款方式、备货、包装、通关手续、装船、运输保险、提单、结汇等贸易流程的服务，从而为发包方企业提供其缺少的视角、知识、经验和技术，为其国际贸易提供全流程的服务。接包方企业与发包方企业合作，联合运输承运者、代运人以及客户使用的第三方物流企业，提供接包方企业所需要的各种服务，包括合作解决问题并提供衡量方法、异常报告，使贸易流程做到及时、准确、完整。黑龙江省沿边城市和地区依据区位、历史及文化优势，为以日、韩、俄为外贸交易对象的公司提供贸易业务流程等事宜的外包服务。

（三）营销业务服务外包

营销业务服务外包的接包方企业为发包方企业提供目标消费者确立、产品价格、销售渠道、营销计划、市场定位、市场分析、市场战略、预算控制等服务。接包方以合同的方式接受委托深入分析企业、市场、行业等主体的特征，为企业制定具有企业特色的营销方案，并对方案实施进行跟踪服务。黑龙江省沿边城市和地区多年的外向经济的发展，使其在营销业务方面具有国际化视角、先进的营销理念和技术以及广泛的业务网络。沿边城市和地区应该发挥优势，积极发展营销业务服务外包，主动争取接包方市场，为沿边营销品牌建设打下基础。

（四）物流管理服务外包

物流管理服务外包是指企业通过签订协议，根据物质资料实体流动的规律，应用管理的基本原理和科学方法，为发包方企业的物流活动进行计划、组织、指挥、协调、控制和监督，使各项物流活动实现最佳的协调与配合的服务。物流管理系统的建立使得接包方企业能够有效、快速、准确地为发包方提供运输、存储、包装、装卸、流通加工、配送和信息等管理服务。黑龙江省沿边城市和地区具有口岸群体优势和交通运输通道优势，是以国际经贸大通道为纽带，构筑以哈尔滨市为中心、区域中心城市为支撑、边境口岸为节点的扇骨型物流系统的一个关键环节。不仅如此，以木材、建材、轻纺、机电、化工等为重点的产业在沿边城市和地区发展也有坚实的基础，使其不仅有物流中心的发展背景，更有实体产业的支持。黑龙江省沿边城市和地区应该主动承担建设立足东北三省、面向全中国、辐射东北亚的物流管理服务外包中心的责任。

（五）供应链信息系统外包

供应链信息系统外包就是为企业提供供应链的监控和管理服务。也就是说，供应链信息系统外包提供的是，应用庞大的供应链的集成系统以及棋盘式供应链管理系统，对公司内部和具有互补性的服务供应商所拥有的不同资源、能力和技术能进行整合和管理，并提供一整套供应链解决方案，以快速便捷一站式地解决企业与个人之间服务需求。例如，以先进的代理点合作经营模式率先进行布点，由总部进行监控与管理，使全国各个网点之间直接实现零障碍沟通。黑龙江省沿边城市和地区应该发展供应链信息系统外包，为企业提供从生产流程、运输流程、到销售流程整条供应链的管理服务。供应链信息系统外包使发包方企业不再需要顾及生产后存在的销售问题，不再有货物积压的顾虑，把更多的精力投入到生产和研发中；也使经销商不再担心货物质量，也不存在货物各地的出厂价不同。

（六）生产性服务外包

生产性服务外包与制造业紧密相关，并贯穿于企业生产的上游、中游和下游诸环节，包括设计、信息网络维护、物流、营销、售后服务等业务外包。黑龙江省沿边城市和地区具有历史悠久的农产品生产加工业、林木加工业、建材业、机电轻纺业、化工业等产业，制造加工业实力雄厚，为其生产性服务外包发展奠定了坚实的基础。黑龙江省沿边城市和地区产业优势明显，其先进的制造加工业，如生产现场的设备层与控制层、信息层的集成，控制与管理的数据通信与共享，管理信息化系统软件的开发和应用，管理信息化系统和生产自动化系统的集成等都使其生产性服务外包有非常高的技术支持。

（七）贸易金融外包

贸易金融外包就是专门为金融企业完成以前由其自身承担的为国际贸易企业进行的保管、兑换、结算、融通等经济活动。随着跨国公司的发展以及国际贸易的的频繁进行，贸易金融外包专业化地处理以前由专门的金融企业完成的部分业务，使得国际贸易更加流畅地运行，并且为金融企业和外贸企业节省成本。黑龙江省沿边城市和地区，应该积极发展贸易金融外包，促进资金流在其区域内的流通，并且借助资金流的集散为本区域的发展作出贡献。

二、黑龙江省沿边城市和地区服务外包产业发展思路

以沿边对俄合作战略升级为标志的黑龙江省沿边城市和地区主要包括牡丹江、佳木斯、黑河、哈牡绥东对俄贸易加工园区及东北亚经济贸易开发区。双边经贸流通北起黑河，东至绥芬河、东宁，沿线分布着边境经济合作区、互市贸易区和其他各类外向型专业加工或贸易园区。这些沿边地区集中体现了黑龙江对俄开放的综合优势，形成了稳定的境内外合作渠道、协调畅通的往来通道、逐步深入的互补贸易市场、不断完善的基础设施条件。在口岸辐射功能的作用下，沿边地区正迅速形成向内地延伸的科技输出、出口加工、出口农业基地及产业，吸引了国内外客商利用沿边开放带平台，引进俄罗斯的木材、矿产和油气电力资源，开拓发展境外工业品和农产品市场。

（一）黑河服务外包产业发展思路

黑河市在中国版图的东北角，黑龙江省北部，总面积 68726 平方千米，人口 174 万，有土地、草原、森林、水利、矿产、旅游六大资源，是国家重要的商品粮基地和黑龙江三大林区之一。境内有黑龙江、嫩江两大水系 621 条河流，水利资源丰富，目前仅开发了 1/4。已探明储量的矿藏 221 处 56 种，其中金、铜、煤、石灰石等 15 种矿藏储量居全省之首。黑河是别具北国风光并具有欧亚文化交融特色的净土观光带，开发有五大连池世界地质公园、冰雪旅游，对俄国际旅游等多条精品线路。

目前，黑河市的服务外包产业总体上还处于起步阶段，表现为：从事服务外包企业规模小、实力弱，形不成品牌和规模效应；市场环境还不完善，通关环境和市场准入问题在一定程度上制约了产业的发展；人才缺乏，技术开发实力和市场开拓能力不足；俄阿州的信息基础设施较为滞后，外包应用受到一定限制。针对以上问题，黑河市应认真贯彻省委《关于加快新型工业化进程的决定》中关于“突出发展应用软件外包业务和呼叫中心等商务流程外包业务”的要求，重点发展系统集成及网络运行维护、数据处理、呼叫中心、信息技术咨询和培训以及工程设计、出版印刷、音像制作、广告设计等服务外包产业，大力推进对俄服务外包产业基地建设。

（二）牡丹江服务外包产业发展思路

牡丹江市是我国对俄贸易重要城市，它处于中、俄、日、韩、蒙东北亚经济圈的中心区域，是亚欧大陆桥上的国际通道城市，处于联系国内和周边国家的中枢位置。绥芬河口岸距俄远东交通枢纽城市乌苏里斯克 97 千米，距黑龙江省进入太平洋的最近出海口符拉迪沃斯托克 210 千米，距远东最大的不冻港纳霍德卡 270 千米。目前，牡丹江市境内立体式交通网络发达，201、301 国道和哈尔滨—绥芬河、图们—佳木斯两条铁路干线纵贯全境。“东边道”铁路穿越辽吉黑三省，绥芬河、东宁口岸有铁路、公路与俄罗斯相连接。牡丹江航空港开通了近 10 条国内航线及至韩国首尔和俄罗斯符拉迪沃斯托克等地的多条

国际航线。陆海联运大通道开通了从绥芬河口岸出境，借助俄罗斯港口转运上海、宁波、广州的“出境不出口”内贸货物运输通道，与韩国釜山港湾公社、俄罗斯远东运输公司共同出资1亿元注册公司组建纳霍德卡港物流码头，正在形成面向东北亚、连接欧美、通达世界的跨国物流体系。

目前，牡丹江市在服务外包产业发展方面基础较弱，软件企业有13家，其中有自主产品的5家，通过了“双软认定”的3家，没有一家通过CMM/CMMI认证，从业人员近200人。多数企业规模较小，技术实力薄弱，但牡丹江市的大中型企业如桦林橡胶厂、第二发电厂、水电总厂、恒丰纸业、空调机厂都是具有较强的技术、人员优势，这给牡丹江市服务外包产业发展奠定了基础。牡丹江市空调机厂是市内最大的外包企业，其配套的温控系统由成都设计制造，其零配件的承包方远到新疆、贵州等地，围绕本市大型企业外包服务建立外包产业集群是发展牡丹江市外包服务的基础。依托牡丹江市处在“沿边”及“煤化工”双模块的区位优势，立足本地（大牡丹江，含鸡西、七台河）的信息产品制造业优势与本地信息化需求，重点面向俄罗斯、日本、韩国，着重发展嵌入式软件产品以及面向本地企业的信息化服务和面向城市信息化服务，建成一个以软件研发、孵化与出口加工及信息服务为主导，集培训、展示、贸易、休闲、旅游为一体的国家级省级服务外包产业基地。

（三）佳木斯市服务外包产业发展思路

佳木斯市地处三江平原腹地，是黑龙江省东北部地区经济、金融、科技、交通、文化中心和最大的综合性中心城市。佳木斯市自古以来就是战略要地，是黑龙江省区位最优越的两大城市之一。从历史沿革看，佳木斯市一直是省东北部区域中心，而且是三江平原最大的综合性城市，辖区有众多中省直单位，辐射面广，北及鹤岗、伊春，南及七台河、鸡西，东及双鸭山，西及依兰等广大地区，已经形成2小时经济圈，辐射人口近千万，具有发展区域现代服务业经济的先天优势。近年来，东北部地区区域经济一体化趋势已初露端倪，四通八达的网络化交通已经把东北部紧密连接在一起。

佳木斯市服务外包产业发展在整体认识、发展环境、人才储备等方面还存在缺点和不足，但是也具备较多发展服务外包产业的地缘、人才、资源等基础条件。根据佳木斯市经济建设情况，佳木斯市应该重点建设“111”工程（一个园区、一个基地、一个中心），即建设信息产业大厦外包服务产业园区，建设越达公司对俄电子信息产品出口基地，建设佳木斯市勘察测绘研究院地理信息数据加工中心。发展5家承接国际、国内服务外包业务的规模企业，培育2个市级服务外包示范企业，吸引5家以上国内外知名企业将其一定规模服务外包业务转移到佳木斯市。

（四）哈牡绥东对俄贸易加工区服务外包产业发展思路

哈牡绥东对俄贸易加工区是一个经济区域的概念，是以区域经济一体化发展为方向而建设的一条集对外贸易、进出口加工、现代物流、经济技术合作、外向型农牧业、旅游会展于一体的国际化、综合性、多功能的带状经济发展区域。哈牡绥东对俄贸易加工区以园区为点、以国际陆海联运大通道为线，以点支线、以线带点，区域贯通，跨越国境。在牡丹江市经济区域内，哈牡绥东对俄贸易加工区沿线两侧分布有7个境内经济开发区及其所属各类园区和3个境外园区。其中绥芬河边境经济合作区和东一波互市贸易区为国家级开发区；牡丹江、海林、林口、穆棱和东宁开发区为省级经济开发区。境外在乌苏里斯克至海参崴沿线目前建有康吉工贸园区、华宇工贸园区和远东工业园区。

依托对俄贸易加工区对俄经贸和跨国物流大通道，以及绥芬河综合保税区各项优惠政策，哈牡绥东积极承接物流、信息管理、数据处理、技术研发、工业设计等国际服务外包业务；以发展业务流程外包（BPO）为重点，大力开拓金融、财务服务外包；主攻俄罗斯、日本、韩国，积极开拓俄罗斯、日本、韩国市场；全力打造以哈牡绥东对俄贸易加工区为中心的服务外包示范区，推动黑龙江省服务外包上规模上水平。以科学发展观为统领，根据国家实施“提升沿边开放”战略的总体部署，抓住机遇，立足黑龙江，服务全国，面向东北亚及环太平洋地区。以哈尔滨、牡丹江市为支撑，以边境口岸为节点，以内陆市县为依托，创新发展各类服务外包产业园区，全力打造对俄经贸合作加工中心、商贸中心、旅游中心、物流中心、会展中心，以完善服务外包产业园区建设为切入点，积极开展服务外包人才培训，加大招商引企、吸引人才工作力度，按照“走特色之路、打中国品牌”的发展思路，努力把哈牡绥东对俄贸易加工区建设成为黑龙江省重要的服务外包基地。

（五）鸡西市服务外包产业发展思路

鸡西市位于黑龙江省东南部，与牡丹江市、七台河市毗邻，东、东南与俄罗斯交界。鸡西是一座以煤炭生产为主的资源型城市，通过多年来的长足发展，鸡西工业已形成以煤炭、冶金、电力、非金属、建材、机械、化工、轻纺、森工、食品为主要行业，主导产业与后续产业、替代产业相衔接的新的工业格局。鸡西境内中俄边境线长641千米，已开通密山当壁镇和虎林吉祥两个国家一类陆路口岸，过货能力180万吨，与俄罗斯、美国等25个国家和地区的客商建立了稳定的贸易合作伙伴关系。进入21世纪，鸡西交通、通信建设日新月异，公路、铁路四通八达，信息网络建设异军突起，社会各项事业全面进步，已经成为中国黑龙江省东南部重要的贸易中心和商品集散地。

观察鸡西市的地理位置，可知其对外的优势在于相邻俄罗斯、韩国、日本、朝鲜等国，况且鸡西市的俄语、韩语、日语的人才和培训方面有得天独厚的优势，在招商引资方面应予以侧重；从内需条件看，鸡西市应紧紧抓住煤炭、机械制造、冶金、医药、勘探等优势行业，把其作为主打品牌，利用校企联合，大力发展地理信息系统数据加工，采煤机械信息化数据分析，药理数据分析等服务外包业务，重点发挥煤机制造领域和煤矿设计领域的科研和管理优势，主动争取国内外大型企业服务外包落户鸡西市。鸡西市发展服务外包的思路是：以国内市场为目标，走自主创新与地区间合作的道路，实现重点突破，达到整体带动的目的。以煤炭、机械制造、旅游和会展等行业为重点发展服务外包，逐步形成有鸡西市优势的服务外包产业。

（六）东北亚经济贸易开发区的服务外包产业发展思路

东北亚经济贸易开发区是以哈大齐工业走廊等经济板块为依托，以区域性中心城市为支撑，以边境口岸为节点，面向东北亚、辐射亚欧大陆的经济贸易开发区。东北亚经济贸易开发区，是在原有的沿边沿江开放开发基础上提升起来的，有着很大的发展前景，是一项长期战略规划。相对于国内市场而言，黑龙江省地处边陲，经济优势难以和中部，尤其是沿海城市抗衡。但从东北亚的区域层面而言，黑龙江省则处在发展的最前沿，这个桥头堡的优势，使其在区域经济发展上占据了绝对的地缘优势。

东北亚经济贸易开发区服务外包发展思路是，坚持统筹兼顾、协调发展：既要立足当前又要谋划长远；既要突出重点又要全面推进；既要加快自身发展又要加强与内地与俄罗斯远东地区协调互动，实现共赢；坚持良性互动、共同发展。突破行政区划界限，促进生产要素合理流动和优化配置；统筹区域重大基础设施建设，提高共建共享、互联互通水平，促进区域一体化发展。坚持发挥优势、集约发展：依托资源条件、产业基础和港口优势，以市场为导向，打造特色突出、竞争力强的产业集群，提高集约化规模和水平。以人才培养、引进为核心，做到境内外包与离岸外包并举，着力发展境内外包，带动发展离岸外包，积极发展对俄、日、韩的服务外包业务，全面推进服务外包产业的发展，使服务外包产业成为东北亚经济贸易开发区经济发展增长点。

第四节　黑龙江省沿边城市和地区服务外包产业发展的政策措施

一、完善服务外包统计体系

要充分借鉴印度和我国大连的经验，细化服务外包统计口径，完善统计管理模式，明确嵌入式软件产品目录及计算标准，构建服务外包全口径统计体系，做到既适合服务外包产业特点，又便于政府管理。针对网上传输的服务交付模式和产业特点，以合同管理为基础，出台统计制度，发布统计目录，理顺管理程序，制定扶持引导政策，从源头入手，建立各部门分工合作、协调配合的管理和统计工作体系，从制度上保障出口统计工作的顺利开展。加强沿边地带商务系统服务贸易和服务外包统计队伍建设，保证统计工作的顺利开展。深入分析服务外包统计数据，建立部门间出口数据分析及交流制度，统计数据将作为有关企业享受各项服务外包促进优惠政策的依据，分析掌握服务外包产业发展的新情况、新特点，及时调整管理和促进措施。

二、依据区域特色建立服务外包产业集群

沿边地带的服务外包企业由于具有规模小，而又相对分散的特点，长期以来，不能发挥其集群的优势，虽然这些企业集群优势已初步呈现，但是总体力度还不够，企业的地理分布也缺乏整体规划。要发挥企业的集聚效应，实现资源互补，优势整合，以壮大整体力量，形成特色鲜明的产业体系集群，逐步形成规模优势和比较优势，引导带动周边地区相关产业的发展形成更大的产业集群。

沿边地带应根据自身的优势来确定自身的发展方向，确定发展的重点领域，以发挥比较优势，避免资源的重复浪费。对于已经确定的重点发展服务外包的城市，应该充分利用国家给予的优惠条件，找出自身优势，发展重点领域和重点区域，实现国家服务外包业的整体统筹规划。

在服务外包的发展过程中，服务外包集聚区模式已经成为一种新的趋势。基于产业关联效应和社会网络效应形成的集聚区，具有资源共享、服务网络系统和品牌效应的特征，客观上为服务外包的发展构筑起一个良好的产业生态环境。通过品牌效应，服务企业获得更高的市场认同度和占有率，进一步提高该区域服务产品的市场需求；集聚区内企业之间的竞合机制，提高服务产品的有效供给水平，为服务外包的发展拓宽了市场空间。因此，政府应该积极引导服务外包企业依托沿边地带区域特色优势，向服务外包产业集聚方向发展，形成服务外包的品牌优势。这些点状的集聚区通过产业链彼此相通、有机相连，这使基地城市的服务外包整体辐射能力进一步提升和放大。

三、建立完善的人才培养体系

（一）培养高技能服务型服务外包专业人才

黑龙江省承接国际服务外包质量不高，关键原因是高素质复合型人才的缺乏。因此，要发展和承接国际服务外包，必须紧扣高级人才的培育，突破制约服务外包产业发展的人力资源瓶颈。

一方面，要加强高等院校、中等职业技术学校的职业教育。高等院校作为黑龙江省培养的基础性单位，应不断推进课程改革，将培养学生的交流型英语水平作为重要内容；高等院校可以设置相关专业，设计制定和国际接轨的课程体系，努力开发远程教育课程以及制订教员的培养计划；政府为其中部分院校提供教学经费；鼓励院校、企业之间的联合与合作，支持高校建立“服务外包人才培养基地”，以市场为导向，为服务外包企业培养懂理论、会操作的高素质的从业人员，实现教育、产业之间的科学融合与互相促进。

另一方面，创新和完善人才培训方式。学习国外先进的服务外包人才培训模式，建立全国性服务外包人才认证体系（包括语言、专业技能、行业知识、项目管理能力等），如在现有的从业人员中全面推行职业资格认证制度；鼓励公私合作机制：政府提供一定的教育资金并确定政策导向，教育机构（提供培训场所、讲师）、行业协会和企业（提供培训内容、培训讲师等）共同参与；鼓励成立第三方服务外包培训机构，面向社会在职人员提供服务外包职业技能培训。

（二）加强服务外包高级人才引进

中国拥有世界上最多的人口，劳动力资源相当丰富，但是对于服务外包业来讲，人力结构还存在不合理的现象，承接服务外包的专业人才严重不足。由于人才的培养周期较长，一些高级的专业人才可以采用引进的方式，尽快弥补这一方面的不足。鼓励中介机构与培训机构合作建立人力资源库，搭建中国外包服务业的人力资源供应链，引进能够适应国际服务外包要求、熟练掌握外语的实用型人才。

大力引进国内外现代服务外包方面有经验的高级管理人才。从政府的角度来说，可以采取减免个人所得税的方式给予激励，并且可以通过在不同性质企业实施不同的税赋政策来引导人才流动趋势；从企业的角度来说，应该注重以期权或入股的方式激励高端人才发挥更大的作用。参照国际惯例制定人才评估标准，建立软件人才信息平台。利用国际市场的优秀人力资源，积极引进国际化的中高层管理人才，直接提升沿边地带服务外包业的人才国际化水平。

四、加大服务政策支持

（一）增加对服务业的资金投入

1. 增加服务业基础设施建设的资金投入

加强对黑龙江省沿边地区的服务业基础设施建设，吸引投资者对其高新服务领域进行投资。同时吸引更多的人才到沿边地区发展，最大化地利用资金、科技、人力等资源，对沿边地区的公路、铁路、水路等基础设施进行建设，提高黑龙江省在管理与咨询、研究与开发、城市规划与环保服务等服务业领域的创新能力和技术水平。

2. 增加服务科研领域的资金投入

首先，政府应该把发展服务业作为沿边开放带经济发展中重要的一环，改变以往只把服务业定位在售后服务行业的错误理念，把服务业看做是决定沿边地带企业是否能够在全产业链的竞争中取胜的关键核心，认识到服务领域科研的的投入会给远期的黑龙江省沿边地区经济带来更高的收益。其次，各级财政部门应增加服务领域的研究经费，用较高的福利待遇吸引有工作经验的人才以及优秀的大学毕业生从事服务领域的研究，组建智囊团为黑龙江省沿边地带的服务业发展献计献策。

3. 增加教育资金投入

黑龙江省是服务外包人力资本缺乏的地区，真正提高服务外包的核心竞争力，必须大力培养服务贸易人才，首先，应加大对大学教育的资金投入，改革黑龙江省大学过于理论化而实用性和实践性不强的大学教育模式，将服务外包等涵盖面广的专业细分，设立更有针对性的服务外包专业。其次，应对服务外包实践教学给予鼓励和资金上的支持，使学生在学习理论的同时对服务外包流程的实际操作有所掌握，提高学生的实践能力。支持学校定期或不定期聘请国内外专家、学者、企业家与学生交流，使学生了解和掌握最新的服务外包贸易发展动态。再次，要加大对服务贸易科普知识的资金投入，减少社会大众对服务外包存在的误区，设立服务外包领域的专业考试，对服务外包人才进行更加权威的认证，对优秀的服务贸易人才进行选拔。

（二）加大知识产权保护政策

与制造业外包相比，服务外包对知识产权有较大的依赖性，由于知识产权的保护力度不够，知识产权方面的法律法规不健全，一些发包商出于对技术外泄的考虑对选择企业承接服务外包方面存在着顾虑，这必将严重阻碍服务外包业的发展。所以，发包商对于接包商在管理水平、商务和法律的规范方面有着很高的要求。为此，沿边地带应该建立更加完备的知识产权保护的法律法规和具体的实施措施，并做好知识产权保护工作的具体实施的监督工作，切实解决知识产权保护方面长期存在的一些问题，为企业提供方便、快捷、专业的知识产权保护服务。当问题出现的时候做到有章可循、有法可循，建立快速的反应机制，加大力度打击各类知识产权侵权行为。

同时，加强对拥有自主知识产权的服务外包企业的支持，积极鼓励服务外包企业取得具有重要社会意义或经济效益的知识产权，鼓励企业的自主创新和科技进步。建立健全服务外包试点区的知识产权工作体系和运作机制。鼓励沿边地带服务外包基地城市建立知识产权法律援助服务中心，为企业提供知识产权保护、应对知识产权纠纷等方面的法律咨询、诉讼援助服务。大力开展知识产权宣传教育，积极探索相关知识产权人才培养工作。对企业进行国内外专利申请、商标注册、版权登记，不断提高知识产权创造、管理、运用和保护水平。

此外，应该强化包括知识产权保护在内的现代企业诚信制度建设。保护知识产权是鼓励服务外包企业自主创新的手段。以大连市为例，大连市是国内最早提出并开始软件和服务外包业信誉体系建设的城市，也是全国第一个软件版权保护示范城市，大连市为吸引国际服务外包企业创造了良好的知识产权保护环境，从而促进了该市国际服务外包行业自主创新与知识产权保护工作的全面、协调和可持续发展。

（三）加大服务外包政策管理体制建设

沿边地带通过与境外企业合作与交流，学习别国在服务外包管理体制建设方面的经验，再结合我国的国情，在服务外包管理体制方面进行不断创新和探索，建立有沿边地带特色的服务外包管理体制。

首先，对服务外包产业发展给予更多的财政政策管理支持。为沿边地区国际服务外包企业提供相关的税收优惠。针对服务外包企业，在企业所得税、营业税、增值税、进口关税、出口退税等税种上进行调整，并且扩大可享受优惠税率的服务外包企业的范围。

其次，大力改善服务外包企业投融资条件。鼓励沿边地区银行向软件出口企业发放流动资金贷款，鼓励外资和民间资本以多种形式进入软件和信息服务领域。为服务外包企业发展提供政策性贷款。对符合条件的国际服务外包企业进行国际市场开拓活动提供便利的融资担保和信用保险服务，推动各类贷款担保机构向沿边服务外包企业倾斜。

再次，完善服务工作。在标准、认证、测试等产业化关键环节上加强管理服务，引导、支持和帮助软件企业建立并严格实行 CMM 等软件开发过程管理和质量保障体系，进一步提高服务质量和规范化的管理水平。支持服务外包企业尤其是软件企业在境外设立研究开发、市场营销等服务机构，减少审批环节，简化审批手续，为承接边境服务外包的企业“引进来”和“走出去”做好支撑与服务。

最后，建立和完善服务外包统计系统。深入开展服务贸易统计分析，提高沿边地带服务贸易的理论水平。建设服务贸易公众信息网，向公众提供及时的国际服务贸易信息，帮助服务业企业了解国内外服务市场供求状况，抓住商机，促进自身的发展。

(四) 加大服务外包出口管理政策

首先，加快口岸基础设施建设。优化口岸布局，整合口岸资源，增强口岸发展动力。做强绥芬河、东宁口岸，加快两口岸铁路扩能和公路改造建设，畅通陆海联运国际通道，提升对外贸易载体功能。以爱辉为中心，做大黑河口岸，建成国际商品集散地和商贸旅游通道。依托黑瞎子岛“一岛两国”的区位条件和洛古河界河大桥建设，争取设立黑瞎子岛和洛古河常年通关陆路口岸。增加投入，实施重点口岸改造工程，提升客货检验通过能力和综合服务水平，完善口岸功能。支持口岸建设保税储运仓库，建设物流集散地。加快电子口岸建设，实现口岸管理信息化、网络化，提高口岸工作效率。

其次，巩固日、韩服务外包市场。由于黑龙江省拥有良好的地理优势和文化相容性，所以具有承接这两个国家服务外包的先天优势。利用在日本、韩国软件市场逐渐建立起来的良好信誉和品牌，提升服务外包企业在日本和韩国金融、电信、游戏等领域发包量及发包层次，积极扩大在日本嵌入式软件开发的外包市场，扩大与韩国在文化资讯、移动通信等领域的人才资源合作。建立出口便利政策：在银行信贷方面，软件出口的企业享受优惠利率的信贷支持，并享受由国家出口信用保险机构提供的信用保险；在出入境手续方面，对于软件企业高中层管理人员和技术人员要简化手续，延长有效期；在人才土地、房屋租赁、税收减免、知识产权保护、企业技术认证等方面进行重点扶持，逐步提升服务外包产业发展水平。

再次，拓展俄罗斯外包市场。黑龙江省黑河市是对外开放最早的城市之一，与俄罗斯一江之隔，位于远东中心，发展对俄边境贸易的自然优势明显好于其他地区。黑河市应依托地缘优势，加快中俄经贸大通道的建设步伐，形成以大黑河岛为中心，辐射俄罗斯远东地区大中城市的贸易网络平台。并加大双边政府协调力度，建设服务外包管理体制，改善环境，整顿秩序，推动边贸大发展。

第十六章 服务外包产业支持政策

第一节 中国服务外包示范城市综合评价指数

继国际制造业大规模向发展中国家转移之后，出现了发达国家向具有成本、人才优势的发展中国家转移服务产业的新浪潮。伴随这一浪潮，全球服务业产业转移的新形式——服务外包已迅速成长为一种成熟且被广泛采纳的商业手段。

一、指标体系

服务外包作为一种新兴的服务业业态，由于其跨行业、跨领域的特征非常明显，且各方对服务外包的确切分类没有达成共识，我国服务外包的统计考核指标体系还不够完善。随着我国服务外包规模的迅速扩大，政府充分认识到了服务外包对地方经济优化的带动作用，对于经认定的21个“中国服务外包示范城市”（以下简称“示范城市”），在宏观政策、产业规划、财政资金、招商引资、人才培养等方面给予支持。同时，为进一步鼓励“示范城市”的良性竞争和科学发展，使服务外包产业更好地满足“保增长、扩内需、调结构、促就业”的战略需要，国家商务部于2009年3月制定了《中国服务外包示范城市综合评价指数（征求意见稿）》（见表16-1），经对21个示范城市的数据收集、数据整理和综合评价后，进行打分排序，采取末位淘汰制度。

表16-1　　中国服务外包示范城市综合评价指数（商务部）

指标类别	序号	指标名称	计量单位	指标类型	
				绝对值	增速%
一、产业基础	1	国际服务外包	亿美元	▲	▲
		·国际服务外包合同签约金额	亿美元	▲	▲
		·国际服务外包合同执行金额	亿美元	▲	▲
		·占当年地区GDP比重	%	▲	▲
		·占当年地区服务业增加值比重	%	▲	▲
	2	离岸服务外包	亿美元	▲	▲
		·离岸服务外包合同签约金额	亿美元	▲	▲
		·离岸服务外包合同执行金额	亿美元	▲	▲

续　表

指标类别	序　号	指标名称	计量单位	指标类型	
				绝对值	增速%
一、产业基础	3	企业数量	个	▲	▲
		·通过各类认证的企业数量	个	▲	▲
	4	认证数量	个	▲	▲
		·国际认证数量	个	▲	▲
		·国内认证数量	个	▲	▲
	5	从业人员数量	人	▲	▲
	6	实缴税额	万元	▲	▲
		·企业实缴营业税额	万元	▲	▲
		·企业实缴所得税额	万元	▲	▲
		·从业人员实缴所得税	万元	▲	▲
二、要素成本	7	服务外包从业人员工资总额	万元	▲	▲
	8	平均宽带服务费用	元/1000M	▲	▲
	9	每平方米住宅月平均租金	元/平方米	▲	▲
	10	每平方米商务楼月平均租金	元/平方米	▲	▲
三、配套环境	11	信息技术基础设施水平			
		·移动电话普及率	部/百人	▲	▲
		·互联网普及率	%	▲	▲
	12	交通基础设施水平			
	13	文化卫生设施水平			
四、人力资源	14	普通高等院校数量	所	▲	▲
	15	在校大学生人数	人	▲	▲
		·IT 专业的在校大学生人数	人	▲	▲
		·外语专业的在校大学生人数	人	▲	▲
	16	专业培训机构数量	所	▲	▲
	17	受训人数	人	▲	▲
		·专业培训机构培训人数	人	▲	▲
		·企业培训人数	人	▲	▲
		·企业接纳实习生人数	人	▲	▲
	18	当年新增从业人员	人	▲	▲

续 表

指标类别	序　号	指标名称	计量单位	指标类型	
				绝对值	增速%
五、政府支持	19	是否完成三级共建机制的工作任务	是/否		
		·是否完成示范城市共建工作	是/否		
		·是否完成人才培训中心共建工作	是/否		
		·是否完成企业与培训中心共建工作	是/否		
	20	是否实施有效的扶持企业境外接包政策	是/否		
		·扶持企业境外接包的资金额	万元	▲	▲
	21	地方配套扶持资金	万元	▲	▲
		·配套扶持资金比例	%	▲	▲
		·已到位的资金比例	%	▲	▲
	22	地方公共信息技术服务平台建设投入	万元	▲	▲
	23	税收减免金额	万元	▲	▲
	24	知识产权保护力度			
		·是否颁布相关法规	是/否		
		·是否有效实施相关法规	是/否		
	25	商业信息安全保护力度			
		·是否颁布相关法规	是/否		
		·是否有效实施相关法规	是/否		
	26	是否开展有效的相关政策宣传活动	是/否		
	27	是否做好服务外包信息统计和报送工作	是/否		
		·及时性	是/否		
		·准确性	是/否		
		·完整性	是/否		

二、指标解释

(1) 国际服务外包（数据来源：商务部服务外包统计信息管理系统）。

国际服务外包合同签约金额（数据来源：商务部服务外包统计信息管理系统）；

国际服务外包合同执行金额（数据来源：商务部服务外包统计信息管理系统）；

占当年地区 GDP 比重：指国际服务外包合同执行金额占当地 GDP 的比重（数据来源：商务部服务外包统计信息管理系统、统计年鉴）；

占当年地区服务业增加值比重：指国际服务外包合同执行金额占当地服务业增加值的

比重（数据来源：商务部服务外包统计信息管理系统、统计年鉴）。

（2）离岸服务外包（数据来源：商务部服务外包统计信息管理系统）。

离岸服务外包合同签约金额（数据来源：商务部服务外包统计信息管理系统）；

离岸服务外包合同执行金额（数据来源：商务部服务外包统计信息管理系统）。

（3）企业数量。

通过各类认证的企业数量（数据来源：商务部服务外包统计信息管理系统）。

（4）认证数量。

城市通过的 CMM/CMMI、ISO 27001/BS7799、ISO 20000、PCMM、SAS70 以及双软、高新或其他相关认证的认证数量（数据来源：商务部服务外包统计信息管理系统）；

国际认证数量：指通过 CMM/CMMI、ISO 27001/BS7799、ISO 20000、PCMM、SAS70 等国际服务外包相关认证的数量（数据来源：商务部服务外包统计信息管理系统）；

国内认证数量：指通过双软、高新或其他相关认证的认证数量（数据来源：商务部服务外包统计信息管理系统）。

（5）从业人员数量（数据来源：商务部服务外包统计信息管理系统）。

（6）实缴税额：指当地服务外包企业缴纳的营业税、所得税，以及从业人员缴纳的个人所得税，扣除地方政府税收减免之后的实际缴纳额（数据来源：财税部门）。

实缴企业营业税额：指企业缴纳的营业税扣除地方政府予以减免后实际缴纳部分；

实缴企业所得税额：指企业缴纳的所得税扣除地方政府予以减免后实际缴纳部分；

从业人员实缴所得税：指从业人员缴纳的个人所得税扣除地方政府予以减免后实际缴纳部分。

（7）服务外包从业人员工资总额：指外包从业员工的工资总和＝基本工资＋奖金＋津贴＋补贴＋年终加薪＋加班工资＋与其任职或受雇有关的其他收入（数据来源：劳动部门）。

（8）平均宽带服务费用：平均每 1000M 接入宽带的费用（数据来源：电信部门）。

（9）每平方米住宅月平均租金：居民住宅每平方米月平均租金（数据来源：公开统计数据）。

（10）每平方米商务楼月平均租金：办公商务楼每平方米平均租金（数据来源：公开统计数据）。

（11）信息技术基础设施水平。

移动电话普及率：当地每百人的移动电话拥有数量（数据来源：电信部门）；

互联网普及率：当地上网人数占总人口的比重（数据来源：电信部门）。

（12）交通基础设施水平（数据来源：公开统计数据，如可参考中科院《中国城市竞争力蓝皮书》）。

（13）文化卫生设施水平（数据来源：同上）。

（14）普通高等院校数量：指当地拥有的按照国家规定的设置标准和审批程序批准举办的，通过全国普通高等学校统一招生考试，招收高中毕业生为主要培养对象，实施高等教育的全日制大学、独立设置的学院和高等专科学校、高等职业学校和其他机构（数据来源：教育部门）。

（15）在校大学生人数：指本学年初，具有学籍的注册学生数（数据来源：教育部门）。

IT 专业的在校大学生人数：指本学年初，学习 IT 专业的具有学籍注册学生数（数据来源：教育部门）；

外语专业的在校大学生人数：指本学年初，学习英语、日语及其他外语语种的具有学籍注册学生数（数据来源：教育部门）。

（16）专业培训机构数量（数据来源：商务部服务外包统计信息管理系统）。

（17）受训人数：指专业培训机构培训人数与服务外包企业培训人数总和（数据来源：商务部服务外包统计信息管理系统）。

专业培训机构培训人数（数据来源：同上）；

企业培训人数（数据来源：同上）；

企业接纳实习生人数（数据来源：教育部门）。

（18）当年新增从业人员（数据来源：商务部服务外包统计信息管理系统）。

（19）是否完成三级共建机制的工作任务：指是否完成商务部三级共建机制的工作任务。三级共建机制包括示范城市共建、服务外包人才培训中心共建，以及服务外包企业、培训中心共建（数据来源：商务部相关管理部门）。

示范城市共建：是指①商务部、教育部、科技部、工信部等与省、示范城市修订共建协议（落实年均新增 20 万大学生就业工作）；②省、示范城市、园区、服务外包企业签署共建协议（20 万大学生就业任务具体分解）（数据来源：商务部相关管理部门）。

服务外包人才培训中心共建：是指①商务部、教育部认定示范城市的服务外包人才培训中心，并与省、示范城市签署服务外包人才培训中心共建协议（落实年均 24 万人服务外包人才培训的目标）；②省、示范城市、园区、服务外包培训机构签署服务外包人才培养共建协议（24 万培训人员任务具体分解）（数据来源：商务部相关管理部门）。

服务外包企业、培训中心共建：指服务外包企业与培训中心签署协议，对服务外包人才实行订单式培养（数据来源：商务部相关管理部门）。

（20）是否实施有效的扶持企业境外接包政策：指政府是否能够制定并实施行之有效的政策和措施，帮助服务外包企业承接境外业务（数据来源：企业调研）。

扶持企业境外接包的资金额：是指地方政府财政资金中用于促进企业境外设立代表处、参加境外专业展会宣传推介活动等方面的支持资金（数据来源：商务部服务外包统计信息管理系统）。

（21）地方配套扶持资金：指对国家给予的服务外包产业扶持资金，当地政府按照国家部委文件要求安排地方配套扶持资金（数据来源：地方相关管理部门，商务部）。

配套扶持资金比例：指当年地方政府投入，用于配套商务部扶持资金的比例（数据来源：地方相关管理部门，商务部）。

已到位资金比例：指当年地方配套资金中，已到位的配套资金占当地配套资金总额的比例（数据来源：地方相关管理部门，商务部）。

（22）地方公共信息技术服务平台建设投入（数据来源：地方相关管理部门，商务部）。

（23）税收减免金额：指给予服务外包企业和从业人员的税收减免优惠（数据来源：财税部门）。

（24）知识产权保护力度：指当地政府在服务外包产业发展过程中的知识产权保护情况。

是否颁布相关法规（数据来源：地方相关管理部门）；

是否有效实施相关法规（数据来源：企业调研）。

（25）商业信息安全保护力度：指当地政府在服务外包产业发展过程中对商业信息安全的保护情况。

是否颁布相关法规（数据来源：地方相关管理部门）；

是否有效实施相关法规（数据来源：企业调研）。

（26）是否开展有效的相关政策宣传活动。指企业是否了解国家和地方政府颁布和实施的各项服务外包支持政策（数据来源：企业调研）。

（27）是否做好服务外包信息统计和报送工作（数据来源：商务部相关管理部门）。

及时性：指地方政府按规定的报告期及时报送数据；

准确性：指地方政府报送数据没有逻辑错误，同时和公开发布的统计数据保持一致；

完整性：指地方政府完整报送了统计系统要求填报的各项指标，数据没有遗漏。

三、指标体系应用

为了适应新形势对国家级服务外包示范城市的新要求，建立新的发展导向，肩负起新的责任和使命，体现国家目标要求和政策导向的目标需要，黑龙江省有关部门应该在国家级文件的基础上制定符合经济发展实际的政策措施。《中国服务外包示范城市综合评价指数》主要关注示范城市当期达到的发展状态，并对发展状况进行排序比较，是一种基于系统的绩效评价。地方政府政策制定应该进行科学地职能定位，以国家对服务外包产业发展的系统性评价为依据，通过配套制订本地经济社会发展规划和服务外包优惠的经济政策，充分发挥市场配置资源的基础性作用，创造良好的投资环境，促进经济结构的战略性调整。政府职能定位要适应经济转型的特点，着重加强与国际服务贸易产业发展要求相适应的制度建设。以商务部实施服务外包"千百十工程"为基础，在宏观政策、规划设计、人才培训、招商引资、综合协调等方面向国家申请优惠政策，并进行相应的政策创新，从而支撑公共服务平台建设、公共信息网络建设、基础设施和投资环境的建设。

第二节　黑龙江省发展服务外包产业的对策措施

尽管我国服务外包近年来保持高速增长的态势，但不论政府层面还是企业层面，对服务外包发展仍缺乏长远的思考，对于中国服务外包的发展模式仍存在争议和分歧。黑龙江省中心城市发展服务外包的时间较晚，相对于北京、天津、上海、重庆、大连等这些起步较早的服务外包基地城市缺乏实践经验。虽然这些主要接包城市的成功经验都具有一定的参考和借鉴价值，但是我们不能照搬照抄，黑龙江省中心城市服务外包的发展模式必须结合本省的省情。因此，黑龙江省需要立足于建立并保持在全国服务外包领域的比较竞争优势，从强化产业要素、培育国内需求、完善产业环境、促进企业健康成长角度出发，紧密结合外包产业发展实际，制定切实可行的政策措施，全面提升承接服务外包的综合实力和核心竞争力。

一、政府层面的对策

（一）不断优化改革开放的政策环境

针对黑龙江省省情特点，按照发挥比较优势、创造竞争优势的要求，积极争取国家政策支持和资金投入，力争在改革开放的重点领域取得突破。一是争取国家在黑龙江省设立现代农业综合试验区。总结场县共建经验，以农垦企业为骨干，带动周边县（市、区），建设优质高效、绿色生态、资源节约和循环利用、设施完善的现代农业基地，探索研究粮食金融储备机制，为全国发展现代农业提供示范，为保障国家粮食安全作出新贡献。二是争取国家支持黑龙江省加快建设哈大齐工业走廊、东部煤电化基地和大小兴安岭生态功能区、生态经济区。争取国家赋予哈大齐工业走廊示范区先行先试的权限，在投融资、财税、土地开发利用、项目审批、人才使用、工资待遇等方面进行创新尝试；争取国家资源开发补偿机制和衰退产业援助机制的政策进一步向黑龙江省倾斜，支持东部煤电化基地实施精深加工、循环利用、延长产业链条，提高区域经济竞争能力；支持大小兴安岭加快恢复生态功能，对生态经济区实施统筹规划、点状开发、集聚发展。三是争取国家支持黑龙江省进一步提升沿边开放水平。争取国家支持黑龙江省探索建立自由贸易区和内贸货物跨境运输通道，赋予黑龙江省同俄罗斯毗邻地区石油、天然气合作开发经营权，并争取国家设立专项资金、给予关税减免，支持黑龙江省开发建设能源原材料基地。

（二）强化对服务外包产业发展的指导和支持

应尽快建立健全扶持服务外包发展的政策体系，加快推进服务外包产业尽快取得突破。完善服务外包产业扶持资金制度，重点支持服务外包所需要的 INTERNET 专线国际出口等基础设施建设，支持服务外包产业链和产业集群的发展，重视企业技术认证等方面工作，逐步提升黑龙江省服务外包产业发展水平。将服务外包业列入外商投资鼓励类产业，享受相关产业优惠政策。从产业导向、土地、规划、财税措施、市场准入、中介组织等方面，出台鼓励和支持服务外包产业发展的各项相关政策。研究以民间资本为主，政府引导扶持的多元化、多渠道投融资体制，鼓励对服务外包产业的风险投资，积极为重点服务外包企业在国内外上市创造条件，引导金融机构对服务外包企业创新信贷方式，支持有市场前景的服务外包项目。协调相关部门或者中介机构建立和完善服务外包统计体系，统一统计口径，出台针对服务外包的统计制度和管理程序。

（三）鼓励企事业单位实行“主辅分离”

加快发展服务外包产业，加快事业单位改革，将营利性事业单位改制为企业。继续推进政府机关和企事业单位的后勤服务、配套服务改革，促进专业化分工，带动服务外部化，将能够实行市场经营的服务尽快转给市场。引导和推动企业通过管理创新和业务流程再造，逐步将发展重点集中于技术研发、市场拓展和品牌运作，将一些非核心的生产性服务环节剥离为社会化的专业服务，以核心竞争优势整合配套企业的服务供给能力。加快建立和完善法律制度，确保服务外包发展具有良好环境。

（四）用好用足国家振兴老工业基地各项政策

进一步落实好国企改革、分离企业办社会、八大行业增值税转型、豁免历史欠税、厂办大集体企业改革试点、资源型城市经济转型、对外开放、完善城镇社会保障体系试点、采煤沉陷区治理以及国债资金倾斜等国家已出台的政策，积极争取解决厂办大集体企业、历史欠税、处置不良资产、资源型城市可持续发展等政策，做好政策细化落实和配套实施工作，为传统优势支柱产业开展服务外包业务创造条件。

（五）注重对服务外包人才的培育和引进

制定吸引服务外包业高级人才的政策和措施，在户籍管理、居住等工作生活方面给予最大便利。设立专门人才引进资金，实施服务外包人才奖励机制，加大对高级人才的引进力度。进一步加快服务外包专业人才的培养，引导各级各类院校和社会培训机构设置相关专业和课程，开展多层次、多类型的服务外包专业教育。加强服务外包紧缺人才的职业培训，加大对服务外包领域急需的新职业开发，支持建立校企结合的服务外包人才综合培训和实验基地。

（六）加大服务外包推介力度

服务外包产业发展采取政府推动与市场化发展同步，长远发展统筹，培育本土企业与吸收外商投资并重的策略。突出各类园区在服务外包产业招商中的载体作用，通过聚焦重点园区，打造服务外包基地。突出发挥海外留学生和华人华侨的桥梁纽带作用，解决本土企业承接外包业务的诸多“短腿”问题。突出对跨国公司的招商引资，主动承接跨国公司内部的离岸外包，大力吸引跨国公司地区总部和研发中心落户。突出专业化招商，把招商的重点放在工业设计、研发、流程管理、物流和金融后台服务外包等领域。

（七）加强知识产权保护

要加强知识产权保护，完善知识产权保护的相关法律法规，严厉打击各类侵权行为，形成尊重知识产权的氛围。给予服务外包认证企业重点支持，完善服务外包知识产权法律体系。设立知识产权举报投诉中心，依法严惩知识产权侵权等违法行为。建立知识产权公共服务平台，支持企业到境外申请专利、著作权、商标等知识产权，对申请和维护费用、代理费用等给予补贴。行业协会应将知识产权保护作为一项重要目标，带领成员企业发表遵守知识产权的重大声明，定期评估协会成员遵守法规声明的情况，并建立相关认证制度等。消除跨国公司对中国企业知识产权保护方面的顾虑，提升承接服务外包的概率。

(八) 加强服务外包信息平台建设

要加强黑龙江省服务外包产业的国际竞争力，提高国内企业的国际市场开拓能力，就必须有完善的信息流通渠道，建立起全方位的服务外包信息平台。首先，要完善服务外包统计体系，加强对服务外包发展趋势的研究，并发布研究成果，为政府和企业决策提供定性与定量依据，使政府能及时掌握服务外包产业发展的新情况、新特点，及时调整管理和促进措施，使企业尽可能地避免遇到政策、法律、市场、社会及技术发展等问题。其次，为企业提供信息和咨询服务，建立中国服务外包专门网站，提供国内外服务外包的政策法规、市场准入、项目需求等信息，指导企业承接服务外包，开拓国际外包市场。及时为企业提供发包国方面的有效信息，引导服务供应商与欧美一些大型外包公司进行分包合作，帮助其在欧美建立自己的营销队伍。

二、产业层面的对策

(一) 研究编制传统优势支柱产业服务外包发展规划

充分发挥黑龙江省产业优势，按照服务外包产业国际化发展的要求，研究制订战略规划，明确发展目标、总体布局、主要任务，细化重点领域、重点环节和业务流程，以产业规划指导行动计划和招商引资方案，实现服务外包园区的专业化发展。积极做好规划研究编制与计划实施的指导工作，统筹规划，分步实施。

(二) 发挥中介服务作用

充分发挥中介组织作用，积极拓展与国际、国内相关中介组织的联系与合作，推动外包业务拓展和产业辐射。通过政策和环境支持，鼓励省内服务外包企业利用市场机制建立产业联盟，形成全省服务外包产业的集聚效应。可以参照印度 NASSCOM 的成功经验，设立服务外包行业协会。通过行业内协会为政府制定产业政策提供建议，帮助企业进行国际市场营销与产品设计等工作。该机构可以由政府投资创建，选择有实力、有信誉的企业作为成员单位，发挥企业的主导作用。通过行业协会与各级政府及企业共同致力于实现服务外包产业发展。

(三) 采取多种方式壮大服务外包产业

选择一批规模效益好、自主创新能力强、产品优势明显、市场潜力大的本土服务外包企业，实施重点扶持。可以设立“黑龙江省服务外包产业发展专项资金”，重点支持省级服务外包示范区建设、公共服务平台建设，支持服务外包企业进行技术研发和自身发展。在积极扶持引导中小型外包企业走专业化发展道路，培育自主创新能力的基础上，引导和鼓励一批中小外包企业实施调整、联合、并购、重组等措施，力求形成大型服务外包企业集团。瞄准国外服务外包巨头，加大产业招商力度，并在引进和推动发展过程中，帮助其实现本土化。利用财政和金融政策，提供市场调研、法律咨询、信息、金融和管理等方面的服务，支持国内企业“走出去”，承接服务外包业务，促进其发展壮大。

（四）塑造“黑龙江外包”的国际品牌

加大品牌宣传力度，打造黑龙江省服务外包品牌；增强企业实力，充实品牌内涵，提升品牌价值；加强行业自律，维护黑龙江省品牌的整体形象。制定黑龙江省的总体外包品牌战略，制订针对全球外包客户和服务提供商的宣传计划，方便外商了解黑龙江省服务外包方面的优势、能力及优惠政策。建立省级服务外包的权威性论坛，形成执行品牌战略的重要平台，实现与全球外包客户和服务提供商的定期交流。加强与在中国发包的全球知名跨国企业合作，宣传它们在中国实施外包的成功经验，树立黑龙江省服务外包的典型案例。协调各地服务外包宣传工作，既保证与整体品牌战略一致，又强调鲜明的地方独特优势。

三、企业层面的对策

（一）提高对发展服务外包产业的认识

充分认识服务外包的重要性，积极学习先进的经营管理理念，破除“自给自足”、“大而全”、“小而全”等旧的经营观念，努力寻找和开发自身的核心竞争力，以自身的核心能力创建竞争优势，勇于参与全球生产的分工协作，提供优质的外包服务。树立服务外包的新思维，使之成为黑龙江省企业国际化和提高核心竞争力的重要途径。

（二）注重服务外包诚信体系建设

诚实守信，重视与国外发包商的战略合作关系，以战略的眼光争取跨国公司外包合同，认真履行外包合同，与跨国公司长期合作，建立战略联盟，成为价值链上不可缺少的部分。加强与服务外包商的交流和沟通，一方面，可以充分了解客户的需求，提高服务质量，提升客户满意度；另一方面，可以学习国外先进的经营和管理经验，掌握国际外包市场的信息和动向，按国际标准来组织和管理外包业务，提升项目管理能力和国际市场开拓能力，逐步迈向高端市场。推动诚信体系建设，制定行业自律公约制度、外包从业人员准入制度和外包企业诚信备案制度，建立行业诚信数据库，健全个人信息安全法律条款。规范从业人员的职业行为，规范市场秩序，严格合同履行，保守客户的商业机密。

（三）制定行之有效的竞争策略

面对服务外包的飞速发展，中国服务企业应该确定自己的竞争和应对战略，变被动参与为主动参与。例如，针对黑龙江省企业普遍规模较小的情况，可以组建企业战略联盟，在联盟内实现各方优势的互补、资源共享、提高整体竞争力和促进技术进步。在与同类发展中国家的企业的竞争中，可以通过差异化定位的方式，充分发挥黑龙江省基础设施和成本优势，凸现自身的比较优势，形成稳定的客户群。

（四）重视服务外包的专业培训

针对不同市场（如欧美、日本）的需求实施定制化培训，强化动手能力和实际业务流程训练，提高人员培训质量。完善人才引进和培养机制。一方面提供吸引人才的待遇，包括优厚的薪水和奖金，还要为高技术人才提供良好的工作环境和晋升机会；另一方面要完善人才流动机制、完善企业内人才管理机制，使更多的高技术人才流向本土服务企业，为企业的发展服务。同时，企业还要注重对在职员工的培养，企业可按照实际情况的需要，与教育机构、行业协会签约，共同设计培训课程，努力开发远程教育课程，提高人员培训质量。

（五）培植壮大服务外包企业规模

为解决黑龙江省服务外包行业市场集中度低、企业规模小的问题，就必须提高行业整合度，扩大企业规模。首先，充分利用行业协会作用，协调成员之间的关系，在行业内部有效整合，促进有序竞争。其次，通过软件和服务外包产业集群，整合资源，产业内部合理分工，形成整体竞争力。再次，积极推进具备一定规模的服务供应商进行强强联手。通过收购、兼并等方式，整合彼此的资源，形成优势互补，增强国际竞争力，以大带小，以点带面，继而促进整个行业的可持续发展。最后，与发达国家的外包企业合作，引入外资，以扩大企业规模。

（六）提高承接外包的服务质量

黑龙江省服务业发展相对滞后，大部分服务外包承接方都缺乏服务意识和接包经验，与客户之间存在心理鸿沟，客户满意度不高。这就要求服务外包企业转变经营理念，提高服务意识，改变单纯依靠低价竞争的策略，将提高服务水平和服务质量作为提高企业竞争力的重要环节，主动和客户沟通，了解客户的需求，为客户提供“定制化”的服务，甚至上门服务，定期或不定期对客户进行满意度调查，并针对存在的问题进行改善。积极争取通过国际质量及能力认证（如CMMS认证），树立良好的服务形象。加强内部管理，对员工进行培训，既要灌输服务意识，又要提高员工的服务技能，尤其是与国外客户沟通的能力，以保证服务质量。

第三节　黑龙江省发展服务外包产业的战略导向

黑龙江省位于我国东北部，地处偏远，气候寒冷，特殊的地理环境和气候条件决定了黑龙江省在发展物流、商贸等现代服务业方面较沿海和内陆交通枢纽城市不具备优势，而发展传统产业又受到生产周期短、投入成本高、运输距离长等因素的制约。服务外包作为促进经济发展的重要引擎，不仅可以优化产业结构快速提升服务业的规模和质量，而且可以有效地转变外贸发展方式，实现产业升级。目前，服务外包已成为全球新一轮产业革命和转移中不可逆转的必然趋势。黑龙江省应抓住这一历史机遇，集聚全省的优势资源，加快服务外包产业的发展，提高外包企业的国际竞争力。

在服务外包综合评价指标体系的产业基础中，“国际服务外包”和“离岸服务外包”指标衡量了示范城市外包行业的发展状况，其中“国际服务外包”指标包括国际服务外包合同的签约金额和执行金额、占当年地区GDP比重和占当年地区服务业增加值比重，“离岸服务外包”指标包括离岸服务外包合同的签约金额和执行金额。由于黑龙江省中心城市的服务外包业起步较晚，与北京、天津、上海等城市相比还存在一些不足，如区域发展不平衡、管理体系相对落后、部门间协调机制不健全等。因此，黑龙江省中心城市在发展服务外包时应注重统筹规划，以市场为导向，以创新为动力，以承接国际产业转移为契机，大力发展高端海外工程承包，拓宽外包业务承接范围，形成完善的服务外包产业体系，同时，培育一批有国际竞争力的外包企业，提高外包业务附加值，从而加快外包升级，带动国内产业结构优化和增长方式的转变。以商务部服务外包示范城市指标体系为依据，黑龙江省服务外包产业的政策导向分为以下几个层面。

一、夯实服务外包产业基础的战略导向

（一）延伸产业链条，推动制造业发展方式转变

黑龙江省东北老工业基地有着较为雄厚的制造业基础，如果将承接国际服务外包与本省已建立的制造业的优势相结合，二者必将相辅相成，成为推动国民经济长期可持续发展的双引擎。目前我国很多生产型企业都致力于将制造业外包与服务外包进行整合，大规模地进入或兼并工业生产性服务，以此来扩充原有的业务。黑龙江省的主要工业企业也可以效仿其他生产型企业的成功经验，将制造业和服务业结合起来，延长产业链条。制造业企业中的专业服务被外包出去，这种专业分工可以降低企业的生产成本，提高产品和服务的竞争力，进一步促进了制造业的发展。因此，黑龙江省承接国际服务外包既可以直接承接跨国公司服务业的转移，也可以通过延长制造业产业链，向制造业企业提供相应的生产性服务，如咨询管理、研发、产品设计、物流、营销及金融服务等。通过延伸制造业的产业链条，黑龙江省生产性服务外包的发展必将得到极大地促进。

（二）结合区域产业优势，发展生产性服务外包业

由于服务外包产业具有信息技术承载度高、附加值大、资源消耗低、环境污染少等特点，黑龙江省已将服务外包产业确立为新一轮产业结构调整中经济发展的新增长点，并逐步将其打造成一个潜在的支柱产业。在推动黑龙江省服务外包产业整体发展的同时，应突出区域产业优势，确立城市定位，各中心城市以争取国际市场为共同目标，形成功能性互补。各城市间的协调分工以及对服务外包价值链的某一环节进行专业化，将最终形成黑龙江省服务外包的整体竞争优势。

黑龙江省是我国老工业基地之一，工业基础雄厚。拥有“哈飞”、“齐数控机床”、“北车集团”等大型的制造业企业，同时拥有大庆油田这样的石化企业以及哈药集团等著名的医药企业，为地方经济发展奠定了坚实的基础。依托这些制造业基础，近年来黑龙江省的服务外包业得到了长足的发展，业务内容涉及石油石化、金融保险、地理信息、数据分析、网络游戏、动漫开发、呼叫中心等多个领域。伴随示范城市竞争力的提高，这些产业优势对发展服务外包产业具有无可替代的作用。在黑龙江省中心城市服务外包的建设过程中，应结合“八大经济区”的整体规划，重点打造以“哈大齐”工业走廊为经济链条的服务外包产业集聚区，实现从产业聚集向创新聚集的跨越升级，在产业竞争中突出中心城市的特色，实现差异化的错位发展。

（三）打造“黑龙江外包”的国际品牌

提升“黑龙江外包”的国际品牌认知度是黑龙江省外包业发展的又一重要任务。具体可以考虑以下措施：借助服务外包平台，通过网络宣传使国外服务外包客户了解黑龙江省在服务外包方面的优势、能力及优惠政策等各方面信息。构建省级服务外包的权威性论坛，实现与全球外包客户和服务提供商的定期交流，了解国内外同行业的最新动态与各方需求，及时制定黑龙江省外包品牌战略。与国际知名跨国企业、中介机构和行业协会合作，进行实地市场调研，借鉴“具有全球号召力”标志性案例，对黑龙江省外包品牌进行准确定位。协调各中心城市服务外包宣传工作，既确保与整体品牌战略一致，又凸显各地方的独特优势。

在打造“黑龙江外包”品牌战略的过程中，政府的推介工作显得尤为重要。黑龙江省服务外包产业需要制订长远的发展规划，采取企业市场化发展与政府推动同步进行的发展策略。黑龙江省政府部门和相关的行业机构应注重收集本省的服务外包产业和企业的情况，跟踪产业发展趋势，将本省的政策环境、产业发展、企业实力、技术专长和业务领域等内容编辑成册，向国内、国际市场广泛散发。此外，还可以定期组织开展相关的活动和论坛，与国内外的优秀服务外包企业进行经验交流，找到本省的核心竞争优势，借助媒体着力宣传，以增强国内外发包方对黑龙江省服务外包业的了解。

（四）鼓励企业参加国际认证

国际认证是我国企业承接服务外包的“国际通行证”，获得相关资质认证是我国生产性服务业与国际接轨的重要前提条件。目前，我国通过 CMMI 认证的企业极少，通过 CMMI3 级及以上的企业更是寥寥无几。黑龙江省在发展服务外包时应抓住全球信息服务业向新兴国家转移的战略机遇，鼓励企业参与国际认证，培育具有国际竞争力的企业，拓宽外包的业务范围，并向高端领域发展。服务外包领域的国际资质认证种类主要包括开发能力成熟度模型集成（CMMI）认证、人力资源成熟度模型（PCMM）认证、信息安全管理标准（ISO 27001/BS7799）认证、IT 服务管理（ISO 20000）认证和服务提供商环境安全性（SAS70）认证等。在服务外包综合评价指标体系的产业基础中，“企业数量”指标中的通过各类认证的企业数量和“认证数量”指标中的国际认证数量、国内认证数量，分别衡量了示范城市服务外包企业取得国际资格认证的情况。黑龙江省应出台相关政策、设立专项基金，鼓励服务外包企业取得国际资质认证或认证升级，扩大高新技术企业的认定范围，将园区内从事软件研发及服务、产品技术研发及工业设计服务、信息技术研发服务、ITO 服务以及技术性 BPO 服务的技术先进型服务企业认定为高新技术企业，对于已取得有关国际资质认证的服务外包企业给予资金上的支持和相关税收的减免。

二、提升要素成本优势的战略导向

（一）发挥内陆区位的成本优势

在服务外包综合评价指标体系中，要素成本指标从人力资本成本和物质资本成本两个角度衡量了服务外包示范城市的要素成本竞争优势，包括“服务外包从业人员工资总额”、

"平均宽带服务费用"、"每平方米住宅月平均租金"和"每平方米商务楼月平均租金"。示范城市的整体竞争力随着要素成本指标排名的下降而提升，伴随服务外包业在全国范围内的兴起，一些城市凭借自身在软硬件基础设施建设、人力资源成本和生产成本等方面的优势，从激烈的竞争中脱颖而出，成为全国服务外包业发展的重要基地。与其他示范城市相比，黑龙江省中心城市在基础设施与商务环境上具有绝对劣势，但在要素成本方面具有绝对优势。黑龙江省的综合成本相对较低，以省会哈尔滨为例，其人均收入与消费水平均低于国内发达地区城市，其中包括服务外包从业人员人均月薪、物业成本、消费物价指数和居民生活成本等。

（二）加快服务外包园区建设

服务外包专业园区的建设能够极大地降低企业运营的要素成本。黑龙江省在园区的建设上有了长足的进步，但要想加快软件和服务外包产业的发展，还需要优化服务外包园区的建设方案，具体举措如下：第一，加大服务外包园区基础设施建设。政府应制定相应的土地补贴、资金补助、贷款贴息、提高地方配套资金比例等政策，采取"官助民办"的模式，引进有实力、有经验的专业服务外包产业园区运营管理企业，投资园区基础设施项目的建设。第二，提高服务外包园区的建设水平。黑龙江省在加快哈尔滨开发区服务外包核心园区、大庆服务外包园区等园区建设的同时，应注重以高水准、前瞻性的规划理念，完善办公环境、生活休闲、健身娱乐等基础配套设施的建设，打造良好的人文环境，提高整体建设水平。第三，黑龙江省要积极争取国家设立的专项资金，加快服务外包公共技术服务平台的建设。第四，对中国电信、移动、联通等电信运营商投资建设国际网络专线给予土地、市政管理服务等方面的政策支持，在园区的建设过程中增设电信专用通道，改善国际通信的容量和质量。

三、加大人力资源开发的战略导向

（一）完善人才培养计划

在服务外包综合评价指标体系中，人力资源指标从未来潜力和现有实力两个角度衡量了示范城市外包行业人才的供给与培训情况，其中包括"普通高等院校数量"、"在校大学生人数"、"专业培训机构数量"、"受训人数和当年新增从业人员人数"。近年来，高校扩招和职业教育的发展为我国服务外包业提供了充足的人才储备，然而学校教育与企业需求的脱节使得人力结构不合理的现象日益突出。从事非核心基础性工作的人员过剩而高端技术人才匮乏使得我国服务外包业陷入发展瓶颈。国际外包服务是专业化服务，一国承接服务外包的竞争力和发展潜力最终都取决于它的人力资本优势。因此，在外包人才培养方面应注重调解人力资源的供需矛盾，强调以市场为导向的人才培养制度。

首先，加快高校服务外包相关学科建设，整合学科资源，通过校企结合、人才定制等培养专业和外语双精通的人才。其次，外包企业开展员工的岗前培训，使员工掌握国际服务外包的相关政策、行业标准、知识产权和国际认证等知识，将其培养成为具有战略策划、项目管理、沟通谈判和市场开拓能力的专业型人才。再次，根据外包市场的细分需求，企业可以分派专门人员到发包国或是发包企业接受培训，吸收对方先进的理念，以成熟的模式来开拓服务外包市场。最后，积极建立服务外包人才培训机构及实训基地，如哈尔滨理工大学软件学院、黑龙江软件学院、黑龙江服务外包高等教育中心等。与此同时，还应当利用国际市场的优秀人力资源，积极引进国际化的中高层管理人才，从而直接提升黑龙江省服务外包业的人才国际化水平，优化人才供应结构。一些示范城市对服务外包人才培训的方式进行了积极的探索，对此黑龙江省可以进行有效的借鉴。综合分析各地的培训方法，从培训主体与用人主体的合作，以及培训的不同途径进行归纳，主要有以下几种方式（见表 16－2）。

表 16－2　示范城市服务外包人才培训的主要方式

主要方式	主要特点
三方互动：高校—培训机构—企业	企业将大学、培训机构作为员工培训的基地，使高校、培训机构成为适用人才的输出基地，企业成为高校毕业生的实训基地。学校、企业、培训机构三方通过“订单”，明确三方的职责，整合师资、课程、技术、设备等资源，在学校、企业、培训机构教学地点实施教学活动
两方互动：企—校；校—校；企—企	按自愿结合、共通信息、共享资源的原则，企—校合作制定人才培训方案、校—校联合整合培训资源、企—企合作强化在职员工培训，形成学历教育、证书教育，全日制教育和业余培训等多渠道、多层次人才培训体系。校—企联合，推广“订单式”人才培养方式和“双师型”师资队伍建设方式是主要方式
其他培训方式	“订单式”人才培训；采用“1＋1＋1”即“外语＋软件＋专业”或“技术＋文化＋语言”，培养复合型人才；双证书培训方式；学分互换方式；灵活付费培训方式等

资料来源：中国服务外包研究中心。

（二）加大科研投入和技术创新

自主创新能力是服务外包产业持续发展的动力，是服务外包品牌建设的一个重要手段。加大服务外包技术研发公共平台的建设，鼓励企业参与技术和科研开发，提升行业技术水平。设立科研创新基金，为拥有高新技术的外包企业给予奖励。从企业发展角度出发，加大自身科研和技术资金投入，开发核心技术，从传统的嵌入式软件开发、系统周边小型应用软件开发等劳动密集型领域向系统开发、工业设计等高端服务拓展，提升企业核心竞争力。

四、凸显政府支持力度的战略导向

（一）完善产业政策环境

在服务外包综合评价指标体系的政府扶持中，“是否完成三级共建机制的工作任务”、“是否实施有效的扶持企业境外接包政策”、“地方配套扶持资金”、“是否开展有效的相关政策宣传活动”和“税收减免金额”5 项指标衡量了示范城市服务外包的政府扶持力度。要在激烈的市场竞争和迅速变迁的市场环境中取胜，就必须不断完善服务外包促进政策，以更优惠、更具吸引力的政策吸引外资，同时加大对服务外包企业的鼓励和支持。

黑龙江省应积极争取国家各项政策的支持和专项资金的投入，尽快完善有利于服务外包发展的政策体系。在示范城市服务外包建设方面，政府应进一步加强政策倾斜力度，给予“哈大齐”工业走廊示范区先行先试的权限，在企业融资、财税收缴、土地开发利用、项目审批、人才培养、工资待遇等方面进行创新尝试，支持东北老工业基地实施精深加工、循环利用、延长产业链条，提高区域经济竞争能力。同时，在执行相关政策方面，应注意简化不必要的政府流程，避免政策不统一，多头管理，效率低等问题。具体来说，可以设立专门的外包管理机构，统一管理外包业务，这样不仅可以确保政策的一致性，提高政策制定和实施的效率，而且简化了外包管理流程，为企业带来便利，节省了时间和资金成本。

（二）建立服务外包电子信息平台

在服务外包综合评价指标体系的政府支持中，“地方公共信息技术服务平台建设投入”被列为一项衡量示范城市公共信息平台（其中包括电子信息平台）建设的指标。黑龙江省中心城市在建设电子信息平台时可以借鉴其他示范城市的技术经验，结合自身特点，突出地方优势，充分利用国家层级的行业综合信息服务平台，完善自身电子信息平台的建设。服务外包网的建设和运营为涉及服务外包的各方之间有效的信息沟通与传递搭建了桥梁。通过引入先进的技术资源，整合跨国公司先进的企业管理、项目管理、知识管理、信息技术管理，创建以管理知识为基础，以多种信息化软件产品为工具的 IT 服务外包产业促进平台，为服务外包企业提供了一个提升自身接包能力、参与国际服务外包竞争的“完整的软实力提升解决方案”，是黑龙江省促进服务外包产业发展的重要支撑。服务外包电子信息公共平台涵盖共性技术支撑平台、知识产权服务平台、人才培训服务平台、国家公共品牌建设与市场推广平台等内容，目标是建成覆盖我国软件与信息服务外包企业聚集地区的公共服务支撑体系，为软件与信息服务外包企业提供完善和持续的公共服务。

（三）加强知识产权保护

服务外包过程中涉及许多知识产权保护的问题，尤其对科技含量高的服务外包而言，发包商对承包商所在国的知识产权保护状况有很高要求。在服务外包综合评价指标体系的政府支持中，“知识产权保护力度”被列为一项衡量服务外包业发展过程中知识产权保护情况的指标。知识产权保护是一国服务外包产业得以快速发展的基础，印度吸引欧美外包的主要优势之一就在于严格的知识产权保护体系，而这方面却是我国承接欧美外包的软肋。因此，黑龙江省在建设服务外包中心城市方面应加大知识产权保护力度，进一步探索建立、健全知识产权工作体系和运作机制。首先，行业协会结合相关法律法规，为企业提供知识产权保护，在知识产权纠纷等方面提供法律咨询、诉讼援助的服务。其次，对软件盗版等违反知识产权的行为加大惩处力度，构建诚信体系，引导企业诚实守信，严格履行合同，保守客户机密。再次，开展知识产权宣传教育工作，增强员工知识产权保护意识，建立从外包缔约、执行到合同终止过程中的全程管理和保护制度，鼓励企业自主研发，对在国内外专利申请、商标注册、版权登记的企业给予一定的补贴。

第四节 黑龙江省服务外包产业发展政策的完善

一、目前黑龙江省服务外包政策制定情况

从黑龙江省调整产业结构，转变经济发展方式的高度出发，积极推动服务外包产业发展。2007 年 4 月，黑龙江省政府成立了由 19 个中省直部门以及哈尔滨、大庆和齐齐哈尔市政府组成的“黑龙江省服务外包产业发展领导小组”，建立起了省级部门联动、省市互动的工作机制。并相继出台了《黑龙江省服务外包产业发展“十一五”规划》和《黑龙江省促进服务外包产业发展的若干意见》。哈尔滨和大庆市政府也成立了服务外包产业发展领导小组，并相继出台了《哈尔滨市促进服务外包产业发展若干政策》《哈尔滨市服务外包产业发展规划》《大庆市促进服务外包产业发展暂行办法》《大庆市加快发展服务外包产业若干意见》和《大庆市服务外包产业发展规划》等扶持政策。

其中《黑龙江省服务外包产业发展“十一五”规划》确定了黑龙江省发展服务外包产业的指导思想、发展原则和发展目标，指出了服务外包产业的发展重点和专项工程，拟定了成立专门领导机构、制定扶持鼓励政策、加大资金支持力度、加强公共服务、加强人力资源开发、加大招商引资力度、发挥中介服务作用、打造服务外包品牌八项加快黑龙江省服务外包产业发展的保障措施。《黑龙江省促进服务外包产业发展的若干意见》明确了服务外包产业发展的目标和重点，指出要加快服务外包基地建设、促进服务外包企业快速发展、加快人才引进与培养、加大资金扶持力度、大力优化发展环境、实行吸引人才并奖励政策。《哈尔滨市促进服务外包产业发展若干政策》《大庆市人民政府印发关于支持服务外包产业发展优惠政策的通知》在税收政策、投融资政策、财政政策、人才政策方面制定了详细的优惠政策。

二、黑龙江省服务外包业政策改进

服务外包产业是现代高端服务业的重要组成部分，根据国家《国民经济与社会发展第十二个五年规划纲要》和《国务院关于加快发展服务业的若干意见》（国发［2007］7 号）文件要求，大力发展服务外包产业的部署，各个服务外包省市政府都做出了相关扶持服务外包政策，黑龙江省有关服务外包政策与其他服务外包省市相比以下方面需要改进。

（一）外包示范园区建设方面

服务外包城市制定国际服务外包产业发展总体规划，进一步明确国际服务外包产业的发展目标和实施步骤。鼓励各地结合当地产业发展优势，在符合条件的专业产业园区或聚焦重点区域，打造服务外包产业基地。比如，杭州市确定以杭州“中国服务外包示范城市”发展为重点，推动杭州形成以金融服务外包、应用软件开发、托管应用管理等为重要内容的初具规模的服务外包产业链，努力建设成为国内领先、全球有影响的国家级服务外

包示范城市。又如，西安市在《加快西安软件产业发展的意见》中指出，应加快软件园宽带多媒体信息网络建设，对其电信资费实行优惠政策；支持在软件园建设国际先进水平的软件综合开发平台；对软件园建设的研究开发中心，为承接国外客户软件设计与服务而进口的仿真用户环境设备采取保税措施；鼓励国内外企业到西安软件园设立软件研发中心和软件企业，外地软件人才进入软件园工作的，解决西安市户口，优先安排子女入学；鼓励软件人才到软件园创办软件企业，3 年内软件园给予一定的房租补贴；把西安软件园建设成为西安发展软件产业的重要基地；充分发挥西安软件园发展中心在促进软件产业要素聚合和资源配置方面的重要作用，为入驻企业的发展提供良好的软硬环境和服务。

黑龙江省在加快服务外包基地建设《黑龙江省人民政府关于促进服务外包产业发展的若干意见》中指出：鼓励建设服务外包园区；鼓励有条件的地市以政府投入和民办官助等多种形式，按照国际标准将服务外包园区建设成为服务模式创新基地、技术创新基地、产品开发基地、人才培训基地、企业孵化基地和产品出口创汇基地；各地市要在已有高新技术园区等专业园区内，结合实际各有侧重地发展服务外包业务，逐步形成具有区域特色的服务外包集聚产业；优化产业布局，有条件的地市要将服务外包产业发展列入本地市“十一五”发展规划；省政府相关部门要做好服务外包产业的统筹规划，优化产业布局，开展省级服务外包示范区的认定工作；积极创建国家级服务外包示范区，支持符合条件的地市申报中国服务外包基地城市、中国服务外包示范区和中国服务外包示范基地。总体来说，黑龙江省在基地建设方面内容不及其他省市，政策不够具体。相比之下，西安市的政策详细到了加快软件园宽带多媒体信息网络建设，对其电信资费实行优惠；杭州市要形成以金融服务外包、应用软件开发、托管应用管理等为重要内容的初具规模的服务外包产业链。

（二）财政政策扶持方面

我国各地政府在扶持政策中都重点涉及资金支持。西安市为加快发展西安服务外包产业加大扶持，提出了从 2007 年开始，市政府决定每年至少安排 8000 万元（省市政府加起来是 1.5 亿元），作为促进服务外包产业发展的专项资金。西安软件园建设已列入西安市“十一五”计划重大工程项目，市政府投资不少于 1 亿元用于西安软件园的建设。西安软件园形成的地方财政收入先交后返，作为软件产业发展资金，由西安软件园发展中心用于软件人才和软件企业的培训。

黑龙江省设立了黑龙江省服务外包产业发展专项资金。利用专项资金，重点支持服务外包企业的技术研发与自身发展、服务外包急需人才的引进和培养、公共服务平台的建设、知识产权保护体系的建设、企业取得国际认证、开拓国际国内市场以及服务外包企业参加国内外相关展会等。相比之下，《大庆市人民政府印发关于支持服务外包产业发展优惠政策的通知》支持力度较大，设立了大庆市支持服务外包产业发展专项资金，每年从市级财政中安排不少于 3000 万元用于支持和鼓励服务外包产业的发展。看来，黑龙江省资金支持力度仍有待加强。

（三）服务外包人才培训引进方面

在人才引进方面，各地都制定了各具特色的优惠政策。浙江省专门颁布《浙江省国际服务外包人才培训机构认定管理办法》，培训机构从各级政府获得的支持资金，全部用于服务外包人才培训项目。浙江省商务厅为全省国际服务外包人才培训机构的认定管理机构，负责组织有关部门和专家对全省国际服务外包培训机构进行认定和管理，明确培训机构申报认定的时间、条件和程序，研究制定鼓励、扶持服务外包人才培训的优惠政策，编制中长期培训规划，加强对培训机构的评价、指导和监督。西安市鼓励软件企业用期权、股权等形式奖励高级技术和管理人员。软件技术专利和科技成果以无形资产折价投资，其作价金额从其约定。由本企业形成的科技成果，可根据《中华人民共和国促进科技成果转化法》规定，将过去3～5年科技成果转化所形成的利润按规定的比例折股分配。软件企业转化职务科技成果，应当依法对成果完成人和为成果转化作出重要贡献的其他人员给予奖励。对于海外留学人员来西安高新区创办软件企业的，西安高新区管委会给予10万元创业基金资助，其出国手续可以一次审批、多次有效。

黑龙江省制定“百千万服务外包人才工程”支持高等院校和职业院校建设服务外包人才培训基地，鼓励有条件的企业、社会力量与有关教育机构合作，建立服务外包人才实训基地，最大限度地满足服务外包对适用人才的需求。对于中高级专业技术人才和管理人才，黑龙江省对服务外包产业发展急需的本科以上的专业技术人员来本省工作的，不受城市落户指标限制，有关部门要及时为其办理调动和落户手续，其子女在落户地按当地教育行政部门的规定就近入园、入学；如其家属暂时没有接收单位，可将其档案交由调入地人才中心管理。对在服务外包企业长期工作的外籍人员，按规定优先给予办理外国人居留许可和多次往返签证；对需要多次临时入境的外籍人员，凭企业出具的邀请函等证明材料优先核发半年或一年多次入境签证通知；对因紧急事务申请入境的外籍人员，可按规定向公安部门申请口岸签证入境。

（四）营造服务外包产业环境方面

各省市在完善服务，营造服务外包产业发展良好环境方面都制定了相关方针政策。比如，成都市在《成都市人民政府关于促进成都服务外包发展的若干意见》中指出加强组织领导，成立以市长为组长的服务外包发展工作领导小组，负责研究和协调全市服务外包发展的重大问题，领导小组办公室设在市商务局，负责日常工作协调和联系；加大知识产权保护力度；营造良好诚信环境；建立服务外包公共服务平台，鼓励企业积极参与中国服务外包信息公共服务平台建设；建立成都服务外包信息网站，用多语种宣传服务外包发展情况，建立信息共享机制，利用政府网站、电视、广播等各类媒体为服务外包企业提供信息服务；进一步完善成都软件公共技术支撑平台及模具设计技术服务平台，积极建设生物医药公共技术平台、物流公共信息平台等，为服务外包企业提供高层次、高水平、全方位的信息和技术服务。

黑龙江省在优化环境方面指出以下几条：进一步放宽服务外包市场准入，服务外包产业享受已有相关优惠政策，加强知识产权保护，发挥各类中介组织作用，提供优质公共服务以及建立统计指标体系。

第十七章　服务外包企业知识管理系统建设

第一节　服务外包企业知识管理

现代服务外包企业要求员工最快地掌握客户及企业已有知识，通过对新客户或新服务的知识积累与共享来满足不同客户的服务要求。通过客户服务知识的积累与共享提高服务质量、缩短服务时间，从而提高竞争力。根据服务外包企业特性，设计服务外包业务流程，建立与服务外包业务相匹配的知识管理系统，对企业具有重要的指导意义和参考价值。

一、服务外包企业建立知识管理系统的必要性

中国的服务外包正处于高速成长期，2006年中国外包市场容量已经达到57.36亿美元，2004—2009年的年均复合增长率为18.3%，2011年市场规模和产业收入预计将分别以19%和22%的年均复合增长率增长。越来越多的服务外包企业开始接受这一新兴的服务理念，纷纷将非核心服务活动交给其他服务外包企业进行外包，对外包的依赖也有增强的趋势。其中，金融、电信、制造等行业是中国国内市场的主要发包者，他们都愿意将IT业务、软件业务等非核心业务外包给专业的服务商。与之相对应的是大量的专门从事服务外包企业的成立，凭借中国良好的经济环境和丰富的人力资源以及中国政府的支持，一些优秀的服务外包企业正在迅速成长。

一个服务外包承接方要面对众多发包企业、多种多样的服务外包业务，因此个性化的定制就显得格外重要。但不是每一个员工都能与客户进行第一线的沟通，去了解客户知识，要解决这个矛盾，只能是外包企业内部有一套知识管理系统或制度，使内部员工以最快的速度掌握客户基本知识并完成任务，即服务外包企业组织要成为学习型组织。知识管理能使组织成为学习型组织，使组织每一个成员不是从个体利益出发，而是从整个服务外包企业的角度去理解和组织相关的知识，拓展知识空间，加强知识的交流与共享，促进知识的学习、积累、再生与共享，提高组织的知识创新能力。

二、服务外包企业的知识管理模型

服务外包企业中的知识价值在于通过实现客户价值而为组织带来价值增值，而这种价值增值要通过具体的业务流程得以实现，它是组织执行战略的基础和保证。知识管理的实

现要靠业务流程的设计发挥效用，从根本上提升组织核心竞争力、增强适应能力及应变能力。知识管理的对象是业务流程以及服务外包企业系统中的知识，知识获取、知识共享、知识转移、知识创新、知识应用等过程形成了服务外包企业业务流程和系统的知识库。基于以上分析，特设计服务外包企业知识管理模型，如图 17－1 所示。基于知识管理的服务外包企业核心竞争力提升模型是一个包含知识输入端、知识活动面、价值输出端的整合式模型，其实质是把知识管理活动过程展开，主要活动是知识获取、知识共享、知识转移、知识创新与知识应用。通过以上环节实现知识的整合与创新，从而提升企业无形产品的价值与适应性，打造内外部互动的知识循环与价值提升过程。

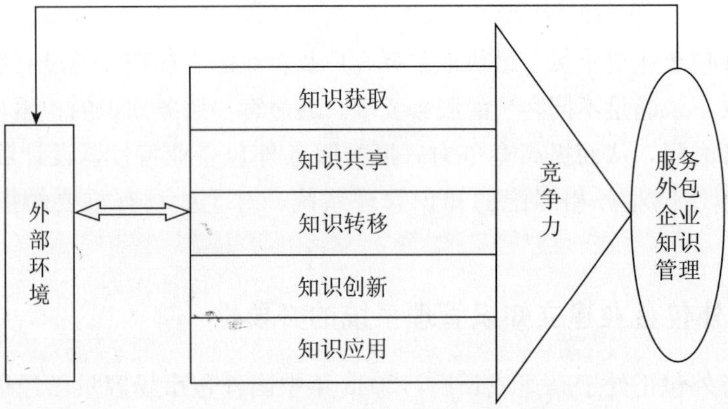

图 17－1　服务外包企业知识管理模型

（一）服务外包企业的知识获取

知识获取是利用数据挖掘工具将各服务外包企业以及服务外包外部的知识进行采集和捕获，转化为能够为企业所用的管理过程，包括知识辨识、知识收集、知识整理、知识储存等阶段。服务外包企业知识获取方式可以概括为知识的“外生”与“内生”两种方式，知识外生是指服务外包企业通过有目的、有组织的科学研究、技术发明、技术开发等活动，来创造与积累知识，或者通过接受其他组织知识的传播，或者通过知识的外溢效应，来获取知识和积累知识。知识的内生是指服务外包企业在实践和交易的过程中积累经验，进而将感性的经验积累上升为理性化的知识，并通过这类过程不断进行知识积累。

知识获取可以根据服务外包企业核心竞争力的战略目标有针对性地选择、识别与捕获外部知识，它使服务外包企业与外部知识环境形成动态沟通能力，是知识管理的前提和基础。有效的知识获取可以给服务外包带来速度优势、知识储备优势和知识结构优势，有助于提高服务外包的知识吸收能力和快速反应能力。从服务外包管理实践来看，若服务外包知识获取能力越强，服务外包就越易建立或维持其核心竞争力。当然，如何快速获取服务外包知识来建立服务外包核心竞争力，关键是企业需要建立一个自己的知识仓库。

知识仓库是一个集知识的获取、分类、组织、存储、传播、维护、共享于一体的智能知识处理系统，它是为了满足组织知识信息需要，根据组织需求的知识结构特征和层次范围，从指定的信息源中筛选、分类、编辑而成的专业知识仓库。建立知识仓库能实现服务外包知识资源共享、提高知识传播的速度、降低知识使用成本、支持服务外包的知识创新能力，为开展规模化知识服务提供支持。一般来说，知识仓库的建立主要包括三方面的工作：知识获取、知识处理和知识存储，其结构体系如图 17－2 所示。服务外包企业知识库是将各自现有的知识识别和分类，进行加工和提炼，形成系统的、不断发展的知识资产。

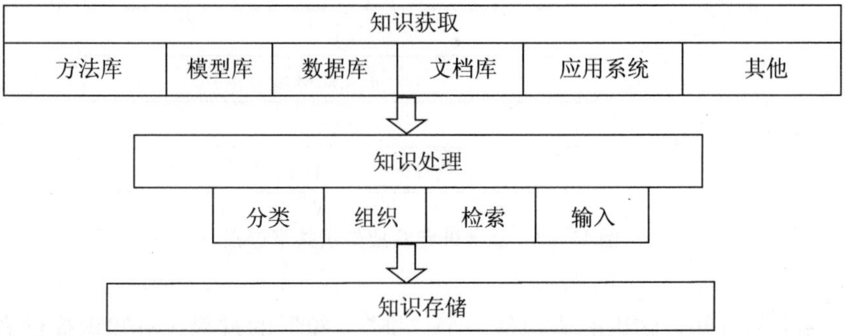

图 17－2　服务外包企业知识获取

（二）服务外包企业的知识共享

1. 服务外包企业知识共享的特征

知识共享是指服务外包企业通过各种交流方式，能够在最佳时机、最佳地点以最合适的形式将最合适的知识传递给服务外包企业组织中最合适成员的过程。知识共享本质上是知识在组织内部的不同主体之间流动和传播的过程，就是以最小的成本，获得最大的利益。与传统服务外包企业相比，服务外包企业的知识共享存在着以下的特征：①服务外包企业知识共享的目标是快速掌握客户知识。②其过程是围绕销售目标，在各成员之间进行的一种基于知识创新的双向互动过程；成员经常同时扮演知识提供和知识接受的双重角色。③由于服务外包企业是依托信息技术和信息网络而建立的一种高度信任性组织，因此其知识共享活动的频度和深度都较一般的组织要高。④ 服务外包企业的知识共享能够实现企业知识资源互补和企业知识网络的协同效应，为服务外包企业带来更大的经济效益。⑤通过知识共享，在完成服务外包企业使命的同时，各成员的知识存量和创新能力都将得到增长和提高，但增长和提高的幅度受成员的知识吸收能力的影响。

知识共享对于服务外包企业培养核心能力的贡献，在于它形成了一个共享的知识平台，能够促进组织成员能力的提高，有效防止企业重复组织，降低重复创新的损失。正如 Prahalad 和 Hamel（1990）所强调的“最基本的核心竞争力来自于服务外包企业内部组织和产品之间对技术和管理技巧的充分共享”，如图 17－3 所示。

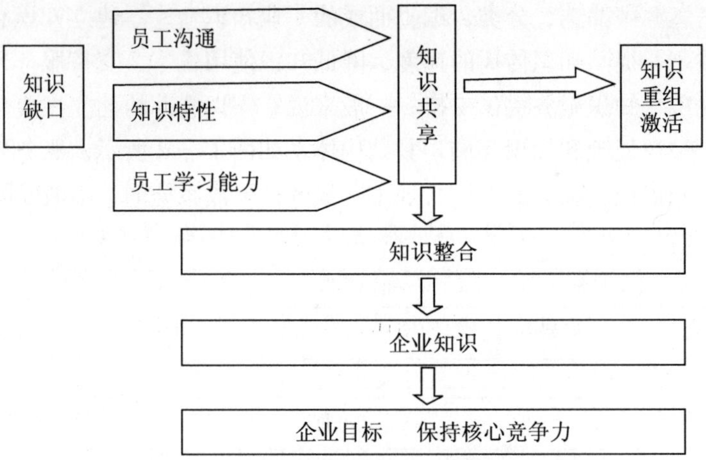

图 17-3 服务外包企业知识共享过程

通过上述分析可知，知识的流动是一个“推”“拉”的过程。对知识提供者而言，是一种选择性“推”的过程；对知识需求者而言，则是选择性“拉”的过程。两者结合，则产生最佳的知识流量。服务外包企业员工都同时扮演着知识供应与需求的双重角色，这种双向的“推”“拉”过程形成了服务外包企业间的知识共享。组织学习是来自于服务外包企业内部的推动力，它激励服务外包企业组建或参与跨组织界面的知识共享。服务外包企业知识的有限使服务外包企业在响应市场机遇时面临知识缺口，进而对服务外包企业外部知识资源产生依赖。知识缺口的存在与服务外包企业对其他服务外包企业知识资源的依赖是服务外包企业进行跨组织界面知识共享的推动力。在这两种力量的作用下，服务外包企业知识是共享与创新的成果。知识缺口与组织学习，促成了服务外包企业各个分部门的合作关系，为服务外包企业知识的产生提供了可能性。

整个知识共享的过程中，发送者同时又是知识接收方，这体现了服务外包企业知识是由个体（员工）知识组合而成的，员工知识的数量与质量及其组合直接决定了服务外包企业知识的优劣、多少与竞争优势；又由于个体知识总是有限的，员工不可能仅靠自己来生产工作所需的所有知识，而必须依靠从外部环境和工作场所吸收一切有用的知识。个人知识吸收能力的强弱在很大程度上决定了此人知识水平的高低，进而影响其竞争能力。同样的道理，服务外包企业不可能生产自己所需要的一切知识，必须强调吸收所获取和生产的外部与内部知识，使这些知识在服务外包企业内得到合理组织、充分共享与利用，从而促进服务外包知识创新和提高服务外包核心竞争力。

2. 服务外包企业知识共享的方式

知识转移促进服务外包企业的知识共享，同样知识共享是实现服务外包企业知识顺畅、快速转移的重要保证。服务外包企业的知识共享是指各节点服务外包企业传播和交换显性和隐性知识、个体和集体知识，并相互转化和反复提炼，以增强各服务外包企业知识的相容性和服务外包企业整体知识容量。服务外包企业的知识共享应建立在信任和相互尊重的基础上，涉及知识拥有服务外包企业和知识需求服务外包企业之间的关系，包括知识拥有服务外包企业知识转移和知识需求服务外包企业知识学习两个过程。前者要愿意以各种文件、规章制度、经验传递、语言表达等形式传递自己的知识；后者要能了解知识传递的内容，并在此基础上通过整合、吸收转化为自己的知识。服务外包企业的知识共享是一个双向的互动交流过程。其目标是把知识资源从知识提供服务外包企业转移到知识接受服务外包企业，并发挥其作用，实现知识在服务外包企业快速、顺畅地流动。服务外包企业知识共享的内容以显性知识为主，隐性知识为辅，注重集体知识的交互传播。就其具体内容来说，服务外包企业的知识共享包括对服务外包企业特有知识、服务外包企业通用知识和服务外包企业外部知识的共享。服务外包企业特有知识共享是存在于业务流程中的，通过产品和技术交流等形式共享知识，是服务外包企业把它独有的，但不影响服务外包企业核心竞争力的知识同其他伙伴服务外包企业共享的过程；服务外包企业通用知识共享的内容涉及各节点服务外包企业在长期的战略合作中所形成的服务外包企业特有知识，比如服务外包企业运作中的经验、行业特点、技术规范等，这些知识对各节点服务外包企业都具有较高的价值，有利于服务外包企业间知识水平的协调，是服务外包企业应该充分共享的知识；服务外包企业外部知识共享是指对涉及服务外包企业整体运作的法律知识、宏观政策和其他服务外包企业知识的共享，这些知识对服务外包企业整体运行具有十分重要的作用，通常是以容易共享和传播的显性知识为主，因此也应该成为服务外包企业完全共享的知识。就其形式来说，服务外包企业的知识共享包括服务外包企业内部知识转化和企业外部知识共享两个层次：第一层次，从服务外包企业内部来看，知识转化包括横向和纵向两个方面。在横向上，同一知识主体的显性知识和隐性知识相互转化，从显性知识到隐性知识的转化过程称为内化，是知识主体吸收外部显性知识的过程；从隐性知识到显性知识的转化过程称为明示，是知识主体把知识明晰化的过程，大量的隐性知识如生产或销售过程中得到的经验和想法被编码化。在纵向上，不同知识主体的显性知识和隐性知识相互转化，从显性知识到显性知识的转化过程称为汇总组合，是员工的个人知识库汇总到部门和服务外包企业知识库的过程，服务外包企业知识库在该过程中得到充实和放大；从隐性知识到隐性知识的转化过程称为潜移默化，是员工个体知识升华为部门和服务外包企业集体知识的过程。大量知识的相互转化推动了服务外包企业知识创新螺旋的上升。第二层次，从服务外包企业外部来看，服务外包企业与服务外包企业之间的知识共享在个人、部门和企业三个层面都有进行，在个人层面强调以隐性知识为主的个体交流和沟通，注重实时交互和联络；在部门和服务外包企业层面强调以显性知识为主的集体知识传播和共享，注重异步知识交流和共享。

（三）服务外包企业的知识转移

知识转移就是各节点服务外包企业传播和交换显性知识和隐性知识，并相互转化和反复提炼，以增强各服务外包企业知识的相容性。在知识转移过程中可能又会出现知识创造。服务外包企业中的知识转移是通过内部知识平台来实现的，服务外包企业学习和掌握外部知识的前提是服务外包企业间的知识共享与转移。知识在服务外包企业中顺畅和快速地流动就可实现组织间高水平的知识共享，反之则成为组织间知识共享的障碍。知识创造对于服务外包核心竞争力固然非常重要，然而只有使那些已经获取、选择和生产的知识在服务外包上得到吸收与共享，才能从整体上改变与优化服务外包知识资源配置，从而构建服务外包核心竞争力。知识转移能力的高低直接影响服务外包核心竞争力建设的步伐和速率，如图 17-4 所示。

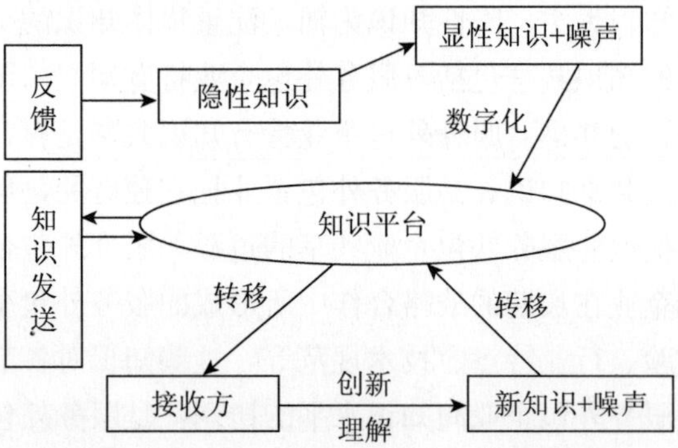

图 17-4　服务外包企业的知识转移流程

知识的转移过程围绕着知识平台，知识平台是起点又是终点，首先知识发送者把知识发送给知识平台，知识平台再把知识发送给服务外包企业员工。这个知识平台可以是内部数据库，或者内部办公系统等。在用户获得知识之后还伴随着知识创新的过程，由此形成新的知识反馈给发送方。发送者的知识、经验、感受都会影响发送者对接收者需求的理解，从而影响发送知识的选择和加工，这形成了一个良性循环。我们可以看到在整个传播过程中都不可避免地伴随着噪声。因为知识本身就具有无形的特点，在传播的过程中或多或少都会夹杂主观和客观因素。

（四）服务外包企业的知识创新

服务外包活动中，知识更新的速度比以往任何时候都更快一些。知识对服务外包企业是一种策略性资源、生产因素，因此，贵在活用，而不在于收集拥有，由于存在不完善的知识市场，所以，知识的创新活动主要在服务外包企业内部进行。服务外包企业和个人不仅要储存已有的知识，更重要的是要具有不断学习的能力和创新的意识，在已有的知识资源基础上开发、创造出新的知识并将其作用于服务外包企业的经营管理实践，借此来增强服务外包企业的核心能力，进而转化为服务外包企业的市场竞争优势。

服务外包企业的知识创新是一个螺旋上升的过程，知识螺旋随着个体知识的组织化而不断增大，它起始于个体，通过人与人之间、跨单位、跨部门之间的交互作用不断增多，使得个人知识通过扩散在整个服务外包组织范围内拓展，并使之具体化，进而转化成为整个服务外包组织的知识网络体系的一部分。例如，服务外包企业员工关于技术创新的内隐知识可以通过社会化和外部化转变为新产品概念，这种概念化知识又可以通过组合生产系统化的知识，如开发出新产品原型，而系统化知识又可以通过内部化转化为运营知识，如产品的大规模生产。基于经验的知识又启动了新一轮的知识创新过程，个人内化的隐性知识会再一次通过潜移默化在群体内被共享，然后下一轮的知识转化螺旋循环又开始。

(五) 服务外包企业知识管理系统的实施

服务外包企业客户知识管理系统的开发和实施是一个牵涉服务外包企业内部和外部方方面面的系统工程，它不仅是一个技术项目，还涉及组织结构、服务外包企业文化以及人的激励等方面的变革，它在本质上是一种服务外包企业的变革过程。因此服务外包企业在客户知识管理系统的实施中，首先应该认识到服务外包企业客户知识管理系统项目的变革本质，在服务外包企业中全面贯彻客户知识管理的思想。

另外，虽然服务外包企业客户知识管理系统是一个全面的系统工程，但这个系统的实施并不只是设计一套系统来让员工使用那么简单。相关理论和方法、系统的分析与设计只是明确了对客户知识管理系统的认知，之后的关键则是对客户知识管理系统进行成功地实施，前者是“知”，后者是“行”，只有“知行合一”才能真正发挥客户知识管理系统理想的作用。这就要求服务外包企业在客户知识管理系统实施之前，对客户知识管理系统实施的总体思路和实施方法有一个明确的认识。

1. 服务外包企业客户知识管理系统实施的总体思路

除那些从事管理咨询或在管理和经济上极具实力的服务外包企业外，一般服务外包企业自身很难对客户知识管理及客户知识管理系统的方法和实施有较深入的认识，则在其客户知识管理系统的实施过程中就需要借助相关咨询公司的力量，为服务外包企业提供客户知识管理系统实施的咨询和方法指导。咨询方的项目实施经验和能力对服务外包企业实施客户知识管理系统将会有很大帮助，而服务外包企业自身及其员工对知识管理的认识和支持，也是客户知识管理系统有效实施所必不可少的前提。所以，服务外包企业在实施客户知识管理系统之前，应对自身在知识管理各方面的条件和特点进行衡量，以决定是自行分析、设计和实施 KMS（客户知识管理系统），还是请管理咨询公司协助进行。

但是客户知识管理系统的实施毕竟不同于管理信息系统项目的实施，后者已经过了大量的实践经验积累而形成了一些具有共性的成功经验，甚至已经形成了一套成熟的方法，而目前在客户知识管理系统的实施方面还没有成熟的理论和方法可循。因此，服务外包企业的客户知识管理系统实施应该将客户知识管理系统视为一个将组织结构、服务外包企业文化和激励机制等管理方面的因素以及知识管理的技术因素都考虑在内的综合系统，以此为出发点和前提，针对服务外包企业自身上述相关因素的特点来导入客户知识管理系统。

2. 企业客户知识管理系统实施的步骤

（1）客户知识管理战略规划。战略目标具有宏观性、全面性的特点。战略目标作为一种总目标、总任务和总要求，总是可以分解成某些具体目标、具体任务和具体要求。战略目标的分解应自上而下，逐层分解，形成子目标，直至基层的目标，实现战略目标的可操作性。制订企业客户知识管理战略规划成为指导客户知识管理系统开发、实施过程的重要环节。因此，客户知识管理系统的推行、实施必须和企业现行的战略相一致，须清楚企业的使命和战略意图；根据战略意图制订可行的客户知识管理战略；按照企业发展方向制订谨慎的、可测量的目标。

（2）客户知识资源分析。客户知识资源分析目的在于确认企业客户关系和客户知识资本的现状。通过对客户的分类以及对他们的终生价值的预测来进行市场细分，通过对在籍客户的知识资本和关系资本进行分析来了解客户知识管理的精髓，有助于企业充分考虑现有客户与潜在客户的所有客户知识。在这一个过程中我们需要做到：客户知识管理的目的和重要性；依据客户的生命周期价值对客户进行分类；对不同的客户施加不同的管理方式；量化“与客户共享”的知识；平衡企业人力资源与员工的意会知识；提供客户知识资产文件。

（3）客户知识管理技术支持。客户知识管理技术的作用是扩大涉及面、提高知识交换速度、加强实时知识应用、促进信息决策、查询隐性知识、整合沟通渠道、促进合作成功等。在这一过程中，我们必须做到：了解建立客户知识管理技术蓝图所要面临的挑战；将各方面需要与客户知识管理目标相比较；了解客户知识管理框架下所有关于客户的信息、知识；在电子商务模式下寻找客户知识系统的范例；掌握客户知识管理技术结构；在网络背景下确立客户知识管理合作平台；分析各种商务智能的方法。客户知识管理技术已在系统分析设计中有所提及，随着信息技术的不断发展，客户知识管理技术也在不断的发展、扩展。客户知识管理系统中运用的客户知识管理技术必须有助于获得、保持和加强合作对象的关系。

（4）企业文化建设。企业文化建设是整个服务外包企业客户知识管理系统实施的中心。企业文化建设是一个长期的工作，企业领导要有意识地培育员工知识获取、知识学习、知识交流和知识共享的意识，要建立一个自觉的和自然的进行知识交流与共享，认为知识交流就是工作的一部分的良好氛围。这样，知识主管就必须奖励那些与别人共享知识的员工。在这一过程中，我们必须做到：加强企业文化和领导（特别是高层领导）对客户知识管理系统的支持；使员工了解成功的客户知识管理的构成要素；确保企业文化从害怕知识共享的文化中转变过来；重新思考奖惩制度，使之鼓励知识共享与关系的建立。在企业的组织文化、工作过程中灌输客户知识管理的思想，能够帮助企业与客户、渠道伙伴等利益相关者建立良好的关系，从而建立无法模仿的竞争优势。

（5）选择客户知识管理系统实施方案，建设企业信息系统有多种方案可以选择，主要有外包开发、自主开发及合作开发三种解决方案。它们之间各有利弊，企业可以根据自身的条件和信息系统建设的目的、规模确定适合的解决方案。

（6）建立项目实施团队。客户知识管理系统的实施是一个必须跨越传统的部门界限与组织界限的合作过程。在这一个过程中，项目团队统筹规划客户知识管理系统项目的项目招标、系统选型、进度控制、质量监督，项目验收等多项工作。并在系统开发过程中平衡项目设计中相互矛盾的各种需要、提供实施过程中所需要的技术、平衡管理与技术、确认风险因素、提升团队人员的合作精神，保证项目开发的进度和既定的方向。

（7）系统测评。客户知识管理系统的实施结果与成效必须应用定制化的、非传统的、更加精确的测量方法进行测量。系统的各种测量方法必须能够同时兼顾各种长期与短期经营目标、财务手段以及内外部潜质。因此还可以采用知识增长框架（波恩）、质量功能部署和平衡计分卡（综合性评价）等方法从多角度、多方面地来测评客户知识管理系统的实施效果。

第二节　服务外包企业客户知识管理系统的设计与实现

信息技术的发展改变了服务的传统形式，服务外包业在中国飞速发展，中国服务外包企业整体规模不断壮大。服务外包企业提供无形服务产品的业务特性，决定其需要通过客户具体的项目需要构建相应的知识管理系统。服务外包企业客户知识管理系统设计主要分三个阶段：知识获取、知识储存和知识应用。服务外包企业客户知识管理系统的建设，要依靠企业文化、制度以及企业知识链管理等系统的构建。

一、服务外包企业与客户知识

随着经济全球化的不断深入和信息技术的飞速发展，作为高端服务业重要组成部分的服务外包业正急速膨胀，成为当前国际分工协作和国际产业转移的一种新形式。信息技术的发展改变了服务的传统形式，教育、知识、行为过程等服务相关产品都可借助于信息技术实现永续存储乃至跨区域转移，由此也导致了服务外包业的飞速发展。中国服务外包企业的整体规模不断壮大，2010 年服务外包营业额超过 300 万美元的企业和服务外包人数超过 200 人的企业均比 2008 年增长了近一倍，大型服务外包企业数量不断增多。

这些服务外包企业往往是一些专业性公司，专业从事软件开发、数据生产、呼叫业务、会计业务、人力资源管理业务、客户关系管理业务等。一个公司要面对众多发包企业，承揽来自于多个发包企业的类似业务，而每个发包企业对业务的要求又不尽相同。所以，承接企业所承担的各发包企业的外包业务尽管类似却不能开发设计成标准化产品或服务，只能是按订单要求进行单件生产或提供。这样，服务外包企业必须以客户为中心，只有与客户建立良好的合作关系才能为企业赢得强大的竞争力，并促进企业的技术创新与业务发展。与客户建立良好合作关系的基础就是了解客户需求、掌握专业知识与客户知识。

二、客户知识管理系统

服务外包企业是典型的知识型企业，客户知识管理将帮助企业通过对客户知识的充分了解，进而实现向客户推销产品和服务，实现企业赢利的目的，这一点在知识型企业中尤为重要。从组织的角度来看，客户知识就是组织关于客户的有价值信息。从客户知识形态、价值等方面来看，客户知识具有以下几个方面的特点：对组织有价值、动态性、边际成本递减、边际收益不减、含有推断成分、可转化为关系资本等。服务外包企业是信息技术时代高端知识服务提供的主体，通过特定领域的专业知识和客户项目的具体需求构建客户知识管理系统，为顾客创造价值，从根本上提升组织核心竞争力，增强企业的适应能力及应变能力。

该系统设计主要分三个阶段：知识获取、知识存储和知识应用。这三个阶段是根据服务外包企业为发包商提供其目标客户管理的时间先后顺序设计的。从客户数据、行业信息、企业数据的收集，到客户知识库和服务外包企业知识库的融合，最终实现对现有信息进行科学分析、建立预测模型，从而达到为企业销售和营销提供管理和服务支持的功能，如图 17－5 所示。

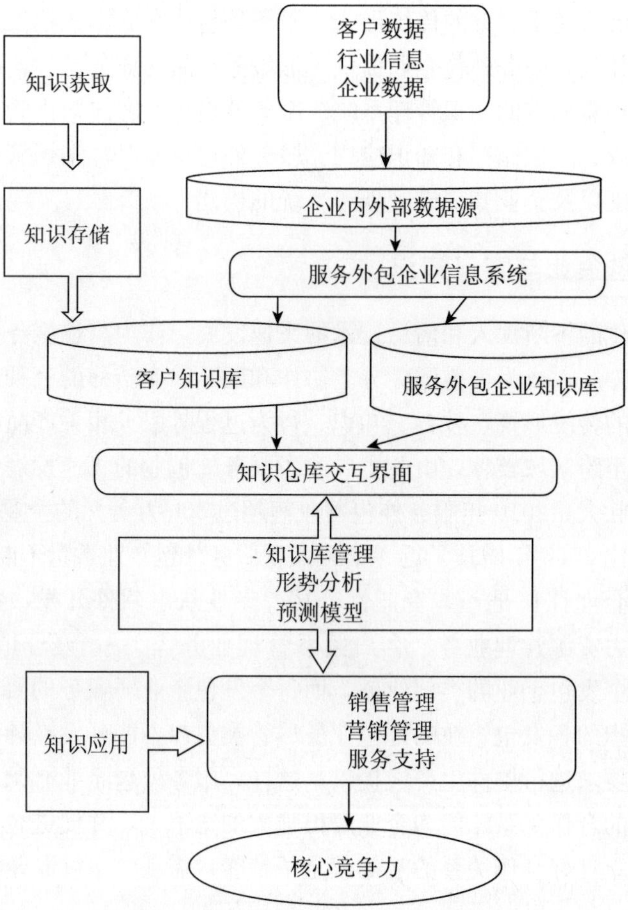

图 17－5　服务外包企业客户知识管理系统

（一）客户知识获取

知识获取是指组织或个人的知识收集活动，是组织或个人知识的来源。主要依靠搜索、购置、学习等方式进行，这类活动一般都有一个共同的主题，即都是知识发现的过程，知识获取的本质在于知识量的积累。服务外包企业在客户知识的获取阶段，要随时收集客户数据与知识，同时关注企业间知识的扩散。注意收集从实践中得来的一手知识，并重视行业信息的收集，从而建立稳定、牢固、多渠道的知识提供源。当然整体的知识获取需要通过服务外包企业的信息化平台建设来实现。构建从终端客户信息收集到企业知识库更新的完整流程，实现源源不断的根据客户信息变化有针对性的知识创新与服务提供，真正实现服务外包企业服务产品的不可复制性。服务外包企业客户知识获取过程如图 17 - 6 所示。

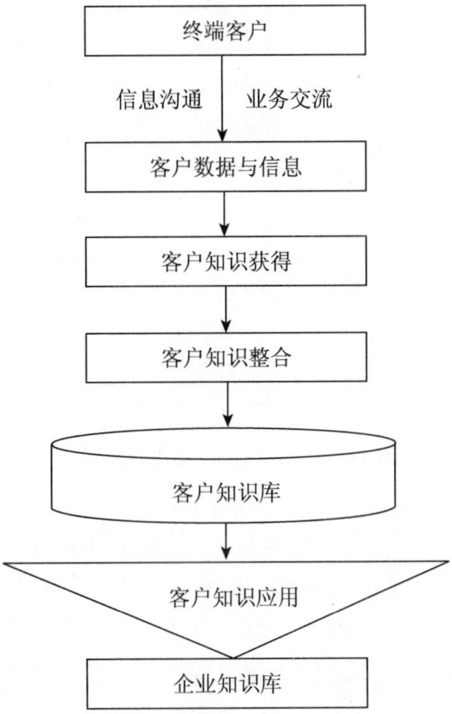

图 17 - 6　服务外包企业客户知识获取过程

(二) 客户知识存储

建设服务外包企业客户知识管理系统的关键是客户知识库的建设，客户知识库是商务决策智能分析的基础之一，因此对于有效实施客户知识管理的企业来说，是一项具有关键意义的工作。

建设客户知识库的主要工作有以下两方面：①获取客户数据与信息。其中包括客户知识的挖掘、客户知识的鉴定和编码、客户知识分类和使用方法开发及软件设置等。客户知识的挖掘工作需要组织企业内部的相关部门和员工积极贡献自己的资料和数据，尽可能地挖掘客户信息；客户知识的鉴定和编码工作需要通过组建专门的项目小组，进行知识的鉴定、编选以及编码，确保创建客户知识库重点信息来源的准确和有序；客户知识分类和使用方法开发及软件设置工作需要对知识进行科学、系统的分类，设置方便有效的使用知识的方法、途径，同时开发相应的客户知识管理系统和应用软件，以提供所需要的阅读和查询服务、基本的安全措施和网络权限控制功能，保证企业员工可以在虚拟的交流园地实时沟通。②服务外包企业信息门户的建设。客户知识库一般都架构在企业的信息门户中，由安装系统的服务器、服务终端、安全设施等构成。服务外包企业信息门户的建设，是使企业的客户知识库得以充分利用的基础条件，它既包括专家系统、知识仓库、搜索工具、客户信息等内容，还包括客户服务、形象展示、电子商务等具体业务，如图 17-7 所示。

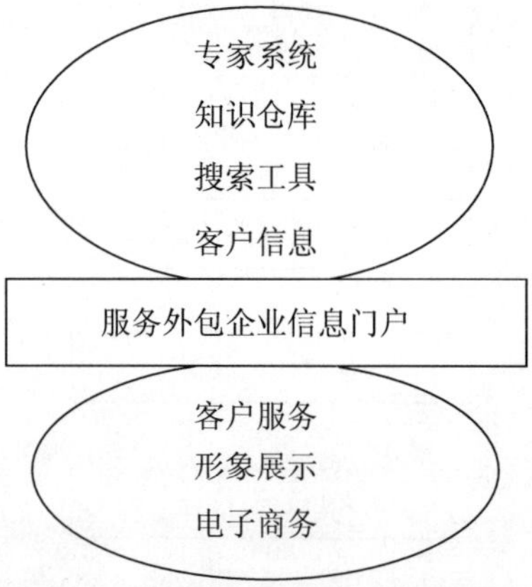

图 17-7 服务外包企业信息门户

服务外包企业的信息化平台即企业信息门户是建立在企业协同商务概念上的企业应用软件，主要是提供一个把信息集中起来利用的平台，可以优化生产过程、降低生产成本和提高工作效率，为客户提供优质的服务、改善与客户的关系，建立与供应商、分销商之间快速的合作与交流渠道。侧重于实现信息和资金在所有参与企业之间的统一协调，使多个合作企业就像一个企业那样有效运作，信息和责任充分透明。让企业的员工，特别是分布在不同地域的员工、客户和生意伙伴进行相互交流，从而加快沟通和协作。

（三）客户知识应用

知识仓库交互界面可以将客户知识库和服务外包企业知识库融合形成整体知识共享库，它把用搜索工具搜索到的知识根据分类框架或标准来组织并存储起来，是一个文件管理系统，它对存储的知识进行分类，并能识别出各信息源之间的相似之处。知识共享库将对服务外包企业的下一轮知识循环产生某种重大影响。通过客户知识管理就可以有效地获取、发展和维系有利于客户组合的知识与经验。

服务外包企业要建立一套有效的技术体系以支持知识管理活动，重点在于建立一个具有大量专门知识与经验的程序系统，应用人工智能技术，用计算机软件方法予以实现的软件系统。可利用此软件，根据系统与用户的交互对话来回答程序的询问，提供数据、信息和事实，运用系统存储的专家知识和经验，并进行理论判断，最后得出结论，并提供外包企业在销售管理、营销管理和服务支持等方面的建议，同时给出该结论的可信度，以供企业决策时参考。

三、服务外包企业客户知识管理系统的实现

（一）服务外包企业的企业文化建设

成功的客户知识管理要求企业培育良好的企业文化，在企业中形成强大的凝聚力。有的国外学者认为，客户知识管理的成败80%取决于企业文化。企业文化是员工之间的黏合剂，是客户知识管理的基础。支持客户知识管理的企业文化应该是尊重知识和人才的文化，高度认识学习的价值，并且重视经验、专业技术和创新，充分保护和激励员工的创新积极性，在企业内部形成崇尚创新、相互学习、协作共享和认真服务客户的文化氛围。此外，企业应树立其客户是企业资产的理念，企业内部每一个员工都应该了解客户是企业永恒的宝藏，而不是本部门的一次交易。所以，每一次与客户的接触都是学习了解客户的过程，也是客户体验企业的机会。

（二）扁平的组织结构与程序经理

传统的企业组织是分层结构，在客户知识管理体系下则要求建立更加扁平的组织结构和设立客户经理。组织中人员享有更多的自主权和更活跃的频繁沟通。根据领先企业的实践经验，为了更好地实施客户知识管理，可以考虑设立程序经理甚至网络经理。程序经理和网络经理与传统的产品经理相比，更加注重利用信息和知识，关注企业价值与客户价值的共同提升。

（三）新型组织结构和激励制度

为了适应客户知识管理的需要，服务外包企业需要新型组织结构和完善的激励制度，应该做到以下的原则：有利于员工的相互影响、沟通和共享客户知识；有利于企业的客户知识的创新与深化；有利于企业掌握对环境和客户需求的适应能力；有利于客户知识在营销管理过程中顺利发挥杠杆作用；有利于增强企业员工的团队合作精神；是一种学习型的组织，而不仅仅是一个生产、经营性的组织；一种宽松的、民主的管理体制。

四、服务外包企业客户知识管理的实施方法

服务外包企业员工对于客户知识的获得、整理、传播、运用以及与之相关的价值流、知识与价值的分配、知识的利用方法构成了企业所要面对的主要问题。单纯依靠手工模式，是无法完成知识管理所要承担的任务的。企业将知识管理工作借助于计算机、网络技术来完成，这一需求变得非常迫切。

基于客户知识管理的核心是管理企业知识链，因此系统实践的方法主要在于将知识链完整地转化到知识共享平台上。基于客户知识管理可以在收集、整理、发布、再利用四个阶段有效地管理企业中的知识，让知识创造更多价值。基于客户知识管理的项目实施方法论包括战略、实施以及保障三个层面，具体而言，包括以下八方面内容。

第一，构建支持基于知识管理的组织体系。要建立一套有效的组织体系以支持企业的知识管理活动。在这一体系中，一是要有负责知识管理活动的领导人，承担制订管理计划和协调企业的各种知识活动；二是成立专门的小组，完成与知识管理活动有关的任务。

第二，设立知识主管。设立知识主管的目的是在没有先例可循的情况下能够熟练地丰富、支配和管理不断发展的知识体系，以便有效地运用集体的智慧提高应变和创新能力。

第三，构建相应的技术体系。要建立一套有效的技术体系以支持知识管理活动。主要是建立支撑知识管理的基础设施，如统一的信息技术平台、数据库和资料库等，并采用专业的知识获取、知识表达、知识发现软件。

第四，加大资金投入。知识管理活动需要资金支持，这反映了企业对知识管理的责任感。要动员企业全体职员为知识管理投资，以保证知识管理活动的正常开展。

第五，制订鼓励知识创造和转移的激励措施。有效的激励措施可以促使员工产生有利于知识管理活动的行为，可以采取物资奖励手段，也可以把激励措施融入企业人事管理体系中，经常性地对员工从事知识管理活动的表现进行评估。

第六，建立动态联盟，培养知识创新能力。知识创新是基于客户知识管理的终极目标，没有知识创新能力的公司将很快被淘汰。而通过建立动态联盟、构建战略合作伙伴的知识网络体系是提高企业知识创新能力的有效支持。

第七，建立基于客户知识管理的评估体系。传统的财务会计方法难以对基于客户知识管理的活动效果作出有效评估。因此，要研究和建立面向客户知识管理的无形资产评估体系，如无形资产组成指标法、计算知识管理的投资回报率等。

第八，从市场和客户那里获得信息和知识。从市场和客户那里获得信息和知识，是实施基于客户知识管理的重要途径。因为对未来的预测是建立在对现有信息的评价和分析的基础上，因此必须把握好市场与发包企业需求的变化。

参考文献

[1] 刘宁．从成本构成之异同看中国服务外包产业的发展之路［J］．中国物价，2007，5（12）：24.

[2] 张磊，徐琳．服务外包 BPO 的兴起及其在中国的发展［J］．世界经济研究，2006，4（6）：33.

[3] 李志军．发展服务外包：西部中心城市的比较优势与路径选择［J］．国际经济合作，2006，7（4）：18.

[4] 华德亚，董有德．承接跨国公司服务外包对我国服务业发展的影响［J］．商业研究，2008，2（1）：13－14.

[5] 邹全胜，王莹．服务外包：理论与经验［J］．国际贸易问题，2006（5）：28－30.

[6] 张国云．我国服务外包发展现状与对策［J］．中国发展观察，2008（2）：35－37.

[7] 何骏．我国发展服务外包的动因、优势和建议［J］．当代经济管理，2006（6）：41－44.

[8] 刘志彪．服务业外包与中国新经济力量的战略崛起［J］．中国经济转型与发展研究，2007（4）：23.

[9] 陈菲．服务外包动因机制分析及发展趋势预测［J］．中国工业经济，2005（6）：57－59.

[10] 刘庆林，廉凯．服务业外包对印度产业结构影响的分析［J］．亚太经济，2006（6）：3－8.

[11] 卢锋．当代服务外包的经济学观察：产品内分工的视角［J］．世界经济，2007（8）．

[12] 朱晓明，等．服务外包——把握现代服务业发展新机遇［M］．上海：上海交通大学出版社，2006.

[13] 严启发．服务外包：我国经济发展的重大战略机遇［J］．经济研究参考，2006（6）：67－70.

[14] 荆林波．质疑外包服务降低成本及引起失业的假说——以信息技术外包服务［J］．经济研究，2005（1）：12－15.

[15] 梁峰．服务外包对我国传统旅游价值链的影响及对策研究［J］．旅游经济，2010（5）：32－34.

[16] 朱智，赵德海．大力发展黑龙江对俄边境贸易的研究［J］．中国经济与管理科学，2008（9）：11－14.

［17］朱智，赵德海．基于生产性服务业视角的服务外包演进［J］．经济管理，2009（3）：22－35.

［18］中国社会科学院工业经济研究所课题组．全球化、服务外包与中国的政策选择［M］．北京：经济管理出版社，2009.

［19］对外经贸大学国际经济研究院．国际服务外包发展趋势与中国服务外包竞争力［J］．国际贸易，2007（8）：19－28.

［20］卢锋．我国承接国际服务外包问题研究［J］．经济研究，2007（9）：49－61.

［21］王根索．国际服务外包与我国承接的对策［J］．经济纵横，2005（4）：56－61.

［22］刘重．我国企业承接国际服务外包的问题与对策［J］．科研与探索，2006（4）：10－14.

［23］汪应洛．服务外包概论［M］．西安：西安交通大学出版社，2007.

［24］庄严．煤炭资源型城市可持续发展研究［D］．哈尔滨：哈尔滨工业大学，2006.

［25］中国国际投资促进会，中欧国际商学院，中国服务外包研究中心．中国服务外包发展报告［M］．上海：上海交通大学出版社，2007.

［26］杨志琴，祖强．承接服务外包：新开放观下中国提升国际分工地位的有效途径［J］．世界经济研究，2007（11）：45－48.

［27］约拿森·里维德，约翰·辛克斯．业务外包［M］．吴东，高核，译．北京：华夏出版社，2004.

［28］赵楠．印度发展服务外包模式探析［J］．当代亚太，2007（3）：39－45.

［29］张义明．印度知识外包产业的发展［J］．全球科技经济瞭望，2005（5）：33－35.

［30］杨圣明．关于服务外包问题［J］．中国社会科学院研究生院学报，2006（11）：23－28.

［31］商务部政研室．印度软件业考察报告——成就、隐忧及启示［J］．调研与参考，2006（6）：27.

［32］吴胜武，余志伟，杨小虎．服务外包：从“中国制造”走向“中国服务”［M］．杭州：浙江大学出版社，2009.

［33］徐兴锋．服务外包国家竞争优势分析及对策研究［D］．北京：对外经贸大学，2007.

［34］商务部．中国服务贸易发展报告［M］．北京：中国商务出版社，2006.

［35］丁梅生，柏帆．浅析中国承接服务外包的吸引力［J］．对外经贸，2007（12）：89.

［36］江小涓．服务全球化与服务外包：现状、趋势及理论分析［M］．北京：人民出版社，2008.

［37］江小涓．服务外包：合约形态变革及其理论蕴意［J］．经济研究，2008（7）：32.

[38] 杨志琴，祖强．承接服务外包：新开放观下中国提升国际分工地位的有效途径［J］．世界经济研究，2007（11）：72.

[39] 任志成．承接国际服务外包的就业效应［J］．财贸经济，2008（6）：32.

[40] 徐毅．外包与生产率：基于工业行业数据的经验研究［J］．经济研究，2008（1）：51.

[41] 古扎拉蒂．计量经济学［M］．费建平，译．北京：中国人民大学出版社，2011.

[42] 董臻圃．数学建模方法与实践［M］．北京：国防工业出版社，2006.

[43] 陈晓剑，王淮学．主导产业的选择模型［J］．中国管理科学，1996（4）：18－23.

[44] 于刃刚，等．主导产业论［M］．北京：人民出版社，2003.

[45] 刘克利．主导产业的评价选择模型及其应用［J］．系统工程，2003（5）：36－38.

[46] 杨志琴，祖强．承接服务外包：新开放观下中国提升国际分工地位的有效途径［J］．世界经济研究，2007（11）：43.

[47] 中国服务外包研究中心．杭州市服务外包发展战略与产业规划［R］．杭州，2009（12）：53.

[48] 付静，陈建．我国承接服务外包的实证研究［J］．北京工商大学学报：社会科学版，2010（7）：33.

[49] 刘绍坚．中国承接国际软件外包的技术外溢效应研究［D］．北京：中国社会科学院，2008.

[50] 姜荣春．我国承接服务外包：现状、趋势与对策［N］．开放导报，2009－11－21（2）.

[51] 朱智，赵德海．黑龙江省现代服务业发展研究报告［M］．北京：中国商务出版社，2009.

[52] 刘艳．发展中国家吸引离岸服务外包的决定因素——从经济自由化程度视角的解析［J］．中央财经大学学报，2010（1）：26－27.

[53] 傅文利，芦文娟．国外服务外包发展共性探析［J］．经济学，2010（2）：14－15.

[54] 汪丽，贺书锋．中国制造业国际外包与生产率增长——基于服务外包和实物外包的双重度量［J］．上海经济研究，2010（3）：30－33.

[55] 赵馄．基于系统创新的产业转型及在资源型城市的应用研究［D］．济南：山东科技大学，2009.

[56] 黄玉杰，张国梅，王文卓．金融危机下中国服务外包产业的发展和对策［J］．经济与管理，2009，23（11）：83－87.

[57] 徐瑾．论中国软件外包业的竞争力和发展策略——以江苏为例［J］．经济问题探索，2009（11）：157－161.

[58] 林洁．中国承接国际服务外包影响因素研究［D］．杭州：浙江工业大学，2009.

[59] 张华英．全球服务外包发展状况与策略［J］．当代经济，2010（3）：68－69.

[60] 李欣．中国发展国际服务外包关键要素研究［D］．天津：天津师范大学，2010.

[61] 张培，曾珍香，马建龙．IT外包战略决策模式及其影响因素研究［J］．中国经济论坛，2009（1）：59－63.

[62] 杨波，殷国鹏．中国IT服务外包企业能力研究［J］．管理学报，2010（2）：199－203.

[63] 陈薇．中国服务外包市场研究［D］．天津：天津大学，2009.

[64] 郑太阳，朱继涛．浅析我国中小企业IT外包的现状［J］．中国外资，2009（20）：213.

[65] 于强．离岸外包风险基金建立的构想及可行性研究［J］．会计之友，2010（13）：40－42.

[66] 崔萍．承接服务外包对企业技术创新的影响——基于我国IT行业上市公司面板数据的实证研究［J］．国际经贸探索，2010（8）：47－52.

[67] 胡昭玲，王洋．中国承接服务外包的影响因素分析［J］．国际经贸探索，2010，26（2）：68－72.

[68] 吕延方，赵进文．中国承接服务外包影响因素分析——基于多国面板数据的实证检验［J］．财贸经济，2010（7）：89－97.

[69] 杨丹辉．全球化、服务外包与后起国家产业升级路径的变化：印度的经验及其启示［J］．经济社会体制比较，2010（4）：32－36.

[70] 杨丹辉．服务外包与中国产业升级：基于全球化的视角［J］．当代经济管理，2009（8）：49－52.

[71] 杨文杰．我国承接服务外包和产业结构升级的实证研究［J］．中国经贸导刊，2010（14）：47.

[72] 张婷婷．承接国际服务外包的就业效应作用机制分析［J］．对外经贸实务，2010（9）：79－81.

[73] 孙潇．促进我国服务外包发展的外汇管理政策研究［J］．改革与开放，2010（9）：28－30.

[74] 魏志梅，冯昱．中国企业承接国际服务外包税收政策国际比较研究［J］．税收研究，2009（12）：70－76.

[75] 黎晓寅．上海服务外包业的结构与政策环境分析［D］．上海：上海社会科学院，2009.

[76] 朱秀娟．投资促进政策与服务外包业的发展——以无锡市的实践探索为个案［D］．上海：复旦大学，2009.

[77] 艾民，侯志翔．西安服务外包竞争力研究［J］．经济问题，2010（8）：12.

[78] 陈菲．服务外包与服务业发展［M］．北京：经济科学出版社，2009.

[79] 何勇．企业信息技术外包的风险及影响［J］．情报探索，2010（3）：43－44.

[80] 李猛．信息技术外包风险管理研究［J］．现代管理科学，2009（10）：31－33.

[81] 赵成柏．基于委托代理理论的服务外包分析［J］．商业研究，2010（2）：12－13.

[82] 张金隆，丛国栋，陈涛．基于交易成本理论的 IT 外包风险控制策略研究综述［J］．管理学报，2009，6（2）：126－134.

[83] 刘伟华，刘希龙，贺登才．我国制造企业物流外包模式及其发展路径［J］．工业工程，2009（4）：1－5.

[84] 姜荣春．国际服务外包浪潮：理论、实证与中国战略研究［M］．北京：对外贸易大学出版社，2009.

[85] 张国云．生产服务：从中国制造走向中国创造［M］．北京：中国经济出版社，2009.

[86] 魏琪汉．对中国服务外包现状的思考［J］．科技资讯，2009（31）：200.

[87] 何荣．全球服务外包发展对中国的启示［J］．现代商贸工业，2008（4）：47.

[88] 田毕飞．基于全球价值链整合的中国企业服务外包承接战略［J］．商业研究，2008（4）：139.

[89] 翟芳玲，阎循民．把承接国际服务外包业务作为促进经济发展的重要引擎［J］．中共济南市委党校学报，2009（3）：27－29.

[90] 周振华．城市转型与服务经济发展［M］．上海：上海人民出版社，2009.

[91] 刘光富，沈元蕊．我国承接服务外包业的 SWOT 分析和发展对策［J］．经济研究，2009（1）：34－37.

[92] 申澎知，曹庆瑾，林伟．浅论我国软件服务外包业［J］．经济师，2009（1）：56.

[93] 孙玉红，王兴伟．在承接外包中向价值链高端攀升探讨［J］．北方经贸，2010（3）：23.

[94] 孙军，孔祥琦．我国软件外包发展现状及其相关问题研究［J］．科技管理研究，2009（4）：11－13.

[95] 魏文生，陈乐乐，兰新．金融危机对我国软件外包业的影响因素分析［J］．经济研究导刊，2009（14）：45－47.

[96] 许正中．中国软件服务外包产业的发展现状与战略选择［J］．宏观经济研究，2009（6）：28.

[97] 杨波，殷国鹏．中国服务外包：发展现状与提升对策［J］．国际经济合作，2009（1）：43－45.

[98] 宋则，赵凯．商贸流通服务业对产业结构合理化和高度化的贡献［J］．经济研究参考，2009（31）：21－27.

[99] 孙敬水，章迪平．中国流通业所有制结构变迁绩效实证分析［J］．经济学家，2010（2）：100－102.

[100] 孙敬水，章迪平．流通产业发展方式转变国际经验及启示［J］．中国流通经济，2010（4）：15－18.

[101] 赵凯，宋则．商贸流通服务业影响力及作用机理研究［J］．财贸经济，2009（1）：102－108.

[102] 赵建斐，郭慧．金融危机下中国软件业服务外包的发展前景［J］．金卡工程，2009（9）：72.

[103] ATUL VASHISTHA，AVINASH VANSHISTHA. The offshore nation：the rise of services globalization［M］. Delhi：Tata McGraw-Hill Publishing Company，2005.

[104] DIANA FARRELL. Offshoring：value creation through economic change［J］. Journal of Management Studies，2005，3（5）：676－683.

[105] M BELCOURT. Outsourcing：the benefits and the risks［J］. Human Resource Management Review，2006，16（3）：269－279.

[106] S BANDYOPADHYAY，P PATHAAK. Knowledge sharing and cooperation in outsoaring project：a game theoretic analysis［J］. Decision Support System，2007，43（2）：349－358.

[107] GILLEY K M，RASGEED ABDUL. Making more by doing less：an analysis of outsourcing and its effects on firm performance［J］. Journal of Management，2000（4）：763－790.

[108] RICHARD C INSINGA，MICHAEL J WERLE. Linking outsourcing to business strategy［J］. The Academy of Management Executive，2000（14）：8－10.

[109] GLASS A L. Outsourcing under imperfection of international property［J］. Review of International Economics，2004，12（5）：867－884.

[110] KOHLER W. A specific-factors view on outsourcing［J］. North American Journal of Economics and Finance，2001，12（1）：31－53.

[111] KAREN LAPID. Outsourcing and off-shoring under the general agreement on trade in service［J］. Journal of World Trade，2006，40（2）：341－364.

[112] BADEN FULLER C，TARGET D，HUNT B. Outsourcing to outmaneuver：outsourcing re-defines competitive strategy and structure［J］. European Management Journal，2000，4（2）：31－34.

[113] CHRISTONPHER B CBTT. Perspectives on global outsourcing and the changing［J］. Nature of Work Business and Society Review，2004（3）：153－170.

[114] CHU P L. International outsourcing and intra-industrial trade［J］. International Journal of Applied Economics，2005（2）：69－82.

[115] GROSSMAN GENE M，HELPMAN ELHANAN. Integration versus outsourcing in industry equilibrium［J］. Quarterly Journal of Economics，2002，117（1）：85－120.

[116] GORG, HOLGER, AOIFE HANLEY. Does outsourcing increase profitability [J] . The Economics and Social Review, 2004, 35 (3): 367 - 387.

[117] GROSSMAN GENE M, HELPMAN, ELHANAN. Outsourcing in a global economy [J] . Review of Economics, 2005, 72 (1): 135 - 160.

[118] QUINN J B, HILLMER F F. Strategic outsourcing [J] . Sloan Management Review, 1994 (40): 43 - 55.

[119] ANG S, STRAUB D. Production and transaction economies and IS outsourcing: a study of the US banking industry [J] . MIS Quarterly, 1998, 12 (5): 19 - 23.

[120] ARNOLD, ULLLI. New dimensions of outsourcing: a combination of transaction cost economics and the core competencies concept [J] . European Journal of purchasing & Supply Management, 2000 (6): 23 - 29.

[121] QINN J B, F G HILLMER. Strategic outsourcing [J] . Sloan Management Review, 1994 (8): 43 - 55.

[122] LACITY M C, WILLCOCK L P. An empirical investigation of information system sourcing practice, lessons from the experience [J] . MIS Quarterly. 1998, 22 (3): 363 - 408.

[123] DREAVE Z, F ROODHOOHT. Determining sourcing strategy: a decision model based on activity and cost driver information [J] . Journal of the Operational Research Society, 1998 (8): 76 - 78.

[124] MURRAY JANET Y, MASAAKI KOTABLE, ALBET R WILDT. Strategic and financial performance implication of global sourcing strategy, a contingency analysis [J] . Journal of International Business Studies, 1995, 26 (1): 181 - 202.

[125] SOON ANG, LARRY L W CUMMINGS. Strategic response to institutional influences on information system outsourcing [J] . Organization Science, 1997, 8 (3): 235 - 256.

[126] ARNOLD U. New dimensions of out-sourcing: a combination of transaction cost economics and the core concept [J] . European Journal of Pure-Chasing & Supply Management, 2000 (6): 23 - 29.

[127] R COASE. The nature of the firm [J] . Economical NS, 1937 (4): 386 - 405.

[128] WILLIAMSON O. Comparative economic organization: the analysis of discrete structural alternatives [J] . Administrative Science Quarterly, 1991 (36): 269 - 296.

[129] RAJESH NELLORET. Strategic outsourcing through specifications [J] . The International Journal of Management Science, 2000 (1): 525 - 540.

[130] OZ SHY RUNE STENBACKA. Strategic outsourcing [J] . Journal of Economic Behavior & Organization, 2003: 203 - 224.

[131] MCKINSEY. Outsourcing in Eastern Europe—the rise of near shoring [J] .

The Economist print edition，2005（12）：33－36.

[132] BRUCE EINHORN. The next software center [J]. Business Week，2006（8）：276－280.

[133] BRYCE D. The impact of corporate outsourcing on company value [J]. European management Journal，1998（6）：635－643.

[134] FORRESTER. Million of opportunities for employment of Europe in the coming ten years will be transferred overseas [J]. Financial Times，2004（8）：245－248.

[135] LOLLS FERN. Offshore Outsourcing of Financial Services in the World [J]. Financial Times，2003（6）：156－159.

[136] SANG SEUNG YI. Free trade Areas and Welfare an Equilibrium Analysis [J]. Review of International Economic，2000（2）：336－347.

[137] GARTNER TASH SHIFRIN. India is the best bet for offshore IT outsourcing advises [J]. Computer Weekly，2005（4）：18－21.

[138] PETER LUCAS. Outsourcing：the good，the bad the ugly [J]. Collections Credit Risk，2004（3）：367－372.

[139] WANGLE J T. International trade in banking services [J]. Journal of International Money and Finance，2004（6）：47－64.

[140] LEVINE. Financial development and economic growth [J]. Views and Agenda，Journal of Economic Literature，2000（4）：688－726.

[141] ERRAN CARMEL，BRIAN NICHOLSON. Small firms and offshore software outsourcing：high transaction costs and their mitigation [J]. Journal of Global Information Management，2005（9）：33－54.

[142] SUDESH M，DUGGAL CARL SIMKONIS. Offshore outsourcing：new spin or same old business [J]. Informing Science and Information Technology，2007（4）：251－260.

[143] MARY A，MARCHANT，SANJEEV KUMAR. An overview of U. S. foreign direct investment and outsourcing [J]. Review of Agriculture Economics，2005（27）：379－386.

[144] QU ZHONGHUA，BROCKLEHURST MICHAEL. What will it take for China to become：a competitive force in offshore? An analysis of role of transaction cost in selection [J]. Journal of Information Technology，2003（18）：53－57.

[145] ZHU ZHI. Research on building Harbin into logistics center from Northeast-Asian perspective [J]. Informing Science and Information Technology，2010（2）：56－58.

[146] RUDY HIRSCH HEIMETAL. Outsourcing in a global economy：traditional information technology outsourcing，offshore outsourcing，and business process outsourcing [J]. Springer Berlin Heidelberg，2009（3）：3－21.

[147] LACITY M，WILLCOCKS L，LSLIE P. The value of selective outsourcing [J]. Sloan Management Review，1996，37（3）：13－25.

后　记

近年来，国际服务外包业的迅速崛起为转变我国经济发展方式、推动产业结构升级提供了难得的机遇。2010年我国第三产业增加值比重达到43%，这与发达国家70%左右的水平有很大差距，存在较大的提升空间。服务外包产业与其他产业外包相比，是能耗低、附加值高、增幅大、效益高等特点。因此，大力发展服务外包产业是推动产业结构优化升级、实现经济发展方式转变的重要途径。而黑龙江省作为东北老工业基地，是重要的装备制造业生产基地，石油、煤炭、木材等资源开采基地以及国家商品粮食主要生产基地。这些重要的生产基地为黑龙江省开展服务外包提供了很好的平台，也有利于推动黑龙江省经济的发展以及经济发展方式的转变。

在这一重大经济转型时期，赵德海教授认真研究国内外经济发展的总体趋势和国家“十二五”发展规划，深刻认识到服务外包对我国以及黑龙江省经济发展具有战略意义和重要作用，于2008年就着手开展服务外包专题研究，有两个关于服务外包的国家课题和三个省级课题，组成了跨行业、跨领域的课题组，就中国和黑龙江省服务外包行业发展进行了全面、深入、系统的研究，填补了国内服务外包研究领域的空白。为确保课题质量，在课题设计上，赵德海教授亲自拟定课题思路，确定研究方法，使总报告和各个子报告之间浑然一体、各有侧重；在研究要求上，提出要做到定性与定量相结合、理论与实际相结合、国际与国内相结合；在课题分工上，定期检查课题进展情况，及时提出中肯的修改意见，使课题能够更好地实现预定的研究目标。

服务外包产业的研究需要在实践中不断的完善和发展，本书只是对于相关问题进行了初步探讨。由于受时间和能力所限，书中难免存在疏漏和不足之处，敬请学界同人以及读者批评指正。

编　者

2011年5月